ファミリービジネス論

後発工業化の担い手

Akira Suehiro
末廣 昭 著

名古屋大学出版会

ファミリービジネス論

目　次

序　章　ファミリービジネス論の課題と論点……………………………… 1

　はじめに　1
　1　ファミリービジネス論の三つの流れ　2
　2　ファミリービジネスの概念と定義　12
　3　ファミリービジネス論の課題　16

第Ⅰ部　所有構造と経営体制

第1章　後発工業化論……………………………………………………… 24
　　　　──工業化の「担い手」としてのファミリービジネス──

　はじめに　24
　1　ファミリービジネス論の視角　27
　2　ファミリービジネスの実態　36
　3　ファミリービジネスの事業多角化　45
　おわりに　57

第2章　創業・発展・事業の継承………………………………………… 59
　　　　──220グループ・所有主家族の実証的研究──

　はじめに　59
　1　大企業に占めるファミリービジネスの比重　60
　2　220グループ・所有主家族の検出　62
　3　220グループ・所有主家族の特徴と事業展開　67
　4　ファミリービジネスの継承　74
　おわりに　82

第3章　経営的臨界点……………………………………………………… 84
　　　　──存続，発展，淘汰・生き残りの論理──

　はじめに　84
　1　「経営的臨界点」仮説　86
　2　企業形態の存続　88
　3　「経営的臨界点」への対応　100

4　グローバル化・自由化のもとでの再編　110

　おわりに　118

第4章　経営者と経営体制…………………………………120
　　　　　——創業者一族，内部昇進者，外部リクルート者——

　はじめに　120

　1　経営者の定義と「トップ経営陣」の分類　122

　2　トップ経営陣の属性とキャリア　127

　3　トップ経営陣の構成(I)——商業銀行とアグロインダストリー　134

　4　トップ経営陣の構成(II)——電気通信業と三つのパターン　142

　5　トップ経営陣の構成(III)——芸能コンテンツ産業　156

　おわりに　165

第II部　歴史的展開と通貨危機後の再編

第5章　ファミリービジネスの歴史的展開…………………170
　　　　　——事業基盤，時代環境，政府の政策——

　はじめに　170

　1　第2次大戦前——血縁的ネットワークと政治的コネクション　171

　2　工業化政策と資本家グループの諸類型　182

　3　経済ブーム・自由化・通貨危機　195

　おわりに　205

第6章　証券市場改革とコーポレート・ガバナンス……………208
　　　　　——情報開示ベースの企業淘汰システム——

　はじめに　208

　1　大企業・ファミリービジネスと公開株式会社　210

　2　証券市場の発展と企業の資金調達構造　212

　3　経済危機と証券市場改革　218

　4　証券市場の企業淘汰システムとその実態　225

　5　CPグループの事業再編とCPF社の設立　231

おわりに 241

第7章　金融制度改革と商業銀行の再編……………………244
──金融コングロマリットの崩壊──

はじめに 244
1 通貨・金融危機前後の地場系商業銀行 246
2 金融コングロマリットの形成と発展 250
3 経済ブームと非金融コングロマリットの台頭 257
4 経済危機と金融コングロマリットの崩壊 265
5 タイ農民銀行の経営改革 273
おわりに 282

終　章　ポスト・ファミリービジネス論………………………285

はじめに 285
1 大企業・上場企業とファミリービジネス 286
2 ファミリービジネスの選択肢 295
おわりに 299

付　録　タイのファミリービジネス所有主家族の資料……………303

付表1　220グループ・所有主家族の一覧表（1997年現在）304
付表2　220グループ・所有主家族の経済パフォーマンス（1997年現在）312
付表3　主要35所有主家族の保有株式の時価総額別順位の推移（1995-2004年）320
付表4　主要35所有主家族の保有株式の時価総額の推移（1995-2004年）322

あとがき 325

文献目録 330

図表一覧 359

人名・家族名索引 362

事項・企業・企業グループ索引 366

序章

ファミリービジネス論の課題と論点

はじめに

　後発工業国におけるファミリービジネスの存在とその役割は何か。フィリピンやインドネシアのような発展途上国だけではなく，中進国の仲間入りを果たそうとしているタイ，すでに一定の産業発展を遂げている韓国，メキシコ，ブラジル，インドなどでも，ファミリービジネスが存続し，さらに発展を続けているのはなぜなのか。この問いに対して，タイを具体的な事例としつつ応えようとするのが，本書の目的である。

　ところで，ファミリービジネスを正面にすえた研究は意外と少ない。例えば，ハーバード大学経営大学院に経営史講座（1927年）を開講したグラース (Norman S. Gras) の古典的教科書『ビジネスと資本主義』には，ファミリービジネスという言葉は登場しない（Gras 1939；植村訳 1980年）。その後，アメリカのビジネス・スクールが，ファミリービジネスを機関誌で取り上げることもあった。しかし，これらの論文はステレオタイプ化されたファミリービジネスの長所と短所を並列的に記述するだけで，生身のファミリービジネスが，国民経済の発展や工業化の進展とどのような関わりをもってきたかについては，まったく触れていない[1]。

　むしろ，家族企業やファミリービジネスを議論の射程の中に取り込んできた

---

[1] 例えば，ハーバード・ビジネス・スクールの Donnelley (1964) や，マサチューセッツ工科大学のスローン・ビジネス・スクールの Beckhard and Dyer (1983) などを参照。

のは，個々の国の企業経営史や個別企業の経営者史の研究を別とすれば，「だれが株式会社を支配しているのか？」という観点から経営者支配を論じてきた株式会社支配論や，家族企業から経営者企業への転換の中に近代産業企業の特徴を見出そうとする経営者資本主義論の方であった。また最近では，企業法制の整備状況と企業組織のあり方の相互連関を問うコーポレート・ガバナンス論も，ファミリービジネス（家族所有企業）の存在に注目している。

ただし，これらの議論はいずれも，ファミリービジネスを歴史的には衰退していく企業組織，もしくは企業法制の整備にともなって改組すべき企業組織とみなし，ネガティブな存在として理解している点では共通している。しかし，アジアやラテンアメリカの現実が示しているように，ファミリービジネスは決して衰退しているわけではないし，政策的に解体のターゲットになっているわけでもない。産業構造の高度化や経済の自由化・グローバル化という環境の変化の中で，彼らは変容を遂げているとはいうものの，それぞれの国で引き続き重要な役割を果たしているのである（星野編 2004 年）。この点をどう理解したらよいのか。これが本書全体を貫く筆者の問題関心である。

そこでこの序章では，本書全体にかかわる概念と論点をあらかじめ整理しておきたい。具体的には，ファミリービジネス論の系譜，ファミリービジネスの定義，ファミリービジネス論の課題の三つがそれである。

1 ファミリービジネス論の三つの流れ

1）株式会社支配論と「所有と経営の分離」

アメリカ経営学の制度学派の流れを汲む「株式会社支配論」の観点から，近代株式会社は所有者支配（ownership control）から経営者支配（management control）に移行してきたと主張したのは，バーリーとミーンズ（A. A. Berle and G. C. Means）である。彼らの関心は，一方で国民経済規模の拡大と経済力の集中が生じ，他方で株式所有権の分散化が生じるなかで，近代企業の所有と支配の関係がどうなっていくのか，その実態の解明にあった。そのため，彼らは 1930 年前後のアメリカにおける非金融会社上位 200 社（資産ベース）を取

図序-1　バーリーとミーンズの「経営者支配論」

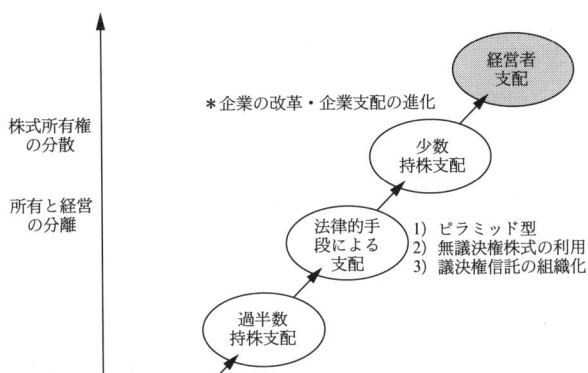

出所）筆者作成。

り上げ，各社の所有と経営について詳細な分析を加える。その分析結果を取りまとめたのが，『近代株式会社と私有財産』（Berle & Means 1933；北島訳 1958年）と題する本であった。そこで，まずこの本の要点を整理しておきたい（図序-1を参照）。

バーリーとミーンズは，所有と支配の相互関係に注目して，非金融会社上位200社を五つのカテゴリーに分類し，それぞれのカテゴリーが資産合計額に占める比率を計算している。具体的な分布は次のとおりである（*Ibid*., 邦訳第1篇第5章）。(1) 所有と支配が未分離のほぼ完全な所有もしくは個人所有（Private ownership：200社のうち企業数の6%，資産合計額の4%）。(2) 所有と支配の分離が始まる過半数持株支配（Majority control：同5%, 2%），(3) ピラミッド型支配，無議決権株式の利用，議決権信託の組織化のいずれかの法律的手段による支配（Control through a legal device：同21%, 22%），(4) 個人または集団が株式投資を通じて会社を事実上支配する少数持株支配（Minority control：同23%, 14%）。そして，(5) 株式所有権がきわめて分散しているため，所有から

切り離された経営者が企業を支配する経営者支配（Management control：同44％，58％），の五つがそれである。

　以上の観察結果から，バーリーとミーンズは，アメリカの大企業のうち半数近くが，すでに「所有と経営の分離」を特徴とする経営者支配に移っていることを明らかにした（*Ibid.*, 邦訳112-118）。同時にこの本で注目すべきは，彼らが(1)から(5)への移行を，近代株式会社をとりまく法律的手段の整備に対応した「企業支配の進化」(the evolution of control) と捉え，しかもその移行を不可逆的な動きとみなした点にあった。そして，この見解は「経営者支配企業の優位」仮説として，その後の研究者にも引き継がれていく。

　その代表例は，ハーマン（E. S. Herman）の研究に見いだすことができるだろう（Herman 1981；松井訳 1986年）。彼は，バーリーとミーンズと同様の手法を用いながら，1970年代半ばのアメリカの最大非金融会社200社の克明な実態調査を行い，1930年代と比べて経営者支配企業の絶対的な優勢と家族支配型企業の没落を主張した。その理由として彼が掲げたのは，①企業の巨大化にともなう株式所有の分散化，②巨大企業における同族経営の新規参入の困難化，③企業統合・買収（M&A）をつうじた資本集中運動の進展，④家族内部での株式持ち分の分散や家族内の抗争，の四つである。これらの理由を指摘したあとハーマンは，アメリカ巨大企業においては，「家族支配型企業の後退はいまや歴史的事実である」とまで断言した（*Ibid.*, 79-82）[2]。

2）経営者資本主義論と経営組織論アプローチ

　一方，バーリーとミーンズと同様に，個人所有支配から経営者支配への移行に着目し，これを家族資本主義（family capitalism）から経営者資本主義（man-

---

[2] もちろんこうした議論に対しては，アメリカ大企業における家族支配の存続を主張したバーチ（Philip H. Burch）などの注目すべき研究もある。バーチ（Burch 1972）は，バーリーたちと同様の調査を製造業・鉱業の上位200社について実施し，1930年代末には40％から50％の企業が家族の支配下にあったと，まったく異なる結果を導き出した。また，1965年のデータを使った調査では，その比率は低下したものの，上位200社のうち36％の企業が依然として「家族支配企業」(family-controlled firms) であったと報告している。なお，バーチの研究の紹介と批判は，平田（1975年）が優れている。

agerial capitalism)への移行であると主張したのが,チャンドラー (Alfred Chandler, Jr.) の一連の研究である[3]。もっとも彼は,バーリーたちの議論と違って,所有の分散をそれほど重視しない。むしろ彼が重視するのは,「所有と経営の分離」ではなく,近代産業企業における「所有と経営体制の相互関係」のほうである (Chandler 1986, 38)。とりわけ彼は,産業資本主義のもとでは,経営階層組織 (managerial hierarchies) の発展が不可欠であることを強調した (Chandler 1977;鳥羽・小林訳 1979 年)。

チャンドラーの議論は,個別企業を所有主の属性と経営階層組織の発達の度合いに応じて,三つの類型に分けることから出発する。具体的には,①個人企業 (personal enterprise),②企業者企業 (entrepreneurial enterprise)・同族支配企業 (family enterprise),③経営者企業 (managerial enterprise),の三つがそれである。①の個人企業と②の同族支配企業を区別したのは,個人企業がかつて支配的であったイギリスの事例を意識したからであり,②の中で企業者企業と同族支配企業を区別したのは,創業者の時代(企業者企業)と世代交替後の後継者の時代(同族支配企業)を峻別するためであった (Chandler 1976)。そして,産業資本主義段階を特徴づけるのは,もはや個人企業や同族支配企業ではなく経営者企業であることを,アメリカ,イギリス,ドイツの三つの基準年における産業大企業 200 社の分析を通じて明らかにしたのが,大著『スケール・アンド・スコープ』(Chandler 1990;安部ほか訳 1993 年) であった[4]。

この本の中で,彼は次のように述べている。すなわち,産業資本主義段階の

---

[3] チャンドラーは,家族企業 (family firm) を次のように定義している。「若干の企業においては,企業の創設者である企業家とその親しい友人たち(および家族)が,その株式の大多数を保持しつづけた。彼らはその管理者たちと密接な個人的関係をもち,そして,トップ・マネジメントの意思決定,とりわけ金融政策,資源配分および最高経営者の人選に関して,強大な発言力を保有していた。このような近代企業を企業者ないし家族企業と名づけ,かかる企業によって支配される経済あるいはその部門を,企業者資本主義あるいは家族資本主義 (family capitalism) の体制と考えることができる」(Chandler 1977, 9;邦訳上巻 16)。

[4] アメリカは 1917 年,30 年,48 年の 3 基準年における総資産額で測った最大産業企業 200 社,イギリスは 1919 年,30 年,48 年の 3 基準年における株式時価総額で測った最大産業企業 200 社,ドイツは 1913 年,29 年,53 年の 3 基準年における総資産額で測った最大産業企業 200 社が,それぞれ分析の対象となっている (Chandler 1990, 邦訳 546-645)。

図序-2 チャンドラーの近代産業企業と「経営者資本主義論」

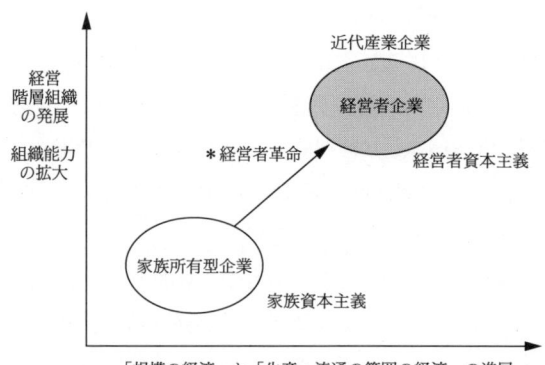

出所) 筆者作成。

　企業家は，第1に規模の経済と範囲の経済を十分に利用できるほどの大規模な生産設備への投資，第2に全国的・国際的なマーケティング・流通網への投資，そして第3に生産と流通を監視・調整し，あるいは将来の生産と流通のために計画を立案し資源を配分する役割を果たす経営者（俸給経営者）への投資もしくはマネジメントへの投資，の三つが必要である。そして，このマネジメントへの投資こそが，じつは近代産業企業を特徴づけるもっとも重要な要件であると主張した（*Ibid*., 邦訳 6-7, 18）。そこで，チャンドラーの議論を図序-1に対比させて整理すると，図序-2のように描くことができるだろう。縦軸には「所有と経営の分離」に代えて「経営階層組織の発展」を，横軸には「規模の経済と範囲の経済の進展」をとることができる。

　チャンドラーが提唱した経営者資本主義論は，その実証研究の緻密さ，斬新な国際比較の視点，そして明快な理論的枠組みのゆえに，世界各地の企業経営史研究者や日本の財閥研究者に多大な影響を与えた。例えば，日本経営史学会がその創立10周年を記念して，欧米の経営史研究者と協力しつつ1974年から開始した定期的な経営史国際会議（通称，富士コンファレンス）は，そのひとつであろう（経営史学会編 1985年）。とりわけ，この富士コンファレンスが，通算10回目の会議（1983年）で，日本の財閥を「家族企業」という広いパー

スペクティブの中で本格的に取り上げた点が重要である。つまり、"Family Business in the Formative Era of Big Business : Its Ownership and Management" という共通論題を設定し、チャンドラーが提唱する経営者資本主義論を強く意識しつつ、日本に特異と思われた「財閥」の企業経営組織の特質を、国際比較研究の視点から改めて位置づけ直す作業を行ったのである（Okochi and Yasuoka eds. 1984）。

もうひとつ、経営者資本主義論が、欧米諸国の研究者による「ファミリービジネス研究」を活性化させる契機になった事実にも注目しておきたい。というのも、チャンドラーが先の『スケール・アンド・スコープ』で、アメリカの「競争的経営者資本主義」（Competitive Managerial Capitalism）に対比させて、ドイツを「協調的経営者資本主義」（Cooperative Managerial Capitalism），イギリスを「個人資本主義」（Personal Capitalism）と定式化したことが、ヨーロッパの企業経営史家を刺激し、チャンドラーの単線的で収斂的な企業発展モデルに対する批判を喚起したからである。刊行間もない1990年の *Business History Review* における、ロイ・チャーチなどの同書に対する「書評コロキアム特集」（Church et al. 1990）の企画は、チャンドラーの明快な収斂モデルに対する関心と、個々の国における大企業の発展パターンの固有性への執着という、企業経営史研究者のアンビバレントな態度を示す格好の事例であろう[5]。

例えば、森川英正はチャンドラーがアメリカモデルの構成要件とした三つの特徴、すなわち、①国内市場の地理的かつ持続的な拡大、②技術革新の継続、③大企業に有利な企業法制の整備という三つの特徴を、経営者資本主義を生成させる条件と同一視することに疑問を呈し（*Ibid.*, 720-721），ヒューズやチャーチは、チャンドラーが単体としての大企業とその中での経営管理組織にのみ関心を向け、大企業の発展を規定する企業横断的な経営環境や経営組織以外の要因（各国の法律、労働市場、利用可能な資源など）を軽視したことを批

---

[5] この特集は70頁近い大部なもので、寄稿したのは、アメリカ（Thomas Hughes），イギリス（Roy Church），ドイツ（Jürgen Kocka），日本（森川英正）の4ヶ国の企業経営史家と、3名の経済学者（Frederic Scherer, Neil Fligstein, Albert Fishlow）である。チャンドラー自身も長文のコメントを寄せている。

判した (*Ibid.*, 700, 705-706)。

　チャンドラーの仮説提示は，彼のモデルが妥当であるかどうかの検証からさらに発展して，経営者資本主義に先行する「家族資本主義」とはそもそも何かという，新しい問題提起を惹き起こした。例えば，1993年10月号の *Business History* (第35巻) が，「家族資本主義」そのものを分析の対象とする特集を組み，この特集と同時並行的に，ジョーンズとローズが『家族資本主義』と題する本を刊行したのは，その最たる例である (Jones and Rose eds. 1993)。さらに，1995年になると，ローズの目配りのきいた『リーディングス・ファミリービジネス』の刊行が続く (Rose ed. 1995)。この本では，各国の大企業が必ずしも経営者企業に向かっていないこと，ファミリービジネスはそれなりのヴァイタリティと競争力を維持しながら，かつ多様な組織形態 (divergent forms of family enterprise) をとっていることが強調された (Church 1993, 26-29)[6]。

　ただし，1990年代に盛んになされた「ファミリービジネス論」は，1950年代までの欧米諸国の家族企業や戦前日本の財閥の歴史的研究に，もっぱら重点を置いていた事実に注意する必要がある。欧米諸国と日本以外の国，とりわけ発展途上国のファミリービジネスに関する研究はきわめて少なく，仮に取り上げたとしても，補完的な地位にとどまっていた。ファミリービジネスの存在を後発国の工業化と関連させて議論する視点は，ほとんどなかったのである。例えば，先に紹介したローズ編の『リーディングス・ファミリービジネス』は，28本の収録論文のうち中国に3本，インドとパキスタンに各1本の論文をあてている。しかし，このうち中国に関する論文のすべてが歴史研究であった。後発工業国を正面から扱ったものは，レフの論文「発展途上国の産業組織と企業家精神――経済グループ」(Leff 1978) を数えるのみだったのである。

---

[6] チャーチ (Church, 1993) が家族企業（ファミリービジネス）論の論点として掲げたのは，次の7点である。①家族企業論の仮説とその適用可能性，②所有・支配・財務戦略，③家族企業の動機づけ，④家族企業の多種多様な形態，⑤継承の問題 (succession)，⑥組織の適応性とビジネス文化，⑦家族企業と経営者資本主義。

3) アジア通貨・金融危機とコーポレート・ガバナンス論

　むしろ，発展途上国や中進国のファミリービジネスに対する関心は，従来の経営史学や企業者史研究の流れとは別のところから，つまり「上場企業を規律づけるのはだれか？」を問うコーポレート・ガバナンス論から生じた。転機となったのは，1997年にタイで勃発し，その後「伝染病」のごとくアジア諸国に波及した通貨・金融危機である。

　アジア通貨・金融危機については，その原因をめぐって国際資金短期移動説，資本収支原因説などさまざまな議論が展開された（末廣 2000年a，第4章；吉冨 2003年）。そうした中で，IMF・世界銀行やこれに繋がるエコノミストたちは，その原因を各国の金融制度と企業経営の「アジアに固有の制度的脆弱性」に求めた（World Bank 1998；1999）。その際に非難の標的となったのが，政治家と癒着し，銀行借入に過度に依存し，コーポレート・ガバナンスに無頓着なアジアの地場企業，つまりファミリービジネスであった。その結果，アジア諸国をはじめ世界各国の大企業（とくに上場企業）の所有と経営に関する調査が開始され，世界各地でファミリービジネスや家族所有企業が，依然として広範に存在している事実が浮き彫りになる。

　この時期の研究の成果と手法をみるために，世界銀行の委託でアジア諸国の企業を調査したクレッセンズたちの研究（Claessens et al. [CDL] 1998；1999）と，世界各国の上場企業の所有形態を企業法制との関連で整理したラポルタたちの研究（La Porta et al. 1999）の二つを紹介しておこう。この二つの研究は，上場企業に対象を限定していることと，企業の所有形態を分類するにあたって「究極の所有主アプローチ」（ultimate owner approach）という分析手法を使っている点で共通している。

　ここで「究極の所有主アプローチ」と呼んでいるのは，発行済み株式の一定比率（例えば，10％，20％，40％など）を基準にして，ある上場企業をだれが究極的に所有しているのかを特定する方法である。例えば，20％カットオフ基準を採用すると，20％以上を単独で所有するいかなる株主も存在しない場合を，まず「分散所有型企業」（widely-held various group type）として定義し，それ以外を究極の所有主の属性に応じて，「家族所有型」，「国家所有型」，「金融機関

表序-1 アジア9ヶ国・地域とヨーロッパ5ヶ国の上場企業における究極の所有主
(20%カットオフ基準, 1997/98年データの調査)

(単位:%)

国・地域	企業数	分散所有型	家族所有型	国家所有型	金融機関所有型	事業会社所有型
韓国	345	43.2	48.4	1.6	0.7	6.1
香港	330	7.0	66.7	1.4	5.2	19.8
台湾	141	26.2	48.2	2.8	5.3	17.4
フィリピン	120	19.2	44.6	2.1	7.5	26.7
タイ	167	6.6	61.6	8.0	8.6	15.3
マレーシア	238	10.3	67.2	13.4	2.3	6.7
シンガポール	221	5.4	55.4	23.5	4.1	11.5
インドネシア	178	5.1	71.5	8.2	2.0	13.2
日本	1,240	79.8	9.7	0.8	6.5	3.2
フランス	607	14.0	64.8	5.1	11.4	3.8
ドイツ	704	10.4	64.6	6.3	8.3	3.7
イタリア	208	13.0	59.6	10.3	12.3	2.9
スペイン	632	26.4	55.8	4.1	11.5	1.6
イギリス	1,589	68.1	19.9	0.1	9.8	1.0

出所 1) アジア:Claessens et al. [CDL] (1999, 30).
2) ヨーロッパ:Faccio and Lang (1999).

所有型」,「事業会社所有型」にそれぞれ分類する[7]。

クレッセンズたちが「究極の所有主はだれか?」という観点から,アジア諸国とヨーロッパ諸国において実施した調査の結果を整理したのが,表序-1である。表から分かるように,「分散所有型企業」が支配的である国は,アジアでは日本,ヨーロッパではイギリスのみであった。むしろ,表から分かる印象的な事実は,地域を問わず「家族所有型企業」の比率の高さであろう。ラテンアメリカ諸国については類似の調査がないが,「家族所有型企業」が支配的であると考えて差し支えない[8]。いずれにせよ,「分散所有型企業」が支配的な国は,イギリス,日本,そして表には示されていないアメリカの3ヶ国のみであり,それ以外の国では,国民経済規模や社会構造の違いを超えて家族所有型企

---

[7] 「究極の所有主アプローチ」については,Claessens et al. [CDL] (1999, 6-8, 30), 末廣・ネーナパー (2002年, 327-330) を参照。

[8] ラテンアメリカの企業の所有構造とファミリービジネスの広範な存在については,星野編 (2002年), 同編 (2004年) に収録されているメキシコ,ベネズエラ,ブラジル,チリ,ペルーの国別実証研究が参考になる。

業，つまりファミリービジネスが重要な地位を占めている事実を，彼らの調査は明らかにした。

　一方，ラポルタたちは，一人当たりGDPでみて先進的な27ヶ国（27 richest economies）を抽出し，各国の上場企業のうち上位20社（株式時価総額）について，クレッセンズたちと同様に「究極の所有主アプローチ」による企業分類を試みている。もっとも，彼らの研究は，27ヶ国を「企業法制が進んでいる国」（少数株主の権利を法的に保護している国）12ヶ国と，そうでない国15ヶ国の二つに分けている点と，企業の所有形態を「家族もしくは個人所有型」，「国家所有型」，「分散型で金融機関所有型」，「分散型で事業会社所有型」，「その他」の五つに分類している点で，クレッセンズたちの研究とは異なっている（Ibid., 476-477）。

　「20%カットオフ基準」による彼らの調査では，27ヶ国の平均は，家族もしくは個人所有型が30%，国家所有型が18%，2種類の分散所有型が計36%，その他が15%であった。家族もしくは個人所有型の比率が高いのは，メキシコ（100%），香港（70%），アルゼンチン（65%）など非欧米系の中進国・地域であり，低いのはイギリス（0%），オーストラリア（5%），日本（5%），アメリカ（5%）であった（Ibid., 492）。サンプル数に違いがあるため，クレッセンズたちの調査結果と数字の面で大きな開きがある場合もあるが（韓国など），イギリス，日本，アメリカの3ヶ国で「家族所有型」の比重がきわめて低いという点では，共通の結果を導き出している。

　以上二つの研究成果をみる限り，ファミリービジネスの存在は，アジア・ラテンアメリカ諸国でもヨーロッパ諸国でも広範にみられる現象であったということができる。別言すれば，経営者支配論や経営者資本主義論の想定に反して，近代産業資本主義の段階に達しても，ファミリービジネスは依然として存在しているのである。ただし，クレッセンズやラポルタたちは，この問題を正面から問うことはしない。ファミリービジネスの存続を，もっぱら企業金融（株式市場＝直接金融）の未発達や企業法制の未整備という，企業経営の外にある制度的要因に求めるからである。その点に限っていえば，彼らの議論も株式会社支配論と立場を同じくしていたといえよう。

ところで，以上のファミリービジネス論の三つの流れをみてみると，いずれの議論も発展途上国や中進国，すなわち後発工業国の企業組織を，各国の工業的発展と関連させて正面から取り上げていないことが判明する。むしろ，この問題に取り組んできたのは，発展途上国（中進国）の各国の企業組織を，「地域研究」の立場から個別に検証し，紹介する一連の実証研究であった[9]。したがって，家族企業やファミリービジネスを「歴史的存在」とみなす従来の経営史的アプローチや，「遅れた企業組織」とみなすコーポレート・ガバナンス論と，ファミリービジネスを重要な経済主体とみなして，後発工業国の実態を紹介してきた地域研究アプローチとの間には，大きなギャップが存在するといわざるをえない。このギャップを埋める作業が，本書の大きな課題となる。

2 ファミリービジネスの概念と定義

1) ファミリービジネスの二つの類型

以上第1節では，ファミリービジネスという概念を特定しないまま，議論を進めてきた。そこで本節では，第1に本書全体で使うファミリービジネスの概念とその範囲を定義し，第2に第2章以下で問題にするファミリービジネスと「経営者企業」の区別を，明確にしておきたい。

本書では，ファミリービジネスを次の二つの類型からなるものと定義する（図序-3を参照）[10]。ひとつは，特定の家族・同族が事業の所有と経営の双方を排他的に支配し，それらが生み出す果実を家族・同族成員の内部にとどめようとする企業組織である。もうひとつは，複数の家族が，同郷，同業，同窓（学校）などの人的つながりを契機に共同で出資し，その果実を出資額に応じて配

---

[9] 「地域研究」の立場から発展途上国のファミリービジネスや「財閥」を取り上げた研究には，インドの伊藤（1969年；1998年a；1998年b），三上（1993年），韓国の服部（1984年；1987年；1994年），台湾の沼崎（1989年），フィリピンの小池賢治（1984年；1991年），タイの末廣（1984年；1993年），インドネシアの佐藤百合（1992年；1993年），メキシコの星野（1988年a；1988年b；1997年）などがある。また，初期の共同研究の成果としては，米川編（1981年），伊藤編（1983年），Nakagawa and Yang eds. (1989)，小池・星野編（1993年）を参照。

[10] 以下の議論は，東京大学社会科学研究所の中村尚史氏との議論から示唆を得た。

図序-3　ファミリービジネスの概念とその範囲

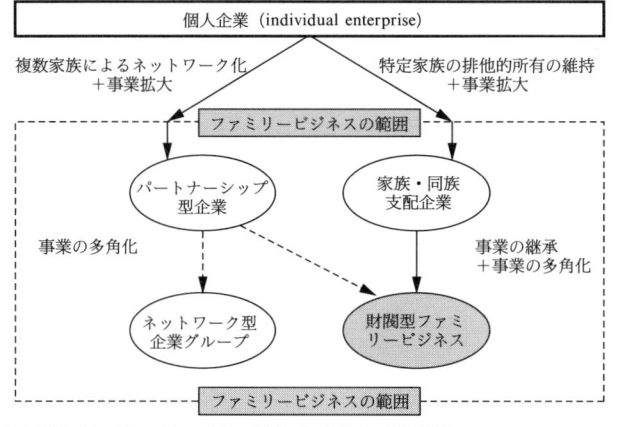

注）筆者作成。実線は発展経路，破線は部分的発展経路を指す。

分するパートナーシップ型の企業組織である。

次に，家族・同族支配企業（family enterprise）の事業が世代を超えて継承され，その事業規模・範囲・構成が巨大化し，多角化し，垂直統合的にグループ化していったものを，「財閥型ファミリービジネス」と定義する。したがって，財閥は日本に固有の企業組織ではなく，ファミリービジネスを構成するひとつの企業組織と理解する。もっとも，日本では「財閥」の定義をめぐって，安岡・森川論争をはじめ，数多くの議論が存在する。ここではそうした議論も加味したうえで上記の定義をとることにした[11]。

一方，パートナーシップ型企業（partnership-type enterprise）の複数出資家族が事業を多角化させ，水平的なつながりをもった企業群を所有・経営する場合には，これを「ネットワーク型企業グループ」と呼ぶことにしよう。このようなネットワーク型企業グループは，台湾の「関係企業」（本書の第1章），戦前日本の地方における有力家族による企業グループ[12]，インドネシアの同窓を基盤とする企業グループ（佐藤百合 1993年）などに，容易に見いだすことができる。なお，パートナーシップ型企業には，ネットワーク型企業グループに発展する場合とは別に，特定の出資家族が事業多角化の過程で所有を集中してい

き，財閥型ファミリービジネスへと発展する場合もある。本書の第7章で紹介するタイの金融コングロマリットなどは，その典型的な事例であろう。

本書では，必要に応じてパートナーシップ型企業グループも取り上げるが，主として対象とするのは，家族・同族支配企業とその発展形態である財閥型ファミリービジネスの方である。その理由は，本書の分析の目的が，タイという後発工業国の工業化の「担い手」として，規模の大きいファミリービジネスに注目していること，そして，そのようなファミリービジネスの大半が，タイの場合には特定家族が所有・経営する財閥型ファミリービジネスであったことによっている[13]。

2）家族企業と経営者企業の区別

次に，株式会社支配論や経営者資本主義論が中心にすえている経営者企業と

---

[11] 以下，日本における財閥の定義を紹介しておく。安岡重明は「財閥とは家族または同族によって出資された親会社（持株会社）が中核となり，それが支配している諸企業（子会社）に多種の産業を経営させている企業集団であって，大規模な子会社はそれぞれの産業分野において寡占的地位を占める」（安岡 1976年，14）と定義する。一方，森川英正はこれでは地方の財閥や「二流財閥」が対象から外れるとして，「富豪の家族ないし同族の封鎖的な所有支配の下に成り立つ多角的事業経営体」（森川 1980年b，2）と定義づけた。ただし，森川の定義に対しては「財閥概念の無限定的拡散につながる」との批判が寄せられ（武田 1982年，119），現在では，①家族・同族による支配（封鎖的支配に限定しない），②多角的な事業，③寡占的地位，の三つを条件とする定義がほぼ定着している。例えば，石井寛治の「同族支配下にある独占的地位を持つ多角的事業経営」，山崎広明の「中心的産業の複数部門における寡占的企業を傘下に有する家族を頂点とした多角的事業形態」といった定義がそれである（安岡 1998年，264）。なお，日本の財閥の定義をめぐる議論については，安岡（1976年；1998年，第13章），武田（1982年；1995年），橋本（1992年），橘川（1996年），中村尚史（2004年）を参照。

[12] 従来の財閥型企業グループとは区別すべき，日本の「ネットワーク型企業グループ」の検出については，玉城（1981年），和田ほか（1992年a；1992年b；1993年），中村（2004年）を参照。10ヶ国の大企業の役員兼任制を，「企業権力のネットワーク」という観点から国際比較したStokman et al.（1985；上田訳 1993年）も参照。

[13] 本書の付表1に掲げた220グループ・所有主家族（政府系企業グループを除いたファミリービジネスは215グループ）のうち，ネットワーク型企業グループと判定できるのは，ナチュラルパーク・グループ（X066），メトロ・グループ（X088），ワッタナウェーキン・グループ（X207）など，それほど多くはない。ファミリービジネスの歴史的展開を扱った，本書の第5章も参照。

ファミリービジネスはどこがどう違うのか。この問題に触れておきたい。ある企業において，所有から切り離された「俸給経営者」(salaried manager) が存在し，彼ら（彼女ら）が経営を支配している場合を，経営者企業と定義する。したがって，本書では「所有の分散」は経営者企業が成立する必要十分条件とはみなさない。「所有の分散」はしばしば経営者企業の成立を促す要件となるが，必要条件とはみなさないのである。この定義に従えば，仮に創業者一族が過半数以上の株式を保有していても，経営者企業は成立しえることになる。

　問題は経営の支配権のほうである。一般に経営に関する権限には，①企業の戦略と人事に関して最終意思決定を下す権限，②日常の業務に命令を下し執行する権限，③事業を内部から監督・管理する権限，の三つが考えられる。このうち，俸給経営者が①の権限をもっている場合を，本書では経営者企業と定義する。逆に言えば，仮に所有主家族以外の人物が，社長や CEO の地位に就任していたとしても，彼もしくは彼女が，所有主家族の意思に反して自ら決定を下すことができない場合には，経営者企業とはみなさない。もっとも，この点を客観的に判断することはきわめて難しく，当該企業やグループにおける取締役会の構成，取締役会と経営執行委員会とのメンバーの重複，事業拡大の決定プロセスなどの具体的な事実の検討にゆだねるしかない。この序章で確認しておきたいのは，トップ経営者における俸給経営者の存在が，ただちにファミリービジネスの経営者企業化を意味しないという点である。この点については本書の第 4 章で詳しく検討することにしたい。

　なお，本書の第 2 章では，ファミリービジネスを，①閉鎖型＝特定家族による排他的所有支配，②ハイブリッド型＝所有主家族と俸給経営者の混合，③オープン型＝経営者企業指向，の三つに仮に分類している。①は会長，社長/CEO などのトップ経営陣と取締役会メンバーの 3 分の 1 以上を所有主家族が支配している場合，②はトップ経営陣に俸給経営者が任命されているが，所有主家族がなお取締役会の 3 分の 1 以上を占めている場合，③はトップ経営陣に所有主家族が参加しておらず，取締役会のメンバーも 3 分の 1 未満の場合を，それぞれ指している。ただし，この分類はグループを集計する際の便宜的な基準であり，③のオープン型が経営者企業に本当に発展するかどうかは，所有主

家族の方針，中核事業が必要とする人材と技術の性格，外部労働市場の利用可能性によって，左右されるだろう。

3　ファミリービジネス論の課題

1) 論点の整理

　前節の定義を念頭に置きながら，ファミリービジネス論の課題は何かを考えると，ただちに次のような設問が頭に浮かぶ。すなわち，ある国でファミリービジネスはなぜ存続するのか？　産業資本主義段階を経てもなぜ発展するのか？　経済の自由化や通貨危機に対してファミリービジネスはどのように対応してきたのか？　ファミリービジネスは結局どこに向かっているのか？　などがそれである。本書では後発工業国であるタイをもっぱら事例とするが，上記の設問に応えるにあたっては，できるだけタイという国を超える分析枠組みと視点を確保するように努めた。本書で取り上げる主な論点は次の四つである。

　(1) 後発工業国の工業化の初期段階における，ファミリービジネスの存在の固有の論理とその経済的合理性は何か（存続の論理）。

　(2) 後発工業国，とりわけ中進国の仲間入りを果たした国でも，ファミリービジネスが発展を続けてきた理由は何か。ここでは，政府の政策と企業自身の経営改革に依拠したファミリービジネスの「経営的臨界点」の引き上げの試みが問題となる（発展の論理）。

　(3) 後発工業国，とりわけ中進国を取り囲む新たな環境，その中でも経済のグローバル化と自由化の進展のもとで，ファミリービジネスの間に何が起きているのか。ここではファミリービジネス内部の対応の違いと，新たな戦略にもとづく事業の再編が問題となる（二極分解の論理）。

　(4) 後発工業国において，ファミリービジネスは結局衰退し，経営者企業へと向かうのか，新たな活路を見いだすのか（ポスト・ファミリービジネス論）。

　最初の三つの課題については，第1章から第7章でテーマごとに検討し，四つ目の課題については，本書の終章で考えてみたい。

2) 存続——固有の論理と経済的合理性

　ファミリービジネス存続の議論を代表するのは市場の未発達，とりわけ情報の非対称性や取引コストの問題から，その経済的合理性を説明する議論である。例えば，カッソンは市場機構が未発達な国では，企業経営に必要な情報が市場を通じて十分取得できない。そのために，特定の社会集団（家族・同族・地縁組織）や地域コミュニティの内部で「信頼」（trust）にもとづく取引が発達し，これがファミリービジネスの存続に貢献したとする（Casson 1982）。

　同様にローズも，18世紀から20世紀のイギリスのファミリービジネスの事例を検討した上で，ファミリービジネスの存続と成功については，特定の地域内で価値を共有し，情報をプールする「信頼のネットワーク」（networks of trust）の中で，所有主家族が特別の地位を占めることができたかどうかが，決定的な意味をもったと主張した（Rose 1994）。そして，この「信頼のネットワーク」に支えられた，ファミリービジネスの目まぐるしい参入・退出の繰り返しと，所有主家族のあいだによる協調的な行動（co-operative activity）こそが，ヨーロッパ諸国の初期の工業化の重要な源泉になったと主張する（Rose ed. 1995, xxii）。もしそうだとすると，情報のやり取りが特定の社会集団や地域を超えて，市場を通じて自由になされるようになれば，ファミリービジネスは衰退することになる。彼らはこの点を明示していないが，暗黙の前提であったといって差し支えないであろう。

　以上の議論の脈絡の延長線上にあるのが，アジア，ラテンアメリカ，アフリカにおけるファミリービジネスの強固な存在を比較検討したレフの議論である（Leff 1978）。レフは，なぜ発展途上国では特定の家族のもとに所有と支配が集中し，かつ彼らが相互に結合した経済グループ（interlocking economic groups）を形成し，事業を多角化していくのかという問いを発し，市場が未発達のために経済の不確実性やリスクが高い環境のもとでは，特定の家族が所有支配する「多角的な企業集団」の形成は，稀少である人的資源や投資資金を最大限に活用するうえで，合目的的な企業組織であったと主張している。

　こうした議論に対して，ファミリービジネスもしくは家族企業の経営的優位性（合理性）を，経済の発展段階と企業組織の関連から，もしくは後発工業国

の工業化の担い手の観点から，よりポジティブに説明しようとしたのが，比較経営史の立場をとる中川敬一郎（1968年）であった。中川は，後発工業国が急速な成長や激しい経済変動に直面するとき，迅速で機動的な意思決定とフレキシブルな資金動員の双方が利用可能な家族企業は，工業化の一定の段階では経営面で優位性を発揮できると考え，「後進国工業化の主体的組織者」としてのファミリービジネスの役割に，新しい意味づけを行った（中川 1981年 ［1962年］；本書の第1章で後述）。一方，日本の財閥史研究者である安岡重明も，日本やインドでは，急速な工業化の必要性と企業機会の広さから，家族企業は欧米諸国のように専業化・統合化の道ではなく，多業種化の戦略をとったと捉え，そこに家族企業が「財閥」に発展する経営的根拠を求めた（安岡 1998年，291–294）。

もっとも，こうした立論を突きつめていくと，彼らの議論が，市場の未発達や工業化の初期段階といった特定の条件に，ファミリービジネスの経営的優位性や合理性を求めていることが判明する。逆に言えば，市場が整備され産業構造が高度化していけば，ファミリービジネスが国民経済に占める役割は次第に小さくなっていくことを，暗黙のうちに想定していた。その点では，株式会社支配論や経営者資本主義論の立場と大きく異なっているわけではない[14]。

しかし，経済の発展段階が進んでいく中でも，ファミリービジネスは引き続きアジアやラテンアメリカで存続し，それどころか工業発展の重要な担い手として活動を続けてきた。そこで，なぜさらなる発展を続けるのかという，新たな問いが浮上してくる。これに答えるのが「ファミリービジネスの経営的臨界点」という仮説である。

---

[14] この点に限っていえば，1990年代初めにアジア経済研究所の中に組織され，発展途上国の工業的発展とファミリービジネスやビジネス・グループが果たす役割の相互連関を問う研究会の成果である小池・星野編（1993年）も，同様であろう。ファミリービジネスの存続・発展・変容の独自の論理を，地域研究の観点から，より自覚的に検討し始めたのは，2001年に星野妙子たちが立ち上げた「ファミリービジネス国際比較研究プロジェクト」以降のことである（星野編 2002年；星野編 2004年；星野・末廣編 2006年）。

3）発展──継承の制度化と経営的臨界点の引き上げ

　ファミリービジネスには整理すると二つの大きな制約がある。ひとつは，家族・同族支配企業に固有の世代交替からくる制約である。もうひとつは，パートナーシップ型企業も含めたファミリービジネスが，事業を拡大し多角化する過程で直面せざるを得ない経営諸資源の制約である。

　世代交替に関わるひとつ目の危機は，仮に相続法などで「均分相続」が定められているため（そうでなくても），株式などの金融資産が相続者の間で分割され，「所有の分散」が生じる場合である。株式会社支配論で紹介したバーリーたちやハーマンが，創業者企業や家族企業の傾向的低落の根拠としたのが，この世代交替に伴う「所有の分散」仮説であった。

　二つ目の危機は，世代交替時における経営支配権をめぐる家族内部の対立と後継者の問題である（本書の第2章）。後者については，イギリスにおける19世紀末からの家族企業の衰退を論じたランデスの仮説，つまり，創業者の企業家精神が世代を経て弱まり，三代目になると企業経営そのものが縮小するか消滅するという「三代目の企業衰退説」が有名である（Landes 1965, 596）。一方，前者の家族内部の対立については，韓国における「現代グループ」の動きが示すように，創業者の死去が家族間の利害対立やグループの事業分割を引き起こしてしまう例は，現在でも決して少なくない（安倍2004年）。

　それでは，アジアやラテンアメリカのファミリービジネスは，二つの危機にどのように対応してきたのか。

　ひとつ目の「所有の分散」については，家族投資会社を設立して家族保有株式を集団的にプールするやりかた，グループ内企業の株式相互持合いとピラミッド型所有構造を組み合わせて，できるだけ少ない株式所有で経営支配を行使するやりかたなどをとり，「所有の分散」がただちに「所有と経営の分離」へと発展することを抑止することに努めてきた。一方，二つ目の「後継者の問題」については，「財産の相続」(the inheritance of property) と「事業の継承」(the succession of office) を明確に区分し，事業の継承については早くから長男を任命するなり，学歴・キャリア・能力などを判定基準にして後継者を決めるなりして，「継承の制度化」を図ってきた事実が重要である（星野編2004

年)。

　さてもうひとつのファミリービジネスの制約，つまり経営諸資源の制約は，基本的に三つの側面に分けることができる。第1は，巨額化する投資資金をどのように調達するのかという資金の制約，第2は，事業範囲の拡大や企業組織の複雑化に応じて必要となる専門家や経営管理者層をどのように確保するのかという人材の制約，第3は，事業の拡大や多角化のもとで必要となる新しい生産技術や製品知識をどのように取得するのかという技術・知識の制約，の三つがそれである。こうした三つの制約は，そもそもファミリービジネスの本来的性格に起因する限界ではなく，ファミリービジネスが事業規模を巨大化させ，事業範囲を多角化させていく過程で，つまり「財閥化する」過程で顕在化する制約である。ここではこうした制約を一括して「経営的臨界点」と呼んでおきたい（本書の第3章）。

　臨界点というのは，物質がその本来の性質を変えてしまう物理学的な境界点を指す。したがって，ファミリービジネスは，臨界点を越えることはできないが，自らの主体的な努力や外部環境への対応を通じて，境界点を上に引き上げることが可能である。じつは，後発工業国（中進国）においてファミリービジネスが発展を遂げてきた大きな理由は，この経営的臨界点の引き上げにこそあった。

　第1に，資金の制約については，グループ内の企業間相互信用や銀行借入を活用し，さらにローカルの資本市場が発達すると，傘下企業の一部を上場し，巨額化する投資資金をまかなった。第2に，人材の制約については，何よりも創業者一族の新世代が，海外留学などで専門的な経営知識を身につけ，さらにグループ内企業で訓練と経験を積むことで，「脱アマチュア経営者化」していった事実が重要である（本書の第4章）。また，家族外からスペシャリストを登用し，企業経営組織も事業部制を導入するなど，経営改革を進めていった。第3に，技術・知識の制約については，外国企業との合弁事業や政府の支援がファミリービジネスの臨界点を上に引き上げていった事実に注目すべきである。

　このようにファミリービジネスは，国民経済の発展段階のもとで，所有と経

営を排他的に支配する伝統的な企業形態にとどまっていたのでは決してなく，変化する経済環境への対応や自主的な経営改革を繰り返すことで，変容を遂げてきた事実が重要であろう。企業の組織形態が進化するのではなく（株式会社支配論），ファミリービジネス自体が「進化」しているのである。

ただし，経営的臨界点の引き上げが可能となり，ファミリービジネス自身の主体的な対応が事業の拡大や多角化に結びつくためには，一定の条件が不可欠となる。国内市場と地場企業が保護され，政府が政策的手段を使って市場に介入することが許されるという条件がそれであった。特定産業における寡占的地位の享受，政府による税制面での恩典供与，外国企業との合弁事業の活用などは，国内市場の競争を制限することで初めて成り立つ条件であろう。ところが，アジア諸国では，1980年代末から強まる経済の自由化方針，1997年に勃発した通貨・金融危機，そしてその後に政府が実施した一連の制度改革が，まさにこうした条件を根底から掘り崩すことになる[15]。

4）二極分解――グローバル化・経済自由化への対応

通貨・金融危機が，アジア各国のファミリービジネスに与えたインパクトは次のようなものである。

第1に，外貨建ての銀行借入にもっぱら依存して事業の多角化を進めてきたファミリービジネスは，現地通貨の切り下げや金融危機を契機に深刻な過重債務に陥り，債務の再構築と同時に，事業の見直しと再編を迫られた。第2に，経済の自由化（金融の自由化，外国直接投資の自由化）は，経済のグローバル化現象と重なって，外国企業との間に激しい競争を引き起こした。第3に，危機後に国際機関の指導を受けて導入された金融制度改革や，「グッド・コーポレート・ガバナンス」概念にもとづく企業改革は，ファミリービジネスにその企業経営の再編を迫った。政府はもはやファミリービジネスの保護者・支援者ではなく，これを監視する機関へと変わったのである。

---

[15] ラテンアメリカ諸国の場合には，アジア諸国と違って，まず1980年代初めに債務累積危機が発生し，その後，経済の自由化措置や国営企業の民営化が実施され，これが地場企業に大きなインパクトを与えた。この点については，星野編（2002年）を参照。

以上の三つを契機として，ファミリービジネスは文字通り岐路に立たされている。簡単に言えば，上記の新しい国内外の環境に適応できるグループと，適応できないグループの間で，「二極分解」が生じつつあると筆者は考える。二極分解のなかで「生き残り組」に共通してみられる特徴は，①俸給経営者のより積極的な登用，②「選択と集中」の戦略にもとづく事業基盤の再編（多角化・多業種化路線の修正），③政府の制度改革に呼応した企業組織の改革，の三つであった（本書の第3章）。

それでは，グローバル化，経済自由化の時代のファミリービジネスは，どのような企業形態をとるのか？　株式会社支配論や経営者資本主義論が想定したように，ファミリービジネスは衰退していき，ファミリービジネス以外の経営者企業に道を譲るのか？　それとも，ファミリービジネスの中核企業が，外部の圧力と内部の改革を通じて，自ら経営者企業へと脱皮するのか？　さらには以上の二つの道とは違う，まったく新しい企業形態をとるのか？　この点の展望については，最新のデータを利用しながら本書の終章で取り上げたい。

第Ⅰ部

所有構造と経営体制

第1章

後発工業化論

工業化の「担い手」としてのファミリービジネス

はじめに

　タイにおける大企業の所有と経営の実態について，初めて分析のメスを入れたのは，タンマサート大学経済学部のグルークキアット（Kroekkiat Phiphatseritham）である。彼が大企業の所有構造に関心を向けた背景には二つの理由がある。

　ひとつは，1973年の「10月政変」（軍事政権の倒壊）以降，タイの政治体制が軍・官僚の支配する官僚政体（bureaucratic polity）から，実業家がより政治に大きな影響を与える体制に代わりつつあることを実証する点にあった。その背後には，実業家出身の国会議員や閣僚の台頭が，タイの民主化を真に促すのかどうかという隠された関心があった（Kroekkiat 1982a）。もうひとつは，商業銀行，農産物輸出，製造業の各分野で進みつつあった経済力集中の実態と，これらの集中を牽引している資本家はだれかという，政治経済学的な関心である。以上二つの関心から，彼は商務省商業登記局が所蔵する企業の株主名簿や株主総会記録に着目し，厖大な企業データを整理する。その結果をとりまとめたのが，1982年に刊行された『タイにおける大企業の所有構造に関する分析』（Kroekkiat 1982b）と題する報告書であった[1]。

　この報告書が画期的であったのは，彼が所有主家族ごとに詳細な傘下企業のリストを作成し，家族ごとの経済規模（売上高と総資産額）の相互比較，分野ごとにおける経済力の集中度（市場占拠率），家族間の姻戚関係に関する豊富

な情報を提供した点にある。彼が掲載した所有主家族は合計113，傘下企業数は1382社に達する（Ibid., 377-460）。それまで，タイの商業銀行や大手製造企業が，特定の家族によって所有されていることは断片的には知られていたものの，客観的に実証したのはこの報告書が初めてであった。そして，彼はタイ経済を牛耳るこれらの家族を「コ・グルム」(ko klum) と呼んだ。直訳すれば「まとまりのあるグループ」となるが，本書でいう「財閥型ファミリービジネス」とほぼ重なる。

一方，「ファミリービジネス」という言葉をタイに定着させたのは，経営専門月刊誌である『月刊支配人』(Phu Chatkan Rai-duan, 83年創刊) が組んだ特集号である。同誌は，1988年8月・9月の2回にわたり，ビール製造のブンロート・グループ，繊維のスックリー・グループ，消費財のサハ・グループなど計12の企業グループを選んで，その所有主家族の構成，政治家や他の有力家族との人的コネクション，事業拡大のプロセスについて紹介を行った。その時のカバータイトルとして編集部が選んだのが，「家族事業」(thurakit khrop-khrua)，つまりファミリービジネスである（Phu Chatkan Rai-duan ed. 1988b, 57-181；1988c, 89-189）。そして，同誌の編集部はそれ以降，毎号のように主要な企業グループを「家族事業」の観点から取り上げていく。したがって，1980年代には，大規模なファミリービジネスの存在とその経済的支配については，研究者の間だけではなく，ひとびとの間でも広く知られるところとなった[2]。

しかし，グルークキアットの研究は，1979年を基準年とする詳細な所有主家族別の企業リストを提供したものの，ファミリービジネスが一体どのような環境と条件のもとで事業を拡大し多角化させてきたのかには，ほとんど触れていない。この点はグループごとのエピソードの紹介には富むが，学術研究を目的としない『月刊支配人』の場合でも同じである。というよりも，当時のタイには，ローカルの大企業を経営史や企業者史の観点から分析するという発想そ

---

[1] グルークキアットの報告書は，最初1981年にタンマサート大学タイカディ研究所からタイプ版（本編440頁，資料編137頁）として印刷され，翌82年に改訂のうえタンマサート大学出版会から本（461頁）として刊行された。この報告書が1980年代以降のタイ研究に占める位置づけについては，末廣・東編（2000年，第1章）における筆者の論稿を参照。

のものがなかった。そこで，筆者は1981年から83年にチュラーロンコン大学社会調査研究所（CUSRI）に滞在した機会を使って，グルークキアットが基準年とした1979年をベースに，商業登記局で外国企業を含むより広範なデータの収集につとめ，タイの工業発展とファミリービジネスを含む企業の役割に関する分析を試みた[3]。

　本章では，このときの企業調査とその後の調査をベースに，タイではなぜ，大企業の中でファミリービジネスが存続し，かつ事業の多角化を進めていくのか，その発展の論理を，後発工業国論の観点から検討してみたい。ただし，調査の対象とした時期は，第2章以下と違って1990年代初めまでである[4]。

　本章の構成は以下のとおりである。第1節では，ファミリービジネスに関して示唆的ないくつかの議論を，社会学的アプローチや中国における企業組織に関する議論も含めて紹介・整理し，本書の視点を明らかにする。第2節では，1979年と88年の2時点におけるタイの大企業（売上高ベース）のデータを使って，大企業の所有と経営に見られる特徴を明らかにし，「財閥型ファミリービジネス」の広範な存在とその特徴を確認する。次いで第3節では，彼らの事業拡大のメカニズム，とくにグループ化と事業多角化（コングロマリット化）の動きを，企業の戦略と行動，工業化の後発性の条件，華人系所有主家族の「家産の保全」論理という三つの側面から検討する。そして最後に，「近代的ファミリービジネス」の概念について言及する。

---

[2] 支配的なファミリービジネスに関する「Who's Who」的な調査とその紹介は，その後，雑誌『マートゥプーム・トゥラキット誌』が編集した大規模企業集団に関する2巻の特集号（Marthuphum Thurakit ed. 1986），経営コンサルタント会社であるターラーサイアム社による所有主家族別の企業情報集（Tara Siam Business Information Ltd. ed. 1993b；1996），これを引き継いだ米系投資コンサルタント会社であるブルーカー・グループの150所有主家族に関する企業情報集（The Brooker Group PLC ed. 2001；2003），フリーのジャーナリストであるタナワットがタイ語紙『クルンテープ・トゥラキット』に毎週連載していた「55有名家族（座山）」をとりまとめた2冊本（Thanawat 2000a；2001a），アティワットの財閥紹介（Athiwat 2004），ウィチャークの華人系リーダー33名の紹介（Wijak 2004）などとして刊行され，現在ではかなりの情報集積がなされている。

[3] このときの調査結果をまとめたのが，Suehiro（1985；1989），末廣（1984年）である。商務省商業登記局での調査の苦闘については，末廣（2006年）の中で紹介しておいた。

[4] 本章のベースになっているのは末廣（1993年）である。

1 ファミリービジネス論の視角

1) 家族資本主義論

　序章で紹介したように，家族資本主義から経営者資本主義への移行を説いたのはチャンドラーである。彼は，産業資本主義の発展に伴い家族企業は衰退し，これに代わって官僚制的な経営管理組織を発展させた近代産業企業が登場すると主張した。これが有名な経営者革命論 (Managerial Revolution) である (Chandler 1977，邦訳上巻 16-19)。この経営者革命論を継承しつつ，「現代アメリカ社会を支配しているのはだれか？」という問題を，資本主義の発展段階と関連させて大胆に展開したのが，ユシーム (Michael Useem) のインナー・サークル論であった (Useem 1984；岩城・松井監訳 1986 年)。彼は，まず資本主義の発展過程を，家族資本主義，経営者資本主義，制度資本主義の 3 段階に区分する。そして，それぞれの段階について上流階級原理，企業原理，階級的原理という，三つの組織原理を対置する。

　家族資本主義は，親族関係と企業の所有・支配が一致し，世襲的婚姻が企業合併の一手段となるような体制を意味する。そこで支配的な組織原理は，上流階級の結合であり，富裕な家族はしばしば土地貴族化し，「反工業」的な立場をとるようになると，彼はみる[5]。ところが，企業規模が拡大し，専門職としての経営者と複雑な職能別階層組織が形成されるにつれ，日常的な意思決定と，より高度な意思決定の双方が，創業者家族から訓練された経営者へと移行していく。経営者資本主義の形成がそれであるが，企業レベルでは次のような特徴が現れる。「主要な関心事は，もはや，かつてその企業を設立し支配していた上流階級家の財産の保全 (preservation of the fortunes) ではなくなり，今や家族の経済的命運を左右するその企業の収益の保全 (preservation of the profits) となってくる。企業は家族の富の蓄積手段として役立つというよりも，むしろ

---

[5] イギリスにおける家族企業の「反工業的」性格は，ウィーナー (Wiener 1981；原訳 1984 年) が提唱し，その後，19 世紀末のイギリス資本主義の衰退（イギリス病）をめぐる論争や，「企業形態と文化的要因」(Business and Culture) をめぐる議論へと発展した。

経営者が企業の富の蓄積のための一手段となる」(*Ibid*., 176；邦訳 295)。

さらに，資本主義が「制度化」されたものへ発展すると，新たな組織原理は会社を支配する個々の経営者自身ではなく，経営陣の企業間ネットワーク (intracorporate network, 重役の兼任など) へと移行する。そして，このネットワークに支えられた選ばれた集団こそが，現代アメリカ社会を支配する「インナー・サークル」である，というのが彼の主張だった。

ユシームの議論が筆者にとって興味深いのは，彼の研究が従来の「パワー・エリート論」をより巧緻化し発展させたからではない。むしろ，彼が家族資本主義の本質を，家族の財産（家産）の保全とみなし，さらに企業経営を家族の致富手段と捉えている点にある。この点は，発展途上国におけるファミリービジネスにも，一定程度共通すると考えられる。他方，家族資本主義を「反工業的」と捉えている点は，発展途上国の実態にそぐわない。というのも，多くの途上国研究は，ファミリービジネスとりわけ財閥型ファミリービジネスが，工業化を推進する不可欠の担い手であることを示しているからである。

いずれにせよ，ユシームの議論は，家族資本主義を経営者革命に先行する資本主義の初期段階と捉えている点で，序章でいう株式会社支配論の系譜につながると言えよう。加えて，資本主義の発展段階こそが組織原理，換言すれば社会構造を規定すると見ている点で，彼の議論はきわめて政治経済学的であった。これに対して，逆に社会構造こそが家族的経営の拡大とグループ化を促しているという見解が存在する。いわゆる家族・社会関係論的アプローチがそれである。

2) 関係ネットワーク論

家族・社会関係論的アプローチには，大別して二つの視角がある。

ひとつは，「関係ネットワーク論」とでも呼ぶべきもので，台湾や東南アジア諸国の華僑・華人系企業グループを論じる際に，しばしば援用される。図序-3 の定義に従えば，「パートナーシップ型企業→ネットワーク型企業グループ」の発展パターンが，これに該当するだろう。具体的には，企業がグループ化していく根拠を，単に家族だけではなく，同宗（同じ祖先），同郷（地縁），

同窓（学縁），友人関係にもとづく幅広い人的な結合に求めるものである。したがって，戦前期日本の財閥とは異なる，ゆるやかな企業連合体としてのグループの存在を彼らは指摘する。東アジア地域の大企業を分析した社会学者のハミルトンたちが「関係資本主義」(*guanxi* capitalism) と特徴づけた企業組織のあり方や (Hamilton 1989)，沼崎一郎が「関係企業型ネットワーク」と名づけた企業グループの存在が，まさにそれであった[6]。

例えば，台湾の企業グループを研究している沼崎は，次のように主張する。「台湾企業の出発点には，常にヒューマン・ネットワークの存在がある。しかし，それにも増して重要なのは，企業家のネットワークが発展し続けるということだ。新しいパートナーを開拓し，共同出資で事業を広げていくのである。言い換えると，個人が集まってパートナーシップを組み，これらのパートナーシップが緩やかに連合して〈関係企業〉というネットワークになる」（沼崎 1991 年，55）。そのネットワークの集積を，沼崎は台湾型企業グループとみるのである。

もうひとつの議論は，アジア諸国の企業グループを，中国や韓国に固有の親族構造・家族原理に規定された家族経営の拡大とみる視点である (Limlingan 1986)。「関係ネットワーク論」がグループの横の広がり，もしくは拡散性を強調するのに対し，こちらは所有と経営にみる縦の系列，つまり求心性をより重視する。

例えば，シンガポールの企業グループを実証的に研究したトン（Tong Chee Kiong，唐志強）は，事業を多角化したグループにおいても，中国人企業に顕著な特質，つまり，株式所有における封鎖的な家族支配，意思決定における家父長主義＝特定人物への権限の集中，信頼（*xingyong*）を基盤とする事業運営などが明確に見られるとした (Tong 1989)。トンは，その具体例として豊隆グループ（Hong Leon Group）を取り上げる。

豊隆グループは，1941 年，機械器具販売から事業を開始し，半世紀の間にその事業基盤を，金融・建設・製造業・不動産へと拡大していった典型的なコ

---

[6] 台湾の関係企業型ネットワークと家族・社会制度については，沼崎（1989 年；1992 年）を参照。

ングロマリット型企業グループ，もしくは図序-3で類型化した「財閥型ファミリービジネス」である。傘下企業数は，1980年代半ば当時，シンガポール（計91社）とマレーシア（計73社）を合わせて160社を超えた。この膨大な事業を，創業者である郭芳楓（Kwek Hong Png）とその一族が，家族持株会社や重役の兼任をつうじて排他的に支配している構図を，彼は克明に実証した[7]。会社組織は一見「西欧的」にみえても，所有と経営の支配は少数の家族メンバーに集中している，というのが彼の結論である。

　二つの議論は一見すると相反するようにみえるが，じつはそうではない。というのも，トンは家父長的権限を強調する一方で，信頼を基盤とする人的ネットワーク（interpersonal network）による広がりも重視するからである。この点は，韓国のチェボル（財閥）について，社会学的な観点から実証研究を続けてきた服部民夫の議論にも見出すことができる。服部はトンとは逆に，チェボルに見られる水平的な人間関係ネットワークの役割を強調しつつ，他方では「〈財閥〉と呼ばれる大企業集団は集中的な意思決定とトップダウン的な企業運営を行なっており，それに適合的な構造を作りあげてきている。それは韓国の伝統的な家族構造（チップや門中——引用者）に規制された所有と経営に対する圧倒的な支配力と，それを維持しようとする意思とによって規定されている」（服部1987年，128）と述べているからである。二つの議論の違いは，企業拡大のどの側面に光を当てるかの違いに由来しているとも言えよう。

3）中国の伝統的企業組織——「合股」と「合夥」

　ファミリービジネスのもうひとつの類型，つまり，複数家族による「パートナーシップ型企業」の形成を見ていく場合に，見過ごすことができないのは，中国の伝統的な企業経営組織の原型である合股や合夥の存在であろう。幸い合股・合夥については，日本人によるいくつかの詳細な調査研究があるので，以下ではそれに依拠しつつ主要な特徴を指摘しておきたい[8]。

　合股の「股」とは家産を分割するとき，その分割に与る者の分け前，つまり

---

[7] Tong (1989, 23-26)。豊隆グループについては，岩崎（1990年，49-58）も参照。

持ち分を指す。したがって，のちに合股は二人以上が出資し共同事業を営む中国独自のパートナーシップ形態を意味することになった[9]。なお合股は，財産の結集に重点を置く場合には「合資」，人・身分の結集に重点を置く場合には「合夥」とそれぞれ呼ぶこともある（根岸 1943年，2-4）。

　中国の家族制度は家産共産制に属し，父祖が家長として家産を管理する。家産は父祖の死亡したのち共同相続人の全体に帰属するが，通常は，共同相続人の長兄または傍系の年長者が家長としてこれを管理する。ただし，事情があって家属が分離独立し家産分割を行うときには，同一世代の男子の間では「均分」が原則となる。したがって，中国の家族制度のもとでは，家父長的な家産保全（縦の支配・従属）と家産均分主義（平等原則）が同時に存在する[10]。さて，分割された持ち分（股）を再度持ち寄って，家産の拡大を図るのが本来の意味での「合股」である。そして，この合股の原理が家族・同族から友人・同郷人へと拡大し発展したのが「合股企業」である，というのが根岸佶の主張であった。また彼は，合股企業が法人格を得た場合は合名会社に相当するが，中国の内部からはついに合資会社も株式会社も生まれてこなかったとみる（同上書，553-555）。

　一方，戦後日本の研究では，合股や合夥を中国の封建的な商工機構と関連させて議論することが多くなった。とりわけ彼らの関心を惹いたのは，なぜ合股は近代的株式会社に発展しなかったのかという問題である。これに対する見解は主に二つある。

　ひとつは山名正孝の見解で，彼は合股企業の特質を次のようにみる。つまり，企業に中心をすえると，合股は同族，同郷，同業にもとづく仲間的結合を前提とした資本の集中であり，他方，出資者（財東，股東）に中心をすえる

---

[8] 合股・合夥の研究については，根岸（1943年）がもっとも基本であり，かつ示唆に富む。そのほか，今堀（1958年 a；1958年 b；1963年），幼方（1943年），山名（1954年）などを参照。

[9] 旧中国民法667条における「合股」の定義は次のとおりである。「合股ト称スルハ，二人以上ガ互ニ出資シテ，共同事業ヲ経営スルコトヲ約スル契約ヲ云フ」（幼方 1943年 a，91）。

[10] 宮崎（1961年），仁井田（1963年），滋賀（1967年）を参照。

図 1-1　合股と聯号の概念図

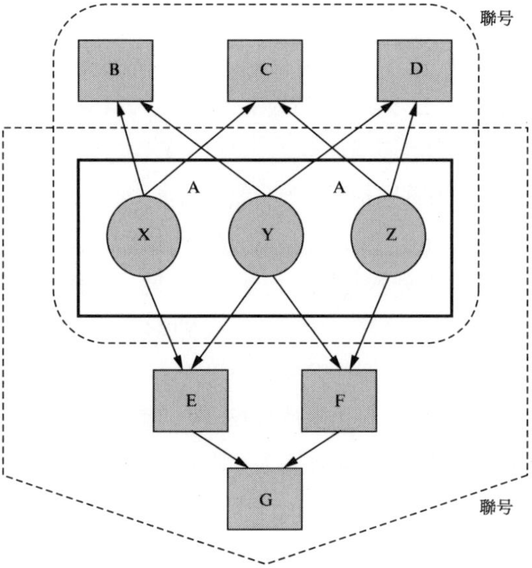

注）A〜G：合股企業，X〜Z：出資者（股東），→：出資の流れ
出所）山名（1954 年，257）の図をもとに筆者作成。

と，個人（もしくは家族）がいくつもの合股に出資している。図 1-1 は，それを概念的に示したものである。彼自身の言葉を借りるならば，「資本が人的信用を頼って『集中』するところに「合股」が結成されたのであり，また同一の資本家の蓄積せる資本が私人的保証にすがって『分散』するときにも多数の「合股」への出場参加ということになったのである」（山名 1954 年，257）。

このような行動をとるのは，投資リスクを分散し，資本をなるべく広範囲に拡散し，しかも人的紐帯によって増殖の安全を保証したいという動機が働いたからである。そのため，「合股は利殖のための一時的な組織としてしか機能せず，資本制経営組織の合理的恒常的発展はなかった」（山名 1954 年，258；1960 年，223）というのが，山名の主張であった。なお山名の議論は，さきに紹介した沼崎の「関係企業型ネットワーク論」や，図序-3 に示した「パートナーシップ型企業論」に先鞭をつけるものであろう。また彼は，人的重なりをもった合股の集団は中国で「聯號」と呼ばれたが，これは欧米のコンツェルンとは

基本的に異なることも強調している[11]。

　もうひとつの見解は，明代から清代末期までの合夥（合股）の歴史的研究を行った今堀誠二の議論に見いだすことができる。彼は，清代に入ってから合夥は次のような転化を遂げたと理解する。最初は，出資者兼事業者である合夥人が，単純な出資者（舗東）と業務を担当する出資者（舗夥＝雇われ経営者ではない）に分化した。いわゆる資本（股）と経営（掌）の分離である。そして，もし無限責任を負う「舗夥」が機能資本家へと転化し，それに伴って「舗東」の有限責任化が進んだならば，合資会社，そして株式会社が中国にも誕生したはずであった。

　ところが，合夥はその後持分（股分）を，信用力を背景とする舗東がもつ「本股」と，経営能力を背景とする舗夥がもつ「人股」の二つに分化せしめていった。例えば，仮に最初の出資額が両者のあいだで7対3の割合であったとしても，利益の配分を6対4や5対5にするような方式をとるようになった。つまり，舗夥がもつ持ち分は一般の出資者のそれと区別されたのである。これは，舗東が給与ではなく利益の配分を有利にすることによって，舗夥を合夥企業の中につなぎとめるための手段であった。その結果，合夥企業の股（株）は均等に分割することができなくなり「資本の株式化」は妨げられた，というのが今堀の解釈である。彼の結論は，人間関係が経済関係を規定し，「アジア的な家族制度に基礎をもつ，共同体的仲間的構造が合夥を支える支柱となっている」からこそ，中国では株式会社は発生しなかった，というものであった（今堀 1958年b，45）。

　合股・合夥の研究は，東南アジア地域における華僑・華人系企業が，中国の伝統的な企業組織形態と深く結びついていることを示唆している。具体的には，企業発起における人的ネットワークの重要性，企業経営を家族・同族のための利殖とみなす行動原理，家産の拡大と危険分散を動機とする事業多角化，取締役会と経営執行委員会との構成メンバーの重複など，ファミリービジネスにみられる特徴の一部は，合股・合夥の特質にその起源を求めることも可能で

---

[11]「聯號」については根岸（1943年，506-546）に詳しい。

あった。

　ただし，合股・合夥は山名がつとに強調するように，本来，同族や仲間的結合の離合集散の中に埋没する傾向があり，企業や企業グループとしての永続性に乏しい。ファミリービジネスの存続を論証する根拠にはならないのである。したがって，発展途上国のファミリービジネスの存続・拡大を説明するためには，さらに別の視点が必要となろう。

4) ファミリービジネスと後発的工業化

　チャンドラーやユシームの家族資本主議論にしろ，「関係ネットワーク論」にしろ，大きく欠けているのは，なぜファミリービジネスが発展途上国——さらには中進国でも——強固に存続するのかという視点である。この点について示唆的な論点を提示しているのが，中川敬一郎の「経済発展と家族的経営」（1968年）という論文であった（中川 1981年［1968年］）。この論文は比較経営史学の立場から，ファミリービジネスと発展途上国（中川の表現では後進国）との関連について正面から言及した最初の論文であるように思われる[12]。彼の主張は次のとおりである。

　まず中川は，現代資本主義の特徴を，生産の主体である企業と，消費の主体である家計の分離に求め，企業と家計が未分化のまま結合している経済活動を「家業」，すなわち家族的経営と捉える。そして，この家族的経営をヨーロッパの先進国と，アメリカ・日本の後進国と比較するが，二つの点で後進国の家族的経営は優位性を発揮してきた，と彼はみる。

　ひとつは，「株式会社企業に比べた場合，家族的企業には経営意思決定の機動性を確保するという長所があり，そしてその故に，経済成長の急速な時期あるいはまた経済変動の激しい時期には，家族的企業形態が極めて有効な作用をすることが少なくない」（中川 1981年［1968年］，249）。その点で，株式会社組織よりも有効性をもつという，意思決定上の優位性が第1点である。もうひとつは，後進国においては，「急速な経済成長に資本市場の発達が追随しえず，

---

[12] 同様の観点はレフ（Leff 1978）の議論にも見いだせるが，彼の論文は中川より10年あとであった。

企業は絶えず資金不足に悩まされた」。だからこそ「家族的体制そのものが，むしろ積極的な企業資金動員の機関となり，経営者行動の技術的統一性を維持するための手段となった」（同上書, 259）という，資金調達面での優位性が第2点である。いずれにせよ，工業化が比較的緩慢に進行した先進国においては，家族的経営はむしろきわめて保守的であり，経済発展を制約する方向に作用したが，後進国（後発工業国）においては，逆に工業化を促進する手段として機能した事実に，中川は注目するのである。

中川の議論で同時に注目すべき論点は，先進国の家族的経営が当時の社会的諸条件の中で，家産，つまり土地財産の集積・保持に重点を置いた家族主義的企業者活動に陥り，さらに企業が家族の栄誉や社会的身分を維持するための物質的基礎と考えられ，企業経営そのものは目的にされなかった，という指摘であろう（同上書, 252, 261）。この見解は，さきに紹介したユシームの家族資本主義を「反工業的」と捉える議論，あるいはイギリス経済の停滞を家族企業の「企業文化」に引きつけて議論するウィーナーの研究（Wiener 1981；原訳 1984年）と，視点を共にしている。

中川の問題提起は，何よりもまず，家族的経営を後進国（後発工業国）における「工業化の担い手」として積極的に捉え直そうとした点で，高く評価すべきであろう。本章の議論もじつはこの視座を継承するところから始まる[13]。アメリカ，イギリス，日本の企業経営と企業者活動について比較史的研究を進めてきた中川は，「後進国の工業化における主体的組織者のあり方」（中川 1981年［1962年］, 56）について絶えず着目してきた。その結果，「家族という本能的群居集団のあり方が社会組織の基本原理となっているような伝統的社会が，先進工業国との国際競争裡に強力な工業化を急速に推し進めようという場合，その後進的工業化の経済主体として必然的に発生する多角的な企業集団」を，独自に財閥と定義するのである（中川 1969年, 190）。

もしそうであるとするならば，タイのファミリービジネスを直接の対象とする本書も，解明すべき課題は，大企業の所有形態にみられる家族支配の存在

---

[13] 筆者はその後，ファミリービジネスをアジア諸国の「キャッチアップ型工業化」の重要な担い手として捉え直す作業を行った（末廣 2000年a，第7章と第9章）。

や，所有・経営にみられる家族構造や社会関係の問題だけでなく，工業化の後発性に規定されたファミリービジネスの発展パターンに行き着くことになる。そこで以下では，ファミリービジネスの広範な存在とそのグループ化・多角化の動きを，後発国の工業化という観点から検討を加えてみたい。

2 ファミリービジネスの実態

1）タイ大企業の所有形態

最初にタイの大企業において，ファミリービジネスがいかに幅広く存在しているかを示しておきたい[14]。

表1-1と表1-2は，1979年と88年の2時点で，売上高（金融機関の場合には営業収入）が一定の規準を越える大企業を選出し，その筆頭株主と上位3大株主の特徴を整理したものである。なお，年売上高規模の規準は，1979年が3億バーツ（33億円）以上，88年が10億バーツ（50億円）以上である。この規準をみたし，かつ必要なデータを取得できた企業数は，それぞれ218社と249社であった。これら企業は，タイにおける代表的な民間企業（外国企業を含む）をほぼ網羅していると考えてよい。なお，ここで抽出した大企業のうち上場企業，すなわち株式を公開している会社（public limited company）は2割弱であった。残りは非公開株式会社（private limited company）であることに注意する必要がある[15]。

さて，表1-1にしたがって筆頭株主の分布をみると，次のような特徴を見いだすことができた。第1に，外国の法人会社（多くが多国籍企業の子会社）の比重がきわめて高いこと。しかも，1社の持株比率が99〜100％という「完全所有型」の企業が26社と，多数存在していること。第2に，非外国企業の場合，法人ではなく個人（大半が華人か華人系タイ人）[16] が筆頭株主である比率が

---

[14] 1979年から2000年までの売上高上位100社の所有主形態別の推移については，後出の表3-1を参照。

[15] 1988年当時，タイの上場企業は計141社。このうち，売上高が10億バーツ以上を越える大企業は44社であった。したがって，上場企業は249社の18％である（Talat Laksaphaeng Prathet Thai ed. 1990）。上場企業については本書の第6章で詳しく述べる。

表 1-1 売上高上位企業の筆頭株主の分類と株式保有比率（1979年と88年）[1]

筆頭株主の分類 \ 株式保有率別	1979 人数/社数	(%)	1988 人数/社数	(%)
(1) 個人	72	(33.0)	74	(29.7)
10％未満	3		4	
10〜29％	35		43	
30〜50％	29		23	
51％以上	1		4	
外国人	4		0	
(2) タイ家族投資会社[2]	26	(11.9)	16	(6.4)
10％未満	3		5	
10〜50％	17		9	
51％以上	6		2	
(3) タイ法人会社	37	(17.0)	67	(26.9)
10％未満	3		5	
10〜29％	15		24	
30〜50％	10		19	
51〜98％	6		6	
99〜100％	3		13	
(4) 外国法人会社	78	(35.8)	81	(32.5)
10〜48％	32		26	
49〜50％	10		11	
51〜98％	10		13	
99〜100％	26		31	
(5) 政府機関[3]	3	(1.4)	8	(3.2)
(6) 王室財産管理局	2	(0.9)	3	(1.2)
	218	(100.0)	249	(100.0)

注1) 売上高もしくは営業収入（金融機関）が，1979年は1社当たり3億バーツ，88年は10億バーツを超える民間大企業をさす。国営・公企業は除く。
2) 特定の家族・同族が出資する投資会社。
3) 財務省のほか，陸軍を含む。
出所) 次の文献所収データにもとづき筆者作成。
1979: Pan Siam Communications Co., Ltd. ed., *Million Baht Business Information Thailand 1980-81*, Bangkok, 1980.
1988: International Business Research Thailand Co., Ltd. ed., *Million Baht Business Information Thailand 1989*, Bangkok, 1989.

---

[16] 華人と華人系タイ人の定義については，本書の第2章を参照。

高いこと（全体の約3割）。また，この傾向は1988年をみても大きく変わっていない。第3に，個人株主の半数以上が，単独で30〜50％という高い持株比率を示し，株式所有の分散化は企業の巨大化にも関わらず進展していないこと。第4に，タイ法人会社が占める比率は，1979年から88年の間に着実に伸びていること。以上の4点がそれである。

また，個人を株主とする会社と，特定家族が閉鎖的に所有する家族投資会社[17]を合算し（A），全体の合計から外国企業，政府系企業，王室財産管理局が出資する企業を差し引いた数字（B）で除すと，その比率（A/B）は1979年が72％，88年が57％であった。この数字は，タイ系大企業における「個人所有もしくは家族所有型企業」の優勢をはっきりと示すものである。

次に上位3大株主の構成をみると，表1-2のとおりである。筆頭株主の場合と同様，外国企業の比重が高く，単独出資もしくは合弁企業タイプの企業は，全体の約40％を占めている。これに次ぐのは，タイ国籍の個人株主だけで構成する企業であり，全体の25〜28％に達する。逆にタイ法人会社で，別々の家族が所有する企業間同士の出資，つまり「パートナーシップ型企業」（ファミリービジネスの第二類型）は，1979年が15社（7％），88年が19社（8％）を数えるにすぎなかった。

一方，上位3大株主が，①同一家族の成員のみ，②同一家族に所属する個人と系列傘下にある法人，③同一家族が所有する法人のみ，のいずれかによって構成される企業，つまり「同族支配型企業」（ファミリービジネスの第一類型）の数は，1979年が39社（18％。外国企業と政府系企業を除いた場合には，全体の33％），88年が63社（25％，同45％）であった。1988年に当該比率が上昇しているのは，80年代にグループ内企業を利用するピラミッド型もしくは株式相互持ち合いの出資形態が増えたためである。

もっとも資料の制約で，同一家族に所属するかどうかの確認は，タイ姓を同

---

[17] 「家族投資会社」というのは，特定家族が100％出資し，グループ内企業や他企業へ投資する目的で設立した企業を指し，グループの持株会社とは異なる。商業銀行を支配する華人系グループが先駆的に設立し，のち1960年代後半から製造業グループなどにも普及していった。後出の表3-2も参照。

表 1-2　売上高上位企業の上位 3 大株主（1979 年と 88 年）[1]

上位 3 大株主の特徴	1979 年		1988 年	
	社数	(%)	社数	(%)
(1) タイ人個人のみ	60	(27.5)	61	(24.5)
同一家族に所属	21		33	
複数家族の結合	39		28	
(2) 個人＋タイ法人会社	38	(17.4)	32	(12.9)
個人＋系列会社[2]	14		13	
個人＋別会社	24		19	
(3) タイ法人会社のみ	22	(10.1)	48	(19.3)
同一グループ会社間の結合	4		17	
複数グループ会社間の結合	15		19	
事業兼持株会社の単独出資[3]	3		12	
(4) 外国法人会社の出資	90	(41.3)	97	(39.0)
外国法人会社のみ[4]	33		38	
タイ法人会社との合併	43		51	
タイ人個人との共同出資	14		8	
(5) 政府機関との共同事業	8	(1.4)	11	(3.2)
	218	(100.0)	249	(100.0)

注 1）表 1-1 の注 1）に同じ。
　2）個人もしくは当人が所属する家族が所有・経営する会社。
　3）サイアムセメント社，スラーマハークン社（酒造），サイアムモーターズ社など。
　4）外国人会社の単独出資を含む。
出所）表 1-1 に同じ。

じくする親子兄弟関係にほぼ限っており，傍系家族や姻族の多くは「家族」に含めていない[18]。もし，「家族」の範囲を広くとり調査を徹底すれば，「別家族間の結合」「個人と別会社の結合」に分類した企業の中にも，「同族支配型企業」に分類すべきものが紛れ込んでいる可能性があることに，注意する必要がある。

　以上二つの表の検討から，大企業の所有形態として次の点を指摘することができる。第 1 に，法人所有型企業の比率は全体の過半を越えるが，その中心は

---

[18] タイでは男性は父系のタイ姓を継承し，女性は結婚すると相手方の姓に変更する。この点，夫婦が各自父系の姓を継承する中国や「中国籍」をもつ華僑・華人の慣習とは異なるので，注意が必要である。

タイに進出している外国企業であること[19]。第2に，タイ系企業の場合には法人ではなく個人株主の比重が依然として大きく，しかも株式所有の分散はあまり生じていないこと。第3に，「完全所有型」外国企業や合弁企業を合計から差し引いた場合，上位3大株主が同一家族（およびその傘下にある企業）に所属する企業は，全体の3分の1以上を占めていること。以上の3点である。

2) タイ大企業の経営形態

二つの表に含まれる「1988年企業データ」を使い，タイ大企業のトップ経営陣がどのような特徴を有しているかを，次に検討してみよう。まず，売上高上位企業（249社）の中から「完全所有型」外国企業を除去する。その上で，社長もしくは会長が判明する企業を抽出し，社長・会長がそれぞれ当該企業の，①最大株主の家族（もしくは最大株主である企業を所有する家族）に所属する場合，②第2位，第3位の所有主家族のどちらかに所属する場合，③上記の家族以外の人物か未確定の場合[20]，④外国人の場合，の四つの範疇に分類する。これによって，大企業の「所有と経営の一致（分離）」の実態を把握しようとするのが，作業の目的である[21]。

表1-3は，以上の作業の結果をまとめたものである。社長か会長のどちらかの人名が確認できる企業数は計174社，また，サイアムセメント社（Siam Cement Co., Ltd.）の完全子会社のように，「持株会社」が100％出資する企業を差し引いた数は160社である[22]。さて，それぞれデータが利用可能な企業数を分母に置いて，経営陣と株主の関連を見ると，社長の60％，会長の63％は，最大株主と同じ家族に所属している事実が判明した。とりわけ，最大株主の持

---

[19] ピチェットと安田も，1984年の企業データを使って，売上高上位200社と上場企業62社の株主（筆頭株主と上位3者）の分析を行っている。ただし，区分は個人と法人のみであり，法人を「タイ企業と外国企業」「家族投資会社とその他法人」に分類していない。そのため，上位企業全般における法人所有の存在が，筆者の分析以上に強調されている（Pichet and Yasuda 1985, 235-237）。

[20] 「未確定」というのは，必要なデータは揃っているが，最大株主が法人でしかもその企業の最大株主一族を特定できない場合を指す。

[21] 同様の作業を，1997年のデータをもとに，上位100グループ・所有主家族の中核企業についても実施した。その結果については後出の表3-4を参照。

第1章 後発工業化論 41

表 1-3 売上高上位企業[1]のトップ経営陣と株主の関係（1988年，N＝174）

(単位：社数，%)

トップ経営陣＼最大株主の持株比率[2]	10%未満	10〜29%	30〜49%	50%以上	小計	%	持株会社型	合計
(A) 社長・総支配人								
最大株主グループと同一家族[3]	3	17	16	55	91	59.5	—	91
2位か3位の株主グループと同一家族	2	6	2	1	11	7.2	—	11
家族外，未確定[4]	4	11	11	11	37	24.2	14	51
外国人	2	8	3	1	14	9.2	—	14
小　計	11	42	32	68	153	100.0	14	167
データなし	—	3	2	2	7	—	—	7
(B) 会長職								
最大株主グループと同一家族[3]	1	8	13	34	56	62.9	—	56
2位か3位の株主グループと同一家族	1	4	—	—	5	5.6	—	5
家族外，未確定[4]	7	11	2	5	25	28.1	8	33
外国人	1	2	—	—	3	3.4	—	3
小　計	10	25	15	39	89	100.0	8	97
データなし	1	20	19	31	71	—	6	77
(C) 会長と社長・総支配人								
双方とも3大株主と同一家族	2	7	7	29	45	50.0	—	45
どちらか3大株主と同一家族	2	11	8	8	29	32.2	1	30
その他	6	7	1	2	16	17.8	7	23
小　計	10	25	16	39	90	100.0	8	98
データ不整備	1	20	18	31	70	—	6	76

注 1) 売上高（金融機関は営業収入）が，年間10億バーツを超える企業174社。ただし，外国人（多国籍企業）の完全支配，政府・王室財産管理局・軍部が主要に出資する企業を除く。
2) 最大株主の持株比率は，上位5大株主のうち，最大の持株比率を有する家族，もしくは同家族が所有・経営支配する傘下企業の持株比率を合算したもの。外国人との合弁企業の場合には，外国人（会社）を除いた，タイ側パートナーのタイ人最大株主を計上した。
3) 最大株主の同一家族には娘婿を含める。
4) 親族のメンバーであることを確認できない経営者を含む。したがって，親族，友人，同郷者，高位高官の役人，俸給経営者を含む。
出所）筆者の企業データベース，および International Business Research Co., Ltd. ed., *Million Baht Business Information Thailand 1989*, Bangkok, 1989 にもとづき筆者作成。

---

22 例えば，サイアム鉄鋼会社（Siam Iron & Steel Co., Ltd.）の場合には，持株会社であるサイアムセメント社が99.9%出資し，他方，サイアムセメント社の最大株主は王室財産管理局であった。この場合，最大株主（持株会社）と会長・社長の間に姻戚関係が生じる余地はないので，他の企業と区別して別の欄に集計した。

株比率が50％を超える場合，同家族の一員が社長や会長職に就任する比率は圧倒的であった。また，第2位か第3位の株主家族を加えると，全体の3分の2の企業において，社長の出身家族は大株主のそれと一致したのである。

なお注意すべきは，表1-3で「家族外」に分類した社長が，必ずしも「俸給経営者」(salaried manager) を意味しない点である。というのも，表1-2と同様，この欄の社長には，本人のタイ姓が最大株主家族と異なるために「家族外」に分類したが，じつは姻戚関係にある社長も含まれているはずだからである。さらに同じ欄には，創業者や最大株主家族の古くからの友人や共同出資者も含まれている。ファミリービジネスの経営体制については，本書の第4章で詳しく検討するが，本章が対象とする時期に限っていえば，タイ系大企業の大半は「所有者支配型」企業に所属していたと，結論づけることができる。

3)「財閥型ファミリービジネス」の所有と支配

以上の分析から，外国企業を除くタイ系の大企業の間では，個人・家族所有の広範な存続，株式所有の特定家族への集中，所有と経営の未分離といった特徴が明らかになった。ところで，もうひとつ重要な特徴をここで指摘しておく必要がある。それは，冒頭のグルークキアットが指摘したように，タイ系大企業の多くが独立系企業ではなく特定家族が支配する企業グループ，つまり「財閥型ファミリービジネス」に所属しているという事実である。

この点を，チャルンポーカパン・グループ (Charoen Pokphand Group, 付表1のX040)，もしくはCPグループを例に検討してみよう。同グループは，1991年当時，280社近い傘下企業を擁するアグリビジネス・グループであり，グループ全体の売上高合計は，タイ財閥の中では第2位に位置した（事業内容については後述）。表1-4は，1980年代半ばのCPグループの主要傘下企業とその所有構造を整理したものである。因みに，表に掲げた22社のうち5社が，1988年現在10億バーツ以上の売上高を誇る大企業に含まれている。なお，1987年からCPグループは，一部の傘下企業の株式公開など，グループ全体の所有構造の再編に乗りだした（末廣・南原 1991年，98-99）。表1-4は，そうした再編が始まる前の状況を示したものである。

第1章 後発工業化論 43

表1-4 CPグループ傘下企業の所有構造（1980年代半ば）

	企業名	設立年	事業内容	株主の分類と出資比率（%）		
				所有主家族[1]	家族投資会社[2]	グループ内企業[3]
1	Chia Tai Seeds & Agricultural	1951	肥料，農薬輸入	100.0	—	—
2	Charoen Pokphand Feedmill	1967	飼料生産	60.5	27.1	—
3	Charoen Pokphand Produce	1967	農産物輸出	81.9	11.7	—
4	Bangkok Feedmill	1968	飼料生産	63.8	11.3	—
5	Arbor Acres [Thailand][4]	1970	ブロイラー種鶏生産	—	—	50.0
6	Advance Pharma	1971	ワクチン輸入	70.0	10.0	—
7	Kasetphan Industry	1971	養鶏場設備製造	35.7	12.3	7.1
8	C. P. Textile	1973	飼料袋製造	16.9	49.6	—
9	Bangkok Farm	1973	種鶏，素ヒナ生産	55.8	22.5	—
10	Bangkok Livestock Processing	1973	ブロイラー解体	57.6	22.5	—
11	C. P. Chemical Industry	1973	肥料販売	54.4	26.1	10.9
12	Bangkok Fisheries	1974	飼料原料用魚肉製造	50.0	—	49.7
13	J. P. & Sons	1975	家族投資会社	75.0	—	—
14	Montri & Sons	1975	家族投資会社	100.0	—	—
15	Bangkok In-Ex	1976	農産物輸出	—	16.0	56.0
16	Charoen Pokphand Investment	1976	家族投資会社	0.4	—	54.2
17	Bangkok Food Product	1977	鶏肉加工製造	67.5	—	—
18	C. P. Feedmill	1977	飼料生産	68.2	22.7	—
19	Sumeth Investment	1978	家族投資会社	100.0	—	—
20	C. P. Consumer Products	1979	練り歯磨き製造	56.8	22.7	11.4
21	C. P. Intertrade	1979	総合輸出商社	—	28.0	35.5
22	Bangkok Produce	1979	農産物輸出	56.8	22.7	11.4

注1）所有主家族チアラワノン家とその同族の個人保有株式の合計。
　2）企業番号13, 14, 16, 19の企業の単独もしくは合計出資比率。
　3）企業番号2, 4, 10の企業の単独もしくは合計出資比率。
　4）アメリカのArbor Acres Farm Inc. との出資比率折半の合弁事業。
出所）Young Executive (1987, 76-77) より筆者作成。

　さて，CPグループの株式所有の構図は，その広範な事業展開にもかかわらず，きわめて単純明快であった。つまり，グループ傘下企業の出資者は，①創業者である謝易初・謝少飛兄弟の一族＝チアラワノン家のメンバーを中心として，②チアラワノン家が封鎖的に所有する家族投資会社（Montri & Sons Limited Partnershipなど計4社）と，③グループ内主要企業（Charoen Pokphand Feedmill Co., Ltd. など計3社）が，①を補完する体制をとっていたからである。しかも，アメリカ資本との合弁企業（Arbor Acres [Thailand] Co., Ltd.）を除く

と，傘下企業の発行株式の8割以上を，①と②の株主が所有する事例が多いことに注目しておきたい。

　事業多角化を進めたファミリービジネスの所有構造は，CPグループが示すような「三者による出資構成」，あるいはこれに外国企業が加わった「四者構成」が，もっとも基本的なパターンである。また，時間の流れに沿って見ると，創業者やその一族の出資から始まり，事業の拡大にともなって次第に家族投資会社やグループ内企業を出資機関に利用するのが，一般的な展開であった。例えば，製薬のオーソットサパー（Osothsapha Group, X121），繊維のスックリー（Sukree Group, X018），化学のシーフアンフング（Srifuengfung Group, X162），繊維・石油化学のホンイヤーセン/TPI（Hong Yiah Seng/TPI Group, X097）などがそうである[23]。

　もっとも，こうした「基本型」とは別に，創業者一族があくまで個人株主の立場で，中核企業を封鎖的に所有し続けている事例もいくつか存在する。ビール製造のブンロート・グループ（Boon Rawd Brewery Group, X016）や百貨店のセントラル・デパートメント・グループ（Central Department Store Group, X044）などは，その典型例である[24]。

　他方，グループ内企業のうち，中核・母体企業を事業兼営持株会社に改組し，所有の統一的支配を追求する事例も見られる。自動車のサイアムモーターズ（Siam Motors Group, X134）におけるサイアムモーターズ社（Siam Motors Co., Ltd.）の役割がこれに該当するが[25]，さらに，この事業兼営持株会社の株式を公開し，組織形態も近代的なものへと発展させたのが，日用消費財のサハ（Saha/SPI Group, X045），繊維のサハ・ユニオン（Saha-Union Group, X053）の両グループであった[26]。このほか，バンコク銀行やタイ農民銀行のように，商

---

[23] 例えば，スックリーの詳細な事例については，末廣（1984年, 19）を参照。
[24] ブンロート・グループについては，Phunam Thurakit ed. (1987, 11-96)，末廣・南原（1991年，第8章），セントラル・グループについては，Wirat & Bunsiri (1986, 112-122)，末廣・南原（1991年，第5章），遠藤元（2002年）を，それぞれ参照。
[25] サイアムモーターズ（のちサイアム）・グループのグループ内株式所有の構図については，Phu Chatkan Rai-duan ed. (1986, 68-69)。同グループの詳細な事業発展史については，総帥ターウォンの還暦記念本（Thavon 1976）を参照。

業銀行を中核とする金融コングロマリット型財閥の場合には，家族，家族投資会社，関連金融機関のほか，商業銀行自身が融資と共に出資の主たる機関になり，同時にグループ内企業間の株式相互持ち合いも発展させるなど，より複雑で重層的な所有構造を形成している[27]。

しかし，いずれの場合をみても，グループ全体の所有構造の基底には創業者一族や所有主家族が存在し，彼らの事業の拡大とグループ化が財閥型ファミリービジネスを生み出していることに変わりはない。この点は，さきに紹介した台湾の「関係企業」，もしくは複数の出資家族によるネットワーク型企業グループとは異なる特徴であり，むしろタイのファミリービジネスは，垂直統合的に発展していった韓国のチェボルに近かった。こうした事実は，個別企業の規模の巨大化と事業拡大が，株式会社支配論が想定するように，個人所有や所有主支配から経営者支配へと単純には移行しないことを示唆している。

3 ファミリービジネスの事業多角化

1) グループ化・事業多角化の経済学

ファミリービジネスが，単体企業の規模を拡大するだけでなく，次々と傘下企業の数を増やしてグループ化するのはなぜなのか。この問いに対して，もっとも実態に即した回答のひとつは節税対策であろう。すなわち，ペーパーカンパニーを含めて新しい企業を次々と設立し，法人所得税や個人所得税として流出する利益を他企業に「企業間信用」や「出資」の形態で回し，グループ企業内や家族の手元にとどめようとする方針がそれである。

節税ではなく，政府の税制上の恩典を活用するために，企業を新設する事例もタイではよく見られる。政府は 1950 年代末から，奨励産業については 3 年間から 6 年間の税制上の恩典（機械・原料の輸入税，法人税などの免税措置）を

---

[26] 末廣・南原（1991 年，第 4 章，第 6 章）を参照。また，サハ・グループとサハユニオン・グループのそれぞれの持株会社（Saha Pathana Inter-Holding Co., Ltd.；Saha-Union Corp., Ltd.）の『年次報告』（英文）も有用である。

[27] 財閥型ファミリービジネスの所有形態のパターンとその分類については，末廣・ネーナパー（2002 年）の図 1 に整理しておいた。

民間企業に与えてきた。ただし，この場合，同一企業に対する恩典授与は原則的に1回にとどまる。したがって，同じ事業を拡大する場合でも，既存企業の設備拡張ではなく新しい会社を発起し，改めて投資奨励の恩典を受ける方針が採られた。「タイ繊維王」の異名をとるスックリーが，同じ工場敷地内に，紡績・織布の工場を「新会社」として数多く設立した事例は，その一例である（末廣 1984年，15-21）。

しかし，一般的にファミリービジネスのグループ化を促している最大の要因は，事業・製品の多角化路線と考えられる。そこで，以下では多角化の論理を，まず「企業の経済学」の立場から検討してみたい。

青木昌彦・伊丹敬之は『企業の経済学』の中で，「製品構造の決定（多角化）」という1章を設け，企業が多角化する動機，根拠，範囲，その経済効果について理論的に検討を加えている（青木・伊丹 1985年）。彼らによると，多角化の動機には，①市場・技術環境の変化に対する対応（問題発生型），②企業内部に自然発生的に蓄積されている未利用資源の活用（資源適用型），③将来の変化に対する企業経営者の主体的対応（企業者型）の三つが存在する。そして，多角化の条件・根拠については，これを，①企業者精神に由来する「企業者的根拠」と，②既存分野と新規進出分野の間に何らかの経済的連関がある「経済的根拠」の二つに分類する。彼らが重視するのは後者の方である。

彼らは多角化の経済的根拠を，さらに「範囲の経済」，「情報の経済」，「危険の分散」に細分化するが，このうち範囲の経済が発生する理由は，「複数の分野で共通利用可能な未利用の資源が企業の中で発生する」からである（同上書，66-68）。そして，この未利用資源についても，利用形態の違いから，(a) 遊休資源としての未利用資源（大型機械や結合生産など）と，(b) 同時多重的に利用可能な未利用資源（何度も利用可能な情報資源）に，また利用目的の違いから，(c) 市場関連の多角化（流通体制やブランド力といった無形の資源）と，(d) 技術関連の多角化（遊休設備や技術蓄積）に，それぞれ分類するのである[28]。

青木・伊丹がここで強調するのは，多角化における範囲の経済とその一形態である情報資源の重要性である。ただし，彼らの議論はあくまで「企業の経済

学」から見た多角化の根拠であった。一方，企業集団の多様化（多角化）を検討する小林好宏は，成長産業・成長製品への進出によってグループ全体の拡大を実現しようとする，「成長機会・利潤機会の拡大原理」を最も重視する。彼は，危険分散や蓄積された資源の有効利用は，企業集団の事業多様化にとって二次的な動機とみなすのである（小林 1980 年，77-78）。

それでは，多角化の問題を発展途上国のファミリービジネスに適用した場合に，どういう視角が必要となるのか。この点に関して，筆者は次の3点を重視しておきたい。

第1は，企業の戦略と行動に起因する多角化の根拠である。ここでは，その根拠を「範囲の経済」に求め，同時に未利用資源の利用目的を，①生産・事業関連型の多角化（生産の垂直統合）と，②製品・市場関連型の多角化（製品の水平統合）の二つに分類しておきたい[29]。

第2は，発展途上国もしくは後発工業国に由来する多角化の根拠である。例えば，国内市場規模の狭隘性，政府が推進する「圧縮された工業化政策」が生み出すビジネスチャンスの急速な拡大，外国資本や技術へのアクセスの容易さなどが，それに該当する。

第3は，ファミリービジネスの大半を所有経営している華僑・華人の企業経営のやり方に由来する多角化の根拠である。ここでは，土地資産や金融資産の形をとる「家産」の保全維持という観点から取り上げてみたい。

以下ではこれら三つの点をタイを事例に具体的に検討していく。

2）事業多角化（I）──生産・市場関連の多角化

創業者やその一族が自分たちの事業を多角化しグループ化していく場合，創業時の母体事業と直接的に関連する分野・製品へ進出していく事例が多い。この中には，①生産工程上のつながりで後方連関的に原料・中間製品など上流部

---

[28] 企業が内部に保有する「未利用資源」を活用して事業の多角化をはかり，これが持続的な企業の成長を支えると議論したのは，ペンローズの『会社成長の理論』である（Penrose 1959；末松訳 1980 年）。

[29] ここでは，さしあたり事業の統合（integration）と多様化（diversification）の概念的区別を無視する。

門に遡るか，そうでなければ，前方連関的に製造する製品を使用する下流部門に進出するという垂直的統合と，②既存の流通体制やブランド力をフルに活用して他の製品製販に進出する水平的統合，の二つの動きが存在する。なお，実際の事例ではこの両者を組み合わせたものが多い。

例えば，典型的なパターンは，シンガー・ビールの製造で有名なブンロート社（Boon Rawd Brewery Co., Ltd., 32年設立）の事業多角化戦略に見いだすことができる。同社は，ビール事業で国内市場の9割という圧倒的なシェアを確保したあと，東洋製缶と合弁でビール瓶の王冠を製造する会社（Crown Seal Co., Ltd., 68年）をまず設立し，次には，ビール瓶を製造するガラス会社（Bangkok Glass Co., Ltd., 82年）を買収し，ビール・飲料水の搬送に使うプラスチック・ケースの製造部門（Plastic Thai Co., Ltd., 設立年不明）にも進出した。そして垂直的統合の仕上げとして，1985年には，北タイに原料である大麦の栽培農場とモルトの工場（Chiangmai Malting Co., Ltd., のち事業閉鎖）も，同社の出資で設立している。一方，水平的統合のほうでは，同社は国内ビール市場における競争企業の新たな出現と，政府の度重なるビール税引き上げに対抗するため，ビールとは別にソーダ水（85年にシェアは90％）や飲料水（シンハーウォーター，82年から発売）の製造・販売にも進出し，国内で最大の市場占拠率を誇った[30]。

いくつかの不動産事業を除いた場合，同社の傘下企業が，いずれもコア事業であるビール製造・販売と密接な事業・市場連関をもっていた事実に注目しておきたい。ブンロート社は長年にわたるビールの製造・販売で蓄積したマーケティング・ノウハウのうち未利用資源を，ソーダ水や飲料水の販売に生かしたのである。他方，自社の中に蓄積のない王冠の製造技術は多国籍企業との合弁事業で調達し，タイの土壌条件に合うビール用大麦の品種の開発・改良は，政府の農業試験場の協力をえて，実施していったのである。

同様の事例は，家畜用飼料の輸入と販売から始まり，次いで飼料の国内生産

---

[30] ブンロート・グループの事業拡大については，前掲の末廣・南原（1991年，第8章）を参照。また，ブンロート社の創業者ブンロートの次男で，同社の社長を長く務めたプラチュアップの葬式本（Prachuap 1993）も，戦後の事業拡大を記載している。

に踏み切り，さらに飼料の需要先であるブロイラーの飼育と解体処理，ブロイラーの原種・種鶏の製造，ブロイラーの防疫に必要なワクチンの製造にまで，世界に比類のない垂直統合を進めたCPグループの事業展開にも，容易に確認することができる[31]。

同グループは，ブロイラーで成功させた同じパターンを，アヒル，豚，養殖エビにも次々と適用し，さらにのちになると，農水産畜産物の最終加工分野（ハム，ソーセージ，牛乳，冷凍食品など）とその小売販売にも進出していった。完全統合（perfect integration）のひとつの典型例を，彼らの事業拡大の中に見いだすことができる。CPグループは，種鶏の製造技術については，アメリカの多国籍企業アーバーエカー社（Arbor Acres Inc.）との合弁事業によって，ブロイラー輸出に不可欠の瞬間冷凍技術（I. Q. F.）については，日本の総合商社との合弁事業によってそれぞれ確保し，政府の投資奨励政策による税制上の恩典を最大限に活用しつつ，短期間のうちに事業多角化を成功させていった。ただし，CPグループがブロイラー事業で蓄積した内部ノウハウを，積極的に養豚事業やエビ養殖事業に適用していった事実を，看過すべきではなかろう。

生産と市場関連の多角化は，繊維のスックリー，自動車のサイアムモーターズ（現サイアム・グループ），セメント関連製品のサイアムセメントにおいても同様に見られる動きであった。とくに，王室財産管理局が所有するサイアムセメント・グループの場合には，サイアムセメント社内部に設置した機械修理・部品製造部局（42年設置）を，1966年にサイアム鉄鋼会社（Siam Iron & Steel Co., Ltd.）として分離独立させ，また，この分野で蓄積した機械関連の技術ノウハウを，80年代後半以降は，自動車関連機械工業へと拡大していった。同グループの事例は，企業内部に蓄積した未利用資源を高度に活用した注目すべき事例である[32]。

一方，市場関連型の多角化を推し進めて，巨大な製造業グループを日用消費

---

[31] CPグループの詳しい事業展開のプロセスについては，末廣（1987年），末廣・南原（1991年，第2章），Wichai（1993），Suehiro（1998），Thanawat（1999），Apiwat（2001）を参照。

[32] サイアムセメント・グループの事業発展については，末廣（1990年），Siam Cement Co., Ltd.（1983），Siam Cement PLC ed.（2001）を参照。

財の分野に構築したユニークな事例が，サハ・グループである。同グループの創業者であるティアム・チョークワッタナー（李 興 添^{リーヘンティアム}）は，中国製のシャツなど日用雑貨の輸入から事業を興し，1962年には，日本のライオン油脂と合弁で洗剤の製造販売を開始した。同グループの飛躍は，日本の化粧品ピアスを，4000人を超える巡回販売員を使って全国の雑貨店で販売し，さらにこの流通ネットワークを使ってワコールの女性下着の製造販売（70年）を成功させた点にある[33]。その後は，洗剤，シャンプー，インスタントラーメンなどの大衆向けブランド製品をサハパッタナーピブン社（Saha Pathanapibul Co., Ltd.）が，また，ワコールの下着，アブソーバの幼児服など高級ブランド製品をインターナショナル・コスメチック社（International Cosmetic Co., Ltd.）が分担して扱い，異なる技術体系をもった製造会社（約40社）を，統一的に管理された販売部門へと結びつけていった（Saha Pathana Inter-Holding Co., Ltd. ed. 1987）。これなども，サハ・グループが企業内部に蓄積した無形の資源（情報資源を含む）を，最大限に活用した事例といえよう。

3）事業多角化（II）──後発性の条件

ところで，こうした多角化を各グループが推進し，またそれが可能となった背景には，タイの工業的後発性が深く関連していた。

確かに，各グループが多角化に踏み切った理由には，生産統合や関連製品への新規進出をつうじて，コアとなる事業部門の経営の安定性と収益性を強化しようとする意図があった。しかし，より大きな理由としては，国内の市場規模が限られていたため，セメント製造であれ，自動車・家電製品の組立であれ，あるいは化学肥料の製造であれ，チャンドラーが強調する「規模の経済」を十分利用できず，そのことが当該企業の多角化を促したという側面を挙げることができる。

しかも，自動車や家電の場合には，小さな国内市場に多数の組立メーカーが参入し，激しい競争を展開していた。因みに，タイの自動車生産は，1980年

---

[33] サハ・グループについては，Phu Chatkan Rai-duan ed. (1984; 1989)，Somchai (1990)，末廣・南原（1991年，第4章）を参照。

代初めまでは，乗用車に1トン積み商用車・トラックを加えても8万台規模であった。そこに12の組立メーカーが90種類以上の車種を製造していたのである（東 2000年；Middlehurst & Nielsen 2002）。最大手のサイアムモーターズが，二輪車・トラックの組立，各種自動車部品の製造に事業を拡大する一方で，鉱山やゴルフ場経営といった非関連事業へと多角化を図っていった背景も，こうした市場の狭さと過当競争を無視しては，とうてい理解できないだろう。

他方，後発性の条件が，彼らの事業多角化を容易にした側面もある。

その第1の側面は，政府の外国資本に対する優遇措置が，合弁事業をつうじて外国の資本，生産技術，経営ノウハウの利用を現地企業に可能にした点である。さきに紹介したブンロート，CPグループ，サイアムセメントをはじめ，スックリー，サイアムモーターズ，サハの各グループや，繊維・ガーメントアクセサリーのサハユニオン，化学肥料のメトロ（Metro Group），板ガラス・化学のシーフアンフングなどは，いずれも日本をはじめとする外国企業との合弁をテコに，事業多角化を進めた例である（後出の表 5-5，表 5-6 を参照）。

第2の側面は，政府が工業化を促進するために，奨励産業部門についてさまざまの税制上の恩典を与えた点である。1960年代以降は，最終消費財を中心とする輸入代替産業，70年代後半からはアグロインダスリー，80年代半ば以降は重化学工業に対して，政府は積極的な支援政策をとってきた。とりわけ，1980年代後半は，政府の重化学工業化政策と円高に端を発する未曾有の外国人投資ラッシュが結びついて，かつてない新しい事業機会をタイに作りだした。

こうした新しいビジネスチャンスの到来と急速な経済拡大は，既存グループの事業多角化の新しい契機になった。例えば，サイアムセメントの自動車関連事業，アグロインダストリーに基盤を置いてきたCPグループの石油化学・電気通信・近代流通業，サハユニオンの石油化学や発電事業などがそれである。1980年代に入って活発化する，母体事業とは無関連な分野への多角的進出，いわゆるコングロマリット化（conglomerate diversification）は，青木・伊丹の「多角化の動機」の分類に従えば，明らかに市場・技術環境の変化に対応する「問題発生型」であった。また成長期待産業へ素早く進出し，事業をグループ

内部に取り込もうとする彼らの戦略と行動は，小林のいう「成長機会・利潤機会の拡大原理」にもとづく企業集団の行動にも相通じている。

ここで注目しておきたいのは，後発工業国の国民経済規模の拡大と産業構造の高度化のプロセスで，個人企業や企業者企業が新しい分野に進出する以上に，既存のファミリービジネスがその内部に留保してきた資金や銀行借入を利用しながら，成長の見込める新規の分野へと事業を多角化していったという事実である。この点は，本書の第5章に掲げた表5-9が端的に物語っている。別の角度からみれば，後発工業国の産業構造の高度化は，まさにファミリービジネスのコングロマリット化と歩調を合わせて進んでいったのである。それを支えたのは，政府による国内産業の保護と育成，外国の資本と技術へのアクセス，地場商業銀行による豊富な資金の供与であった。したがって，経済の自由化圧力が高まり，上記の条件が崩れると，ファミリービジネスの事業多角化には限界が訪れる（本書の第3章）。

4）事業多角化（III）——ファミリービジネスと関係ネットワーク

しかし，2）の企業の戦略と行動や3）の後発性の条件だけからは，ファミリービジネスの広範囲に及ぶ事業展開は説明できない。というのも，彼らの中には，相互に関連しない他分野の事業へ初期段階から進出し，グループ化を進めてきた財閥も少なからず存在するからである（いわゆる財閥のよろずや的多角経営論を想起せよ）[34]。

例えば，もともと，アメリカのウェスチングハウス社などの製品輸入を行っていたガモンスコーソン（Kamol Sukosol Group, X166）が，東洋工業（マツダ）と合弁で自動車組立を開始しながら（1974年），他方ではホテル経営，エチルアルコール製造，ステンレス製冷蔵庫製造，レコード，金融，不動産にも投資している事例は，これまでの議論では説明しえない（Kamol Sukosol Group 1982）。同じく，ゴルフ場の建設で注目を集めたシーウィゴーン（Srivikorn

---

[34] もっとも安岡は，日本の財閥（三井や住友）の江戸末期から明治初期の一見，無関連と思われる多業種化が，それなりの内的事業連関にもとづいていた事実を明らかにし，従来の「よろずや的多角経営論」を批判している（安岡 1979 年）。

図 1-2 オーソットサパー＝プレミア・グループの事業多角化

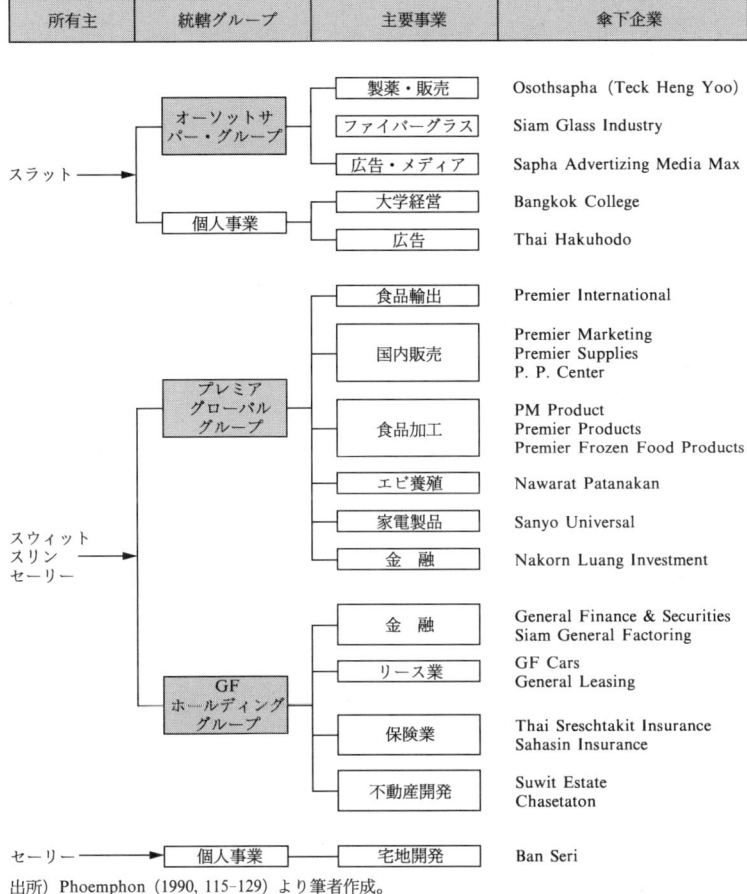

所有主	統轄グループ	主要事業	傘下企業
スラット	オーソットサパー・グループ	製薬・販売	Osothsapha (Teck Heng Yoo)
		ファイバーグラス	Siam Glass Industry
		広告・メディア	Sapha Advertizing Media Max
	個人事業	大学経営	Bangkok College
		広告	Thai Hakuhodo
スウィット スリン セーリー	プレミア グローバル グループ	食品輸出	Premier International
		国内販売	Premier Marketing Premier Supplies P. P. Center
		食品加工	PM Product Premier Products Premier Frozen Food Products
		エビ養殖	Nawarat Patanakan
		家電製品	Sanyo Universal
		金融	Nakorn Luang Investment
	GF ホールディング グループ	金融	General Finance & Securities Siam General Factoring
		リース業	GF Cars General Leasing
		保険業	Thai Sreschtakit Insurance Sahasin Insurance
		不動産開発	Suwit Estate Chasetaton
セーリー	個人事業	宅地開発	Ban Seri

出所）Phoemphon (1990, 115-129) より筆者作成。

Group, X165) も，傘下企業の中に私立学校経営，カーペット製造，生理品製造（双方ともアメリカ資本と合弁），陶器製造，建築請負，旅行代理店など多種多様な業種を含んでいる (Srivikorn Group 1986)。図 1-2 に掲げたオーソットサパー＝プレミア・グループ (Osothsapha = Premier Group, X121) などは，そうした相互に関連のない異業種を抱えたコングロマリット型財閥のひとつの典型であろう。

図 1-3 オーソットサパー＝オーサタヌクロ家の経営体制（1980 年代末，2003 年）

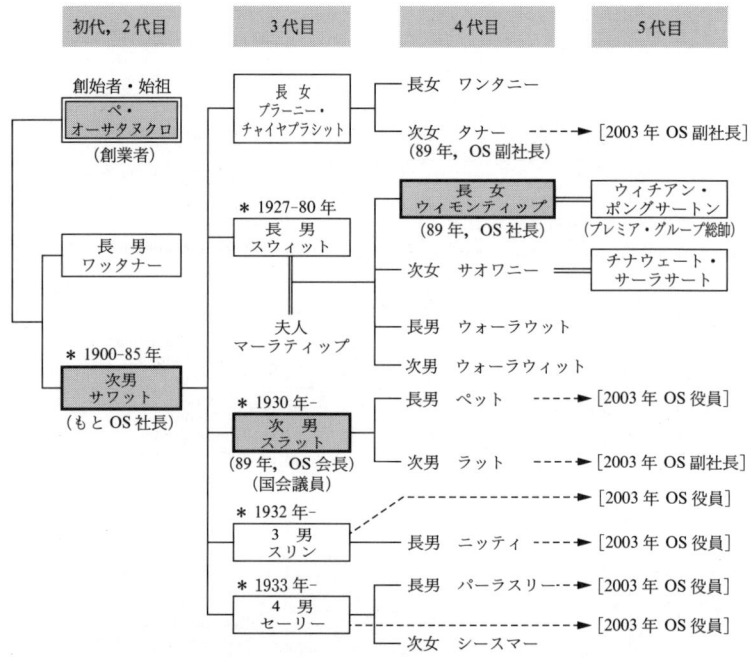

| 初代，2代目 | 3代目 | 4代目 | 5代目 |

創始者・始祖
ペ・オーサタヌクロ
（創業者）

長男 ワッタナー

*1900-85年
次男 サワット
（もと OS 社長）

長女 プラーニー・チャイヤプラシット
　　長女 ワンタニー
　　次女 タナー ------ [2003年 OS 副社長]
　　　　（89年, OS 副社長）

*1927-80 年
長男 スウィット
　　長女 ウィモンティップ ══ ウィチアン・ポングサートン
　　　　（89年, OS 社長）　　（プレミア・グループ総帥）
　　次女 サオワニー ══ チナウェート・サーラサート
　　長男 ウォーラウット
　　次男 ウォーラウィット
夫人 マーラティップ

*1930年-
次男 スラット
（89年, OS 会長）
（国会議員）
　　長男 ペット ------▶ [2003年 OS 役員]
　　次男 ラット ------▶ [2003年 OS 副社長]
　　　　　　　　　　　　▶ [2003年 OS 役員]

*1932年-
3男 スリン
　　長男 ニッティ ------▶ [2003年 OS 役員]

*1933年-
4男 セーリー
　　長男 パーラスリー ------▶ [2003年 OS 役員]
　　　　　　　　　　　　　▶ [2003年 OS 役員]
　　次女 シースマー

注 1) OS＝Osothsapha (Teck Heng Yoo) Co., Ltd. のち Osotspa Co., Ltd. に改称。
2) 2003 年の OS の社長は，俸給経営者（専門経営者）のガノック・アピラディー。
出所1) 家系図は，葬式本（Suwit Osathanukhro February 14, 1981）；Veerasak (1996, 121)．
2) 1989 年の役員データは，Phoemphon (1990, 120)．
3) 2003 年現在の Osotspa Co., Ltd. の役員は，The Brooker Group PLC (2003, 472-473)．

　それでは，彼らのコングロマリット化を促している背景とこれを可能にする条件は何なのか。まず前者について言えば，二つの側面を考えることができる。
　第 1 は，世代交替がファミリービジネス，とりわけ華人系のそれの事業多角化を促進している側面である。この場合には，息子や娘婿たちが両親や創業者世代の事業とはまったく異なる分野へ進出する場合が多い。図 1-2 に掲げたプレミア・グループなどが，まさにその好例である。
　プレミア・グループの母体会社は，家系図（図 1-3）に示したように，ペ・オーサタヌクロが 1930 年代に開始した漢方薬の輸入・販売店「徳興裕」

(Osothsapha [Teck Heng Yoo] Co., Ltd.) である。同社は戦後，漢方・西洋医薬の製造と販売に乗りだし，とりわけ大正製薬との技術提携にもとづく「リポビタンD」の製造を転機に，著しい成長を遂げた（Osothsapha Group 1980）。そして，2代目サワットの時代には，同社を中心としてオーソットサパー，あるいはオーサタヌクロ・グループ（Osathanukhro Group）を形成する（Marthuphum Thurakit ed. 1986, 78-85）。

ところが，3代目のサワットの息子・娘の世代になると，事業はリース業，金融，不動産，輸出向け製造業（エビ養殖，食品加工，靴・鞄製造）などに拡大していった。本業である製薬は継続しているものの，若い世代の投資先は主として新しい成長期待産業に向かったわけである[35]。彼らは，自らのグループを先代から区別して「プレミア・グループ」と呼んだ。ここには，タイ経済の急速な拡大や構造的変化に対応して，ファミリービジネスが「世代交替」を契機に，自らをコングロマリット化させた展開が見事に示されている。

南タイで80年以上にわたり，スズ・天然ゴム輸出と不動産事業に従事してきたンガーヌタウィー（顔姓）一族がバンコクに進出し，プリント基盤の製造・輸出をはじめ，電子産業の分野で20社近い企業を短期間に新設するのも，世代交替が決定的な契機になっている[36]。彼らの場合，南タイでは依然，ンガーヌタウィーあるいはチンテック（振徳）の名前で知られているが，バンコクではCBグループ（Chinteik Brothers, CB Group, X115）の方が通用する。

一方，世代交替は，均分相続を原則とする中国人（華人）の場合には，新規事業への進出ではなく，事業の分散・本業の崩壊を招く危険性ももっている。事実，戦前に大きな事業を運営しながら，世代交替の中で消滅していった財閥も少なくない（キムセンリー，ナーイラートなど）。しかし，それとは対極的に，世代を超えてファミリービジネスを維持し，その事業基盤を拡大・再編してきたグループも存在する。5世代100年以上の事業歴をもつワンリー家（戦前最

---

[35] プレミア・グループについては，Sujit (1988), Phoemphon (1990) に詳しい。1990年代以降の動向については，The Brooker Group PLC ed. (2003, 504-508) を参照。

[36] "Takeover by C. B. Group Precedes High-Tech Growth," *Bangkok Post,* August 13, 1990. チンテック電子グループと創業者一族であるンガーヌタウィー家については，Suliman (2001) が詳しい。最近の動向は，The Brooker Group PLC ed. (2003, 447-454) を参照。

大のコメ財閥，X206）やラムサム家（コメ・木材輸出から商業銀行へ，X087）は，その典型といってよいだろう（本書の第5章）。

　ワンリーほどの歴史はもってはいないが，創業者から数えて2代目，3代目に入った財閥は，タイでは決して珍しくない。しかもここで注目すべきは，彼らがファミリービジネスとしての統一性を維持している点である。したがって，そこには世代を超えて家族全体の事業と資産を維持・拡大しようとする明確な意思が働いている，と理解すべきであろう。筆者は，これを家族経営や中国人の企業経営に由来する「家産の保全・拡大志向」と考えたい。その場合，企業活動の目的は「家族全体の財産」を拡大する点に置かれるから，既存事業との関連がなくてもあらゆる分野，とりわけ金融業や不動産事業へと進出していくことになる。これが，ファミリービジネスのコングロマリット化を促す第二の側面である。

　以上二つの側面は，ファミリービジネスがコングロマリット化する契機と動機を説明するが，なぜファミリービジネスの形態を維持しつつ事業多角化が「可能であるのか」という点を説明していない。この点を理解するためには，さらに次の三つの背景をつけ加える必要があろう。

　第1に，ごく最近までタイの富裕華僑・華人は，複数の夫人をもち子沢山を福としたから，家族の数はきわめて多かった。例えば，セントラル・グループの場合には，創業者の子供だけで計26人（息子14人，娘12人），孫やひ孫の世代を含めると合計164人を越えた（Panthop 2000, 121；遠藤 2002年，292-293）。しかも，中国人の間では家族の事業を能力のある人物，例えば三男や娘婿を適宜重要な地位に据えることも可能であった。そのため，事業規模が拡大し多角化しても，家族・同族内部の人材を活用することで，一定程度は対応できたのである。

　第2に，タイのファミリービジネスは国内の血縁・地縁だけでなく，早くからアジア域内の華僑・華人ネットワークを利用することによって事業の拡大を図ってきた。例えば，バンコク銀行グループのチンが，香港，台湾，シンガポールの中国人と共同で製造業へ進出した事例（末廣 1992年b，58-60），サハウィリヤー・グループ（鉄鋼・金融）が，アメリカでコンピュータを勉強した

台湾生まれの親戚（Jeck Min Chun Hu）をタイに呼び寄せて，パソコン，ミニコンピュータ，プリンターの販売とパソコン・ソフトの開発に進出した事例（サハウィリヤーOA機器グループを形成）[37] は，これに該当する。

しかし，以上二つの背景以上に決定的な意義をもったのは，1970年代から進行する所有主家族の世代交替であろう。つまり，高い教育歴（大学など），海外留学，外国会社との接触によって新しい知識とノウハウを習得した新しい世代の登場がそれである。こうした所有主家族の内部における経営者の内部育成と「脱アマチュア経営者」の動きは，家族外からの専門家や経営者の積極的な登用と結びついて，ファミリービジネスの新規分野への進出を可能にしていったものと思われる。この点については，本書の第4章で詳しく述べたい。

おわりに

前節で紹介した三つの条件，すなわち企業の戦略と行動，工業化の後発性，華僑・華人の家族的経営に由来する条件は，それぞれ無関係ではない。むしろ，相互に関連し重なり合いながら，ファミリービジネスのグループ化・事業多角化を促し，これを可能にしてきたと言えよう。それではなぜ，ファミリービジネスは存続しているのか。

この問題を考える上で筆者がとくに注目したいのは，経営環境の変化や政府の政策の変化に対する，ファミリービジネス自身による迅速な対応と適応である。青木・伊丹の議論にひきつけていえば，「企業者的対応」がそれである。そして，タイで成長を続けるファミリービジネスは，第2節で紹介したユシームが想定したように，「反工業的」企業文化に向かうのではなく，むしろ，後発国の工業化の積極的な担い手になったという事実が重要である。したがって，成長するグループは，家族による所有と経営の支配という点では従来のファミリービジネスと共通するが，さまざまのイノベーション（機構改革や生産・流通体制の改革）を推進しているという面では，明らかに経営主体の内実

---

[37] Sahaviriya Group（1991, 12），サハウィリヤーOA機器グループ総帥であるジェックからの筆者の聞き取り調査（バンコク，1986年9月20日）。

が異なっていた[38]。これを本書では「近代的ファミリービジネス」と呼んでおきたい[39]。そして，この近代的ファミリービジネスこそが次章以下の検討の対象となる。

---

[38] 後発工業国における「イノベーション」の意義については，末廣（2000年a，第3章）を参照。また，シュンペーターの「革新」概念については，安部（1995年），シュンペーター（清成編訳 1998年）を参照。
[39] 楊作為はタイの華人系家族企業が，1980年代に入ってから大型化，総合化，集団化し，さらに近代的な経営方法を導入してきた事実に注目し，これらを「現代化大型華裔企業」と呼んだ。彼がその代表として掲げた企業は，金融のファイナンスワン社（X030），電気通信のシン・コーポレーション（X154），不動産開発のランド・アンド・ハウス社（X008）の三つである（楊 1995年，185-190）。

第2章

創業・発展・事業の継承
220グループ・所有主家族の実証的研究

はじめに

　第1章では売上高を基準とする大企業を単体として分析し，その所有形態と経営体制を分析の対象とした。つまり，1979年と1988年の二つの基準年を使って，タイの大企業において「家族所有型企業」がどれだけの比重を占めているのかを取り上げた。しかし，この方法には二つの点で大きな問題がある。
　ひとつは，この方法をとる限り，特定の家族や複数の家族が自分たちの事業をどの程度多角化させ，グループ化しているのか，把握できないという問題である。序章の定義にしたがえば，「財閥型ファミリービジネス」と「ネットワーク型企業グループ」の存在とその重要性を，マクロ的な観点から把握することができないという限界が残る。
　もうひとつは，企業を単体として捉える限り，ファミリービジネスを特徴づける「事業の継承」を把握できないという問題である。ファミリービジネスが存続するだけではなく，「近代的ファミリービジネス」として発展を遂げている事実を明らかにするためには，創業者世代がだれにその事業を継承させているのか，それも単体としての企業ではなく，グループとしての事業全体を，だれに継承させているのかを検討する必要があるだろう。
　そこで本章では，筆者が1997年の約1800社の株主名簿と財務データをもとに独自に検出した220の「タイ経済を支配するグループ」(外国企業が所有するグループを除く)に焦点をあて，その「究極の所有主」(ultimate owner) の特

徴，事業発展パターン，そして事業の継承をマクロ的に検討することで，上記の問いに応えることにしたい。本章の構成は次のとおりである。

第1節では，第1章にならって，売上高からみたタイの上位100社の所有形態別企業について，1979年から2000年までの推移を整理し，大企業に占めるファミリービジネスの重要性を改めて確認する。次いで第2節では，先に述べた220のグループ・所有主家族の検出方法と彼らがタイのマクロ経済に占める地位について紹介し，第3節では，同グループの所有主家族の属性や事業発展のパターンを検討する。第4節では，ファミリービジネスのもっとも核心的な課題である「事業の継承」について検討する。そして最後に，所有形態と経営体制の双方を加味しながら，タイのファミリービジネスのアジア通貨危機前の状況とその後の方向性について記述してみたい。

1　大企業に占めるファミリービジネスの比重

表2-1は，金融機関（商業銀行やファイナンス・カンパニー）を含む，売上高でみた上位100社を「究極の所有主」に注目して分類したものである。序章では，クレッセンズたちやラポルタたちの「究極の所有主アプローチ」を紹介した。クレッセンズたちの研究では，対象は上場企業に限っているが，「究極の所有主」を，「分散所有型」，「家族所有型」，「国家所有型」，「金融機関所有型」，「事業会社所有型」の五つに分類していた。

本章では，この五分類のうち，金融機関や事業会社の「究極の所有主」が家族である場合，例えば，タイのバンコク銀行はソーポンパニット家の傘下にある企業と判断して，これを「特定もしくは複数の所有主家族に所属する企業」に定義し直している。そして，クレッセンズやラポルタたちが分類の基準に挙げていない「外国企業」（とくに多国籍企業の子会社）も，後発工業国（発展途上国と中進国）では重要な地位を占めている事実に鑑みて，独自の範疇として計上した。その結果，売上高でみた大企業は，表では①「政府もしくは国営・公企業が出資する企業」，②「特定・複数所有主家族に所属する企業」，③「いかなる所有主家族にも所属しない独立系企業」，④「外国企業」の四つに再分

表 2-1 タイにおけるファミリービジネスの比重（売上高上位 100 社の分布）
(単位：％)

所有形態別企業の分類	1979 年	1989 年	1997 年	2000 年
(1) 企業数の分布				
政府もしくは国営・公企業の出資企業	2.0	5.0	9.0	13.0
特定・複数所有主家族に所属する企業	55.0	57.0	56.0	37.0
独立系タイ企業	13.0	3.0	5.0	3.0
外国企業	30.0	33.0	30.0	47.0
合　計	100.0	100.0	100.0	100.0
(2) 売上高合計の分布				
政府もしくは国営・公企業の出資企業	7.6	14.9	15.7	19.3
特定・複数所有主家族に所属する企業	41.9	50.1	53.0	32.6
独立系タイ企業	7.3	3.0	2.1	1.2
外国企業	43.2	32.0	29.2	46.9
合　計	100.0	100.0	100.0	100.0

注 1) 上位 100 社には金融系企業を含む。金融系企業の売上高は営業収入で代替する。
　 2) 外国企業は筆頭株主が外国人（企業）で，かつ株式所有が 30％を超える場合。
出所）上位 100 社の分布は筆者の調査；上位 100 グループの経営形態別分布は末廣（2003 年 a, 270)。

類してある。なお，外国企業と呼んでいるのは，筆頭株主が外国企業で，かつ 30％以上の株式を保有している企業を指している。

　以上の「究極の所有主アプローチ」にもとづいて，1979 年，89 年，97 年，2000 年の四つの基準年の上位 100 社の企業数と売上高の分布を整理したものが表 2-1 である。表をみると，「特定・複数所有主家族に所属する企業」，つまりファミリービジネスと判断できる企業は，1979 年から 97 年の間に，企業数では 100 社のうち 55 社，57 社，56 社を占め，売上高合計に占める比率では，当該基準年に 42％，50％，53％を占めた。アジア通貨危機が勃発する 1997 年直前に，上位 100 社のうち半分以上をファミリービジネスが占め，かつタイが経済の拡大と産業構造の高度化を急速に進めていった 90 年代に，彼らがむしろその比重を高めていった事実に注目しておきたい。一方，いかなる所有主家族にも所属しない「独立系企業」，もしくは「俸給経営者」(salaried manager) の支配下にあるタイ系企業は，1979 年の 13 社から 97 年には 5 社，売上高合計に占める比率は 7％から 2％に下がり，ほとんど重要な地位を占めていない事実も指摘しておきたい。

ところが、アジア通貨危機を契機に、大企業の所有形態別の編成には大きな変化が生じる。ファミリービジネスは2000年に37社、売上高合計に占める比率も全体の33％に下がり、外国企業が47社、売上高合計の47％と飛躍的に伸びたからである。また、通貨危機を契機に、政府の管理下に移管された商業銀行が増えたため、政府もしくは国営・公企業が出資する企業の数と売上高に占める比率も上昇している。こうした傾向は、2002年、2004年になるとますます明確になった（表終-1を参照）。ただし、この問題は終章で改めて取り上げることとし、ここでは、通貨危機に至る時期のタイにおいては、ファミリービジネスの傘下企業が、企業数でも売上高合計額でも、上位100社の半分以上を占めていた事実を強調しておきたい。

2　220グループ・所有主家族の検出

1)「グループ・所有主家族」の検出方法

以上はあくまで単体としての企業をベースとした所有形態別の分布であった。しかしこの方法をとる限り、すでに述べたように、ファミリービジネスの実態をトータルに捉えることはできない。そこで、従来の単体としての企業データベースに加えて、新たに所有主家族データベースを作成することにした。その手続きは以下の通りである。

まず収集するデータの基準年として、アジア通貨危機の1997年を選定する（通貨危機の影響は翌98年から顕著に現れる）。次いで各種の企業要覧、タイ証券取引所（SET）所蔵の上場企業関係の各種データ、企業グループに関する報告書などを参考にして[1]、個々の企業ごとに1997年現在の財務データ、事業の内容、上場の有無などを入力していく。この作業でもっとも難しい点は、ある企業がどのようなタイプの所有主（家族、国営企業、外国企業など）に所属するの

---

[1] 利用した主な企業データソースは、Advanced Research Group Co., Ltd. ed. (1999)、Dun & Bradstreet and Business On-Line ed. (1999)、Stock Exchange of Thailand (SET) ed. (1997b)、The Brooker Group PLC ed. (2001)、SET Investor Information Center所蔵の各上場企業別年次報告、56/1形式報告書など。タイで利用可能な企業データソースのより詳しい紹介については、末廣（2000年b, 1-18）を参照。

か，その判定作業であろう。

　この点については，筆者が過去20年間以上にわたって蓄積してきた独自の企業情報と，ブルーカー・グループ編『タイのビジネス・グループ2001年版，第四版』(150家族，The Brooker Group PLC 2001)，同『タイのビジネス・グループ2003年版，第五版』(150家族，The Brooker Group PLC 2003)，各種「Who's Who」の類いを参照した[2]。その際，「究極の所有主」の判定にあたっては，特定の個人やその家族成員の株主の株式保有率だけではなく，彼らが所有支配する事業会社の株式保有率も合算した上で，確定作業を行った。入力を行った個別企業の数は金融系企業を含めて計1800社である。

　次に，1800社のデータを「究極の所有主」別に整理し直し，その中から外国企業を排除する。ここで外国企業と分類しているのは，原則的に外国企業もしくは外国人の株式保有が30％を超える場合を指す（タイ側パートナーがこれを超える場合には，タイ企業として計上する）。外国企業を除いた上で，所有主ごとに総資産額と売上高の合計額をそれぞれ求める。銀行・金融・保険会社の場合には，営業収入に投資収入を加えた粗収入を売上高の代替数字とみなす。また，タイでは月刊雑誌『金融と銀行』(*Kan Ngoen Thanakhan*，タイ語) が，上場企業の株式市場価格をベースに，株式保有家族別に上位100までの家族名と合計保有株式時価総額を毎年発表するようになった。このデータ（1997年）も先のデータに加える（本書の付表3と付表4を参照）。

　商業銀行やファイナンスカンパニーを傘下にもつグループは，当然ながら経済力が過大な数字となって現れる。商業銀行の場合には，預金などがそのまま資産の項目に計上されているからである。一方，自動車，家電，ビールなどの製造企業グループの中には，グループ内の製造会社と販売会社の双方で売上高を集計する場合があるので二重計算となり，これまた過大評価となる。しかし，固定資産額やグループごとの正味の売上高合計を正確に把握することは困

---

[2] 「Who's Who」の類いとは，*Who's Who in Business & Finance*（月刊，1994-99年，タイ語），*Hua Shang*（華商）（隔月刊，1998年から現在，同一記事についてタイ語と華語を併記），Sida (1988)，TPG Group ed. (1988)，Veerasak (1996; 2000)，泰國僑團名録編集委員會編 (1986年)，陳慧松編著 (1993年)，陳一平総編集 (2002年) などである。

図 2-1 CP グループの創始者謝易初の死亡代告記事（1983 年 2 月 7 日付『星暹日報』）

難である。そこでこのデータベースでは単純に加算することにした。ただし，総資産額と売上高の業種別のばらつきを補正するために，各グループ・所有主家族ごとに，①総資産額の 50％，②売上高合計額の 40％，③所有主家族が保有する企業の合計株式時価総額の 10％を合計したものを「総合得点」として，その得点順に並べ替え，1 位から 220 位までを基本データとした。このようにして検出したグループを，ここでは「220 グループ・所有主家族」と呼んでおきたい。以下，本書の第 2 章から第 4 章における分析は，この「220 グループ・所有主家族」をベースとしている。また，その一覧は本書巻末の付表 1 と付表 2 に示したとおりである。

次に，グループごとにさまざまなデータの追加入力を行う。傘下企業の数や業種別分布，中核企業の設立年・操業年，上場の有無などである。また所有主が家族である場合には，その人種，出身地や原籍・祖籍（華人系の場合），取締役会や経営執行委員会のメンバーと所有主家族との重なりについてデータを追加する。そして，所有主家族に関する利用可能な『葬式頒布本』（以下，本書では葬式本と略記）[3]，バンコクで販売されている華語新聞に掲載される葬式，

婚礼，叙勲，各団体役員就任などの代告・通知記事（図2-1を参照）[4]，各種「Who's Who」の類い，筆者自身の聞き取り調査を統合して，所有主家族ごとの詳細な家系図（各人の生没年，最終学歴，タイ名・華語名を含む），グループ内企業の役職と役割分担，世代を超えた事業の継承に関するマップを作成する。以下に利用する表は，このようにして作成した「220グループ・所有主家族」の基本データと，220グループを含む計300家族に関する筆者独自の「家系図」をもとに集計した結果である。

2） マクロ経済的位置づけ

「220グループ・所有主家族」自体の検討は次節に譲って，同グループに所属する企業が，タイの大中規模企業の中でどのような経済的地位を占めているのか，あらかじめ確認しておきたい。そのために作成したのが表2-2である。この表は売上高と総資産額について，それぞれ上位100社と上位1000社を選び，「究極の所有主」別に集計した。そして表2-1と同様に，1997年時点における企業を，①政府もしくは国営・公企業が出資する企業，②220グループ・所有主家族のうち特定の家族（215家族）に所属するファミリービジネス[5]，③上記の国営・公企業や215所有主家族に所属しない独立企業，④外国企業，の四つに分類して整理してある。

---

[3] ここで『葬式頒布本』（Nangsue-jaek nai Ngan-sop）と呼んでいるのは，タイ独自の慣習で，葬式時に故人を偲んで配布される本を指す。人によって異なるが，多くの葬式本は故人（および配偶者）の詳細な家族構成，学歴，経歴，家族や友人・知人の追悼，あるいは故人の事業の詳しい発展史などを含んでおり，タイ経済史・社会史の研究には欠かせない第一級の資料である。葬式本の内容とその利用価値については，末廣（1995年b）を参照。利用しえたタイ語の『葬式頒布本』は約250冊である。その一部を本書の文献目録に掲載した。

[4] 華語新聞の方は，東京大学社会科学研究所が所蔵する『日刊・星暹日報』のマイクロフィルム（1960年から1989年）を利用した。この華語新聞に掲載される代告知交記事，とりわけ葬儀や婚礼の通知には，当該者の原籍・祖籍，姻戚関係，所有企業の名前と物故者の地位，所属する組織や社団が華語で記載されることが多いため，タイの企業やファミリービジネスに関心をもつものにとっては，きわめて有用な情報源となる。筆者が収集したデータ件数は約3600点である。

[5] ここでは王室財産管理局の傘下企業を含める。

表 2-2 所有主別企業の売上高と総資産額の分布（1997 年，上位 100 社，上位 1000 社）

（単位：企業数，100 万バーツ，%）

所有主分類	企業数	上位 100 社 売上高合計	%	企業数	上位 1000 社 売上高合計	%
(1) 売上高の分布						
政府もしくは国営・公企業の出資企業	9	382,107	15.6	21	412,271	9.1
ファミリービジネスの 215 家族	57	1,296,960	53.2	644	2,635,941	57.8
独立系タイ企業	4	51,092	2.1	104	244,551	5.4
外国企業	30	708,954	29.1	231	1,264,227	27.7
合　計	100	2,439,113	100.0	1,000	4,556,990	100.0
(2) 総資産額の分布						
政府もしくは国営・公企業の出資企業	12	1,879,459	18.9	21	1,917,401	14.8
ファミリービジネスの 215 家族	68	7,119,081	71.8	666	9,170,501	70.7
独立系タイ企業	3	246,154	2.5	98	504,022	3.9
外国企業	17	676,315	6.8	215	1,382,100	10.6
合　計	100	9,921,009	100.0	1,000	12,974,024	100.0

注 1）「ファミリービジネス 215 家族」とは，検出した 220 グループ・所有主家族から国営・公企業グループ 5 つを除いた，計 215 家族の傘下企業を指す。王室財産管理局を含める。
　2）外国企業は，原則として出資比率が 30％を超えるもの。ただし，タイ側が筆頭株主の場合には当該グループに含める。
出所）筆者の「タイ企業データベース　1979-2004 年」より作成。

　まず売上高からみると，「220 グループ・所有主家族」のうち，対象とする 215 家族に所属する企業は，上位 100 社のうち 57 社，売上高合計額の 53％を占めた。1000 社に拡大するとその数は 644 社，売上高合計額のほうは 58％に達する。一方，総資産額に目を転じると，215 家族が所有する企業は上位 100 社のうち 68 社（総資産合計額の 72％），上位 1000 社でも 684 社（同 72％）となり，その比重は売上高よりはるかに高いことが判明した。売上高に比して総資産額のシェアが上昇するのは，商業銀行など金融機関の大半が，特定の所有主家族の傘下にあるからである[6]。したがって，表 2-1 で示した売上高上位 100 社の所有形態別分布が示す数字以上に，ファミリービジネスがタイの経済に占める地位は大きかったといえるだろう。

---

[6] 商業銀行の場合，所有の分散が進んでいるために，「究極の所有主アプローチ」にもとづく「20％カットオフ基準」を採用すると，1997 年現在，大半の銀行は「分散所有型」に分類される。しかし，本書では商業銀行に限って，仮に当該銀行の 20％未満の株式所有であっても，トップ経営陣に創業者一族もしくは所有主家族が就任し，他の重要な経営ポストを支配している場合，ファミリービジネスの範疇に含めた。

3 220グループ・所有主家族の特徴と事業展開

1) 人種別分布と世代

表2-3は,「220グループ・所有主家族」の「究極の所有主」の属性を,その人種,世代にもとづいて整理したものである。なおここでいう「世代」とは,タイに移住定着した最初の人物(始祖)を初代と数えるのではなく,現在につながる事業を開始した創業者世代を初代と数えている。例えば,2001年に首相に就任したタクシン・チナワット(Thaksin Shinawatra, 1949年生まれ)は,1880年代に北タイに定住し,徴税請負業からバンコクとの河川交易,さらには木綿やシルクの衣類製造で財をなした北部財閥チナワット家(丘姓,客家,Shinawatra Group)の4代目にあたる[7]。しかし,現在のSHINグループ(電気通信産業,付表1のX154)は,北タイの本家とは別途に,タクシンが独自にバンコクで構築した企業グループであるため,表2-3では「創業者が現総帥」というカテゴリーに分類してある[8]。

さて表から判明する顕著な特徴は次の2点である。ひとつは,人種別にみると華人系並びに華人系タイ人の占める比率が極端に高いこと。もうひとつは,現総帥がすでに世代交替を経験しており,2代目と3代目以上の合計が129家族と,創業者世代(83家族)を大きく上回っていること。以上の2点である[9]。

まず人種別分布をみると,国営・公企業が出資する家族と関係のないグループが計五つ存在する(クルンタイ銀行KTB,タイ軍人銀行TMB,タイ石油公団PTT,タイ発電公団EGAT,タイ国際航空TIA)。そのほかタイでは,インドか

---

[7] チナワット・グループのチェンマイでの発展については,Plaioo(1987)を参照。
[8] タクシンは1982年に,内務省警察局の「犯罪統計センター所長」(公務員)の地位のまま,家族の名義で企業を立ち上げ,IBM製コンピュータを警察局やタイ国鉄に納入するレンタル事業を開始した。そして,翌83年にはチナワット・コンピュータ社(Shinawatra Computer Co., Ltd.)を設立して,本格的にコンピュータ・電気通信事業に進出し,92年初めには携帯電話事業,衛星放送事業を含めて,14社の傘下企業を擁するに至った。タクシンの事業発展については,Phacharaphon(1992),Sorakon(1993),Thanawat(2000a, 110-119),Pasuk and Baker(2004),末廣(1995年a)を参照。また,本書第4章のSHINグループの記述も参照。

表 2-3 タイ主要所有主家族の人種別分布

(単位：件数)

項 目	合計	%	創業者が現総帥	2代目[1]	3代目以上	不明その他
華人系	171	77.7	72	84	12	3
華人系タイ[2]	25	11.4	3	15	7	0
広義の華人系小計	196	89.1	75	99	19	3
タイ人系	11	5.0	5	4	2	0
インド人系	3	1.4	1	1	1	0
ヨーロッパ人系	3	1.4	1	2	0	0
国営・公企業系	5	2.3	—	—	—	5
不 明	2	0.9	1	1	0	0
合 計	220	100.0	83	107	22	8

注 1) 現在につながる事業の創業者を初代として数える。
　　2) タイに移住定着した始祖から数えて3世代以上たち，かつ「華人性」が希薄なもの。もしくは創業者やその父親が「ルアン」以上（ルアン，プラ，プラヤー）の爵位をもち，国王から欽賜名を下賜された家族。
出所）本書の付表1，付表2，筆者の「主要家族300家族の家系図」などより作成。

らの移住定着一族が3家族（チャンシーチャワーラー・X032，サヤームワーラー・X151，シャー・X153)[10]，欧米人の移住定着者が3家族であった（ベネデッティ・X013，ハイネック・X057，リンク・X101)[11]。

　タイ人系と確認できたのは計11である。このタイ人系の中には，サイアムセメントとサイアム商業銀行の2大グループ（傘下企業数は合計296社）に出資し，自らも多数の上場企業に投資している王室財産管理局（Crown Property Bureau, X050）が含まれる[12]。そのほかの家族としては，ビール・酒製販のピロムパクディ家（X016），海運のペンチャート家（X126），ホテル・不動産業のシーウィゴーン家（X165）などで，意外と少ないことが判明した。これを

---

[9] 表2-3は，末廣（2003年b）の表5をもとにしているが，その後の補足調査で高齢者の創業者が率いるグループを「2代目」に集計し直したので，数字は改定している。

[10] タイのインド人社会の歴史と経済活動については，佐藤宏（1995年）を，チャンシーチャワーラー家（Chansrichawla family/The Siam Vidhya Group），シャー家（Shah family/The G Premjee Group）については，The Brooker Group PLC ed. (2003, 120-123, 568-573) を，それぞれ参照。

[11] ベネデッティ家（Benedetti family/The Italasia Group），ハイネック家（Heinecke family/The Minor Group），リンク家（Link family/The B Grimm Group）については，The Brooker Group PLC ed. (2003, 50-52, 231-238, 405-410) を参照。

第2章　創業・発展・事業の継承　69

除くと，残りの196家族（全体の89％）がじつに華人系か華人系タイ人であった。

ところで，タイで「華人」と「タイ人」を区別することは，簡単そうでじつは容易ではない。例えば，1870年代に事業を開始したワンリー家（陳姓，潮州系，本書の第5章）は，戦前まで本家筋の遺体は焼かずに中国に移送し，汕頭にある同祖の墳墓に葬っており，戦後も子孫は中国名をもち，中国人社会の各種組織（社団）にも参加していた（Choi 1995；筆者の聞き取り調査，1981年6月，バンコク）。現総帥のウォーラウィ（陳天聴）は創業者から数えて四代目に相当するとはいえ，彼はタイ人というより「華人」に分類したほうが妥当であろう。

その一方，ワンリー家と同時期に来タイし，世代を超えて同家と婚姻を重ね，濃密な血縁関係を築いてきたラムサム家（伍姓，客家）の場合（葬式本 Bancha 1992），現総帥のバントゥーンは五代目に相当するが，すでに父親のバンチャー（伍班超）の四代目から中国人社会とは縁を切り，自らも「タイ人」であることを強調している（末廣 2002年b，194-198；本書の第7章）。いずれにせよ，タイでは「華人」と「タイ人」を区別する客観的尺度は存在せず，結局は，本人や家族が自分たちをどう認識しているかという主観的尺度のほうが重要であることに注意する必要がある。

とはいえ，データを整理する上で一定の基準は必要なので，ここでは便宜的に次の二つを指標とした。第1は，タイに移住してきた始祖から数えて三代目以降を「華人系タイ人」とする。その根拠は，1953年の兵役法改正で，父親が中国生まれの華人は軍人・警察官に応募する資格がないとした規定にもとづく。逆にいえば，三代目以降の華人はタイ人と同等の権利を有することになる。さきのタクシン首相が，陸軍予科，警察大学校をへて警察幹部になったの

---

[12] 王室財産管理局は，戦前の国王財産局（Phra Khlang Khangthi）に起源をもち，世代を超えて王室の財産の運用管理を行う（Suehiro 1989a, 90-93）。一代限りの国王の収入（寄付など）と支出を担当する国王家計局（Royal Household Bureau）とは別組織で，財務内容は公開されている。ちなみに，王室財産管理局は1995年6月当時，35社の優良上場企業に投資し，保有株式時価総額は966億バーツに達した。これは当時の上位100大家族の株式時価総額合計の3分の1に匹敵する巨額なものである（Wilai 1996, 105-107）。

は，彼がチナワット家の始祖である丘春盛（Seng sae Khu）から数えて四代目に相当するからであった。

第2は，現総帥の父親もしくは本人が戦前，「ルアン」以上の官位につき，国王から欽賜名を下賜されて勅任官吏（khun-nang）に任命されていた場合も「華人系タイ人」とする[13]。タイでは勅任官吏に任じられると「国王の官吏」になり，移住から数えた世代や血の濃さに関係なく「タイ人」と認識されるからである。首相や外相を輩出し，「ロイヤル・チャイニーズ」と呼ばれたサーラシン家（黄姓，海南，X150）や，1910年代から徴税請負，河川交通，鉱山業などで蓄財を重ね，戦後は建設請負業に進出したガンナスート家（陳姓，福建，X071）などは，その代表的な事例である（Wimonphan 2000；Prida 1997）。しかし，こうした基準も流動的であり，「華人」と「華人系タイ」の間の境界線はあいまいであることを付記しておきたい。

次にこの華人，華人系タイ人の中国本土における「原籍・祖籍」をみると，判明した家族は196の家族のうち142であった。多い順から並べると，潮州系87（61%），海南系17（12%），客家系13（9%），福建系12（9%），廣肇・広東系7（5%），台湾系5（3%），上海江浙系1となる。この分布は潮州系がやや多く，客家系が少ないものの，タイにおける華僑・華人人口の出身地別分布をほぼ反映していた[14]。また，最大グループである潮州系を出身県別にみると，潮陽県の26が抜きん出て多く，以下，普寧県15，澄海県15，潮安県10，掲陽県9，饒平県6，不明4であった。家族の個々の出身地については付表1を参照されたい[15]。

---

[13] 1936年に「サクディナー制度」が廃止されるまでは，タイの公務員（カーラーチャガーン＝王事に仕える下僕）を，①国王から下賜される欽賜名（Phrathinnanam），②地位・身分を示す爵位（Bandasak チャオプラヤー，プラヤー，ルアン，クン），③名目的に配分される土地の面積（Sakdina）の三つで格付けし，サクディナーの多寡が400ライ以上，爵位がクン・ルアン以上のものを，国王が直接任命し，また国王に謁見できる「勅任官吏」とした。勅任官吏に任命されると，生地・人種・国籍に関係なく「国王の臣民」，つまり「タイ人」と認定される（Chai 1976）。
[14] タイにおける華僑・華人人口について最後の公式調査が実施されたのは1955年である。このときの調査結果によると，潮州系56%，客家系16%，海南系12%，福建系7%，廣肇系7%，その他2%であった（Wu and Wu 1980, 135）。

最後に世代をみると，創業者世代は国営・公企業所属と不明その他の計8を除いた212家族のうち83家族にとどまり，2代目がじつに107家族，3代目以上も22家族を数えた。ファミリービジネスの世代交替が進んでいる点では，アジア地域の中で抜きんでている。植民地支配を経験した他の北東アジア，東南アジア諸国では，財閥型ファミリービジネスや企業グループの形成は戦後になってからであり，韓国のチェボルでも，事業の起点は1950年代（服部1988年），インドネシアの場合は1966年にスハルトが政権を掌握してからであった（Robison 1986；佐藤百合 1992年）。したがって，1870年代にまで遡る家族が存在し，かつ彼らが世代を超えて今なお存続している事実は驚きであるとともに，研究者にとってはまたとない貴重な素材でもある[16]。

序章でも述べたように，チャンドラーは創業者世代のファミリービジネスを「企業者企業」，世代交替が起きた後を「同族支配企業」として，明確に区別した。仮に創業者世代で事業が消滅すれば，これは個人企業やベンチャー企業と変わらないからである。ファミリービジネスをファミリービジネス（チャンドラーのいう同族支配企業）たらしめている要件が，創業者が家族成員に経営支配権を引き継ぐ点にあるとするならば，タイはきわめて興味深い国といえるだろう。この点は第4節で検討したい。

2) 中核企業の開始年代と業種別分布

表2-4は，各グループ・所有主家族ごとの中核企業（母体企業）の設立年と基盤となる業種を整理したものである。表では，タイ経済の発展段階にあわせて，(1) 戦前期1945年以前，(2) 工業準備期1945-59年，(3) 工業発展期1960-78年，(4) 構造調整期1979-87年，(5) 経済ブーム期1988年以降，の五つに時

---

[15] それぞれの言語集団別地域の範囲と出身県の中国本土における地理的位置については，Suehiro（1989a, 161）に図示しておいた。

[16] 100年を超える歴史をもつ有力家族（富裕家族）については，幸いタイの場合，詳しい研究書が存在する。例えば，ワンリー家についてはJamnongsri（1998），ラムサム家についてはThanawat（2000b），南タイのンガーンタウィー家についてはSuliman（2001），ガンナスート家についてはPrida（1997）などがそれである。また，歴史の長い一族の場合には，当該者の葬式本も豊富に存在する。

表 2-4　グループ内中核企業（母体企業）の設立年と業種別分布
(単位：グループ・所有主家族数)

	合計	1945年以前 戦前期	1945-59年 工業準備期	1960-78年 工業発展期	1979-87年 構造調整期	1988年以降 経済ブーム期	不明
商業	25	2	2	14	4	3	0
金融保険	22	2	9	6	2	3	0
鉱業	1	0	0	0	0	1	0
アグロ	38	0	5	19	7	6	1
電機電子	10	0	0	4	4	2	0
重工業	36	1	3	25	4	2	1
軽工業	28	1	3	13	8	3	0
不動産	24	0	1	6	11	6	0
サービス	29	1	2	10	9	6	1
電気通信	7	0	0	0	6	1	0
合計	220	7	25	97	55	33	3
分布(%)	100.0	3.2	11.4	44.1	25.0	15.0	1.3

出所）筆者の「タイ企業データベース　1979-2004年」より作成。

期区分してある（本書の第5章で詳述）。

　要約して言えば，(1)は中国・シンガポール向け輸出商（いわゆるコメ財閥）と，国内市場向け新興輸入商（保険や映画館・新聞社を兼営）が勢力を誇った時代，(2)は政府の経済統制のもと，中国人商人が共同出資や「サハ」(union)と呼ばれるシンジケート団体を通じて，銀行，金融，保険，金取引，農産物輸出などに進出した時代，(3)は工業化政策の本格化にともなって，繊維，自動車組立，鉄鋼二次製品など輸入代替産業に進出した時代，(4)は長期不況のもと，アグロインダストリーへの進出や重化学工業への事業多角化がみられた時代，(5)は(4)の時代から始まった重化学工業，不動産業，電気通信業，芸能・コンテンツ産業が本格的な成長を迎える時代と，整理することができる[17]。

　表から分かる興味深い事実は三つである。第1に，220グループのうち97グループが，(3)の工業発展期に中核企業を立ち上げている点はともかくとして，1960年以前に現在につながる中核企業をすでに発足させたグループが，

---

[17] 1980年代半ばまでの産業の発展とこれに基盤をもつ財閥型ファミリービジネスの生成と発展については，Suehiro (1989a)，末廣・南原 (1991年，序章) を参照。

32グループにも達している点である。この事実は会社年齢の長さと事業の持続性を示す。第2に，1988年以降に中核企業を立ち上げた新興グループも33グループに達すること。このことはファミリービジネスの新陳代謝の激しさを示す。第3に，非常に幅広い業種に事業基盤が広がっていることである。この点はすぐあとで検討する。

さて，早くから華人が進出していた商業（25），銀行・金融・保険（22），1970年代後半から発展をみたアグロインダストリー（38）とは別に，重工業（36），不動産業（24），芸能・コンテンツ産業，近代小売業を含むサービス業（29），電気通信業（7）といった新しい産業の数の多さは注目に値しよう。この分布は，タイの産業構造の高度化やサービス経済化が，ファミリービジネスの事業多角化や新興グループの勃興と，ほぼ歩調を合わせてきたことを端的に示している。同時に，電機電子，自動車組立，化学，石油化学，医薬などは多国籍企業が支配的な業種であったが，ファミリービジネスもこの分野に合弁企業のかたちで進出を果たし，1980年代半ば以降の重化学工業化の重要な担い手となってきた事実も，看過すべきではないだろう。第1章で確認した，後発工業化の積極的な「担い手」としてのファミリービジネスの存在が，浮き彫りにされるのである。

そこで，220グループ・所有主家族の「事業多角化」の度合いをみるために，表2-4と巻末付表2をベースに，グループごとの産業分布を整理してみた。具体的には，各グループを，(1) 中核企業の産業とその関連業種にほぼ特化している事例（特定産業特化型），(2) 中核産業をベースにひとつかふたつの非関連業種（とくに不動産，金融など）に事業を拡充している事例（準コングロマリット型＝中核産業＋多角化型），(3) 相互に関連のない複数の業種・セクターへと投資している事例（コングロマリット型）の三つに分類してみた。

この分類によると，特定産業特化型が87グループ（40%），準コングロマリット型が106グループ（49%），コングロマリット型が24グループ（11%）となる[18]。つまり，グループ全体の60%以上が他業種に進出していたのである。また，傘下企業の中に不動産事業部門をもっているグループは，全体のうち127（59%）を数えた。このことは，既存のファミリービジネスが，政府の

重化学工業化政策や経済環境の変化（不動産ブーム，経済の情報化・サービス化）に機敏に対応して，積極的に事業を多業種化・多角化させてきたことを示しており，タイにおける「財閥型ファミリービジネス」の発展を考える上でのひとつの重要な論拠となる。

4　ファミリービジネスの継承

1)「3代目の企業衰退仮説」と「ブッデンブローグ家症候群」

　ファミリービジネスの存続・発展にとってきわめて重要な問題は，順調な家族事業の継承，もしくは後継者の育成である。『リーディングス・ファミリービジネス』(1995年) を編集したローズ (Mary Rose) は，「家族企業の継承を創造的に計画できるかどうかは，新しい機械の導入に劣らず，経営者にとって企業家精神を必要とする必須の仕事である」と述べ，大切なのは企業の資産やのれんの継承ではなく，リーダーシップの継承であり，それには長期的な視点に立った計画的な思考こそが必要である，と主張した (Rose 1993, 129)。

　「事業の継承」の問題は，しばしば19世紀末のイギリス資本主義の衰退，いわゆる「イギリス病」と関連させて論じられてきた。というのも，イギリスの企業組織が家族企業から株式会社組織になかなか発展せず（個人資本主義論），家族企業が「反工業的」性格をもち，さらに家族企業は世代交替をへるにつれて経営の活力を失うという見解が支配的であったからである (Chandler 1976；Wiener 1981；Payne 1984)。

　このうち世代交替の問題は，「3代目の企業衰退仮説」(third-generation thesis)，あるいは「ブッデンブローグ家症候群」(the Buddenbrooks syndrome) として知られている。「3代目の企業衰退仮説」はランデス (David S. Landes) が主張したもので，家族企業は創業者世代が意欲的に事業を起こし，2代目がこれを発展させるが，3代目になると意欲も企業家精神も低下して事業が衰退・

18　この事業多角化にもとづくグループの三分類は，第3章で議論するアジア通貨危機後のグループの「生き残り組」と「退出組」の二極分化と密接に関係している。後出の図3-5を参照。

没落するという「家族企業のライフサイクル」に関する仮説である[19]。
　一方,「ブッデンブローグ家症候群」は, トーマス・マンの有名な長編小説『ブッデンブローグ家の人々』(岩波文庫)のタイトルに由来する。ハンザ同盟都市リューベックの穀物豪商であったマンの一族の没落過程を描いた小説になぞらえて, ローズが命名したものである。ローズは, 成熟した家族企業 (mature family firm) が持続的に発展するためには, 効果的な事業の継承, 例えば, ぼんくらの長男を排し有能な一族を後継者に指名するといった「家族内能力主義」の方法 (a familial meritocracy, meritocracy *within* the family) が必要であり, それでも不十分な場合には, 外部の人間を積極的に登用する戦略が鍵となったと, イギリスの繊維業者の実証研究をもとに議論を展開した。そして,「専門職としての経営者」を所有主家族外から登用することの重要性を示唆した (Rose 1993, 137, 140)。彼女の指摘は, 本書の第3章で議論する「事業の継承の制度化」と密接に関わる問題である。

2) 財産の相続と事業の継承

　ところで, ファミリービジネスが直面する問題は, こうした「3代目の企業衰退」だけではない。世代交替に伴うもうひとつの厄介な問題, つまり財産の相続や事業の引き継ぎをめぐる家族・同族内の骨肉の争いも深刻であった。創業者の死去や世代交替によって, 所有の分散や事業の分割が進み, これがファミリービジネスの衰退を惹き起こすという想定と実例は, アメリカ (Herman 1981), インド (伊藤 1998 年 a), そして, 最近の韓国の「現代グループ」の事業分割などに[20], 容易に見いだすことができるからである。
　一方, タイで支配的な華人系企業の場合には, 父系制家族制度のもとで, 同

---

[19] 19世紀後半のヨーロッパ経済社会史を記述した通史の中の, ランデスの有名な「3代目の企業衰退論」の部分を引用しておこう。「多くの家族企業にみられる話は次のとおりである。事業を始めた祖父の代には, 彼らは倦むことのない努力と爪に灯をともすような節約を死ぬまで続けることで事業を確立し, 強固な事業を引き継いだ父親の世代になると, 彼らはより大きな野心をもって仕事に打ち込み, 当初は想像だにしなかった高みにまで事業を引き上げて, その手綱を子どもたちに引き渡した。ところが問題は3代目だ。裕福な子どもたちは退屈な商売にもはや飽きてしまい, 田舎のジェントルマンの生活に牧歌的な想いをよせるのである」(Landes 1965, 563-564)。

一世代の男子のあいだで財産の「均等分割」がなされるために，世代が交替すると家の財産（各成員の持分）は分割され，日本の財閥のように存続しないという見方がなされてきた。また，中国人社会では家の祭祀は長男が継承するが（承祀），事業や家業については息子や娘婿など経営能力に長ける家族成員に任せる（承業）ことも多く，家業を長子が排他的に相続する家族制度は中国にはない，という説明もなされてきた（滋賀 1967 年）[21]。

そうだとすると，世代交替を迎えたあとも，半数を超えてファミリービジネスが存続するタイの実態を，どのように説明したらよいのか。この点でまず注意すべきは，従来の中国人（華僑・華人系）企業をめぐる議論が彼らの創業形態，つまり合股型企業（パートナーシップ型企業）に代表される共同出資形式（joint partnership）の企業の特質と，そこにみられる横の人的ネットワークの形成にもっぱら関心を向け，世代を超えた縦の事業の継承については，ほとんど検討してこなかった点であろう（根岸 1943 年；本書の第 1 章）。

もうひとつの，そしてより重要な点は，家族内で実施される「財産の相続」(the inheritance of property) の問題と，家族が所有支配している主要企業の「事業の継承」(the succession of office) の問題の二つを，必ずしも明確に区分してこなかったという点である。別言すると，仮に創業者が保有する土地資産や金融資産（株式を含む）を均等分割しても，彼（彼女）が発起した中核事業を

---

[20] 韓国の「現代グループ」は，創業者である鄭周永（チョン・ジュヨン）が死去する 2001 年の 6 年くらい前から子供間の対立が顕在化し，次男夢九の「現代自動車グループ」，三男夢根の「現代百貨店グループ」，五男夢憲の「現代グループ」，六男夢準の「現代重工業グループ」，七男夢允の「現代海上火災グループ」に分裂し，さらに創業者・鄭周永の事業拡大を助けてきた実弟たちの間でも，次弟仁永の「漢拏グループ」，三弟準永の「星宇グループ」，四男世永の「現代産業開発グループ」などが独立していき，アジア通貨危機後は，いっきょに「財閥」としての統一性を失っていった（安倍 2003 年，188-195）。韓国チェボルの通貨危機後の事業継承の変容については，柳町（2001 年）を参照。

[21] この点について，中国家族法の原理と日本のそれを比較した滋賀秀三は，中国における家族関係は父子・兄弟・おじおいなどの，個人と個人の間の相対的な身分関係の複合であって（複合型社会），日本のように家という集団を思考の出発点において，戸主（家長）対家族の関係を重視する家父長型社会とは根本的に異なること，その結果，「家長という地位の相続」は中国の家族制度にはそもそもなく，「家務の管理」（家産の管理も含めて）は，必要に応じて家族の成員に委託する，という説明を行っている（滋賀 1967 年，287-289）。アジアの父系出身については，吉原ほか（2000 年）も参照。

子供たちのだれかが継承し,「総体としてのファミリービジネス」を維持するということは十分ありえるからである。この点は,財産の相続と事業の継承を「家督」という概念のもとに統合し,かつ「家督・家業・家名の長子相続」が支配的となった家父長型日本社会と,家族制度をあくまで父子・兄弟などの身分関係の複合として捉える,複合型中国社会との根本的な差異とも深く関連する（滋賀 1967年, 58-68）。

3) ファミリービジネスの継承者

そこで,各グループの中核企業や主要企業の取締役会会長,副会長,社長・CEO,総支配人などの経営のトップ職を家族のだれが確保し,だれに譲渡したのか,筆者が作成した家族ごとの家系図をもとに確定する作業を行ってみた。その集計結果が表 2-5 である。

分析の結果によると,220 グループ・所有主家族のうち,「究極の所有主」が家族であるのは合計 212 である。このうち,創業者が引き続き現在の総帥である事例は 79 グループ,創業者たちの兄弟間で分業している事例が 4 グループであり,不明を除いてすでに世代交替が生じている場合が 129 グループであった。そして,この 129 グループのうち,長男が会長,社長・CEO などキーポストを継承している場合がじつに 55 グループ,長男の病死・事故死のために,やむなく長男以外が継いだ事例を加えると 59 グループ（46%）に達した。長男以外の息子たちによる継承は 39 グループ,娘たちによる継承は 8 グループである。

一方,創業者（たち）の子供の間での分業的な継承（家族間での敵対的な分散・分裂を含む）の事例は,22 グループにとどまっている。分業的な継承の代表的な事例としては,創業者ガオ（馬松軒）の孫であるポンサック（ガオの次男チン・馬燦廣の長男）が率いるバンコク・ウィービング社（Bangkok Weaving Mills Co., Ltd.）と,同じくガオの孫であるギラティ（ガオの五男グリット・馬燦雄の長男）が率いるオーシャン保険会社（Ocean Insurance Co., Ltd.）の二つの企業グループからなる,アッサグン家のオーシャン・グループ（X007）を挙げることができる。同様に,創業者チュワン（秦子萱）の長男チャワリット

表 2-5　ファミリービジネスの事業の継承形態（2000年現在，N=212）
(単位：件数，%)

番号	事業継承の形態	合計	華人系	非華人系
①	創業者が現総帥を兼ねる	79	72	7
②	創業者とその兄弟が分業	4	4	0
③	長男が継承	55	50	5
④	長男以外の男子の子供が継承	39	38	1
⑤	娘が継承	8	7	1
⑥	娘婿が継承	1	1	0
⑦	弟が継承	2	2	0
⑧	甥が継承	1	1	0
⑨	創業者の子供の間で分割，分散	22	20	2
⑩	不明その他	2	1	1
	合　計　(A)	212	195	17
	小　計　(B)[1]	129	119	10
⑪	①のうち次世代の長男に継承[2]	20	19	1
⑫	④，⑤で長男が重要と思われる場合[3]	4	4	0
	(③，⑪，⑫の合計)　(C)	79	73	6
	③/(B)　(%)	42.6	42.0	50.0
	③+⑫/(B)　(%)	45.7	45.4	50.0
	(C)/(A)　(%)	37.8	38.0	35.3

注 1) 創業者が死去して，代替わりが生じている家族の小計。③から⑩の小計。
　　2) 例えば，創業者が取締役会長で，長男が社長もしくは支配人，あるいは創業者が会長兼社長で，長男が副会長や副社長，支配人などに就任している場合。
　　3) 長男が病死，事故死により長男以外に事業が継承された場合など。
　　4) 表2-3の「創業者が現総帥」83 は①と②の合計。
出所）本書の付表1にもとづき集計。

（秦楚松）が率いる製糖事業（New Kwang Soon Lee Co., Ltd. ほか計5社）と，創業者の兄の三男チャウェーン（秦榮）が率いる醱酵事業（Thai Fermetation Industry Co., Ltd.）の二つを主な事業基盤とする，チンタムミット家のグワンスンリー・グループ（X043）もそうである。

　一方，製薬会社の老舗である British Dispensary Co., Ltd. を中核とするウォンワーニット家（X203）の場合には，創業者ルウォン（黄有鶯，海南系華僑）の長男ブンチット（黄聞聴）が製造業部門を，次男ブンヨング（黄聞榮）がグループ全体の統轄を，三女ウィライパンが化粧品部門を，さらに3代目となるブンヨングの長女アンヤーが経理部門を，長男アヌルットが薬の研究・商品開発部門を，次男ルワンチャイが不動産開発部門を，それぞれ分担している[22]。

「財閥型ファミリービジネス」内部における家族内分業の進展については，金融コングロマリットを形成するソーポンパニット家のバンコク銀行グループ（末廣 1992年a；1992年b）や，ラムサム家のタイ農民銀行（現ガシゴン銀行）グループ（本書の第7章）にも，典型的に見ることができた。

次に，創業者が現総帥であり経営支配権を握っている79グループについて，その内訳をみてみよう。79グループのうち，長男が後継者であることが判明している事例が20グループ（創業者が会長で長男が社長，創業者が社長で長男が副社長や支配人などの場合），後継者が長男以外か兄弟・子供の間に分散している場合が58グループであった。また，現総帥につぐ第二位の地位についてみると，創業者の兄弟である場合が15グループ，妻が7グループ，甥が2グループ，次男，長女，妻方の親族が各1グループとなっている。

筆者の集計の根拠は，特定の役職（社長・CEO，総支配人など）にもとづいているので，実際の経営支配権からいえば，「長男の継承」の中にも，長男以外の子供や俸給経営者が重要な役割を果たしている場合ももちろんある。しかしとはいえ，表2-5は創業者が意図的・計画的に長男に事業を譲渡し，戦略的に事業の分散・分裂を回避していることを，明確に示しているといえるだろう。さきのローズの議論に照らしていえば，タイのファミリービジネスは「リーダーシップの継承」について，明らかに計画的な戦略と行動をとってきたのである。

4）俸給経営者の登用と事業の規模

一方，アジア通貨危機以後の，筆者とネーナパー・ワイラートサックが進めてきたタイの上場企業（上場した家族所有型企業，つまりファミリービジネスを含む）に関する経営管理者層の悉皆調査は，上記の議論とは異なる結果を示している。この調査は，2001年3月に，タイ証券取引所（SET）に提出された「56/1形式報告書」（株式公開もしくは増資目論見書）にもとづき，取締役会役

---

[22] ウォンワーニット家の家系と事業の家族内分業関係に関する詳しい記述は，ルウォンの妻パームプーム（1900-98年）の葬式本（Phermphum Vongvanij 1998），Thanawat（2001a, 94-111）を参照。

員，経営執行委員会メンバー（部長以上の管理職を含む）のうち，所有主家族との関係，年齢，最終学歴，過去10年間の経歴が判明する4190名（323社）の人物をデータベース化し，彼らの特徴を整理したものである（本書の第4章も参照）。

　集計作業を担当したネーナパーの分析結果によると，会長を含む取締役会役員（2468名）のうち，多かったのは他の民間企業からの派遣者（25％），創業者一族（24％），主要株主の派遣者（19％），政府関係機関（15％）の順であり，内部昇進者は6％にすぎなかった。ところが，調査対象を「経営執行委員会メンバー」（1722名）に転じると，内部昇進者の比率は43％にも達し，他の民間企業からの派遣者（25％），創業者一族（9％），主要株主の派遣者（9％）の比率を大きく上回った（Natenapha 2005, 68）。しかも，調査対象を上場企業の中の「家族所有型企業」に限定しても，内部昇進者の比率は同様に高く，この事実からネーナパーは，タイの上場企業では「家族所有型」を含めて，すでに経営者層の専門化と内部化が進んでいると，主張したのである。

　ではこのデータは，チャンドラーのいう同族支配企業から経営者企業へと，タイの企業も移行している事実を示しているのかどうか。

　まず注意すべきは，筆者たちの調査は経営管理者層全体をカバーしており，内部昇進者の比率の高さがそのまま，当該企業の「所有と経営の分離」や，家族所有型企業内で所有主家族から俸給経営者に「究極の経営支配権」の移転が進んだ事実を意味していないという点である。一方，表2-5に示した筆者の調査は，あくまで「究極の所有主」に注目して事業の継承を整理したものであり，長男が社長やCEOを引き継ぎ，それ以外の重要な役職を仮に外部からのリクルート者や内部昇進者が占めていても，等しく「長男の継承」と分類している。さらに，表2-5を作成するにあたっては，所有主家族を華人系かそうでないかという指標だけで区分しており，グループの事業規模の違いは考慮しなかった。

　そこでやや乱暴ではあるが，各グループの経営形態を，①閉鎖型＝所有主家族による排他的支配（キーポストと役員の3分の1以上に就任），②ハイブリッド型＝所有主家族と俸給経営者との結合，③オープン型＝経営者企業指向（役

表 2-6 総合得点の規模別，経営形態別 220 グループの分布（1997 年）
(単位：グループ数，100 万スコア，%)

順位/経営形態	合 計	閉鎖型＝所有主家族の排他的支配	ハイブリッド型＝所有主家族＋俸給経営者	オープン型＝経営者企業指向型
第 1 位〜第 10 位				
グループ数	10	1	5	4
総合得点小計	3,557,929	183,143	2,177,092	1,197,694
経営形態別%	100.0	5.1	61.2	33.7
全体の%	58.4	13.3	75.8	65.0
第 11 位〜第 50 位				
グループ数	40	20	11	9
総合得点小計	1,840,932	808,275	512,145	520,512
経営形態別%	100.0	43.9	27.8	28.3
全体の%	30.2	58.9	17.8	28.2
第 51 位〜第 220 位				
グループ数	170	95	47	28
総合得点小計	688,794	380,707	182,928	125,159
経営形態別%	100.0	55.3	26.5	18.2
全体の%	11.3	27.7	6.4	6.8
合 計				
グループ数	220	116	63	41
総合得点合計	6,087,655	1,372,125	2,872,165	1,843,365
経営形態別%	100.0	22.5	47.2	30.3
全体の%	100.0	100.0	100.0	100.0

注）経営者企業指向型には，国営・公企業が出資するグループ，王室財産管理局所有のサイアムセメントとサイアム商業銀行グループを含める。
出所）本書の付表 2 ほかより作成。

員に所有主家族が入っているが，社長などキーポストに俸給経営者が就いている場合），の三つのタイプに分け，「総合得点」（総資産額，売上高合計，株式時価総額のウェイト別合計スコア）の順位にしたがって，1 位から 10 位，11 位から 50 位，51 位から 220 位の 3 つの階層に分けて整理し直したものが，表 2-6 である。

表をみると，じつは経済規模が大きなグループではすでに「閉鎖型」，つまり所有と経営を排他的に支配するファミリービジネスは少なく（上位 10 位内ではリアオパイラット家の TPI/Hong Yiah Seng グループのみ），むしろ，上位 51 位から 220 位までの小規模グループで支配的であったこと（170 グループ中 95），

逆に「ハイブリッド型」や「オープン型」は，上位10位内で9グループ，上位50位内に拡大しても，29グループを占めていたことが判明した。しかも，上位10グループの合計総合得点は，220グループ全体の58％を占め，さらに50位までとると全体の9割近くにまで達していた事実が重要である。

このことは，「究極の所有主」に注目して，グループごとに所有構造と経営体制を検討すると，「閉鎖型」（狭義のファミリービジネス）の優位は，数の上では明瞭であるものの（220グループ中116），彼らの国民経済に占める経済的地位を勘案すると，その重要性は，1997年のアジア通貨危機の発生以前において，すでに低下傾向にあったことが分かるのである。そして，アジア通貨危機の発生と経済の自由化方針の外圧は，この傾向に拍車をかける結果となった（本書の第4章，終章）[23]。

おわりに

本章では，個別企業ごとに「究極の所有主」を確定し，これを積み上げていったグループ・所有主家族のデータから，タイにおける企業の所有と経営の特質を明らかにした。その分析結果によると，大中規模の企業の7割前後が215の特定家族の所有に属し，かつ彼らの大半が世代を超えて事業を継承する家族・同族支配型企業，とりわけ「財閥型ファミリービジネス」であった。また，世代交替を終えたグループの半数近くが長男を中心に事業を運営し，家族間の対立や事業の分裂を意図的に回避する方法をとっていたことも判明した。

同時に，ここでは紹介しなかったが，世代ごとの最終学歴をみると，1960年代以前の創業者世代は概ね小卒か中卒（華語学校を含む），もっとも高くてもカレッジ卒であるのに対し，後継者の80％以上が大卒以上，それもアメリカなどで学士，MBAなどを獲得したもので占められていた。ここには創業者が早い時期から子供たちに積極的に教育投資を行い，経営能力をそなえた人材を，外部から徴募するのではなく家族内で育成し，事業の存続と発展を図ろう

---

[23] 通貨危機がインドネシアの財閥型ファミリービジネスに与えたインパクトについては，佐藤百合（2002年），Sato（2004）に詳しい。

としてきた強い意思を確認することができる。

 その一方,「閉鎖型」のファミリービジネス 116 グループの経済力(総合得点で測る)をみると,220 グループ・所有主家族全体の 23％を占めるにすぎず,とくに上位 10 以内では 5％でしかなかった。このことは,一方で,既存の,そして新興のファミリービジネスが,タイのさらなる工業的発展や産業構造の高度化を,引き続き「担い手」として支えてきた事実を示すと同時に,他方では,経済規模の大きいグループが,すでに「閉鎖型」のファミリービジネスの段階を脱却し,所有主家族以外の人材を活用する「ハイブリッド型」や「オープン型」に,その経営体制を変えてきつつあることを示唆している。

 そうだとすると,次に要請される研究課題は,第 1 に,本章で検出した 220 グループ・所有主家族のあいだで,経済のグローバル化や通貨危機を転機にどのような変化が生じたのかを,新しい財務データを使って確認する作業であり,第 2 に,所有主家族と俸給経営者とのあいだの相互関係に関するより緻密な研究であろう。このうち前者については第 3 章と終章で,後者については第 4 章で,それぞれ検討を試みたい。

第 3 章

経営的臨界点
存続，発展，淘汰・生き残りの論理

はじめに

　ファミリービジネスがなぜ存続・発展するのか。この問題をめぐる議論は，大きく二つに分けることができる。

　ひとつは，ある特定の条件や発展段階のもとでは，家族企業は合理性（効率性ではない）を有するという議論である。もうひとつは，ある国の工業化が進展し産業資本主義の段階を迎えながらも，家族企業がなお存続・発展するのはなぜか，その条件を探る議論である。前者は家族企業「であるからこそ」発展したと捉える議論であり，後者は家族企業「であるにもかかわらず」発展してきたことを重視する議論といえるかもしれない。

　第 1 の議論は，市場メカニズムが十分機能せず，企業経営に関する情報の不完全性が存在するもとでは，特定のコミュニティという限定はあるものの，家族企業は経営的優位性を発揮するという「信頼のネットワーク仮説」(Casson 1982；Church 1993, 19) などに見いだすことができる。

　一方，比較経営史の立場にたつ中川敬一郎は，第 1 章で紹介したように，経済成長は早いが企業環境の変化も激しい後進国（後発工業国）では，家族企業に固有な経営形態，とりわけ家族企業の意思決定の機動性や資金調達の迅速性は，一定の合理性を有すると主張した。ただし，これらの議論は暗黙のうちに，工業化が進展すれば家族企業の経営的優位性は失われていくと想定していた。ところが，産業資本主義の段階にすでに入りながら，ファミリービジネス

が重要な役割を果たしてきたことは，アジアやラテンアメリカ地域の後発工業国では広範に見られる現象であった。そこで，ファミリービジネスが，その制度・組織的な脆弱性にもかかわらず存続する論理の究明が必要となる。

本章は，以上のような問題関心を念頭におきながら，タイのファミリービジネスの動向を，企業形態における「存続と維持」，所有主・経営主体による「適応と発展」，新しい経済環境の下での「淘汰と生き残り」，という三つの側面から議論してみたい。

第1の存続と維持の論理では，ファミリービジネスが存続する経済的合理性ではなく，その企業形態を維持してきた制度・組織面での試みに注目する。というのも，「信頼のネットワーク仮説」や「後発工業国仮説」は，一定期間にわたる企業形態の継続性とそれを支えてきた仕組みの解明を重視してこなかった，と考えるからである。そこで本章では，ファミリービジネスの存続・維持のメカニズムを，①所有主家族による所有権の分散の回避，②経営支配権の維持確保，③世代交替にともなう事業分割や分裂の回避，という三つの主要な側面から検討することにする。

第2の適応と発展の論理では，彼らが事業規模を増大させ，その範囲を拡大させながらも，チャンドラーたちが想定する経営者企業に移行しなかったのはなぜか，という点に注目する。ここでは，ファミリービジネスが事業拡大にあたって直面する経営諸資源の不足を「経営的臨界点」という観点から捉え直し，タイのファミリービジネスがこの「経営的臨界点」の制約をどのように緩和してきたのかを明らかにする。

第3の淘汰と生き残りの論理では，「経営的臨界点」を先延ばしにしながら成長を続けてきたファミリービジネスが，経済のグローバル化・自由化，そして通貨危機といった国際環境の劇的な変化を契機に，大きな岐路に立たされている事実に注目する。そこで，ファミリービジネスをいくつかの類型に分け，どのタイプが市場からの退出を余儀なくされ，どのタイプが生き残っているのかを検証してみたい。

86　第Ⅰ部　所有構造と経営体制

1　「経営的臨界点」仮説

1）所有と経営に関する二つのモデル

　最初に，序章で紹介したバーリーとミーンズのモデルとチャンドラーのモデルを，もう一度ごらんいただきたい。近代株式会社における「所有と経営の分離」を実証したバーリーたちの議論は，図序-1に示したとおりであった。この図では縦軸に「株式所有権の分散」もしくは「所有と経営の分離」の進展度合いをとり，横軸にはある国の経済力の集中，資本市場の発達，企業法制の整備の度合いをとっている。そして，企業の形態は左下から右上に向かって，個人所有，過半数持株支配，法律的手段による支配，少数持株支配をへて，経営者支配へと進化する。経営者支配は「所有と経営の分離」がもっとも進んだ企業の形態にほかならない。

　一方，チャンドラーは株式所有権の分散を重視しない。彼が注目するのは，「所有と経営の分離」ではなく，近代産業企業における経営階層組織の発展の方である。彼の議論を整理すると図序-2のようになるだろう。この図は，縦軸に「経営階層組織の発展」の度合いをとり，横軸には「規模の経済と範囲の経済の進展」の度合いをとる。チャンドラーの場合には，縦軸と横軸の指標が斜め右に進むにつれて，支配的な企業形態は，家族企業（より正確には企業者企業と家族同族支配企業）から経営者企業へと進展する。

　ところで，ここで問題にすべきは，「所有と経営の分離」が進まないにもかかわらず，部分的に俸給経営者を招聘し，事業の拡大や多角化を実現してきた，後発工業国におけるファミリービジネスの存在をどう理解するかである。もし，チャンドラー・モデルが後発工業国（とくに中進国）にも適用可能だとすれば，アジアやラテンアメリカの大企業には，経営者企業がもっと存在しなければならないが，現実はそうではなかった。そこで，タイにおける実態を念頭に置きながら，後発工業国におけるファミリービジネスの展開を理解するために作成したのが，図3-1である。

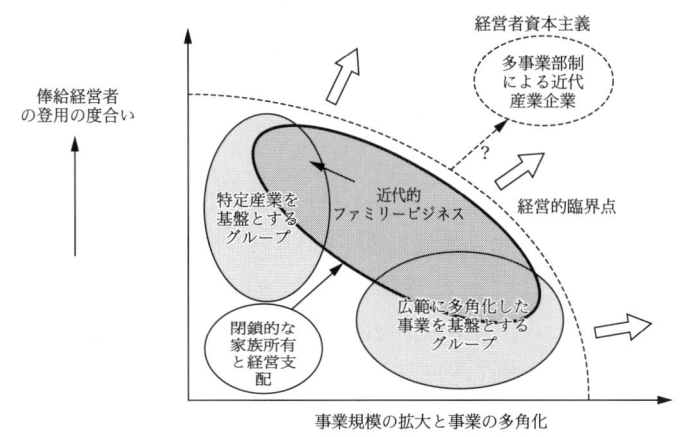

図 3-1　ファミリービジネスの「発展モデル」

(図：縦軸「俸給経営者の登用の度合い」、横軸「事業規模の拡大と事業の多角化」。楕円で「特定産業を基盤とするグループ」「近代的ファミリービジネス」「広範に多角化した事業を基盤とするグループ」「閉鎖的な家族所有と経営支配」を示し、右上に「経営者資本主義」「多事業部制による近代産業企業」、右側に「経営的臨界点」と記載)

出所）筆者作成。

2）ファミリービジネスの類型化と「経営的臨界点」

図 3-1 の縦軸と横軸は，図序-2 に描いたチャンドラー・モデルの指標にならっている。ただし，タイのファミリービジネスの実態に合わせて，縦軸の経営階層組織の発展は俸給経営者（内部昇進者や外部リクルート者）の登用の度合いに差しかえ，横軸の規模の経済と範囲の経済の進展は事業規模の拡大と事業の多角化に置き換えてある。

さて，第二次大戦後のファミリービジネスの発展をみると，事業基盤については，農産物輸出やアグロインダストリー，不動産業など特定の事業に相対的に特化してきたグループ（特定産業特化型）と，相互に技術的関連のない多数の業種にコングロマリット的に事業を多角化させてきたグループ（コングロマリット型），そして，その中間に位置する「中核産業＋多角化型」もしくは「準コングロマリット型」の三つに分けることができた。

一方，経営体制をみると，主要な経営ポストを創業者一族が排他的に独占する場合（閉鎖型，権威主義型），創業者一族が「脱アマチュア経営者化」を進め，俸給経営者を部分的に登用する場合（ハイブリッド型），企業内部の有能なスタッフや外部の俸給経営者との連携をより重視する場合（オープン型，経営

者企業指向型），の三つのパターンに分類することができた（本書の第2章）。そして，タイのファミリービジネスは，チャンドラーたちが想定する近代産業企業へと単線的には移行せず，グループ内部の経営改革などをへて，「近代的ファミリービジネス」へと発展を遂げてきたと理解するのが，図3-1に示したモデルである。

　さらにこの図では，ファミリービジネスが事業の拡大過程で，(1) 投資資金，(2) 人的資源，(3) 生産技術と情報知識，という三つの経営資源で直面する限界を「経営的臨界点」として捉え，破線の円弧で描いている。

　「臨界点」というのは，言葉の本来の定義にしたがえば，水が蒸気に変わる沸騰点のように，ある物質の物理学的性質が不連続的に変化する点をさす。したがって，ファミリービジネスの「臨界点」とは，ファミリービジネスがその企業形態を続けることができるぎりぎりの線を示す。つまり，「臨界点」は条件次第で上に引き上げることができるが，これを克服するか，もしくはクリアすることはできない。クリアするということは，ファミリービジネスが限界を克服して進化するのではなく，ファミリービジネスであることをやめること（不連続変化）を意味するからである。

　さて問題は，この「経営的臨界点」が各国の状況に応じて，いつ，どの段階で顕在化するかであろう。注目したいのは，タイの場合，この経営的臨界点に達する時期は思いのほか遅く，しかも臨界点の天井も思いのほか高いという事実であった。別言すれば，国内外の経済的条件，政府の政策，所有主家族自身の主体的努力が，図3-1に即していえば，経営的臨界点の円弧を外に向けて押し拡げ，そのことが当初想定された経営諸資源の制約を緩和し，ファミリービジネスのさらなる発展を可能にさせてきたと推測できるのである。

2　企業形態の存続

　特定の家族であれ，複数の家族であれ，企業を立ち上げたあと事業を拡大しようとすれば，資本金規模を増加させることになる。この過程で創業者一族の所有比率が下がり，経営に対する支配も低下する蓋然性は高い。さらに，創業

第 3 章 経営的臨界点　89

者の死去や引退によって世代交替が生じたとき，有能な後継者の不在や相続をめぐる争いといった理由によって，ファミリービジネスは固有の危機を迎えることになる。この点についてタイではどのように対応してきたのか。以下，株式所有権の確保，経営支配権の維持，事業の継承の順に検討してみよう。

1) 株式所有権の確保──ピラミッド型支配と株式相互持ち合い

　所有権の確保でもっとも原初的な形態は，企業の株式を公開しないで，特定家族の成員が株式を閉鎖的に保有し続ける場合である。その典型的な事例は，本書で何度か紹介してきたビール製造会社のブンロート社（Boon Rawd Brewery Co., Ltd.）にみることができる。同社は 1933 年の設立時に，複数のメンバーによって発起されたが，中心人物であったプラヤー・ピロムパクディ（ブンロート・セータブット，1872-1950 年）の死後は，その一族であるピロムパクディ家が所有と経営の双方をほぼ完全に独占するに至った。ブンロート社の登録資本金は，過去 20 年間以上，60 万バーツ（6000 株）のままであり，売上高が 109 億バーツに増加した 2000 年当時でも，資本金は変わっていない。株式は非公開で，株主の数は 128 名を数えるが，うち創業者の二代目から四代目に至るまでの計 16 名の個人のみで，株式総数の 72％を保有する[1]。

　しかし，仮に株式非公開であっても，世代交替や中核企業の上場を契機に，所有の分散化が進む可能性がある。そうした所有の分散化を防止するために，タイでしばしば採用されてきたのが，創業者一族が排他的に所有する家族投資会社，あるいは純粋持株会社や事業会社兼持株会社の活用であった。そしてこの家族投資会社や持株会社の下に，多数の傘下企業を配置するのである。バーリーとミーンズが法律的手段による支配の第一形態として掲げた「ピラミッド型支配」(the device of pyramiding) が，まさにそれであった（北島訳 1958 年，92-93）。家族投資会社は，1960 年代半ば頃から設立が始まり，大規模なファ

---

[1] より詳しくは，登記受付日 2000 年 3 月 21 日現在，ブンロート社の 6000 株のうち，16 名の創業者家族が 4311 株（71.85％），11 名の親族が 476 株（7.93％），財務省が 318 株（5.30％），TISCO 社ほか民間企業計 8 社が 150 株（2.50％），外国人 5 名が 137 株（2.28％）であり，残りの 10.13％を，王族など 87 名が保有していた。商務省商業登記局のブンロート社企業ファイル（Bo. Cho. 247）の株主名簿より，筆者が独自に集計。

ミリービジネスの大半は，家族名，創始者，息子娘の名前をつけた企業をもっている（表 3-1 を参照）。

一方，本社機能を兼ねた持株会社の第 1 号は，タイの「消費財王」の異名をとるサハ・グループ（本書付表 1 の X045）が，1972 年に設立した Saha Pathana Inter-Holding PLC（SPI 社，1977 年に上場）であろう[2]。同社は上場後，株式の一部を機関投資家や一般株主に公開しており，通常，年次報告などに記載が義務づけられている「株主上位 10 名」の情報をみると，所有主家族とその出資企業が計 38％，機関投資家が 15％であった。ところが，SPI 社は株式を広く分散させている。そこで株主の対象を上位 40 名にまで拡大し，各株主の「究極の所有主」を詳細に検討すると，所有主家族と関連企業全体の株式保有率は，じつは 62％にも達することが判明した（表 3-2 を参照）。

具体的には，所有主家族であるチョークワッタナー家ほか 6 家 17 名が 19.98％，一族の家族投資会社 2 社（Chokwatana Co., Ltd. と I.D.F. Co., Ltd.）が 16.19％，グループ内公開株式会社 5 社が 17.09％，同グループの非公開株式会社 6 社が 8.77％であった。一方，メリルリンチやニューヨークヨーロッパ銀行，チェース銀行などの投資ファンド・機関投資家の合計は 20.27％，0.5％未満の「少数株主」856 名の合計も 16.16％と，経営に影響を与えるほどの比率には達していない。そして，この SPI 社は直系の子会社（株式非公開）32 社と，Thai President Foods PLC など九つの準コア企業（株式公開）に出資し，準コア企業の下にさらに多数の非公開株式会社を配置するというピラミッド型支配と，グループ内企業による株式の相互持ち合いを組み合わせた，重層的な所有構造をとってきた。その構図は図 3-2 に示したとおりである。

SPI 社とほぼ同様の構図をとっているが，持株会社の株式を公開していないのが，CP グループ（X040）の「チャルンポーカパン・グループ社」（Charoen Pokphand Group Company, CPG 社）である。CPG 社は，もともと飼料関連資材の販売会社として 1976 年に設立されたが，79 年に家族投資会社に改組さ

---

[2] サハ・グループの発展については，末廣・南原（1991 年，第 4 章），Phu Chatkan Raiduan ed. (1984; 1989)，Somchai (1990)，Thanawat (2000, 120-129)，The Brooker Group PLC ed. (2003, 178-193) などを参照。

第3章　経営的臨界点　91

表3-1　タイ・ファミリービジネスの家族投資会社，持株会社，出資会社

グループ名	所有主家族	家族投資会社	持株会社・出資会社
バンコク銀行	ソーポンパニット	Chatri Sophon Co., Ltd. (66)；Watana Chotchey (70)；Watana Chote (70)；Sophon Investment Co., Ltd. (73)	Bangkok Bank PLC (CO：44, L75)；Bangkok Insurance PLC (CO：47, L78)
タイ農民銀行	ラムサム	Sombat Lamsam Co., Ltd. (47)	Thai Farmers Bank PLC (CO：45, L76)；Loxley PLC (CO：39, L94)
アユタヤー銀行	ラッタナラック	C. K. R. Holding Co., Ltd. (65)；C. K. S. Holding Co., Ltd. (69)；Ratanarak Co., Ltd. (73)；Thun Mahalap Co., Ltd.；Thun Mahachoke Co., Ltd.	Bank of Ayudhya PLC (CO：所有主家族買収58年, L77)；Ayudhya Investment & Trust PLC (CO：74, L78)
バンコク・メトロポリタン銀行 (BMB)	テーチャパイブーン	Tejapaibul Co., Ltd. (67)；Udane Sombat Co., Ltd. (70)；Paibul Thanakit (78)	Bangkok Metropolitan Bank PLC (CO：50, L75)；
イタルタイ	ガンナスート	Italthai Holding Co., Ltd. (70)	Italthai Industrial Co. (HX：55)；Italian-Thai Development PLC (CO：59, L94)
サハ (SPI)	チョークワッタナー	Chokwatana Co., Ltd. (72)；I. D. F. Co., Ltd.	Saha Pathana Inter-Holding PLC (HP：72, L77)；Saha Pathana Pibul PLC (HX：51, L78)
サハユニオン	ダラーカーノン	Darakanon Co., Ltd. (67)	Saha Union PLC (HX：72, L75)
シーフアンフング	シーフアンフング	Boonsong Co., Ltd. (69)；Sri Brothers Co., Ltd.	Thai-Asahi Glass PLC (CO：63, L89)；Cathay Trust Co. (CO：66)
CPグループ	チアラワノン	J. P. & Son (75)；Montri & Sons Limited Partnership (75)；C. P. Inter Holding Co., Ltd.；Thana Holding Co., Ltd.	Charoen Pokphand Group Co., Ltd. (HP：本社機能統合, 90年)
ホンイヤーセン・TPI	リアオパイラット	Liaopairat Enterprise Co., Ltd. (73)	Hong Yiah Seng (Thanapornchai) (HX：1946)；Thai Petrochemical Industry PLC (CO：78, L95)
ベタグロ	テーパイシットポン	Taepaisitpong Co., Ltd. (73)	Betagro Holding Co., Ltd. (HX：67)
スンフアセン	ダムナーンチャーンワニット	Soon Hua Seng Holding Co., Ltd.	Soon Hua Seng Co., Ltd. (HX：71)
レームトーンサハガーン	カナタナワーニット	Yongsak Co., Ltd.	Laem Thong Corp. (HX：73)
セントラルデパートメント	チラーティワット	Central Holding Co., Ltd.	Hang Central Department Store Co. (HX：68)；C. R. C. Holding (HP：96)
オーソットサパー	オーサタヌクロ	Osathanugrah Holding Co., Ltd.；Osothsapha Holding Co., Ltd.	Osothsapha Co., Ltd. (HX：74)
バンコクランド	ガーンチャナパート	Kanchanaphas Co., Ltd.	Bangkok Land PLC (CO：73, L92)；Tanayong PLC (CO：68, L91)
ドゥシタニ・グループ	ピヤウイ	Piyachan Co., Ltd..；Chayothan Co., Ltd.；Chanin Co., Ltd.	Dusit Thani PLC (HX：66, L75)
SHINグループ	チナワット	Ample Rich Investment (シンガポール)	SHIN Corporation (HP：本社機能統合, 99年)

注）HP：純粋持株会社（本社機能を兼ねる），HX：事業会社兼持株会社，CO：中核事業会社兼出資会社
　　PLCは公開株式会社（上場企業）を指す。カッコ内は設立年，Lのあとは上場年を示す。
出所）筆者のタイ証券取引所での調査，筆者の「タイ企業データベース　1979-2004年」より作成。

表 3-2 Saha Pathana Inter-Holding Public Company の所有構造 (2000年4月4日)

株　主	%	備　考
チョークワッタナー家 3 名	2.48	サハ・グループの創業者ティアム（李興添）の直系で，李福表の三男。
ブームサックウドムシン家 3 名	6.24	ティアムの三女ガムトンの夫の家系
クリアングプララッタナー家 1 名	0.67	李福表の次男の家系
タナサーラシン家 6 名	3.91	李福表の四男の家系
ゴーンワッタナー家 3 名	1.97	李福表の五男の家系
マヌーポン家 1 名	2.90	李福表の家系
その他親族	1.81	
Chokwatana Co., Ltd.	13.63	チョークワッタナー家の家族投資会社
I. D. F. Co., Ltd.	2.56	チョークワッタナー家の家族投資会社
Saha Pathanapibul PLC	6.00	サハ・グループの公開株式会社
I. C. C. International PLC	5.76	サハ・グループの公開株式会社
New City (Thailand) PLC	2.07	サハ・グループの公開株式会社
Saha-Union PLC	1.81	サハ・グループの公開株式会社
Pan Asia Footwear PLC	1.45	サハ・グループの公開株式会社
グループ内企業株式非公開 6 社	8.77	サハ・グループの非公開株式会社 6 社
(1) 所有主家族小計	**62.03**	
Bank of New York Europe Limited	5.59	海外機関投資家
Merrill Lynchi Pierce Fenner	5.00	海外機関投資家
State Street Bank and Trust Limited	4.11	海外機関投資家
Chase Nominees Limited	1.58	海外機関投資家
HSBC (Singapore) Nominees Limited	1.52	海外機関投資家
Bank of Tokyo-Mitsubishi (ルクセンブルグ)	1.26	海外機関投資家
Bank of New York Nominees Limited	1.21	海外機関投資家
(2) 海外機関投資家小計	**20.27**	
(3) 少数株主 856 名合計	**16.16**	
(1) (2) (3) 合計	**98.46**	

注) 少数株主は，発行株式総数の 0.5%未満を保有する株主で，全株主 897 名中，856 名を占める。
出所) タイ証券取引所（SET）に提出された上位 40 名の株主名簿 (2000 年 4 月，タイ語) より筆者作成。株主の判別は筆者の独自の調査による。末廣・南原 (1991 年, 159) の家系図も参照。

れ，さらに 90 年 1 月に大幅な増資（13 億 8200 万バーツから 140 億バーツに引き上げ）をへて，純粋持株会社へと再編された。この CPG 社の所有構造を仔細にみると，創業者一族のチアラワノン家 14 名が合計 84.26%，グループ内企業 7 社が 5.21%，グループの功労者・経営幹部 34 名が 10.53% を，それぞれ保有していた（末廣・ネーナパー 2002 年，358-359）[3]。

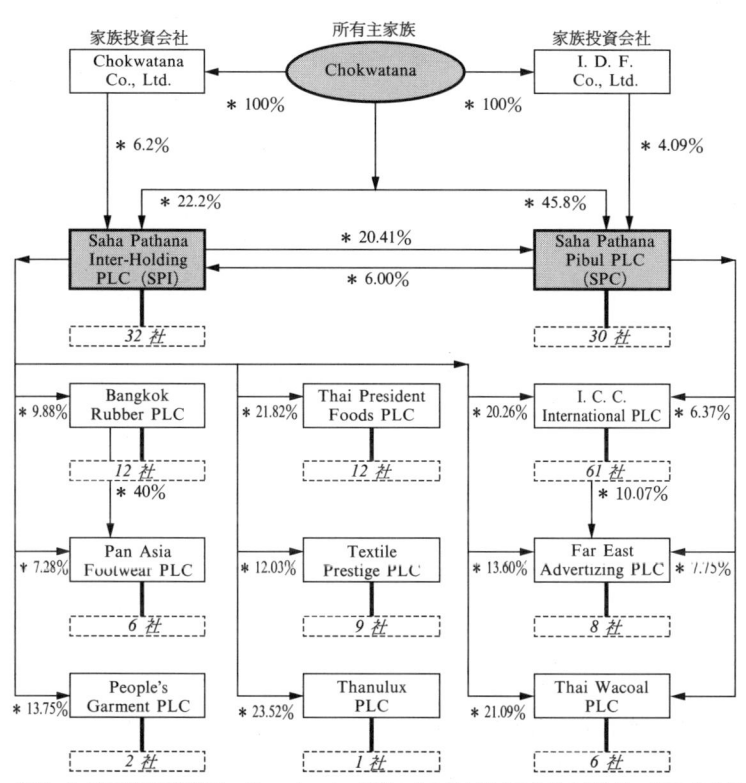

図 3-2 SPI グループ＝チョークワッタナー家のグループ内企業所有関係

```
家族投資会社                所有主家族                    家族投資会社
Chokwatana    ←——————  Chokwatana  ——————→    I. D. F.
Co., Ltd.              * 100%      * 100%            Co., Ltd.

* 6.2%                                                * 4.09%
        * 22.2%                          * 45.8%

Saha Pathana       * 20.41%          Saha Pathana
Inter-Holding  ←—————————————————→   Pibul PLC
PLC (SPI)          * 6.00%              (SPC)

  32 社                                   30 社
```

	Bangkok Rubber PLC		Thai President Foods PLC		I. C. C. International PLC	
* 9.88%		* 21.82%		* 20.26%		* 6.37%
	12 社		12 社		61 社	
	* 40%				* 10.07%	
* 7.28%	Pan Asia Footwear PLC	* 12.03%	Textile Prestige PLC	* 13.60%	Far East Advertizing PLC	* 7.75%
	6 社		9 社		8 社	
* 13.75%	People's Garment PLC	* 23.52%	Thanulux PLC	* 21.09%	Thai Wacoal PLC	
	2 社		1 社		6 社	

出所）タイ証券取引所投資サービス・センター所蔵の各上場企業「56/1 形式報告書」（2000 年 3 月現在）より筆者作成。

---

[3] 所有主家族チアラワノン家のあいだでは，創業者である謝易初（チア・エックチアウ）の直系の息子たちには，ほぼ13％の株式が均等に割り当てられ，謝易初の弟である謝少飛（チア・シアウフイ）の息子・娘たちに対しては，第一夫人の長男（5.76％）を除くと，3.62％が均等に割り当てられている。さらに，グループの事業に長く貢献した家族外の経営幹部に対しても，一定の株式を割り当てている点は，注目に値する。このような株式の配分構造には，①男女を問わず均分相続を原則とするタイの相続法，②同世代の男子に対して財産を均等に分割するという中国人社会における相続の原則，そして③事業活動に貢献した度合いに応じて株式を家族（女子を含む）や功労者・生え抜きの経営幹部に配分するという，伝統的な中国人企業（合股型企業）の持ち分（股）配分の原則，の三つを反映しているとみなすべきであろう。こうしたパターンは，その他の華人系グループにも確認できるものであり，よりいっそう検討すべき興味深いテーマでもある。

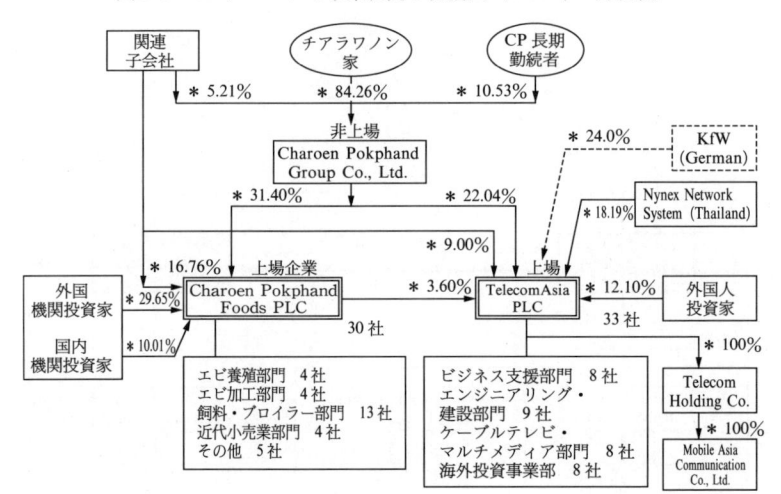

図 3-3　CP グループの事業展開の総括図（2000 年 3 月現在）

```
   関連                チアラワノン            CP 長期
   子会社                 家                 勤続者
     │                   │                    │
   *5.21%            *84.26%              *10.53%
     │                   │                    │
     └───────────┬───────┴──────────┬─────────┘
                 │                   │
              非上場                                          *24.0%    ┌──────────┐
         ┌──────────────────┐                                ─ ─ ─ ─ ─ ┤  KfW     │
         │ Charoen Pokphand │                                           │ (German) │
         │ Group Co., Ltd.  │                                           └──────────┘
         └──────────────────┘                                ┌────────────────────┐
           *31.40%    *22.04%                        *18.19% │  Nynex Network     │
              │         │                                   │  System (Thailand) │
              │         │     *9.00%                        └────────────────────┘
              │         ├──────────────┐
   *16.76%    │上場企業              │上場
   ┌──────────┤                   ┌──────────┐
外国│*29.65%   │Charoen Pokphand  │TelecomAsia│   *12.10%  外国人
機関投資家─┤ Foods PLC     *3.60%│   PLC     ├──────────  投資家
国内│*10.01%   │                   │           │
機関投資家─┘    30 社              │33 社      │   *100%
                                   │           ├──── Telecom
         エビ養殖部門  4 社         │           │     Holding Co.
         エビ加工部門  4 社         │ ビジネス支援部門 8 社 │   *100%
         飼料・ブロイラー部門 13 社  │ エンジニアリング・    ├──── Mobile Asia
         近代小売業部門 4 社         │ 建設部門 9 社        │     Communication
         その他 5 社                 │ ケーブルテレビ・     │     Co., Ltd.
                                    │ マルチメディア部門 8 社│
                                    │ 海外投資事業部 8 社   │
```

注）1999 年 12 月の TelecomAsia PLC の債務再構築計画で，ドイツの銀行 KfW が 1 億 5000 万ドルの資金注入に合意。同社への KfW の出資比率が 2000 年末に 24%になる。
出所）Charoen Pokphand Foods PLC, TelecomAsia PLC の『56/1 形式報告書：1999 年度版』（2000 年 3 月，タイ語）などにもとづき筆者作成。本書第 6 章の Charoen Pokphand Foods PLC に関する図表も参照のこと。

　CP グループのチアラワノン家は，この CPG 社を通じて，アグロインダストリー全体を統括する上場企業 Charoen Pokphand Foods PLC（CPF 社）に 31.40%（グループ内関連企業の出資を加えると計 48.16%に上昇）を，もうひとつの上場企業で，通信事業全体を統括する TelecomAsia PLC（TA 社，2002 年から True Corporation PLC に改称）に 22.04%（同様に，グループ内関連企業の出資を含めると計 37.59%）を，それぞれ出資する[4]。そして，CPF 社のもとには計 30 社の傘下企業が，TA 社のもとには計 33 社の傘下企業がつらなる，というピラミッド型支配構造をとった（図 3-3 を参照）。このように株式を公開した上場企業を含むピラミッド型支配と株式の相互持ち合いの組み合わせは，近代的ファミリービジネスを支えるひとつの重要な要件であることに注意しておき

---

[4]　タイ証券取引所に提出された CPF 社と TA 社の詳細な株主名簿（全体の 0.5%以上保有の株主全員を記載）より筆者が独自に集計（CPF　PLC　2001b；TelecomAsia　PLC 2000）。

たい[5]。

2）経営支配権の維持——取締役会長とCEOの同時支配

次に，ファミリービジネスはその経営支配権をどのように維持してきたのか。

例えば，先に紹介したブンロート社の場合には，株式の70％以上を保有している創業者一族が，取締役会の会長，社長を含め九つの役員ポストのうち八つを独占した（Thanawat 2000a, 284-295）。実際，タイにおける主要ファミリービジネスの半分近くは，所有主家族が株式のマジョリティを掌握し，そのことを前提に経営支配権の維持も図っている。

筆者の調査にもとづく表3-3によれば，1997年に総資産，売上高，保有株式時価総額の総合得点からみて上位100に所属するグループ・所有主家族のうち（本書の付表2），91のファミリービジネスについて，データを収集することができた。このうち，所有主家族が中核企業の株式を公開していない事例は33グループ，所有主家族が中核企業を上場している事例は58グループを数える。この両者について，所有主家族の株式保有比率を求めると，非公開組33グループのうち31グループ，公開組58グループについてもその15グループが，それぞれ株式の50％以上を保有していた。

問題は，ファミリービジネスが事業を拡大し，さらに中核企業の上場を進める中で，株式所有の分散化が生じたとき，どのようにして経営支配権の維持を図っているのか，その点である。この点を考える上で読者の注意を促しておきたいのは，アメリカとタイではその経営体制が根本的に異なっているという事実である。アメリカでは株主と株主総会に大きな権利が認められ，株主が取締役を選出する。そして，取締役会（とりわけ会長）と経営陣から独立した監査委員会の二つは，経営最高責任者（CEO）をはじめとするトップ経営陣の行動を監視することが義務づけられ，他方，経営を委託されたCEOは，そのも

---

[5] もっともこのようなピラミッド型と株式の相互持ち合いは，キャッシュフロー・ライトとコントロール・ライトの間に大きな乖離を生む原因となり，1997年の通貨危機以後は，世界銀行の企業研究チームの格好の攻撃対象となった（Claessens et al. [CDFL] 1999a）。

表 3-3 タイ上位 100 所有主家族の中核企業の株式保有と取締役会構成（1997 年）

所有主家族の経営支配 （役職とその比率）	合計	所有主家族の株式保有比率				
		70%以上	50〜69%	30〜49%	10〜29%	10%未満
(1) 非公開株式会社						
会長と社長（CEO）を支配	27	17	10	0	0	0
会長もしくは会長と役員	4	3	0	1	0	0
社長もしくは社長と役員	1	0	1	0	0	0
役員のみ就任	1	0	0	1	0	0
小　計	33	20	11	2	0	0
役員の 1/2 以上	20	15	5	0	0	0
役員の 1/3 以上，1/2 未満	8	3	5	0	0	0
役員の 1/3 未満	5	2	1	2	0	0
小　計	33	20	11	2	0	0
(2) 公開株式会社	0					
会長と社長（CEO）を支配	25	2	6	14	2	1
会長もしくは会長と役員	11	0	3	3	3	2
社長もしくは社長と役員	19	2	2	5	4	6
役員のみ	3	0	0	1	1	1
小　計	58	4	11	23	10	10
役員の 1/2 以上	9	2	4	1	2	0
役員の 1/3 以上，1/2 未満	21	1	2	13	2	3
役員の 1/3 未満	28	1	5	9	6	7
小　計	58	4	11	23	10	10
(3) 合　計	91	24	22	25	10	10
会長と社長（CEO）を支配	52	19	16	14	2	1
会長もしくは会長と役員	15	3	3	4	3	2
社長もしくは社長と役員	20	2	3	5	4	6
役員の 1/2 以上	29	17	9	1	2	0
役員の 1/3 以上，1/2 未満	29	4	7	13	2	3

注）100 家族・グループのうち，国営企業の傘下グループ 5 と，データ不足の家族 4 を除く 91 グループの集計。
出所）筆者の 1997 年現在の所有主家族別の「取締役・経営陣一覧」より集計。

とにいる中級経営幹部（これをオフィサーと呼ぶ）を統括する。取締役会と経営執行委員会は，その権限も機能も峻別され，前者が株主の利益を代弁して後者の行動を規律づけるのが，アメリカでいうところの「コーポレート・ガバナンス」であった（図 3-4 を参照)[6]。

第3章　経営的臨界点　97

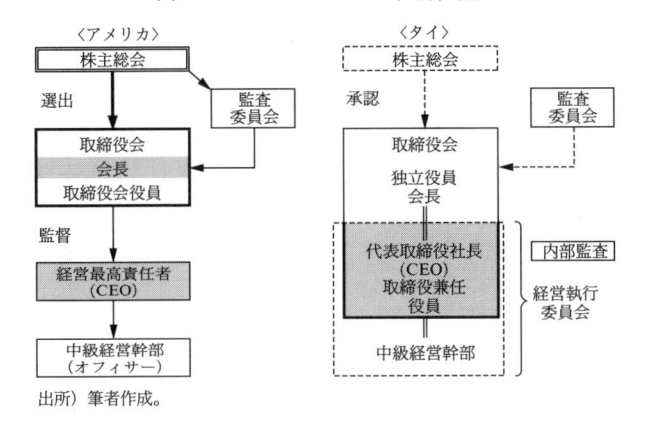

図3-4　アメリカとタイの経営組織図

〈アメリカ〉
株主総会 → 選出 → 取締役会 会長 取締役会役員
株主総会 → 監査委員会
取締役会 → 監督 → 経営最高責任者（CEO）
経営最高責任者（CEO） → 中級経営幹部（オフィサー）

〈タイ〉
株主総会 → 承認 → 取締役会 独立役員 会長
監査委員会 → 取締役会
取締役会・代表取締役社長（CEO）取締役兼任役員・中級経営幹部 ｝経営執行委員会
内部監査

出所）筆者作成。

　ところが，タイでは様相が一変する。公開株式会社法では株主総会や取締役の権限と義務を，欧米にならって規定しているとはいうものの，実際の役割は弱いからである。アメリカと大きく異なる点は，取締役会と経営執行委員会のメンバーが多くの場合，重複しており（図3-4を参照），同時に取締役会会長や取締役社長のポストも，所有主家族の総帥なり成員がしばしば世代を超えて継続的に支配してきたという事実である。また，取締役会長職を所有主家族が支配していない場合には，企業の対外イメージの向上を図るために，所有主家族自身が名望家や軍・警察高官の退役者を会長職に招聘することが多かった。つまり，取締役会は経営陣を株主利益の観点から監視するのではなく，むしろ経営陣をサポートし，逆に経営執行委員会の主力メンバーは，取締役会メンバーを兼任する「執行役員」（kammakan borihan, Executive Director）として，経営を全面的に管理するというのが，タイ系企業の基本的な特徴であった（本書の第4章）。

　この点を念頭において，取締役会長と社長（CEOを含む），もしくは経営支配人にだれが就任しているのか，彼らは所有主家族に所属しているのかどうかを，外国企業を除いた上位100グループの中核企業について整理したものが，

6　欧米諸国と日本の経営体制，とりわけ取締役会の役割とコーポレート・ガバナンスの関係については，深尾・森田（1997年），経済企画庁経済研究所（1998年）を参照。

前出表3-3である。この表をみると，91グループのうちじつに52グループで，所有主家族が会長と社長の双方の職を抑え，58のグループで役員ポストの3分の1以上を掌握していることが判明した。さらに，中核企業の株式保有率が30％以上50％未満で，かつ中核企業の株式を公開している23の上場グループのうち14のグループでも，会長と社長の双方を独占するという事実が確認できたのである[7]。以上の事実は，タイの場合，株式の公開や企業の上場が必ずしも「所有と経営の分離」につながっていないことを示している。

3) 事業の継承――「意思」をもった継承

最後に，ファミリービジネスにおける事業の継承の問題を取り上げておきたい。

ファミリービジネスが企業形態として存続する必要要件は，創業者がその事業を自分の家族成員に支障なく継承させることができるかどうかである。仮に創業者の世代で終われば，その企業はチャンドラーがいう「創業者世代の企業」つまり「企業者企業」(an entrepreneurial enterprise) にとどまる。家族企業はその事業が継承されることによって，はじめて「同族支配企業」(a family enterprise) へと発展する (Chandler 1990, 邦訳201)。

ところで，創業者世代の企業が同族支配企業へと発展するためには，ファミリービジネスが抱える制度・組織的な脆弱性，つまり世代交替に伴う事業分割の危機をうまく回避する必要がある。この世代交替に伴う危機は，第2章で指摘したように，①財産相続をめぐる争いと，②後継者の任命をめぐる争いの二つの側面に分けることができるだろう。最初の相続をめぐる創業者一族内部の争いは世界各地で報告されているが，均分相続を原則とする華僑・華人系のグループでも，当然問題となりえる。

しかし，少なくともタイでは，所有主家族は「家族成員の財産持ち分の相

---

[7] 政府による株主分散化の方針と度重なる増資で，所有主家族の株式保有率が10％を切っているのが，地場の主要商業銀行である。しかし，会長職と社長職の二つのポストを所有主家族が継続的に支配し，同時に経営執行委員会メンバーの大半が取締役メンバーを兼任することで経営支配権の維持を図ってきた。詳しくは，本書の第7章，表7-5を参照。

続」と「家族全体の事業の継承」を明確に区別することで，創業者の引退や死去に伴う家族内の利害対立を巧みに回避してきた。つまり，株式などの金融資産は均等もしくは比例按分的に配分するが，グループ内の会社や事業は分割せず，特定の人物に継承させる方法をとったのである。先に紹介した CP グループにおける持株会社「チャルンポーカパン・グループ社」(CPG 社）の事例は，まさしく株式の分割と事業体の統一を，同時に追求した結果であったといえる。

しかもタイでは，多角化した事業全体を統括するために，法的な権限は何もない「グループ会長」という地位を新たにつくりだしてきた点も重要である。例えば，セントラル・グループの場合には，創業者であるティアン（鄭汝常）が1968年に死去すると，長男のサムリット（鄭有華）が「グループ会長」に就任し，次にサムリットが 92 年に肺がんで死去すると，次男のワンチャイ（鄭有英）が同じ地位を引き継いだ（Thanawat 2000a, 88）。セントラル・グループは，一方では，百貨店事業，ホテル事業，不動産事業など，主要事業ごとにティアンの息子たちが分担して事業を管理し（いわゆる「五頭の虎」），さらに家族事業の投資計画全体を定期的に議論する「同族会議」(Family Council) を独自に持っていることで知られる。そのうえ，「グループ会長」が全体の意思統一を図ることで，3代目を含めると合計 80 名以上に達する家族成員のあいだの利害対立を調整しているのである[8]。

セントラル・グループと同様の動きは，創業者ティアム（李興添）の引退後，三男ブンヤシット（李文祥）を同族会議の場で「グループ総帥」に任命したサハ・グループ（Somchai 1990, 179-192）や，創業者チア・エックチアウ（謝初易）の死後，1989 年に四男タニン（謝國民）を「グループ会長」に選出した CP グループなどにも，見ることができる（Thanawat 2000a, 108-109）。

---

[8] セントラル・グループにおける経営の継承と「同族会議」，さらに危機後の世代交替に関する興味深い報告については，Panthop (2000), 遠藤 (2002 年), Wirat, Panthop and Somsak (2003), Phu Chatkan Rai-duan ed. (2004) を参照。ウィラットたちの 2003 年の本は，チラーティワット家とセントラル・グループの 70 年の事業発展を克明に追ったものであり，プーヂャットガーン月刊誌編集部の 2004 年の特集記事は，第 3 世代に入った新しい経営体制を詳しく紹介したものである。

さて、世代交替にともなうもうひとつの危機は、事業の継承権をめぐる問題である。中国の伝統的な家族原理にしたがえば、長男は家・父祖の「祭祀」を継承する（承祀）義務を有するものの、家業を継承する（承業）のは長男でなくともよい。この点は第2章で述べたように、財産の相続と事業の継承を「家督」という概念のもとに統合し、かつ長男が家督や家業を相続する日本の長子支配とは大きく異なっている。

一方、筆者の調査によれば（前出表2-3）、タイの経済を支配する220のグループ・所有主家族を世代別にみると、創業者世代が83、第2世代が107、第3世代以降が22、国営・公企業系が5、不明が3であった。このうち第2世代以降に所属し「長男」が事業を継承している場合が55、また総帥が創業者世代に所属するが、すでに長男を後継者に決めている事例が20を数えた（前出表2-5）。先に「グループ会長」の指名でみたサハ・グループやCPグループのケースは、たまたま三男や四男であったものの[9]、タイのファミリービジネスにおいては、「長男」が事業を引き継ぐ場合がもっとも多かったのである。

このことは、兄弟間や親族間で起こりえる事業の継承をめぐる争いを事前に回避するために、タイの華人グループが、伝統的な家族原理ではなく、家業・家産の管理において、意図的に「長男」を重視してきたことを示唆している。言い換えると、創業者が主として長男を後継者に早くから指名し、兄弟間の役割分担も計画的に決めることによって、事業の分裂を回避してきたとみなすことができた[10]。「一回きりの財産の相続」ではなく、「段階的な事業の継承」（星野 2004年、213-216）を実施することで、ファミリービジネスを維持してきたのである。

3 「経営的臨界点」への対応

第1節で述べたように、ファミリービジネスが自分たちの事業を拡大し多角化していくと、その過程で利用できる経営諸資源の制約、つまり「経営的臨界

---

[9] そのことは、事業の継承における家族内能力主義の方針を示唆する。こうした家族内での能力主義の採用を、ローズは meritocracy *within* the family と呼んだ（Rose 1993, 137）。

点」が顕在化する。直面する主な問題は，(1) 増大する投資資金の調達，(2) 経営ノウハウや専門知識をもった人材の確保，(3) 新しい生産技術や商品・市場に関する情報知識の導入，の三つである。これらの制約に対して，タイのファミリービジネスはどのように対応してきたのだろうか。つまり，「経営的臨界点」を克服するのではなく，どのように緩和してきたのだろうか。

1) 投資資金の不足への対応

第1の臨界点は，投資資金の調達にともなう困難さである。一般に企業が必要とする資金の調達源には，所有主やその家族の手持ち資金，企業の内部留保，グループ内企業同士の企業間信用，株式発行，社債発行，銀行借入の六つがあり，この順番で調達コストは上昇していく。したがって，資本市場が未発達のあいだは，最初の三つ（内部金融市場）と銀行借入に依存し，資本市場の発達にともなって，調達コストの高い銀行借入（間接金融）から調達コストのより安い株式発行（直接金融）に向かうというのが，企業金融の一般的な傾向である（三重野 2002 年）。タイの場合も，当初は所有主家族の手持ち資金を利用して事業を立ち上げ，事業の拡大にともなって内部留保やグループ内の企業間信用，そして銀行借入の依存へと調達源を拡充していった。この過程で注目すべきは次の二つである。

ひとつ目は，タイでは政府系銀行を除くと，地場の商業銀行が顧客の預金を担保にして，預金額の120%とか130%の貸出を行うという「当座貸越」(over draft) の融資方法をとってきたことである。しかも，大口の預金者には市中より有利な金利で，しかも運転資金だけではなく設備投資資金も貸し出すという

---

[10] 逆に，いったんは長男が事業を継承しながら，その後，家族内で事業が分裂した場合が，ブーラパチャイシー家のメトロ・マシナリー・グループである。同グループの場合，創業者である楊文明の死後，家族内で対立が生じ，1993年にグループは，長男トーンサイ（楊通先），三男のパイラットが率いる Metro Machinery (MMC) グループと，次男のエッガチャイ（楊通乙），四男のワイラットが率いる Metro Engineering (MEC) グループの二つに，完全に分裂してしまった（The Brooker Group PLC ed. 2001, 81-84；『星暹日報』1978年4月11日号）。もっとも，このように兄弟間の対立で事業が分裂しているケースは，215のグループのうち5グループを数えるにすぎない（末廣 2003 年 b, 115)。

方法をとった。その結果，特定の商業銀行と特定のファミリービジネスとの間には，恒常的な取引関係が生まれた。

その典型がタイ最大の商業銀行であるバンコク銀行である（Chin 1988；末廣 1992年a）。バンコク銀行は，1960年代以降，貿易金融だけではなく産業金融も積極化させ，農産物輸出商のホンイヤーセン（鴻益成，X097），スンフアセン（順和盛，X051），アグロインダストリーのCPグループ，果実缶詰製造・輸出商のナーナーパン・グループ（X177），自動車組立のサイアム・グループ（X134），「タイ繊維王」のスックリー・グループ（X018），製粉・鉄鋼のメトロ・グループ（X088）などとの間に，融資を通じて緊密な関係をつくり上げ，逆に，ホンイヤーセン，サイアム，そしてナーナーパンなどは，グループの総帥がバンコク銀行の取締役役員に就任した[11]。そして，いったん緊密かつ安定的な関係が生まれると，これらのグループは厳格な審査を受けることなく，銀行から必要とする資金を容易に借り入れることができた。

二つ目は，グループ内の内部留保や企業間信用といった内部金融市場の活用である。例えば，繊維のスックリーを例にとると，事業の初期には日本のメーカーや商社と合弁で中核企業（Thai Blanket Industry Co., Ltd.：TBI社）を立ち上げ，その後はTBI社の利益を配当に回さず，他の企業との新しい合弁事業の設立資金や運転資金に回し，これを繰り返すことで短期間のうちに，急速に傘下企業を増やしていった（Suehiro 1989a, 236-239）。しかも，タイの投資奨励法は，奨励企業に対して原則的に1回しか税制上の恩典（法人税や機械輸入税の免除）を与えなかったため，奨励を受けようとする企業は，同一業種同一製品であっても企業を次々と新設し，繰り返し税制上の恩典を受ける方針をとった。タイのファミリービジネスの傘下企業数が，短期間のうちに増加するひとつの理由は，まさにここにある。

ところが，1980年代末から政府が金融の自由化に踏み切り，同時に株式ブームや土地ブームを前提とする未曾有の経済ブーム期に入ると，ファミリー

---

[11] 1980年代前半に商業銀行の内幕を紹介していた『月刊ドークビア誌』（利子の意味）には，特定銀行と特定グループとの癒着関係が報告されている。例えば，農産物輸出商については，*Dok Bia*, February 1983, pp. 22-29を参照。

ビジネスの資金調達源はいっきょに広がった（本書の第6章）。具体的には，株式ブームを利用した企業の上場とそれによる巨額のプレミアム収入やキャピタルゲインの取得，地価の急上昇を背景とする土地を担保とした地場銀行からの借入，資本取引の自由化にともなう外貨建て資金の海外からの取り入れ，海外の銀行が組むプロジェクト・ベースのシンジケート・ローンの利用などがそうであった[12]。

例えば，1977年に500万バーツの資本金でCPグループ内に設立されたC. P. Feedmill Co., Ltd. を例にとってみよう。同社は，1984年に3億バーツ（30億円）の普通株を発行し，同時に株式を公開して名前をBangkok Agro-Industrial Products PLC（BAP社）に変えた。BAP社は，1987年から北タイを拠点に大規模な垂直統合型のブロイラー製造に着手するが，1株10バーツの株式は，84年に36バーツ（これだけで巨額のプレミアムが発生する）で時価発行され，事業計画が公表された87年には，アグロインダストリーの今後の成長に対する高い期待もあって，じつに296バーツにまで上昇した。その結果，同社は株式発行による資金調達にとどまらず，プレミアム収入やキャピタルゲイン，そして，87年に4回にわけて発行した社債1億6000万バーツ（利率9.5%）を利用して，巨額のプロジェクト資金を確保することができたのである（SET ed. 1992, 14-22）。

株式市場を最も積極的に利用したのは，1980年代末から民間企業の参入が部分的に認められた電気通信事業分野（固定電話，携帯電話，無線電話，ケーブルテレビなど）の企業である。とくに，タイの証券市場が未曾有のブームを迎えた1990年から93年にかけて，これらの企業はいっせいに株式の公開と企業の上場を実施した。タクシン（2001年から首相）が率いるShinawatra Com-

---

[12] ここで「プロジェクト・ベースのシンジケート・ローン」と呼んでいるのは，例えば，日本の大手銀行が幹事役となり，タイのCPグループではなく，CPグループが計画する電気通信事業の投資プロジェクトのみに対して，共同で融資する方法を指している。当時，日本やヨーロッパの銀行は，リスクの問題から特定の企業グループに対して融資することを避けていたが，魅力的な投資プロジェクトに対しては，自国での「過剰資金対策」もあって，積極的に融資する方針をとり，これがファミリービジネスの事業拡大の重要な資金源となった。

puter and Communications（83年設立，90年8月上場。以下同じ），Advanced Info Service（86年設立，91年上場），Shinawatra Satellite（91年設立，93年上場），ベンチャロングン家＝UCOMグループのUnited Communication Industry（80年設立，93年上場），チアラワノン家＝CPグループのTelecomAsia（90年設立，93年上場），サーマート・グループのSamart Corp.（89年設立，93年上場）などがそれである（末廣1995年，40-42）。巨額の投資資金を必要とする電気通信事業において，彼らが急速な成長を遂げることができたのは，株式を公開することで国内外から大量の資金を動員し，同時にプレミアム収入を得ることができたからであった。

2）人的資源の不足への対応

第2の臨界点は人的資源の不足，とりわけ経営組織の拡大と階層化を支える専門的な経営者層の不足である（Chandler 1986）。こうした人材不足に対応するためには，(1)所有主家族の中での経営専門家の育成，(2)企業内部からのリクルート（内部昇進），(3)家族やグループの外からのリクルート，の三つが考えられる（本書の第4章）。ここでまず注目しておきたいのは，高等教育が未発達であり，経営管理者層の外部市場も未発達であったタイでは，創業者たちはまず自分の子弟をアメリカなどの海外に送り出し，経営学（MBAを含む），会計学，金融保険学，工学などを学ばせ，彼らの帰国を待って経営組織の改革や新規事業への進出を図った事実である。

印象的な事例は，ホンイヤーセン（鴻益成）＝TPIグループの発展にみることができる[13]。もともと，2代目ポーン・リアオパイラット（廖景暉）の時代には，彼の一族は農産物輸出，繊維製品の輸入，麻袋の製造，保険などを事業の基盤にすえていた。ところが，ポーンの長男プラチャイ（1944年生，カリフォルニア大学バークレー校工学部修士），次男プラティープ（1946年生，スタンフォード大学工学部修士），三男プラムワン（1949年生，カリフォルニア大学石油

---

[13] TPIグループの発展については，Phu Chatkan Rai-duan ed. (1988a), TPI (1996; 1998), Thanawat (2000a, 326-335), The Brooker Group PLC ed. (2001, 286-292) を参照。

化学博士），四男プラヤット（ミシガン大学工学部）が次々に帰国すると，政府が投資を奨励した石油化学産業（Thai Petrochemical Industry PLC：TPI，78年設立，95年上場）と，自由化の始まったセメント産業（TPI Polene PLC，87年設立，90年上場）の二つに新規に進出し，従来のホンイヤーセン・グループとは別に，新世代を中心にTPIグループを構築した[14]。

TPIグループの傘下企業数は，TPI社の創業から20年も経たない1996年時点で，計44社に増加した。これなどは，小学校卒の学歴しかもたない創業者や第2世代から，海外で資格を取得した第3世代に経営の主導権が移行することで，ファミリービジネスが事業の飛躍を図った格好の事例といえよう。もっとも，TPIグループはもっぱらドル建て資金に依存して，あまりに急速に事業を拡大し，しかも拡大した事業をほぼ上記の四名の兄弟が排他的に運営したために（Suehiro 2001, 18-20, 56），危機後は事実上の経営破綻に向かうことになる。この問題は第4節で改めて取り上げることにしたい。

ファミリービジネスの創業者世代が大卒の学歴を有している事例は，じつはタイでは，サイアム・ケミカル社（Siam Chemical Group, X147）を立ち上げたチャーン・ラッタナラット（生没年1904-93年：ドイツ留学，化学学士，商務省工業課長，同工業局長をへて実業界に転身）[15] など，数えるほどしかない。ところが，彼らの第二世代以降に目を転じると，サハ・グループの総帥ティアム（高卒），CPグループの総帥タニン（香港のカレッジ）などを除けば，大半が海外で学士以上の資格をもっていた。

創業者世代が，早くから自分の子弟を後継者に想定し，彼らの教育に継続的な投資を行い，一定期間，自分たちの企業内において訓練を施し，トップ経営者として内部育成している事例は，タイでは枚挙に暇がない。因みに，タイの上場企業の経営管理者層（社長，副社長，経営執行委員会メンバーなど3621名，データは2000年）を詳しく調査したネーナパーの研究によると，家族所有型企

---

[14] 各人の経歴については，次の文献の情報にもとづく。Who's Who in Business & Finance ed.（1996, 68-69, 72, 86, 91）.
[15] タイにおける経営者企業を代表するSiam Chemical PLCと，その創業者であり，技術者出身の数少ない企業家であるチャーンについては，本人の詳細な経歴と事業発展を紹介した葬式本（Jarng 1993）が有用である。

業で，所有主家族を含む経営陣計652名のうち515名（79％）が大卒以上であり，修士と博士を合わせた数も241名（37％）の高さに上った（Natenapha 2002, 76-83）。

一方，所有主家族ではなく，企業の設立時や初期の時代からの「生え抜き組」や，中途採用ではあるが，その後引き続き同じ企業に所属している人物の中から，その能力に応じて経営陣に抜擢するケースも，タイでは少なくない。とくに銀行・金融グループではこの傾向が強く，タイ農民銀行（現ガシゴン銀行）の場合には，同行が内部に設けているスカラーシップを使って「早期選抜エリート」を海外に留学させ，一定期間の経験とスクリーニングをへたあと経営陣に抜擢するという方式を早くからとっている（末廣・南原 1991年，308-309）。

また，家族外からの専門家の登用についても，バンコク銀行は1950年代から（Suehiro 1989a, 255-256），CPグループは1960年代から（Wichai 1993, 52-57），財務や経理関係といった特定の分野における「スペシャリスト型経営者」（specialist-type manager）を，外国企業，地場の大手企業，会計事務所，大学，政府機関から引き抜いており，タイで成長をとげたファミリービジネスの間では，決して珍しい現象ではなかった[16]。そして，電子，石油化学，電気通信，テレビ番組制作など，新しい事業に進出する場合には，経営者や技術者を，家族外から積極的に登用する傾向が強まった。

表3-4は，2000年の上場企業の経営執行委員会メンバーのうち，その経歴が判明する企業323社，計1961名を対象に，属性にしたがって整理したものである。表では役員の属性を，①所有と結びついたメンバー，②企業の内部昇進組（新卒採用と中途採用），③他の機関の出身者や外部者，の三つに大きくわけ，①については，さらに所有主家族のメンバー，その他の主要株主からの派遣者，株主関連企業からの派遣者に細分してある。

---

[16] こうした引き抜きの対象になった企業は，外国企業でいえばIBM Thailand社，ESSO Standard社，Shell Company (Thailand) 社などであり，地場の大手企業でいえばサイアムセメント社などであった。IBM Thailand社からの大量の「頭脳流出」が，タイ電気通信業の発展を支えた経緯については，Phu Chatkan Rai-duan ed. (1990) に詳しい。

第3章 経営的臨界点　107

表3-4 タイ上場企業の経営執行委員会メンバーの属性別分布（2000年調査）

経営執行委員会メンバーの属性	全所有形態		家族所有型	
	メンバー数	%	メンバー数	%
(1) 企業の所有にもとづくメンバー	410	20.9	162	24.0
所有主家族のメンバー（FMS）	160	8.2	94	13.9
その他の主要株主（MS）[2]	143	7.3	30	4.5
株主関連企業の派遣者（R）	107	5.4	38	5.6
(2) 企業の内部昇進組	748	38.1	246	36.5
新卒採用者（G）	305	15.5	64	9.5
中途採用者（M）	443	22.6	182	27.0
(3) 他の機関からの外部組	535	27.2	177	26.2
商業銀行，金融機関出身者（F）	24	1.2	5	0.7
政府官吏，軍，警察出身者（S）	75	3.8	23	3.4
他の民間企業出身者，その他（P）[3]	436	22.2	149	22.1
(4) 経歴不明者	268	13.7	90	13.3
合　計	1,961	100.0	675	100.0

注1) 経営執行委員メンバーとは，経営執行委員会会長（委員長），社長（CEO，取締役社長），経営支配人（General Manager），副社長，社長補佐，執行役員（事業部担当部長を含む）を指す。
2) 「その他の主要株主」は，外国企業の場合には，出資企業の派遣役員を示す。
3) 「他の民間企業，その他」には，専門経営者のほか，大学教員などを含む。
4) 上場企業の所有形態は，①家族所有型，②分散所有型，③金融機関所有型，④タイ人もしくは外国人所有の事業会社所有型，⑤国家所有型，の五つに分類した。それぞれの定義については，末廣・ネーナパー（2002年，327-330）を参照。
出所) 2000年にタイ証券取引所（SET）に提出された全上場企業の株式発行・増資目論見書（56/1形式報告書）に関する末廣，ネーナパー・ワイラートサックの共同悉皆調査にもとづき，経営陣の経歴が判明した計323社（当時の上場企業数は381社）から，ネーナパーが独自に作成。

　外国企業を含む，所有形態を問わない全企業の集計では，①が21%，②が38%，③が27%であった。一方，興味深いのは，対象を家族所有型企業に限定すると，所有主家族の比率が8%から14%に上昇するのは当然であるが，内部昇進組（G, M）が246名（36%），他の民間企業出身者（P）が149名（22%）であり，社長職や社長補佐（社長見習い）を除くポストに，予想外に多くの所有主家族以外の人材が登用されている点である。経営に特化した俸給経営者の正確な数は確定できないが，内部昇進組や民間企業出身の中に彼らが含まれていることは間違いない。1980年代後半からタイで起こってきたのは，高等教育を受けた所有主家族の後継者たちの「脱アマチュア経営者化」の動き，

そしてオーナー経営者と内部昇進者，外部リクルート組との間の連携であった。そして，このような動きが，前出図3-1の経営的臨界点の円弧を，より外へと押し拡げていったと理解できるのである[17]。

もっとも，創業者一族の一部が経営スキルを蓄積しながら，他方で傘下企業の主要経営ポストの大半を排他的に独占する場合もある。このような場合を，ここでは「権威主義的」経営体制と呼び，経営組織の改革を進め，内部昇進組や外部から招聘した俸給経営者にも重要な経営ポストの道を開いている場合を，「オープン型」経営体制と呼んでおこう（Suehiro and Natenapha 2004）[18]。このように区別することの意義は，次節で取り上げるように，通貨危機後のファミリービジネスの対応の違いを検討するときに明確となる。

3）生産技術と情報知識の不足への対応

第3の臨界点は，事業の多角化にともなう新しい生産技術，新しい商品・市場に関する情報知識の不足である。こうした不足への対応については，先にも述べたように，後継者の海外留学や，スペシャリスト型経営者の外部からのリクルートが一定程度貢献してきた。しかし，タイの経験をアメリカや日本のそれと大きく区別しているのは，事業の多角化にあたって外国企業との「合弁事業」が果たした決定的な役割であろう（Suehiro 1989a, 222-233；本書の第5章も

---

[17] 所有主家族の「脱アマチュア経営者化」を示す重要な指標のひとつは，海外留学の多さだけではなく，タイ国内におけるMBA（経営学修士）コースの急増と，ファミリービジネスの子弟のMBA取得に対する強い意欲であった。例えば，『月刊支配人』編集部のスプラニーの調査によると，1993年の時点で，タイではチュラーロンコン大学のサッシンをはじめ，19の国立・私立大学が30の「MBAコース」を開設していた（Suprani 1993）。これが2000年になると，30の大学が55のコースを提供するまでになっている（Somsak 2000, 114）。こうした教育環境の変化が，ファミリービジネスの後継者を養成している事実にも，注目する必要があるだろう。
[18] 『ファミリービジネスの歴史』の著者であるコーリ（Andrea Colli）は，家族企業のパターンを，所有主家族内の成員でトップマネジメントを独占する「王朝型企業」(the dynastic firm) と，トップマネジメントのポストを競争関係にさらし，所有主家族といえども自動的な就任を認めない「オープン型家族企業」(the open family firm) の二つに分けている（Colli 2003, 74-76）。この問題は，星野がメキシコのファミリービジネスの存続と発展を論じるにあたって注目した「継承の制度化」の有無と密接に関連している（星野 2004年）。

参照)。

　ある特定分野の商品の輸入と国内販売といった「商業分野」にもっぱら従事してきたグループが，政府の輸入代替的工業化政策に呼応して「製造分野」に進出する場合であれ（建設資材，飲料，繊維，家電，化学肥料，洗剤，板ガラス，自動車組立など），産業構造の高度化政策にともなって，鉄鋼，石油化学，電気通信の新規分野に事業を多角化する場合であれ，タイのファミリービジネスは例外なく，外国企業との合弁事業や技術提携を積極的に活用することで，必要とする新しい生産技術や製品知識を獲得してきた。この点は，国内の消費市場の成熟にともなって登場してきた近代的小売業の場合も例外ではない（遠藤2002 年)。

　タイの地場企業が，ほぼ自前のノウハウで発展を遂げてきたのは，不動産事業，アグロインダストリー，金融・保険業などに限られていた。しかし，アグロインダストリーの場合でさえ，ブロイラーの種鶏や養殖エビの稚えびの開発，農水産畜産物の輸出を可能にする，製品の「瞬間冷凍技術」の導入など根幹的な部分は，アメリカや日本などの外国企業が有する特定の技術に依存せざるをえないのが実態であったのである（末廣・南原 1991 年，第 2 章；Suehiro 1997, 43-44）。

　ところで，ファミリービジネスが外国企業と結びつくことで事業を発展させることができたのは，政府が外国人直接投資を優遇しつつ，その出資比率を制限し，関税その他で国内市場を保護してきたからであった。したがって，1980年代末から政府が金融と産業投資の二つの自由化に踏み切り，外国企業がファミリービジネスの所有主家族にとって，「よきパートナー」から「容赦のない競争相手」に転じると，事態は大きく変わることになる。確かに，通貨危機が起こる1997年までは，ファミリービジネスは金融の自由化と産業投資の自由化の経済効果をフルに活用し，資金調達源の拡充と新規事業への多角化を進めてきた。しかし，対外借入が経営を圧迫し，危機後の経済改革が自由化の範囲をさらに広げるようになると，彼らは新たな制約，というよりはファミリービジネスの「経営的臨界点」に直面せざるを得なくなった。この点を，通貨危機以後の各グループの対応の違いに注目しながらみておきたい。

4 グローバル化・自由化のもとでの再編

1) 通貨・金融危機のインパクト

　1997年に勃発した通貨・金融危機と，その後，政府がIMF，世界銀行の監視のもとで着手した制度改革（金融制度改革と企業経営改革）の二つは，タイのファミリービジネスに深刻な打撃を与えた（末廣編 2002年；Natenapha 2006）。その主なチャネルは次のとおりである。

　まず，1997年7月のドルに対するバーツの40％以上の大幅な切り下げが，タイ企業に巨額の為替差損と外貨建ての対外借入による債務負担の急増を引き起こした[19]。次いで，危機後の国内不況の深化と過剰債務がタイ企業の経営危機を引き起こし，これが地場の金融機関に巨額の不良債権を発生させた。そして，金融機関の不良債権の処理と貸し渋りが，タイ企業の経営状況をさらに悪化させるという悪循環が生じた。

　一方，政府が危機後に導入した「グッド・コーポレート・ガバナンス」にもとづく証券市場改革の方針，とりわけ情報の開示，独立重役（社外重役）の任命，独立の監査委員会の設置，より厳格な会計基準の導入は，ファミリービジネスのうち，閉鎖的な経営体制を続けていたグループを直撃した（本書の第6章）。また，1990年代にM&A（統合・買収）の波に乗ってメガ化した外国企業が，タイをはじめとする東アジア地域で本格的な事業拡大戦略を展開し，その結果，セメントや近代小売業では外国企業による地場企業の買収が，繊維，電子・家電，鉄鋼などでは外国企業と地場企業との間で激しい競争が始まった（末廣 2003年，第2章と第3章）。

　以上のような通貨危機の直接のインパクトと，経済のグローバル化・自由化がもたらした新しい国際環境のもとで，ファミリービジネスのあいだに生じた動きは，次の三つに整理することができる。

---

[19] タイ語日刊経済紙『クルンテープ・トゥラキット』（1997年12月12日）の報道によると，タイ国際航空，サイアムセメント社，主要電気通信関連企業など為替差損額の大きい上位20社の外貨建て借入金の合計金額は1兆5400億バーツに達し，為替差損額の合計も97年第3四半期のみで3635億バーツの巨額に達した（末廣編 1998年，72）。

第 3 章　経営的臨界点　111

2) 危機後のパターン（I）――解体

　第 1 のパターンは，巨額の債務の再構築に失敗して，事実上，事業の閉鎖や大幅な縮小に追いやられたグループである。危機後，このような事態に直面したグループは，第 2 章で紹介した 215 のファミリービジネス型企業グループのうち，約 30 を数える。

　例えば，「5 大金融コングロマリット」のひとつであったバンコク・メトロポリタン銀行（BMB）グループ（X181）は，1960 年代から 90 年代前半にかけて，商業銀行を中核に，金融，保険，酒醸造，工業団地造成，建売住宅，ショッピングセンターなどに事業を多角化させ，危機前に傘下企業数は 108 社にも達していた（The Brooker Group PLC ed. 2001, 490-494）。ところが，1997 年 12 月に四つの傘下金融会社が事業閉鎖の命令を受け，さらに翌 98 年 1 月には，BMB も政府が要求する自己資本の積み増し（BIS 規制）に失敗して，政府の管理銀行に移行した（本書の第 7 章）。その後，アメリカにおける不動産など海外資産の没収，酒・ビール事業の他社への売却，ワールド・トレードセンターの経営権の放棄などが続き，BMB グループは一部の不動産事業を残して，事実上解体した[20]。

　同様の動きは，1986 年から泰國中華総商会主席を務めるブンソン（鄭明如）が率いる名望家シーフアンフング一族とキャセイ・トラスト・グループ（X162）にも見いだすことができる。同グループは，鄭明如の兄であるキアット（鄭亮蔭）が，金融と陸上輸送で事業基盤を確立し，その後，日本の旭硝子と組んで，タイの板ガラスの製造・販売（Thai-Asahi Glass PLC：TAG，63 年設立，89 年上場）を長く独占してきた。1980 年代には，TAG 社を出資者として苛性ソーダなど化学部門にも次々と進出し，通貨危機前には計 127 社を擁する一大コングロマリットであった[21]。しかし，債務処理に失敗し，2000 年 3 月

---

[20] テーチャパイブーン家の事業破綻については，Kannika（2002），末廣（2002 年 b，186-187），「テーチャパイブーン家」（『週刊タイ経済』1999 年 12 月 6 日号），「ワールド・トレードセンター」（『同上』2001 年 7 月 9 日号），The Brooker Group PLC ed.（2003, 689-694）を参照。

[21] シーフアンフング家の事業発展については，Songkiat（1987），Arunee（1991），Thanawat（2001a, 178-195），The Brooker Group PLC ed.（2001, 441-447）などを参照。

にTAG社に対する持ち分（45.65％）と，TAG社を通じて保有していた化学関連会社の持ち分すべてを日本側パートナーに売却し，現在ではタイヤなど一部の分野でかろうじて事業を続けているだけである[22]。

一方，事業は多角化せず，繊維・衣類事業で一大帝国を築き上げてきたスックリー・グループ（X018）は[23]，きわめて閉鎖的な経営体制をとってきたことと，1999年8月3日に総帥のスックリー・ポーティラッタナングンが死去したため，通貨・金融危機を乗り切ることができず，中核のThai Melon Polyester PLC（ポリエステルの製造）が2000年6月に上場を廃止し，さらに2002年11月には破産を宣告された。また，傘下にある主要な紡績織布工場3工場——Thai Blanket Industry社，Thai American Textile社，Thai Melon Textile 社——も操業を中止し，ランシット地区にある広大な土地も取引銀行の管理下に入った。現在は，スックリーの長女オーラワンの夫チャルーンサック・ティアンタムが経営するタイ衣料社を残すのみとなっている（The Brooker Group PLC ed. 2003, 69-72）。

特定の産業に特化しながら，所有主家族による閉鎖的経営体制がたたって，危機後，事業崩壊に至った事例には，スックリーのほか，1980年代に「タイの買収王」の異名をとったインド人系チャーンシーチャワーラー家のサイアム・ウィタヤー・グループ（金融，X032），1990年代の重化学工業化の波に乗って，鉄鋼分野で一大帝国を築き上げたホールンルアング家（何姓，廣肇系）のNTSグループ（X062），イアムスリー家（蟻姓，潮州系）のガモンキット・グループ（X063）などがある。

3）危機後のパターン（II）——家族事業の切り離し

第2のパターンは，証券市場改革の進展のもとで，中核企業を株式市場から引き上げるか，上場企業と「家族事業」を明確に区分して再編を図っているグ

---

[22]「シーフアンフン家　タイ旭硝子」（『週刊タイ経済』2000年11月27日），The Brooker Group PLC ed. (2003, 616-624)。

[23] スックリー・グループの事業発展の詳細については，末廣（1984年），Khanchit（1987）を参照。

ループである。もともと,「グッド・コーポレート・ガバナンス」概念にもとづく企業経営改革は,公開株式会社をターゲットにすえていた。したがって,タイ証券取引所が要求する新しい条件を満たすことができないグループや,資本市場において株式の新規発行が望めないグループは,株式市場から撤退していった。実際,1997年から2000年までに合計80社が株式市場から姿を消したが,その多くが家族所有型企業であった[24]。

　もうひとつの対応は,グループの中核企業(上場企業)とその他の傘下企業(非上場企業)を切り離し,一般投資家の評価に晒される上場企業の再編を試みるやり方である。例えば,タイで最大の建設請負企業であるガンナスート家のイタルタイ・グループ(X071)は,中核企業であるItalian-Thai Development Co., Ltd. (ITD, 58年設立)を1994年に上場し,ITD出資のもとに多数の関連事業を運営するという方法をとっていた。グループ全体の傘下企業数は危機前に85社である。また,ITD社は株式を公開しているにもかかわらず,創業者であるチャイユット・ガンナスートが,ITD社の取締役会と経営執行委員会の会長を兼任していた。さらに所有の面でも,チャイユットの長女の嫁ぎ先であるルーングピタヤ家(4.41%),次女の嫁ぎ先チョンラナチット家(21.40%),三女の嫁ぎ先タートプラワット家(2.59%),次男プレームチャイ(79年からITD社の社長)を含む本家ガンナスート家(34.44%)の四家が合計63%保有する,閉鎖的な所有・経営形態をとっていた[25]。

　こうした体制のもとでITD社は,1990年代前半の未曾有の建設ブーム(バブル経済)の波に乗りながら,主として外貨建ての借入金に依存しつつ,事業の拡大と多角化を進めていく。実際,ITD社の売上高は,1992年の77億バーツから97年には253億バーツへと,3倍の伸びを示した[26]。しかし,1997年7月のバーツの下落はITD社に巨額の為替差損を発生させ,通貨危機に続く深刻な建設不況は,49億バーツに達する巨額の赤字と290億バーツを超える有

---

[24] The Stock Exchange of Thailand ed., *Fact Book*, 各年版から集計。
[25] Italian-Thai Development PLC, *Form 56/1 Report 1999*, Bangkok : SET, March 2000 より各家の株式保有率を集計した。
[26] 筆者の「タイ企業データベース　1979-2004年」より集計。

利子負債を発生させた。以上のような経営危機に直面したガンナスート家は，債務再構築を円滑に進めるために，①ITD社に対する家族の持株比率の引き下げ[27]，②ITD社が出資していた関連企業10社の他社への株式売却，③ITD社が保有するそれ以外の企業の株式のガンナスート家による買い戻し，④海外事業比率の引き上げの4点を決定した[28]。つまり，従来のピラミッド型支配を放棄し，上場中核企業の透明性や開放性を高めることで，国内外の投資家と最大手の受注先である政府の信頼を回復しようとしたのである。

4）危機後のパターン（Ⅲ）――選択と集中の戦略

第3のパターンは，多角化した事業を特定の産業に絞り込み（downsizing），グループのコア・コンピテンス（核となる競争力）を明確にし，同時に絞り込んだ企業の経営改革を進めることで，生き残りを図ろうとするグループである。こうした「選択と集中」（selection and concentration）の戦略をとったグループは，筆者がかつて「近代的ファミリービジネス」と呼んだグループに多くみられた。その代表としては，BMBを除く旧「4大金融コングロマリット」や，CPグループ，セントラル・グループ，サハ・グループなどを挙げることができる。

例えば，バンコク銀行グループは，危機後，傘下の金融会社7社のうち3社が事業の清算命令を受け，残り4社もその株式のマジョリティを外国人パートナーに譲渡した（本書の第7章）。この過程で，バンコク銀行が出資する多数の関連事業も整理し，危機後は経営諸資源を中核のバンコク銀行の再構築と，所有主家族による支配の維持に集中させている。アユタヤー銀行グループの場合には，所有主家族であるラッタナラック家が保有する，タイで第2位のセメント会社，Siam City Cement PLC（SCCC）の持ち分（25％）を，外国人パートナーであるスイスのホルシム社へ売却し，同時に，8社を超えるセメント・

---

[27] ガンナスート家とその娘婿の一族がITD社に対して保有する株式比率は，2005年には63％から30％に半減した（The Brooker Group PLC ed. 2005a, 544）。
[28] 「イタルタイ・グループ　ガンナスート家」（『週刊タイ経済』2001年5月21日号）。イタルタイ・グループの通貨危機後の状況については，Orawan（1999）に詳しい。

タイル事業関連会社の持ち分も手放した。そして，その売却益を本体のアユタヤー銀行に投入して，同行の再建・維持を図った[29]。

　本章や第1章などで紹介したCPグループの場合には，1980年代末以降の急速な多角化路線のもとで，危機直前には，グループ全体の事業は九つの事業部と二つの準事業部から構成されていた。具体的には，種子・肥料，アグロインダストリー，エビ養殖，貿易，流通小売，石油化学，不動産開発，自動車・機械，電気通信の9事業部と，発電，加工包装食品の2準事業部がそれである。そして，それぞれの事業部は，所有主家族から経営権の一部を委託された事業本部長（社長を兼ねる俸給経営者）が統括し，各事業本部長とチアラワノン家が構成する「グループ経営委員会」が，グループ全体の運営を管理するという体制をとっていた。さらに同委員会の上には，所有主家族が支配する「チャルーンポーカパン・グループ社」（CPG社）が君臨し，同社がグループ全体の投資戦略，上級管理職の人事を決定するという，ヒエラルキー的な構造をとっていた（Suehiro 1997, 39-40, 45-54）。ただし，所有関係についていえば，CPG社と共にグループ内傘下企業も多数，関連事業分野の企業の株式を保有しており，外部の投資家からみれば「不透明」の印象は免れ得なかった。

　ところが，通貨危機後の経済不況は，CPグループに深刻な経営危機をもたらす。そこで，同グループはアメリカのコンサルティング会社の助言を受けて，不採算部門の閉鎖もしくは外国企業への売却と，競争的優位を発揮できる部門への経営資源の集中的投入を決断する。つまり，拡散した11の事業分野を，(i) 国際的にみて比較優位をもつアグロインダストリー，(ii) 今後の成長が望める情報通信関連事業，(iii) 高収益をあげる近代小売業（CPセブン-イレブン社）の3分野に絞り込み，それぞれの事業の独立性を高めるという方針をとった。同時に，中核上場企業に対しては，CPG社が単独でそれぞれ出資して所有構造を明確にし，外部の投資家の参入を促す戦略をとったのである（末廣・ネーナパー 2002年，355-361）。

---

[29] 詳しくは，「サイアムシティセメント」（『週刊タイ経済』1999年9月6日号）を参照。

図3-5 ファミリービジネスの「淘汰・生き残りモデル」

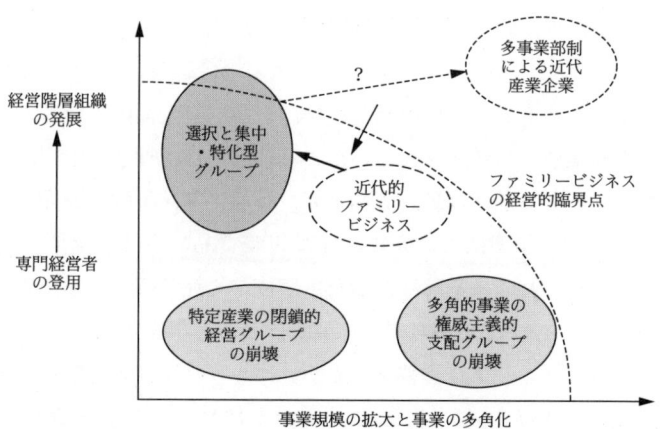

縦軸：経営階層組織の発展（専門経営者の登用）
横軸：事業規模の拡大と事業の多角化

- 多事業部制による近代産業企業
- 選択と集中・特化型グループ
- 近代的ファミリービジネス
- 特定産業の閉鎖的経営グループの崩壊
- 多角的事業の権威主義的支配グループの崩壊
- ファミリービジネスの経営的臨界点

出所）筆者作成。

5）淘汰と生き残りの構図

以上の動きを，第1節で示した図3-1に照らし合わせて再整理すると，図3-5のように描くことができるだろう。すなわち，危機後に事業の閉鎖や大幅な縮小を余儀なくされたのは，一方で，1990年代前半までの経済ブーム期に，過度の銀行借入やドル建てローンに依存して事業多角化を達成し，他方でこの期間，経営組織の改革には消極的で，拡大する事業をもっぱら所有主家族の閉鎖的な経営のもとに置いてきた，いわゆる「権威主義型コングロマリット」か，特定の産業に特化しているが，これまた閉鎖的な家族経営を続けてきた「閉鎖型特化グループ」の二つであった。

「権威主義型コングロマリット」の典型は，先に紹介したリアウパイラット家のTPIグループである。同グループは，表3-5に整理したように，第3世代のプラチャイ，プラティープ，プラムアンの3兄弟が，主要傘下企業のCEO，社長，副社長などのコアのポストを排他的に独占し，外部からの俸給経営者の招聘には消極的であった。そして，通貨危機後，債務再構築に失敗すると，セメントと石油化学の2大事業は政府が指定する再建委員会に移管された（Phu Chatkan Rai-duan ed. 2000c）。

表 3-5 TPI グループの創業者一族による排他的経営支配＝権威主義的経営体制（1996 年）

企業名（＊上場企業）	事業内容	プラチャイ 廖漢渲 創業者の長男	プラティープ 廖漢民 同次男	プラムワン 廖漢然 同三男
(1) 石油化学関係				
Thai Petrochemical Industry PCL＊	石油化学	DR, CEO	DR, PR	DR, PR
TPI Polene PLC＊	LDPE	DR, CEO	DR	DR
TPI Aromatics PLC＊	アロマチックス	CH, EX-DR	EX-DR, PR	EX-DR
TPI Caprolactam PLC＊	カプロラクタム	CH, EX-DR		
Thai Polyurethene Co.	PU	EX-DR	EX-DR, PR	EX-DR, PR
	ABS, EPS, PS	DR, CEO	EX-DR, PR	EX-DR, PR
TPI Polyol Co.	ポリオール	EX-DR	EX-DR, PR	EX-DR
TPI Polyacrylete	PMMA	CH, EX-DR	EX-DR	EX-DR, PR
Thai Nitrate Co.	アンモニア	CH, EX-DR		
Thai Olefins Co.	オレフィン	CH, EX-DR		
Rayong Acetylene Co.	アセチレン	CH, EX-DR	EX-DR	EX-DR
Thai Plastic Products Co.	プラスチック製品販売	DR, CEO	DR	DR
Ube Nylon (Thailand) Co.	ナイロンチップ	CH, EX-DR	EX-DR	EX-DR
Thai Synthetic Rubbers Co.	ブタジエン	EX-DR	EX-DR	EX-DR
(2) 建設資材関係				
TPI Polene PLC＊	セメント製造	DR, CEO	DR	DR
TPI Concrete Co.	コンクリート製品	DR		
Thai Special Steel Industry PLC＊	鉄鋼製品	DR	DR	DR
(3) 発電関係				
TPI Oil Co.	小型発電所	CH, EX-DR	DR, PR	DR, PR
TPI Energy Co.	小型発電所	CH, EX-DR	EX-DR, PR	EX-DR
TPI Polene Power Co.	小型発電所	CH, EX-DR		
(4) その他の事業				
Rayong Tank Terminal Co.	貯蔵タンク	CH, EX-DR	EX-DR, PR	EX-DR, PR
Rayong TPI Services Co.	運輸サービス	CH, EX-DR	EX-DR	EX-DR
Rayong Industrial Gas Co.	工業用ガス	EX-DR	EX-DR	EX-DR
TPI Technology Co.	人材訓練センター	CH, EX-DR	EX-DR, PR	EX-DR, PR
Thai Petrochemical (Cayman)	投資会社	CH, DR	DR	DR

注 1) CH：取締役会会長，EX-DR：取締役役員兼任執行役員，DR：取締役役員，CEO：経営最高責任者，PR：社長．
2) プラチャイ，プラティープ，プラムワンは，1988 年設立時より取締役会の役員もしくは CEO．
3) プラティープとプラムワンは，多数の傘下企業で「共同社長」を務める．
出所) TPI (Thai Petrochemical Industry PLC) ed. (1996; 1998) の付録資料より筆者作成．

一方，「閉鎖型特化グループ」の典型は，鉄鋼のサイアム・スチール・グループ（SSG, X084）であろう。同グループは，1980 年代後半の政府の重化学工業化政策と，建設ブームの波に乗って事業を急速に拡大してきた。しかし，TPI グループと同様に，その経営体制は極めて閉鎖的で，トゥーチップ・クナーンタグンの長男ソムチャイ（丘名爐），次男ワンチャイ（丘名標），三男アナンタチャイ（丘名強）の3名が，20 社に達する傘下企業のすべての会長，CEO，副社長の職を独占していた[30]。そのため，SSG グループは通貨危機後，新規の対外借入が困難になり，債務再構築の失敗が破綻につながっている。

これとは対照的に危機後も「生き残り」に成功したのは，情報通信，アグロインダストリー，映画・テレビ番組制作などの成長産業に事業基盤を特化させ，かつ専門家の登用にも積極的であった「オープン型特化グループ」か，そうでなければ，急速に事業の多角化を進めたものの，危機後，迅速に債務再構築に乗り出し，「選択と集中」の戦略によってコア・コンピテンスを明確にした，「近代的ファミリービジネス」に所属する一部のコングロマリットの二つであったと要約できる。

このような分極化，「淘汰と生き残り」の背後にあるのは，グループの事業基盤が，グローバル化・自由化の時代においても引き続き比較優位を発揮できるのかどうか，多角化した事業相互間に「範囲の経済」を生かせるような連関性があるのかどうか，所有主家族を含めた経営組織の専門化と近代化がどこまで進んでいるのか，そうした点の違いである。仮に所有主家族がまだ株式の過半を保有し，経営の中枢を握っている場合でも，事業基盤が比較優位を発揮し，新しい世代が経営改革に積極的である場合には，危機後も成長を遂げている[31]。

おわりに

以上の分析を勘案すると，タイのファミリービジネスのベクトルは，図 3-5

---

[30] SSG グループの創業者一族による，傘下企業 20 社の取締役会と経営執行委員会の排他的な独占の実態は，上場中核企業であるサイアムスチールサービス社の『2000 年版 56/1 形式報告書』に示されている（Siam Steel Service PLC, *Form 56/1 Report*, April 2001, 89-91）。

[31] その典型は，世界第二位のツナ・水産缶詰の輸出企業に発展した TUF (Thai Union Frozen Products PLC) グループにみることができる。同グループ (X031) は，冷凍水産倉庫業から 1973 年にツナ缶詰の製造・輸出に進出したが，創業者グライソン・チャンシリ（陳漢士）の長男ティラポン（陳大地）が，アメリカで MBA を取得して 1988 年に帰国し，94 年に TUF 社の CEO に就任してから，文字通り飛躍を迎えた。TUF 社は，原料調達やマーケティングの面で改革を実施し，ISO9000 シリーズ（品質改善）や同 14000 シリーズ（環境）を次々と取得し，通貨危機後は投資計画の詳細を対外的に公開することで投資家の信頼を獲得することに成功した。Thai Union Frozen Products PLC (2000), Pavida (2004) を参照。

において左側の上，つまり，「選択と集中」によってコア・コンピテンスを明確にし，かつ経営組織の改革を進めているグループもしくは企業に向かっているといえそうである。ただし，こうした「特定産業特化型グループ」の中核企業が，そのまま近代産業企業もしくは経営者企業に転化するかというと，その判断は留保せざるを得ない。理由は二つある。

ひとつ目の理由は，本章の表3-3で確認した所有主家族による所有と経営の支配権に対する強い執着である。仮に中核企業を上場している場合でも，そして通貨危機後，債務再構築の過程で，所有主家族がその保有株式を放出し，保有比率を下げている場合でも，経営の支配権を維持しようとする試みは依然として強いからである。

もうひとつの理由は，俸給経営者の登用の増加が，必ずしも同族支配企業から経営者企業への移行と結びついていないという筆者の観察である。確かに，第2章でみたように，大規模なファミリービジネスの間では「閉鎖型」ではなく「ハイブリッド型」や「オープン型」の比重が増えている事実を明らかにした。また，本章では通貨危機や経済の自由化という外圧のもとで，「オープン型特化グループ」が生き残っている事実を指摘した。しかし，こうした「オープン型」ファミリービジネスの存続を，経営者企業の台頭に引きつけて議論するためには，ファミリービジネスの経営の実態，とりわけトップ経営陣に占める俸給経営者の役割や，彼らと創業者一族・所有主家族との関係について，より精度の高い実証研究が必要であろう。

そこで次章では，ファミリービジネスの経営者と経営体制に焦点をあてることにしたい。

第4章

経営者と経営体制
創業者一族，内部昇進者，外部リクルート者

はじめに

　第1章から第3章までは，ファミリービジネスの所有構造，事業の多角化，事業の継承などを主に扱ってきた。しかし，第3章でも指摘したように，ファミリービジネスは事業の拡大過程の中で，不可避的に人的資源の不足という困難に直面する。そのため，ファミリービジネスがさらなる発展を遂げるためには，経営のスキルや専門知識をもった経営者の存在が不可欠の要素となる。問題はこうした経営者を，所有主家族の内部で育成するのか，それとも家族の外からリクルートするのか，また，外部から人材をリクルートする場合，経営支配権を彼らに譲渡するのか（所有と経営の分離），しないのかという問題が生じてくる。つまり，所有主家族と俸給経営者の関係が大きな問題として浮上してくるのである。本章ではこの問題を取り上げてみたい。

　ところで，タイでいわゆる「専門経営者」の存在がマスメディアなどで話題となるのは，1980年代半ば以降のことであった。その口火を切ったのは，タイ語の経営専門雑誌として刊行された『月刊支配人』(Phu-chatkan Rai-duan, 83年創刊）が，総力を挙げて編集した1987年8月号の「特集：新世代の経営支配人」（160頁）であろう。このときの特集号で，同誌編集部は新世代のビジネス・リーダーの重要な担い手として，「ナック・トゥラキット・ムーアーチープ」(nak-thurakit mue acheep)，つまり「専門職としての経営者」の存在に初めて光をあてた。タイで「専門職としての経営者」の言葉が定着するのは，

この特集以降のことである。

　この時期のタイで，彼らの存在と役割が関心を集めたのには，二つの理由がある。

　ひとつ目は，急速に拡大する経済のもとで，企業活動を支える有能な人材の不足が，ファミリービジネスを含む民間セクターの間で強く認識された時期が1980年後半であった，という事実である。同時に，1980年代後半は，大学生の間でも進路の選択先として，公務員・国営企業から民間大企業への移行が急速に進んだ時期でもあった[1]。

　二つ目は，『月刊支配人』の編集部が，当時活発化していた民主化運動の積極的な担い手として，政治的コネクションを通じて事業を拡大してきた所有主家族のメンバーではなく，政治と直接関わりのない俸給経営者や上級ホワイトカラー層の役割に，つまり新興中間層の役割に大きな期待を寄せた点である（末廣 1993年，202-206）[2]。その結果，「専門職としての経営者」の存在に対する関心がタイでも一挙に高まった。

　そこで本章では，ファミリービジネスの経営者と経営体制に焦点をあてることにする。より具体的には，ファミリービジネスの「トップ経営陣」（後述）の構成にまず注目し，創業者一族・所有主家族と俸給経営者（内部昇進者と外部リクルート者）が，それぞれどのような構成になっているのか，そして彼らは相互にどのような役割分担と協力関係を構築しているのか，実態に即して検討してみたい。

---

[1] ナパポーンの調査によると，タイの大学新卒者の進路は，1976年当時，民間企業29％に対して公務員68％であった（残りの数字は国営企業と不明）。この比率は1982年になると46％対47％と拮抗し，86年には民間（51％）が初めて公務員（44％）を抜いた。そして1989年には63％対32％と，両者の関係は完全に逆転している（Napaporn 1996, 41）。

[2] 2005年末に「反タクシン・民主化運動」を組織し，2006年2月にタクシン首相に国会解散を決断させたソンティ・リムトーングン（林明達，海南系華人）は，この『月刊支配人』を刊行するメディア系グループ（The Manager Group）の創業者かつ最大株主であった。ソンティの父・林謙は，戦前は抗日運動の闘士として名前を馳せ，戦後は製糖業や製粉業で蓄財をしながら，同時に泰國中華会館（台湾派），泰國海南会館の理事もつとめた。

1 経営者の定義と「トップ経営陣」の分類

1) 経営者をめぐる三つの論点

　経営者の検討に入る前に，あらかじめファミリービジネスと経営者の関係をめぐる論点を整理しておきたい。主な論点は次の三つである。

　第1は，経営者とりわけ専門経営者をどう定義するかである。じつは，専門経営者という概念には二つの異なる理解が含まれていることに注意する必要があろう。

　ひとつ目は，専門経営者を「所有機能を持たないで，経営機能に専門化している俸給経営者（salaried manager）」に限定して理解する立場である（森川 1996年，7）。この場合，創業者一族や所有主家族は，当然ながら専門経営者から除外される。「所有と経営の分離」を前提に経営者支配論を提唱したバーリーたちの古典的な研究，経営者資本主義論を展開したチャンドラーの研究，日本における経営者企業の発展に着目する森川の一連の研究（1991年；1996年）などが，この立場をとっている[3]。

　二つ目は，所有の有無にかかわらず，経営者の専門性・キャリア・スキルに注目して，専門経営者（professional manager）を理解する立場である。この場合には，経営に従事する経営能力に長けた所有主家族も含まれる。ただし，すぐあとで見るように，じつは経営の専門性や経営能力を客観的に測ることはきわめて難しい作業である。つまり，所有主家族が経営にコミットしている場合，彼らのうちだれが「専門経営者」であり，だれが「アマチュア経営者」であるかを区別することは，そもそも難しいのである。

　そこで本書では，混乱を招きやすい「専門経営者」概念の使用は極力避ける

---

[3] ドイツ大企業の経営史を研究してきたコッカ（Jürgen Kocha）は，チャンドラーが定式化した「所有者企業家」と「経営者企業家」の区分とは別に，「戦略的な決定はなお創設者ないしはその家族，相続人，緊密な友人によってなされるが，継続的な経営管理の少なくとも大部分は，有給の経営者の手中にある」という「中間形態」の存在を主張した。そして，彼自身の調査の結果，1927年現在のドイツ10大企業のうち，8企業がすでに経営者企業に転化しているとはいえ，クルップ社とジーメンス社というドイツを代表する2大企業が，「中間形態」の企業であったと述べている（コッカ，加来編訳 1992年，40）。

ことにし，俸給経営者であることが明確な場合には「俸給経営者」と明記することにした[4]。そして，所有主家族が経営に従事している場合をオーナー経営者と呼び，オーナー経営者と俸給経営者をあわせたものを，「ファミリービジネスの経営者」と呼ぶことにする。

第2は，もしそのように定義すると，ただちに経営者のレベルと範囲は何かという問題が生じることになる。つまり，分析の対象はトップ経営者個人か，経営者集団か，それとも官僚制的発展を遂げた企業経営組織そのものか，という問題である。大量観察を行うためには，トップ経営者個人（社長/CEOなど）に限定したほうが便利であろう。しかし，個別のファミリービジネスを対象とする場合には，取締役会（Board of Directors）や経営執行委員会（Executive Committee）のメンバーを見ていく方がより現実的である。本章では両者を対象範囲とし，これを「トップ経営陣」と呼んでおく。なお，タイのファミリービジネスでは，両者のメンバーは重複する場合が圧倒的に多かった（本書の図3-4を参照）。したがって，社長/CEOをはじめ，取締役会役員を兼任する経営執行委員会の委員（Executive Directors）が，本章では主たる分析対象となる。

第3は，上記の「トップ経営陣」をどこからリクルートするかというチャネルの問題である。この点については，大きく分けて(1)所有主家族内部での育成，(2)内部昇進者の登用，(3)外部リクルート者の活用，の三つに分類することができる。森川は日本の経験に照らして，(1)を除く経営者を三つの類型，すなわち，(i)内部昇進者，(ii)企業から企業へと移動する「ワンダーフォーゲル経営者」，(iii)高級官僚から直接トップ経営者へと招かれる「天下り経営者」に区分した（森川 1996年, 8）。より厳密な分類はすぐあとで検討するが，これらのタイプの違いは，じつは経営者に要請されるスキルやキャリアの違いと密接に関連している点に注意しておきたい。

---

[4] 専門経営者の中に，「俸給経営者」，「スペシャリスト型経営者」，「プロフェッショナル型経営者」の三つの要素が混合していることから，森川はこうした経営者を総体として「プロフェッショナル企業人」と呼んだことがある（森川 1980年a）。その後，森川はこの表現をやめて，専門経営者＝俸給経営者の立場をとっている。

2) 経営者的能力と企業者的能力

チャンドラーと同様に,企業の経営管理組織の発展,もしくは「中心経営陣」(a central management) の発展に注目しながら,しかし,企業者本人の資質や行動により注目したのは,「企業成長の理論」で有名なペンローズ (Edith T. Penrose) であった。

ペンローズはまず,会社を管理組織体であると同時に,生産的資源の集合体 (a collection of productive resources) であると捉える (Penrose 1959, 24 ; 末松訳 1980 年, 32)。そして,企業の持続的成長を支える重要な要因のひとつとして,企業者や経営者が提供するサービス (managerial services. これも生産的資源である) を指摘する。さらに彼女は,日常的な企業の運営を監督する「経営者的能力」(the competence of management) と,企業運営に新しい概念を導入する「企業者的能力」(the competence of enterprise) を区別した上で,後者の企業者的能力を構成する要件として,(a) 投資を計画する際の想像力や洞察力,タイミングを計る感覚など,企業者としての多才な能力 (entrepreneurial versatility),(b) 金融機関の信用をかちとる資金調達能力,(c) 経営的管理能力ではなく,市場の競争を駆逐するような企業者的野心(これを彼女は「帝国の建設者」と呼ぶ),(d) 不確実性への対応を核とする企業者的判断,という四つの資質を掲げた (*Ibid.*, 35-41 ; 邦訳 48-55)。

ペンローズが描く企業者は,シュンペーターが提唱した「革新者」(innovator) の概念と重なっている(シュンペーター,清成編訳 1998 年)。もっとも,ペンローズ自身が指摘しているように,彼女が検討の対象とする企業者は,経済発展を促す国民経済全体の革新者ではなく,あくまで企業の成長をリードする革新者であった (Penrose 1959, 36 ; 邦訳 49)。筆者にとって興味深いのは,ペンローズの企業者的能力の議論が,俸給経営者というよりは,ファミリービジネスのさらなる発展を支える「所有主家族の企業者」やその経営者としての資質を示唆している点である。

一方,先に紹介した森川は,経営者(俸給経営者)の経営能力として,(a) 激変する経営環境に対応する能力(先見性,状況判断力,リスク・テイキングな決断力),(b) 企業成長に関するコンセプト形成力(理念,目標,技術的合理性

をふまえた長期的な政策構想），(c) ヒエラルキッシュなマネジメント組織を構成する管理者，技術者の大群を調整する能力，の三つを掲げる（森川 1996 年, 56-57)。その内容から容易に分かるように，森川の定義の (a) と (b) は，ペンローズがいう「企業者的能力」に近かった。ただし，ペンローズの議論も森川の定義も，実証研究に適用する際には大きな障害が発生する。というのも，ペンローズの四つの資質や，森川の三つの能力は，いずれも客観的な測定が難しい指標であり，企業の経営実績を通じて事後的にしか確認できないものだからである。

そこで本章は経営者の要件を，とりあえず (イ) 学歴の高さとその専攻分野，(ロ) 企業内もしくは企業外での経験の深さとキャリアの幅，(ハ) 経営者に就任するプロセス，という三つの側面から捉えておきたい。なお，(ハ) については，企業内部に経営の近代化を推進する組織的合意がまずあり，これを実施するためにトップ経営陣を選抜する制度的な仕組みが，企業内に整備されているかどうかを重視しておきたい[5]。

3) トップ経営陣の分類とその属性

以上の論点を念頭に置きながら，タイの「トップ経営陣」を六つの類型に分類したものが，表4-1 である。表ではまず経営者を，(A) 所有に関わるグループ（金融機関を含む）と，(B) 所有に関わらないグループに分け，前者はさらに，(1) オーナー経営者，(2) 親会社や主要大株主からの派遣者，(3) 金融機関からの派遣者，の三つに分ける。一方，後者は，(4) 内部昇進者で創業時もしくは初期からの「生え抜き組」，(5) 内部昇進者で中途採用組，(6) 外部リクルート者（中途採用・直接役員就任者）の三つに分ける。(5) と (6) を区別す

---

[5] もっとも，この点を厳密に論じるためには，企業の組織内部に立ち入った本格的な調査が必要である。筆者のタイ企業研究のパートナーであるネーナパーは，国営企業のタイ石油公団 PTT，アドヴァンスト・インフォ社（SHIN グループの携帯電話事業），王室財産管理局のサイアムセメント社，多国籍企業の子会社であるトヨタ・タイランド社の4社について，企業内の選抜システムに関する詳細な聞き取り調査を実施し，中間管理職を含む経営管理者層の選抜の仕組みについて，タイでは初めて実証的な研究成果を提示した。ただし彼女の実証研究には，残念ながらファミリービジネスの事例が含まれていない (Natenapha 2005)。

表 4-1 トップ経営陣と企業所有関係　六つの類型

経営者の分類	経営者就任の根拠と機能的役割
(A) 所有（融資）関係に関わる経営者	
(1) オーナー経営者	
創業者本人	創業と所有にもとづく経営支配
創業者による直接任命	所有と創業者一族との関係にもとづく経営支配
創業者一族の企業内での訓練	所有と経験，能力にもとづく経営支配
(2) 派遣経営者 1	
本社からの派遣	出資にもとづく経営管理
主要株主からの派遣	同　上
(3) 派遣経営者 2	
金融機関からの派遣	融資にもとづく監視機能
(B) 所有関係に関わらない経営者	
(4) 内部昇進者/内部生え抜き組	経験，能力，年功
同一企業内の昇進	企業に固有のノウハウ (firm-specific skill)
企業グループ内での昇進	同　上
(5) 内部昇進者/中途採用組	専門知識・技術，経験，能力
競争他企業からの引き抜き	
(6) の経歴の分類と同じ	
(6) 外部リクルート者	専門知識・技術，能力，コネクション
政府機関・省庁	経験，能力，認可事業へのコネクション
中央銀行・国営企業	同　上
地場企業	専門知識・技術，能力，経験
外国企業	同　上
大学・研究機関	同　上
会計事務所，その他	同　上

注）外部リクルート者は中途採用時に直接役員に就任する。
　　中途採用時に非役員職に就任し，のち役員に昇進した場合は「内部昇進者/中途採用組」に分類する。
出所）筆者作成。

るのは，中途採用のあと一定の期間を置いて経営陣に昇進するか，それとも中途採用時に直接役員に就任するかの違いである[6]。

---

[6] 森川 (1980 年 a, 41-42) は，戦前日本における「経営者企業の発展」を主張するにあたって，専門経営者の内訳を，「社員からの昇進」（本章でいう内部昇進型），「社員としての転職・昇進」（中途採用・内部昇進型），「重役としての転職」（外部リクルート型）の三つに分け，明治 38 年，大正 2 年，昭和 5 年の 3 時点について検証を行った。その結果，社員からの内部昇進の比重が，日本の大企業では傾向的に増加していることを明らかにしている。

ここで注意しておきたいのは，表 4-1 の類型が，じつは経営者に求められる要件の違いと密接に関連している点である。例えば，(1) と (2) は企業の所有支配が，(3) は企業への出資と融資がトップ経営陣就任の要件となっている。これに対して (4) と (5) の内部昇進者の場合には，単なる資格や知識だけではなく，企業に固有のスキル（firm-specific skill）の蓄積により比重を置いていることは，容易に類推できるだろう。逆に，(6) の外部リクルート者の場合には，スペシャリストとしての専門知識（技術，財務，営業など）や他企業での経験，あるいは電気通信業（政府認可事業）にみられるように，政府との人的コネクションが，引き抜き・招聘の際の理由になっていることが多い。

さて六つの類型のうち，(2) と (3) の派遣経営者は分析の対象から除外する。また，(4) と (5) をひとつのグループに統合すると，ファミリービジネスの「トップ経営陣」を主に構成するのは，オーナー経営者，内部昇進者，外部リクルート者（このうち後者の二つが俸給経営者となる）の三つに分類することができる[7]。なお，オーナー経営者については，ファミリービジネスのあいだで，所有主家族の経営に対するコミットメントの度合いやその役割に，大きなばらつきが予想される。本章で注目するのは，名目的にポストについている人間ではなく，ファミリービジネスの中核企業やグループ内企業で一定の期間，訓練を受けてキャリアを積み，経営にコミットしているオーナー経営者（in-house trained owner manager──筆者の概念）を対象とする。

2　トップ経営陣の属性とキャリア

1)「新世代ビジネスリーダー」の群像──1987 年調査

新しいタイプの経営者のイメージを得るために，まず冒頭で紹介した『月刊支配人』による 1987 年時点の調査を紹介しておこう。この調査は，同誌の編集部が，①専門職としての経営者（俸給経営者と同義），創業者（頭家，taoke），事業の継承者（thayart）のいずれかで，現在活躍中の人物，②地位の昇進にも

---

[7] 上場企業の場合には，「公開株式会社法」の規定によって，これに「独立役員」（independent director），もしくは「社外重役」が加わる。

とづき際立った役割と業績を挙げている人物，③ 1986 年現在，原則として 45 歳未満の人物，という三つの条件に照らして，120 名の経営者を選んだもので，この 120 名を同誌は「新世代の経営支配人」と呼んだ（Phu Chatkan Rai-duan 1987, 87-88）。なお，120 名のうち 2 名については個人データが欠落していたため，当時のタイを代表する俸給経営者 2 名に差し替えた[8]。その上で，筆者が独自に収集した各種情報も加えて，120 名のデータを属性別に集計したものが，表 4-2 である。

表 4-2 は，縦軸に各経営者の属性として，1987 年時点における地位，年齢，最終学歴のレベル，就学場所，専攻分野，所属する企業の形態（ファミリービジネス，非ファミリービジネス系タイ企業，外国企業，国営・公企業），現在の地位に就くまでのキャリアの七つをとり，横軸には，経営者が当該企業の「創業者・所有主家族」の成員である場合とそうでない場合の二つに分けた[9]。

表 4-2 には，あらかじめ留意すべきことが 2 点ある。ひとつ目は，1987 年時点の地位には，社長/CEO や会長といった「トップ経営者」（120 名中 85 名）だけではなく，副社長，社長補佐，役員も含んでいることである。これは『月刊支配人』が，調査対象をトップ経営者に限定しなかったためである。二つ目は，年齢別分布では，選出の基準が原則として 45 歳未満となっているので，若い世代に集中していることである。とはいえ，それを考慮したとしても，20 代が 4 名，30 代が 47 名に達した点は注目に値する。なお，50 代が 2 名含まれているのは，筆者による差し替え分の 2 名である。

さて，表 4-2 から判明する事実をまとめると，次のようになる。

第 1 に，学歴をみると，大卒以上の最終学歴が 87%（修士以上でも 39%）と

---

[8] この 2 名とは，Lever Brothers (Thailand) Ltd. 社長のウィロート・プートゥラグン (Wiroj Putrakul, 1935 年生まれ。イギリスで経済学学士。イギリス本社をはじめ，ユニリーバー社の 10ヶ国の支社で勤務する）と，Exxon Chemical Thailand Ltd. 社長のトゥム・フッタシング（Toum Hutasing, 1932 年生まれ。アメリカの MIT 卒業の第 1 号。1960 年にエクソン社のタイ石油子会社［Stanvac Bangkok］に入社。Esso Standard Thailand を経て，78 年からエクソン・ケミカル社の社長に就任）である。詳しいデータは，Sida (1988: kho. 111-112; kho. 297)。

[9] 創業者・所有主家族の成員であるかどうかの判別は，筆者の企業・人物データベースと家系図データ（300 家族）にもとづいて実施した。

第4章 経営者と経営体制 129

表 4-2 タイの「新世代ビジネス・リーダー」120名のプロフィール（1987年調査）

項目	合計	%	創業者・所有主家族	%	非創業者・非所有主家族	%
合計	120	100.0	49	40.8	71	59.2
(1) 1987年の職位						
会長兼CEO	8		8		0	
社長・CEO	77		28		49	
副社長	11		4		7	
社長補佐	12		5		7	
その他	12		4		8	
(2) 年齢分布						
30歳未満	4	3.4	2	4.2	2	2.8
30〜34歳	13	10.9	10	20.8	3	4.2
35〜39歳	34	28.6	14	29.2	20	28.2
40〜44歳	59	49.6	17	35.4	42	59.2
45〜49歳	7	5.9	5	10.4	2	2.8
50歳以上	2	1.7	0	0.0	2	2.8
小計	119	100.0	48	100.0	71	100.0
(3) 最終学歴						
高校卒，それ未満	3	2.5	0	0.0	3	4.3
短大卒（Diploma）	12	10.1	7	14.3	5	7.1
学士卒	57	47.9	29	59.2	28	40.0
修士修了	24	20.2	7	14.3	17	24.3
MBA	17	14.3	6	12.2	11	15.7
博士	6	5.0	0	0.0	6	8.6
小計	119	100.0	49	100.0	70	100.0
(4) 最終学歴の就学場所						
タイ	31	25.8	9	18.4	22	31.0
アメリカ	70	58.3	29	59.2	41	57.7
イギリス	12	10.0	7	14.3	5	7.0
オーストラリア	3	2.5	1	2.0	2	2.8
その他	4	3.3	3	6.1	1	1.4
小計	120	100.0	49	100.0	71	100.0
(5) 学位の専攻分野						
経済学部	26	30.6	8	22.2	18	36.7
経営学，財政，金融	27	31.8	16	44.4	11	22.4
会計学部	5	5.9	1	2.8	4	8.2
理工学部	23	27.0	10	27.8	13	26.5
法学部，政治学部	4	4.7	1	2.8	3	6.1
小計	85	100.0	36	100.0	49	100.0
(6) 企業の形態						
ファミリービジネス	71	59.1	46	93.9	25	35.2
タイ企業	32	26.7	2	4.1	30	42.3
外国企業	15	12.5	1	2.0	14	19.7
国営・公企業	2	1.7	0	0.0	2	2.8
小計	120	100.0	49	100.0	71	100.0
(7) 経営者のキャリア形成						
同一企業内部昇進者	37	31.1	18	37.5	19	26.8
グループ内企業内部昇進者	29	24.4	18	37.5	11	15.5
政府省庁，国営企業に在籍	13	10.9	3	6.2	10	14.1
他のタイ企業に在籍	9	7.6	1	2.1	8	11.3
タイ企業→外国企業	2	1.7	0	0.0	2	2.8
外国企業に在籍	21	17.6	7	14.6	14	19.7
外国企業→政府企業，タイ企業	6	5.0	1	2.1	5	7.0
混合型	2	1.7	0	0.0	2	2.8
小計	119	100.0	48	100.0	71	100.0
内部昇進者の小計	66	55.5	36	75.0	30	42.3
外国企業在籍者の小計	29	24.4	8	16.7	21	29.6

注）創業者もしくは所有主家族の一員が経営幹部に就任した場合でも，経歴により同一企業内もしくはグループ内企業内部昇進者に分類する。なお，「新世代ビジネス・リーダー」の定義は本文を参照のこと。
出所）Phu Chatkan Rai-duan ed. (1987, 84-208, 212-244)，筆者の人物データベースをもとに作成。

きわめて高いことが判明した。注意すべきは、この比重は「創業者・所有主家族」のグループとそうでないグループを比べても、差がなかったという事実である。次に最終学歴の就学国をみると、タイ国内は120名中31名にすぎず、残り89名（74％）が外国、とりわけアメリカ70名（58％）に集中していた。海外留学の比重は「創業者・所有主家族」の方が高い。

　第2に、専攻分野をみると、判明する85名のうち27名が経営学・財政・金融、26名が経済学、5名が会計学で、これらを合計すると全体の3分の2を占めた。これに次ぐのが理工学系の23名である。日本のトップ経営者の場合には、経済学（25％）、法学（21％）、工学（21％）、商学・経営学（14％）の順となるが（稲上ほか2000年）、これに比べると経営学、とくにMBA（17名）の比重が高いのが特徴である。

　第3に、経営者が所属する企業形態をみると、120名中71名の企業がいわゆる「ファミリービジネス」に所属していた。注目すべきは、この71名のうち「創業者・所有主家族」のメンバーは46名であり、残り25名（35％）が非所有主家族であった点である。1987年の時点で、大手ファミリービジネス企業のうち3分の1が、所有と関係のない俸給経営者であった事実に注目しておきたい。

　第4に、もっとも興味深い点として、経営者たちのキャリア形成に占める内部昇進者の比重の大きさである。履歴が判明する119名のうち、じつに過半を超える66名が表4-1でいう「内部昇進者」であった。外国企業の在籍者もしくはかつて在籍したことのある経営者の数も、27名（うち14名は外国企業の経営者）と多い。一方、創業者・所有主家族のメンバーに限定してみると、48名中36名が同一企業内もしくはグループ内企業で一定期間、キャリアを積んだあと経営者に昇進していることが判明した。また、一族が所有する企業に移る前に外国企業で経験を積んでいる事例も7名を数えた。

　以上の結果をみると、「新世代の経営支配人」の特徴としては、高学歴であること、海外留学組が多いこと、内部昇進組が結構多いこと、それ以外にもキャリア形成には幅広いパターンがみられることを挙げることができるだろう。第1節の論点にひきつけていえば、企業内キャリアを積んだ所有主家族、

内部昇進者，外部リクルート者という三つの類型が，1987年の時点ですでに出揃っていたのである。

2）上場企業の社長/CEO とその属性──2000年調査

次に筆者とネーナパーの上場企業の「トップ経営者」（社長/CEO）に関する調査結果（2000年データ）を紹介しておきたい。表4-3はトップ経営者の詳しい経歴が判明した259社（当時の上場企業の総数は381社）について，家族所有型企業と非家族所有型企業にまず分け，それぞれについて年齢別分布と学歴に関する情報を整理したものである。また，表4-4はトップ経営者の属性を，表4-1の分類に合致させて集計したものである。この2000年調査と先の1987年調査の大きな違いは，前者が上場企業のトップ経営者に限定しているため，タイ国籍の経営者だけではなく，親会社派遣の外国人経営者も含んでいる点である。259社のうち外国企業は57社を数え，うち50社のトップ経営者が親会社派遣の外国人であった。

以下，調査の結果を簡単にまとめておこう。年齢別分布をみると，50歳未満が全体では42％，家族所有型企業の場合には46％を占めた。日本に比べてはるかに平均年齢が若いことが判明する。最終学歴は，1987年調査よりももっと高くなり，大卒以上が占める比率は全体で90％，家族所有型企業でも86％の高さに達した[10]。これは上場した家族所有型企業（ファミリービジネスの傘下企業とほぼ重なる）の中で世代交替が進み，新世代が創業者世代に比べて高い教育を受けているからである。学位取得に占める海外の比重，とりわけアメリカの抜きん出た地位と専攻分野の分布は，1987年調査とそれほど変わらない。なお，就学場所で日本が14名を数え，専攻分野で理工学系の数が増え

---

[10] アメリカのフォーチュン誌掲載上位100社のCEO以上の役職について，1980年（802名）と2001年（1160名）について詳細な調査を行ったカッペリとハモリは，21年間の間にCEOの若年齢化と高学歴化が進んだことを実証した。具体的には，公立学校とエリート校（ハーバード大学，イエール大学，スタンフォード大学など）を合わせた学士以上の学歴保有者は，1980年の46％から2001年の58％に上昇し，修士号の保有者は同期間に40％から44％に上昇したと報告している。しかし，タイのトップ経営者の学歴はこれをはるかに上回っており，タイの「資格社会」としての側面を示唆している（Cappelli and Hamori 2004）。

表 4-3　タイ上場企業 259 社の社長・CEO の性差，年齢，学歴（2000 年調査）

項目	合計	%	家族所有企業	%	非家族所有企業	%
合計	259	100.0	114	44.0	145	56.0
(1) 性差分布						
男性	245	94.6	106	93.0	139	95.9
女性	14	5.4	8	7.0	6	4.1
(2) 年齢分布						
40 歳未満	21	8.5	13	11.8	8	5.9
40～44 歳	25	10.2	9	8.2	16	11.7
45～49 歳	57	23.2	29	26.4	28	20.6
50～54 歳	66	26.8	29	26.4	37	27.2
55～59 歳	32	13.0	12	10.9	20	14.7
60 歳以上	45	18.3	18	16.3	27	19.9
小計	246	100.0	110	100.0	136	100.0
不明	13		4		9	
50 歳未満　小計	103	41.9	51	46.4	52	38.2
(3) 最終学歴						
高校卒，それ未満	19	8.6	12	12.4	7	5.6
短大卒	4	1.8	2	2.1	2	1.6
学士卒	84	38.0	34	35.1	50	40.3
修士卒	44	19.9	25	25.8	19	15.3
MBA	54	24.4	16	16.5	38	30.7
博士	16	7.3	8	8.2	8	6.5
小計	221	100.0	97	100.0	124	100.0
不明	38		17		21	
大学以上　小計	198	89.6	83	85.6	115	92.7
(4) 最終学歴の就学場所						
タイ	62	34.2	32	41.0	30	29.1
アメリカ	81	44.8	34	43.6	47	45.6
イギリス	10	5.5	3	3.8	7	6.8
オーストラリア	4	2.2	0	0.0	4	3.9
カナダ	4	2.2	2	2.6	2	1.9
日本	14	7.7	5	6.4	9	8.7
台湾	3	1.7	1	1.3	2	1.9
シンガポール	3	1.7	1	1.3	2	1.9
小計	181	100.0	78	100.0	103	100.0
外国での取得小計	119	65.7	46	59.0	73	70.9
(5) 学位の専攻分野						
経済学部	12	6.6	5	6.7	7	6.6
経営学，商学，金融	80	44.2	25	33.3	55	51.9
会計学部	12	6.6	6	8.0	6	5.7
理工学部	56	30.9	30	40.0	26	24.5
医学部	6	3.3	3	4.0	3	2.8
法学部，政治学部	6	3.3	2	2.7	4	3.8
人文社会学系	9	5.0	4	5.3	5	4.7
小計	181	100.0	75	100.0	106	100.0

注）2000 年現在，上場企業 381 社のうち，トップ経営者の経歴の詳細が判明する 259 社を集計した。
出所）タイ証券取引所に提出された各社「56/1 形式報告書」の付属文書より筆者とネーナパー作成。

第4章 経営者と経営体制　133

表4-4　タイ上場企業259社の社長・CEOのキャリア形成（2000年調査）
(単位：件数，％)

項　目	合　計	％	家族所有型企業	％	その他の所有型企業	％
合　計	259		114		145	
	100.0		44.0		56.0	
(1) 所有に関係のある社長・CEO						
(1A) 創業者一族	86	35.7	51	46.8	35	26.5
(1B) 主要株主派遣者	49	20.3	14	12.8	35	26.5
(1C) 株主関連企業派遣者	20	8.3	5	4.6	15	11.4
(1D) 直接社長就任，区分できず	7	2.9	3	2.7	4	3.0
小　計	162	67.2	73	67.0	89	67.4
％	100.0		45.1		54.9	
(2) 所有に関係のない社長・CEO/内部昇進組						0.0
新卒者，生え抜き組	6	2.5	3	2.8	3	2.3
中途採用者	14	5.8	8	7.3	6	4.5
小　計	20	8.3	11	10.1	9	6.8
％	100.0		55.0		45.0	
(3) 所有に関係のない社長・CEO/外部リクルート組						0.0
金融機関の出身者	2	0.8	1	0.9	1	0.8
政府関係の出身者	14	5.8	5	4.6	9	6.8
他の民間企業の出身者	42	17.4	18	16.5	24	18.2
大学の出身者	1	0.4	1	0.9	0	0.0
小　計	59	24.5	25	22.9	34	25.8
％	100.0		42.4		57.6	
合　計	241	100.0	109	100.0	132	100.0
経歴不明	18		5		13	

注1）2000年現在，上場企業381社のうち，トップ経営者の経歴の詳細が判明する259社を集計した。
　2）その他の所有型企業は，「タイ金融機関所有型」「タイ事業会社所有型」「分散所有型」「外国企業」「国家所有型」の5類型を含む。所有にもとづく企業分類については，末廣・ネーナパー（2002年，327-335）を参照。
出所）タイ証券市場取引所に提出された各社「56/1形式報告書」の付属文書より筆者とネーナパー作成。

ているのは，外国企業の派遣経営者の中に日本人が含まれているためである。

さて，表4-4に目を転じてみよう。トップ経営者はその属性に従って，(1)所有に関係のある経営者（出資企業による派遣経営者を含む），(2)所有に関係のない内部昇進者，(3)所有に関係のない外部リクルート者の三つに分け，上場企業の企業形態は，家族所有型企業と非家族所有型企業の二つに分けた[11]。

まず全体でみると，経歴が判明する241名のうち，(1)が67％，(2)が8％，

(3) が25%であった。注目したいのは，本書が対象とするファミリービジネス，つまり家族所有型企業におけるトップ経営者の属性別分布である。家族所有型企業の中でキャリア形成が判明したトップ経営者は114名中109名である。そのうち，51名（47%）が「創業者・所有主家族」に所属し，そのほか内部昇進者が11名（10%），外部リクルート者が25名（23%）であった。したがって，主要株主や株主関連企業の派遣経営者をいま無視すると，内部昇進者・外部リクルート者36名（33%）が，本章でいう「俸給経営者」の範疇に該当する。これは，タイのファミリービジネスの間でも，経営の専門化——経営者企業化ではない——が始まっていることを示唆する数字である[12]。

3 トップ経営陣の構成（I）——商業銀行とアグロインダストリー

1) ファミリービジネスと経営者

以下では，ファミリービジネスと「トップ経営陣」の構成について，個別企業の事例に即しながら検討していくことにする。最初に筆者がたてた仮説は，「トップ経営陣」の構成において，新しい生産技術や情報・知識を必要とする新興産業（電気通信業など）では外部リクルート組，とりわけスペシャリスト型経営者（specialist-type manager）の比重が高く，農産物加工（アグロインダストリー）や不動産業など伝統的な分野では，創業者・所有主家族と内部昇進組が多いというものであった。したがって，産業構造が高度化し経済のサービス化が進めば，俸給経営者やスペシャリスト型経営者の比重は高くなるであろうという仮説をたてた[13]。

しかし，この仮説は各産業分野を代表する上位3社のファミリービジネス（いずれも上場企業）の役員構成を調べた結果，妥当しないことが判明した。役員構成に占める創業者・所有主家族，内部昇進組，外部リクルート組の3者の

---

[11] ここで家族所有型企業とか非家族所有型企業と呼んでいるのは，序章で紹介した「究極の所有主アプローチ」によって区分している。判別の方法と企業形態のより詳しい分類やその説明は，末廣・ネーナパー（2002年，327-330）を参照。

[12] 本書の第2章（表2-6）で紹介した220グループ・所有主家族の経営形態も参照のこと。

比率は，会社の年齢や業種の違い，あるいは所有支配の強弱（所有主家族に対する機関投資家の株式保有比率）とは相関しないからである。むしろ，企業の戦略なり創業者の方針がより大きな影響を与えているようにみえる。もっともこの点は厳密な統計手続きを施したわけではないので，今後の課題として残されている。そこでここでは，「トップ経営陣」の実態を把握するために，個別企業の一次データをそのまま紹介し検討することにした。本節では，歴史が古い商業銀行とアグロインダストリーをまず取り上げ，次節以下では経済の情報化・サービス化を代表する電気通信業と芸能コンテンツ産業を取り上げる。

2）所有主家族の企業内訓練──バンコク銀行の事例

タイ最大の商業銀行であるバンコク銀行は，事業の拡大にあたって外部のスペシャリストと内部昇進組を積極的に活用してきたことで知られる[14]。しかし，同行の経営トップは，所有主家族が三世代にわたってほぼ独占しており，所有主家族が経営者を家族内部でどのように育成してきたかを示す格好の事例でもある。

さて，所有主であるソーポンパニット家の初代であるチン（陳弼臣，1910-88年）は，バンコク銀行設立時（1944年）の役員の一人ではあるが，創業者たちの主たるメンバーではない。ところが，1952年の理事会で支配人に任命されてから，チンは支配人・社長（52-77年），会長（73-83年），名誉会長（83-88年）を，チンの次男チャートリー（陳有漢，1933年生まれ）が副社長（74-80年），社長（80-94年），会長（94年から現在）を，チャートリーの長男チャートシリ（陳智深，1959年生まれ）が副社長（93-94年），社長/CEO（94年から現在）の地位を，それぞれ継承してきた。ソーポンパニット家の株式保有比率はすでに10％を切っているにもかかわらず，バンコク銀行に同家が大きな影響

---

[13] 実際，ソフトウェアの開発などIT関連産業の分野では，専門知識を有する創業者がベンチャー企業を立ち上げ，家族内の資金や人的資源に依存するのではなく，専門家集団を率いて事業を拡大する事例が多い。この点は，タイを代表する11名のIT産業の「将軍」を詳しく紹介したNattaphong and Dao（2002）に詳しい。

[14] バンコク銀行の外部リクルート者と内部昇進者の積極的な登用については，末廣（1992年a；1992年b）を参照。

力を行使できるのは、三世代にわたる経営支配権の維持にある。

表4-5は、チン、チャートリーほかチンの子供たち、チャートリーの子供たちの経歴を整理したものである。まず学歴をみると、チンはバンコクの対岸に位置するトンブリーの小学校をでたあと、親戚を頼って中国本土に渡り、親族の店で働きながら卒業した華語中学校が最終学歴であった（葬式本 Chin 1988, 72-74）。一方、2代目のチャートリーは香港のカレッジ（2年制）で会計学を修了し、3代目のチャートシリになると、アメリカのマサチューセッツ工科大学（MIT）で工学部修士を、さらに名門 MIT スローン経営大学院で MBA を取得している（Kan Ngoen Thanakhan ed. 2001, 167）。タイの華人系ファミリービジネスでは、世代交替に伴う学歴の飛躍的上昇は決して珍しいことではない。とはいえ、ソーポンパニット家の絵に描いたような「学歴のエスカレート」は、華人系グループが事業の拡大と継承のために、いかに次世代の教育投資に熱心であったかを物語っている（末廣 2004年, 161-162）。

他方、銀行内でのキャリア形成をみると、チャートリーは、軍事クーデタの難を避けるために香港に亡命した父親チンの指示にしたがって、1959年（26歳）にアジア信託社からバンコク銀行に移籍し、ただちに経理担当部長補佐に就任した[15]。副社長就任（41歳）は入行から15年後、社長就任（47歳）は21年後である。1970年代は、ソーポンパニット家とその関連企業が保有するバンコク銀行の株式は全体の30％近くに達しており（本書の表7-4）、チャートリーの社長任命は当然の選択であった。ただし、20年を超える同行でのキャリアを考えれば、彼の社長昇進の理由は「所有主家族」という側面だけではなく、企業内 OJT で蓄積した経営能力も正当に評価すべきであろう。

これに対して、3代目のチャートシリは、MIT スローン経営大学院で MBA を取得後、米シティバンクで短期間の研修を受け、帰国後ただちにバンコク銀行に入行している。彼が26歳（1986年）の時であった。そして、外国為替部や営業部を経験したあと、34歳（93年）の若さで副社長に就任し、翌94年

---

[15] アジア信託社（亜洲信託有限公司、Asia Trust Co., Ltd. 49年設立）は、チンが創立メンバーのひとりであり、1950年代のバンコクで華僑・華人商人を相手に貿易金融と送金業務に従事していた大手金融会社のひとつである。

第4章　経営者と経営体制　137

表 4-5　バンコク銀行（BBL）とソーポンパニット一族の経歴

番号	名前 家族関係	学　歴	経　歴
(1) 創業者世代			
1	Chin Sophonpanich（陳弼臣），1910年11月10日生まれ，1988年死去。	中国汕頭，中学卒	6歳から17歳まで中国/39年　森興隆有限公司（木材商）の雇われ支配人，同時期，自分の亜洲貿易社設立/47年　Asia Trading Co., Ltd./49年　Asia Trust Co., Ltd. を設立。亜洲信託グループを率いる。44年　バンコク銀行（BBL）のコンプラドールとして役員に就任/52-77年　同行の経営支配人のち社長/58年のクーデタで，64年まで香港に亡命。支配人のまま/73年から83年まで同行の会長を兼任/83-88年　同行の名誉会長。
(2) 第二世代			
2	Chatri　チンの次男（陳有漢），1933年2月28日生まれ	香港会計学校（Kwang Tai High Accountancy College of Hong Kong）会計学。Institute of Bankers, London 銀行学資格取得	6歳のときに中国へ。中国共産党の勝利のあと香港へ移動/52年　帰国。父親チンが所有経営する Asia Trust Co., Ltd. 入社/59年　チンの香港亡命に伴い，BBL 経理担当部長補佐に就任/63年　同行の経理担当部長/68年　同行の商業部門担当部長を兼任/71年　同行社長補佐/74年（41歳）　同行副社長/80年（47歳）-94年11月　同行社長/92年　経営執行委員会業務担当責任者（COO）に就任/94年12月から現在まで同行取締役会長。
3	Charn　チンの三男（陳永徳），1940年1月19日生まれ	シドニー大学電気工学部；シカゴ大学修士，金融	70年（30歳）　Bangkok Nomura Securities Co., Ltd.（BBLグループ内企業）に入社/71年　BBL 経営執行委/73年　BBL ロンドン支店長/76年　BBL ヨーロッパ地区責任者/80年　帰国，BBL 経営執行委/2003年現在，香港ベースで自分の事業を展開。
4	Chote　チンの四男（陳永建），1941年11月1日生まれ	シドニー大学経済学部卒（64年）	65年11月　BBL 入社。秘書部中央課長補佐/67年　BBL 社長補佐/70年　同行ロンドン支店長/73年　同行ヨーロッパ地区責任者，アジア地区担当者/74年　BBL 上級職員担当部長/77年　同行海外部門担当部長/80年（39歳）　同行副社長（海外部門統括責任者）/2003年現在，Wilson Insurance Co., Ltd., Krungthep Sophon PLC の会長（両社ともグループ内企業），Green Spot Thailand Co., Ltd.（ソフトドリンク，グループ内企業）の経営執行委会長。
5	Chai　チンの五男（陳永名），1943年11月21日生まれ	コロラド大学経営学部	68年（25歳）　バンコク保険会社（Bangkok Insurance Co., Ltd., グループ内企業）に一般職員として入社/76年（33歳）　同社社長に就任/78年以降同年　同社の取締役会会長兼 CEO/2003年現在，同社の会長，Bumrungrad Hospital PLC（グループ内企業）会長。
6	Choedchu　チンの六男（陳永立），1946年8月21日生まれ	高校 St. Gabriel's College (Bangkok)；London School of Economics 経済学	69年（23歳）-73年　タイ中央銀行エコノミスト，のち同行海外送金課長/74-75年　Director of Commercial Bank of Hong Kong（長兄ラビンが社長，グループ内企業）/76年（30歳）-99年　Bangkok First Investment Co., Ltd. 取締役会会長兼経営執行委委員長（CEO）/2003年現在，同社の顧問。
(3) 第三世代			
7	Chatsiri　チャートリーの長男（陳智深），1959年5月12日生まれ	マサチューセッツ工科大学（MIT）工学部修士；MBA MIT スローン経営大学院	米シティバンクで研修/86年2月（26歳）に帰国後，直ちに BBL 入行/87年　外国為替部上級ディーラーに就任/88年　外国為替部長補佐/同年　営業部副部長/89年　営業部長/90年　BBL の金融並びに営業担当責任者/92年4月（32歳）　BBL 取締役会役員兼経営執行委員会委員に任命/92年6月　同行社長補佐（Executive Vice President）/93年6月（34歳）　同行副社長/94年12月1日付（35歳）で，父親のあとを継いで同行社長，CEO に就任。
8	Saowitri　チャートリーの長女（陳麗碧），1960年生まれ	チュラーロンコン大学経営大学院（CIBA）	米シティバンクで研修/85年に帰国後，Asia Sermkij Co., Ltd.（グループ内証券会社）/86年　同社の経営執行委，証券業務担当部長/95年　Asia Sermkij の社長/97年　通貨危機で事業破綻。
9	Chali　チャートリーの次男（陳智淦），1961年生まれ	ブラウン大学（米）電気工学；シカゴ大学経営学修士	米 First Boston 社で1年間，研修/87年に帰国後，Asia Warehouse Co., Ltd., Asia Investment Co., Ltd.（グループ内企業）社長/2003年現在，Asia Securities Trading Co., Ltd. 会長，City Reality Co., Ltd.（不動産開発）社長。

注1)　ソーポンパニット家の家系図については，末廣（1992年b）を参照。
　　2)　バンコク銀行グループの中核金融会社であった Asia Sermkij Co., Ltd. は，Dr. Chaiyut Pilan-owart（もと財務省，タンマサート大学講師）が副社長（1986-95年）と社長（1986-95年）を務めていたが，サオウィトリー（チャートリーの長女）の社長就任により，経営執行委員会会長職に退いた。
出所1)　Chin (1988)；2) Matichon ed. (1988, 109-113)；3) The Brooker Group PLC ed. (2003, 601-610)；
　　4)　Kan Ngoen Thanakhan ed. (2001)；末廣（1992年a；1992年b）。

(35歳) に社長に就任した (Kan Ngoen Thanakhan ed. 2001, 167)。入行から社長就任までの期間はわずかに9年間である。父親と比べると「超特急型昇進」であり，入行当初から約束された地位であったともいえる。

　もっとも，だからといってチャートシリを「親の七光り」に依存した経営者と即断することはできない。というのも，彼は1997年のアジア通貨危機後に，同行の経営危機の克服と不良債権処理に手腕を発揮し，同時に大掛かりな機構改革や「ラーマ9世通り店」をモデルとする支店の全面的な改革などを主導したからである (Ibid., 162-163)。そして，これらの功績によって，チャートシリはタイ銀行協会 (TBA) が毎年顕彰する「ベスト・バンカー」(2001年度) に選出され，彼を金融分野におけるプロフェッショナルとして評価する見解がタイでは定着した[16]。

　バンコク銀行には，チャートシリのほか，チンの三男チャーン，四男チョートも入行しており，それぞれ経営執行役員に就任した。この二人の場合には，もっぱらロンドンほかの海外支店で経験を積んだあと，帰国して管理職に就いている。もっとも，チンの死後，チョートと実兄チャートリーの間には個人的な確執が生じ，チョートはのちにバンコク銀行を離れて，一族の別の事業を分担するようになった (末廣 1992年b, 63-64)。

　以上のように，バンコク銀行では所有主家族の成員といえども，一定期間の企業内訓練 (OJT) やジョブ・ローテーションを前提にして「トップ経営陣」への昇進を実施してきた。こうした方法は，特定の家族が所有している他の地場商業銀行 (タイ農民銀行＝現ガシコン銀行，タイ・タヌー銀行，ナコントーン銀行など) にも見られる方法であった。

　しかし，このシステムが合理性と説得性を有するためには，星野がメキシコの事例で紹介したように，競争的で客観的な選抜システムが必要となろう。つまり，創業者・所有主家族の次世代が「トップ経営陣」に任命される場合，そ

---

[16] チャートシリ個人ではないが，彼の率いるバンコク銀行は，2001年度に相次いで他の表彰も受けている。具体的には，Best Company in Asia 2001 (雑誌 *Finance Asia* 主催)，Best Bank in Thailand 2001 (雑誌 *Euro Money* 主催)，Best Bank in Thailand 2001 (雑誌 *Global Finance* 主催)，The Best Bank Retail Bank in Thailand 2001 (雑誌 *Asian Banker Journal* 主催) (Kan Ngoen Thanakhan ed. 2001, 162) である。

の能力や資格を審査する仕組みや，非所有主家族の幹部候補生との開かれた競争を保障する何らかの制度が必要となる（星野2004年，213-217）。しかし，筆者の知る限り，こうした制度はまだタイには存在しない。経営能力がますます問われる現在，今後はファミリービジネスといえども，企業内での選抜・昇進について一定の制度化が要求されてくるものと思われる。

3）ファミリービジネスにおける「三者結合」──TIPCO社の事例

　もうひとつの興味深い事例は，パイナップル製造・輸出でトップの地位を占めるThe Thai Pineapple社（TIPCO社。76年設立，89年上場）の場合である。TIPCO社を所有するサップサーコン家（馬姓，付表1のX169）の事業は，1965年にタイ燃料機構（のちタイ石油公団に再編）の政府代理店として石油製品の販売を手がけたことに始まる。その後，1976年（操業は78年）には果実缶詰の製造・輸出へ，そして79年には石油の誘導品であるアスファルトの製造（Tipco Asphalt PLC：TASCO社）に進出し，TASCO社はそれまでの政府とのつながりもあって，国内で独占的地位を享受した。その後，食品加工や海運サービスに事業を多角化していき，2003年現在の傘下企業数は23社に達している[17]。

　石油製品の販売に基盤を置くサップサーコン家が，まったくノウハウをもたない果実缶詰の分野でなぜ成功をおさめ，タイ最大のパイナップル缶詰製造・輸出企業にまで成長することができたのか。この疑問に対する回答は，TIPCO社の「トップ経営陣」の経歴をまとめた表4-6に，端的に示されている。

　まず，工場レベルでの総務，品質管理，パイナップルの栽培事業，資材購買，さらには工場長といった，工場運営に不可欠のスキル（industry-specific skill）の確保は，TIPCO社がこの分野に参入した当時，タイ第2位のパイナップル工場を経営していた米系多国籍企業ドール社（Dole Thailand Ltd.）か

---

[17] サップサーコン家のTIPCO/TASCOグループの事業発展と家系については，Nawee ed. (1999)に詳しい。最近の事業展開については，The Brooker Group PLC ed. (2001, 459-461；2003, 640-644)を参照。

140 第I部 所有構造と経営体制

表 4-6 The Thai Pineapple (TIPCO社) 23名の役員，経営幹部の学歴と経歴 (1998年)

番号	名前, 家族関係 年齢 (98年現在)	分類 出資 (98年)	地位 (98年) TIPCO社	学 歴	TIPCO社勤続年数 過去の経歴
1	Prasit Supsakorn, 創業者 (70歳)	創業者一族 (18.52%)	会長	高校卒	勤続22年。76年からTIPCO社取締役会会長/51年からTASCO社取締役会会長。
2	Anurat Thiamthan, Ms., 長女 (49歳)	創業者一族 (5.82%)	副会長	KA大学；修士 (米) American Univ.	勤続22年。76年からTIPCO社取締役会副会長，兼経営支配人。
3	Piyarat Supsakorn, Ms, 四女 (43歳)	創業者一族 (5.82%)	役員	MBA (米) Wharton School of Pennsylvania	勤続22年。76年から同社の役員。
4	Wiwat Limsakdathon (42歳)	外部リクルート	取締役社長	オクラホマ州立大学	80-90年 IBM Asia Pacific/90-93年 IBM Thailand/93-96年 Dow Chemical, Siam Cement/96-98年 Siam Media/98年から現地位。
5	Sithilap Supsakorn, 長男 (47歳)	創業者一族 (5.00%)	役員	学士 Babson College	勤続21年。77年から現地位。
6	Ruamsin Supsakorn, Miss., 三女 (46歳)	創業者一族 (5.00%)	役員	MBA (米) American Univ.	
7	Charnchai Leethawon (66歳)	社外重役	独立役員	MBA (米) イリノイ大学	バンコク銀行役員，Asia Credit Ltd.会長。
8	Bunchuai Srisarakham (67歳)	社外重役	独立役員	CU大学政治学部	もと内務省次官補。
9	Panchaloem Suthatham (45歳)	外部リクルート	役員	MBA (米) Bridgeport Univ.	Takenaka Internatonal Co., Ltd., Thailand Iron Works Co., Ltd. 役員。
10	Prawit Jenprasoetsin (49歳)	中途採用	執委, 工場長	修士 TAM大学経営	勤続10年。Dole Thailandから移籍。米多国籍企業，パイナップルの製造輸出大手。
11	Phichan Salakphet (43歳)	中途採用	執委, 経理・財務担当部長	修士 TAM大学会計学	勤続9年。Siam Cement PLCから移籍。
12	Loo Chaowametha, Ms. (44歳)	中途採用	執委, 品質管理担当部長	CU大学工学部	勤続10年。Dole Thailandから移籍。
13	Chonlada Chumak, Ms. (40歳)	内部生え抜き	執委, 缶詰食品製造部長	ラーマカムヘーン大学経済学部	勤続8年。
14	Nam-ooi Phuphatraphong, Ms. (47歳)	中途採用	執委, 総務担当部長	TAM大学文学部	勤続7年。Dole Thailandから移籍。
15	Prayuk Amorarit (47歳)	中途採用	執委, 保守担当技術部長	工業専門学校 (短大2年制)	勤続6年。Dole Thailandから移籍。
16	Det Yoocha (42歳)	中途採用	執委, パイナップル栽培・購買担当原料部長	修士 KA大学	勤続6年。Dole Thailandから移籍。
17	Pharonong Yoocha, Ms. (37歳)	中途採用	執委, 工場経理担当部長	スコータイ放送大学会計学	勤続6年。Dole Thailandから移籍。
18	Chaiwat Kunthithong (37歳)	中途採用	執委, 資材購買担当部長	タイ商業会議所大学産業経営学	勤続7年。Dole Thailandから移籍。
19	Chukiat Khachonkraiphiphat (33歳)	外部リクルート	執委, 技術情報担当部長	シリナカリン大学工学部	勤続5年。Sony Signematic Products (Thailand) から移籍。
20	Somchai Saengthongsakunloet, Miss. (39歳)	外部リクルート	執委, 経理担当部長	修士 シーパトム大学経営学	勤続8年。ワニットタム法律会計事務所から移籍。
21	Rachanee Phanthasilarot, Miss. (40歳)	中途採用	執委, 製品担当部長	チェンマイ大学	勤続10年。Cosa Libermann (Thailand) Ltd. から移籍。
22	Niphon Laiphaphorn (39歳)	中途採用	執委, 果汁製造担当部長	ソンクラー大学農業工学	勤続11年。Siam Agro Industry Co., Ltd. から移籍。パイナップルの製造輸出。
23	Phrit Hanphadungkit (38歳)	中途採用	執委, 製品開発担当	技術工科大学	勤続6年。Dole Thailandから移籍。

注 1) CU大学：チュラーロンコン大学，TAM大学：タンマサート大学，KA大学：カセサート農業大学
　　2) 執委：経営執行委員
出所 1) The Thai Pineapple Public Company (1999) の付属文書「役員一覧表」。
　　2) The Brooker Group PLC ed. (2003, 640-644)。

らの大量の中堅幹部の引き抜きで対応した点が重要である[18]。引き抜きの対象は、別の競争企業であるサイアム・アグロインダストリー社（Siam Agro Industry Co., Ltd.）にも及んでいる。これらの人材は中途採用のあと、一定の期間をへて役員待遇の経営執行委員に昇進させる、いわゆる「中途採用・内部昇進組」であった。表が示すように、TIPCO 社は、ドール社にいたタンマサート大学会計学修士出身の工場長（表の 10 番。地位は移籍後のもの）、チュラーロンコン大学工学部出身の品質管理部長（12 番）、カセサート農業大学修士出身の栽培・原料部長（16 番）といったキーパーソンを次々と引き抜いていき、その結果、ドール社は 1980 年代末から急速にその業績を悪化させていった。

一方、特定の専門知識（specialty）や幅広い経験を要する分野については、取締役社長（4 番。もと IBM 社、ダウケミカル社、サイアムセメント社で経験を積む）、技術情報部長（19 番。もとソニー・シグネマティック社）、経理部長（20 番。もとワニットタム法律会計事務所）にみられるように、有能な人材を中途採用後ただちに部長に任命する、「外部リクルート組」で充当した。これに対して、TIPCO 社の創業者であるプラシット会長の長女アヌラット元経営支配人（副会長。カセサート農業大学卒、アメリカで修士）や、長男シティラープ（役員。アメリカで学士）は、TIPCO 社の創業時から事業に参画し、20 年以上にわたって父親を補佐しており、パイナップル事業と企業経営の双方でスキルを積んできた「企業内訓練型オーナー経営者」であった事実が重要である。

したがって、TIPCO 社の新規分野における成功は、創業者の旺盛な「企業家精神」だけではなく、次の三つのグループ間の有機的かつ機能的な結合によって支えられてきた事実に注目すべきであろう。つまり、(1) 高い学歴と同一企業内でキャリアを積んだ創業者の次世代組、(2) 特定分野の専門知識をもったスペシャリスト型経営者や、経営全般にわたるノウハウをもった専門家

---

[18] 中央銀行の調査によると、1985 年当時、タイには 11 のパイナップル缶詰製造工場が存在し、最大は Thai Pineapple Canning Industry（操業 1967 年、年産 350 万箱、従業員 900 名。三菱商事出資）、以下 Dole Thailand（1971 年、280 万箱、1227 名）、Siam Food（1976 年、220 万箱、2263 名）と続き、TIPCO 社（1978 年、150 万箱、600 名）は第 4 位であった（Bank of Thailand 1987, 105）。

からなる「外部リクルート組」,そして(3)パイナップル・果実缶詰産業に固有のスキルをもつ「中途採用・内部昇進組」という,三つの異なるキャリアと専門性によって支えられてきたという事実である。そこで以下では,こうした「三者結合」が,新興産業でも確認できるのかどうか,検証してみたい。

4 トップ経営陣の構成(II)——電気通信業と三つのパターン

1) 電気通信業の特徴と3大企業グループ

　電気通信業もしくはテレコミュニケーション産業は,現代の世界経済を特徴づける ICT(情報通信技術)の発展やグローバル化の進展を牽引する産業である。同産業の担い手を分析することは,今後のタイ経済を見ていくうえでも,避けることのできない対象であろう。さて,電気通信業の基本的な特徴は,次の3点に整理することができる[19]。

　第1に,電気通信業は,「完全自由化」(2006年)を目標にしているとはいえ,今なお「政府規制」の対象業種であること。つまり,固定電話,衛星通信によるテレビ放送,携帯電話など分野の違いはあっても,最終的には政府が許認可権をもつ事業であった。この分野への民間企業の参入は,1987年以降,タイ政府が導入した B-T-O 方式(民間が設備を Build し,設備の所有権を政府にいったん Transfer したあと,委託された事業を Operation する方式)にもとづくが,民間企業の活動にはさまざまな規制が課されており,その結果,電気通信業を基盤とする企業は,許認可権をもつ政府との「人的コネクション」が重要な意味をもった(Sakkarin 2003)。

　第2に,電気通信業は,技術革新のスピードがきわめて速く,しかもハード,ソフトの技術は欧米・日本の先進国企業が握っていること。そのため,変化する技術を導入しつつ,タイ国内で事業を展開するためには,外国企業との

---

[19] タイ電気通信業の発展については Tara Siam Business Information Ltd. ed. (1993a),同産業における企業グループの系譜と類型化については末廣(1995年),タクシン政権と電気通信業の関係については Pasuk and Baker (2004, Chapter 7) を,それぞれ参照。また,台湾における電気通信業を扱った川上(2004年),パソコン産業を分析した Amsden and Chu (2003) は,創業者の背景を知る上で,興味深い論点を提示している。

緊密な連携が不可欠であった（末廣 1995 年 a ; The Brooker Group PLC ed. 2002）。

第 3 に，電気通信事業は，当該分野に関する専門知識をもった人材の確保を必要不可欠とすること。タイの工業発展を支えてきた輸入代替型産業の場合，極端にいえば，生産技術面は合弁相手の外国企業に任せて，国内販売のみに専念することも可能であったが，電気通信業の場合，専門家集団の存在を抜きに事業の発展を考えることはできない。

そこで本章では，タイの電気通信業を支配している三つのグループを取り上げることにした。(1) ベンチャロングン家（許姓，潮州系）の UCOM グループ（付表 1 の X012），(2) チアラワノン家（謝姓，潮州系）の CP グループ傘下にある TA 社グループ（同 X040），(3) チナワット家（丘姓，客家系）の SHIN グループ（同 X154）がそれである。三つのグループの経営実績については，表 4-7 に整理したとおりである。2003 年現在の総資産の合計額でみると，2000 億バーツを超える SHIN グループが，1000 億バーツ前後の UCOM グループや CP グループ＝TA 社の 2 倍の規模を誇っていることが分かる。また，利益合計額や株式の時価総額でみると，SHIN グループの際立った優位性がより明確になる（Pasuk and Baker 2004, 197-214）[20]。この点を念頭に置きながら，それぞれのグループの「トップ経営陣」の構成をみていこう。

2）政府機関・軍からの役員の招聘——UCOM 社の事例

UCOM（United Communication Industry）グループの事業は，現在の総帥であるブンチャイ・ベンチャロングン（許雯財，1954 年生まれ）の父親スチン（許漢能，1920-81 年）が，弟と共に 1956 年に設立した United Industry Partnership（裕乃徳実業）から始まった。同社は，米モトローラ社の通信機器の販売を手がけ，1961 年には同社のタイにおける一手販売代理店の権利を獲得して，

---

[20] SHIN グループの株式時価総額の急増は，所有主家族であるチナワット家とダーマーポング家の保有株式の時価総額の推移とその順位を示した，本書の付表 3 と 4 からも明らかである。これらの表によると，両家を合わせた保有株式の時価総額は，1998 年から 2004 年に至るまで一貫して 1 位であった。

表 4-7 主要電気通信グループの業績比較（1998-2003 年）

(1) 総資産額の推移

（単位：100万バーツ）

企業名	1998	1999	2000	2002	2003
UCOM グループ	147,496	84,003	86,413	21,222	20,581
CP/TelecomAsia グループ	117,192	104,561	97,185	100,833	94,577
SHIN グループ	71,660	74,634	112,005	200,950	219,607

(2) 総収入の推移

（単位：100万バーツ）

企業名	1998	1999	2000	2002	2003
UCOM グループ	35,825	21,770	30,336	17,509	22,190
CP/TelecomAsia グループ	27,293	18,696	24,119	32,324	34,877
SHIN グループ	33,534	32,660	49,047	95,759	108,397

(3) 税引き後利益の推移

（単位：100万バーツ）

企業名	1998	1999	2000	2002	2003
UCOM グループ	17,461	−4,615	1,106	350	1,186
CP/TelecomAsia グループ	7,699	−10,187	−5,389	−5,653	−5,543
SHIN グループ	2,964	12,417	6,534	17,352	28,956

(4) 株式時価総額の推移

（単位：100万バーツ）

企業名	1998	1999	2000	2002	2003
UCOM グループ	n.a.	n.a.	15,322	5,477	13,040
CP/TelecomAsia グループ	n.a.	n.a.	47,273	24,541	43,155
SHIN グループ	72,628	226,267	155,889	146,108	425,254

注 1) UCOM Group: United Communication Industry PLC（UCOM，電気通信）; Total Access Communication PLC（TAC，携帯電話）。TAC は 2002 年以降，データが欠落。
2) CP Group: TelecomAsia PLC（現 True Corporation PLC, 電気通信，携帯電話）; United Broadcasting Corporation PLC（UBC, ケーブルテレビ）
3) SHIN Group: Shin Corporation PLC（SHIN, 電気通信，持株会社）; Advanced Info Service PLC（ADVANC, 携帯電話）; Shin Satellite PLC（SATTEL, 衛星放送）; ITV Co., Ltd.（ケーブルテレビ）; SC Assets

出所 1) タイ証券取引所（SET）資料，SET Website, "Listed Company: Company Highlight";
2) The Brooker Group ed.（2004）などより筆者作成。

通信関連事業での基盤を築いた。1970 年代に入ると，ホテル事業（Narai Hotel）や冷凍倉庫などにも事業を多角化していき，傘下企業数は 2003 年現在，40 社に達している（The Brooker Group PLC ed. 2003, 48）[21]。

表 4-8 は，UCOM 社がタイ証券取引所（SET）に提出した「56/1 形式報告書」（prospectus）の付属文書から作成したものである。既述の TIPCO 社やこ

第4章 経営者と経営体制 145

表4-8 United Communication Industry (UCOM) PLC のトップ経営陣の学歴と経歴（1999年末）

番号	名前，生年 年齢（99年現在）	1999年 UCOM 地位	学 歴	経 歴
1	Sriphum Suknetr (1932年, 67歳)	会長 外部リクルート	バリ大学法学部卒	72-78年 運輸通信省郵便電信局長/74-75年 運輸副大臣/78-82年 同省次官補佐/88-91年 同省次官/92年から UCOM 社の会長。
2	Khajit Buajitti, 空軍大佐 (1926年, 73歳)	副会長 外部リクルート	修士 トロント大学理学部（カナダ）	もと国家マスコミュニケーション委員会委員、タイ航空運輸会社役員/96年から現在の地位。
3	Manat Leewiraphan (1933年, 66歳)	監査委員会委員長 社外重役	修士 Univ. of California, Berkeley 財政学	もと財務省中央会計局長、財政経済局長、財務省次官補佐/99年から現在の地位。
4	Bunchai Bencharongkun (1954年, 45歳)	副会長 創業者の長男	Northern Illinois Univ. 理工学部（米）	父親スチンが死去した1981年から97年まで UCOM 社取締役社長/98年から現在の地位。
5	Wichai Bencharongkun (1960年, 39歳)	取締役社長、経営執行委員長 創業者の三男	Northeastern Illinois Univ. 経営学部（米）	88年 (28歳) からグループのUTC社役員/90-99年 MMS 社役員/91年から UIC, UEB, TAC 社役員/98年1月から現在の地位。
6	Wanna, Ms. (1952年, 47歳)	役員 創業者一族	学士 Eastbourne College, UK 秘書学	96年から UCOM 社の役員。ブンチャイの夫人。
7	Juthamart, Ms. (1962年, 37歳)	役員 創業者一族	カセサート農業大学文学部（タイ）	97年から UCOM 社の役員。ウィチャイの夫人。
8	Sutchai Thongphiu, 陸軍少佐 (1926年, 73歳)	役員、監査 外部リクルート	陸軍士官学校工学	もと陸軍通信部隊副司令/99年から現在の地位。
9	Wanee Chaowachuwet, Miss. (1930年, 69歳)	役員、監査 外部リクルート	修士 ミシガン大学経営学	もと Bank of America (Bangkok Office) 貸付副部長/93年から現在の地位。
10	Pratheep Jirakiti (1944年, 55歳)	独立役員 社外重役	St. Stephen's College 香港	91年から現在 シーロムビルディング社令局/93年から現在の地位。
11	Wirachai Weerakhasen (1945年, 54歳)	執行役員筆頭 内部生え抜き	Diploma Bangkok Technical College	91年から現在 UIC 社役/92年から現在 UTC, UEB, UCS 役員/96年から現在の地位。
12	Bunthawee Tosuwansut (1954年, 45歳)	執行役員 外部リクルート	タンマサート大学法学部、修士 フロリダ工科大学（米）システム工学	83-89年 財務省国内税局法律官/90-99年 MMS 役員/91年から現在 UIC, UTC, UEB 役員/95-98年 TAC 役員/92年から現在の地位。
13	Weera Jongcharoen, 海軍少将 (1938年, 61歳)	執行役員 外部リクルート	米，フランスの参謀学校	62年 海軍通信部隊/84-86年 海軍政策企画課長/95-96年 海軍通信局長/97年から現在の地位。
14	Prasoet Phuttansri (1942年, 57歳)	執行役員 外部リクルート	修士 Xavier University（フィリピン）	75-77年 バンコク都議員/80-82年 首相府秘書局、国営合板工場執行委/80-81年, 94-99年 グループの UUM 社社長/92年から現在の地位。
15	Sonthiyan Nukaew (1961年, 38歳)	執行役員 外部リクルート	ラームカムヘーン大学法学部（タイ）	86-91年 チャンネル3（テレビ）編集局長/89-97年 週刊雑誌副編集長/89-98年 Media INN 創立者兼社長/2000年2月から現在の地位。
16	Nophadon Thongprasoet (1956年, 43歳)	執行役員 外部リクルート	修士 Tarleton State Univ.（米）	87-93年 Italian-Thai Development PLC 財務担当執行役員/93年から UCOM 社の執行役員。
17	Thianthip Sutthin, Ms. (1946年, 53歳)	執行役員 外部リクルート	修士 バリ 郵便通信事業の資格取得	67-92年 運輸通信省郵便電信局/92年から UCOM 社の役員。
18	Watna Khongman, Miss. (1954年, 45歳)	執行役員 外部リクルート	チュラーロンコン大学商学会計学部（タイ）	76-77年 マヒドン医科大学事務局/77-90年 United Finance Co., Ltd. 社長/91年から UCOM 社の役員。

注）TAC : Total Access Communication Co., Ltd. ; UIC : UCOM International Co., Ltd. ; UCS : Universal Communication Service Co., Ltd. ; UTC : United Tactical Communication Co., Ltd.
出所1）United Communication Industry PLC (2000) の付属文書「添付役員一覧表」。
　　2）The Brooker Group PLC ed. (2003, 43-49).

のあと紹介する上場企業の役員の経歴は，基本的にはこの「56/1 形式報告書」で公開された情報にもとづいている[22]。

さて，UCOM 社の「トップ経営陣」18 名の構成は，表に整理したように，創業者一族が 4 名（副会長，役員 3 名），生え抜き・内部昇進組が 1 名，外部リクルート組が 11 名（会長ほか），社外重役が 2 名（法律にもとづく）であった。他の電気通信企業と比較すると，内部昇進組が極端に少なく，逆に外部リクルート組が半分以上のポストを占めている点が特徴である。しかも，外部リクルート組の経歴をみると，運輸通信省次官（1 番の会長），陸軍通信部隊副局長（8 番の役員），海軍通信局長（13 番の役員兼任執行委員），運輸通信省郵便電信局高官（17 番。同上）といったように，圧倒的に電気通信関連の省庁と国軍の関係者が多いことが判明する。

タイの電気通信事業は，1980 年代後半に B-T-O 方式が導入される前は，運輸通信省（郵便電信局，タイ電話電信公団 TOT，タイ通信公団 CAT）と国軍が独占していた。換言すれば，電気通信に関わる国内の技術や知識はこの二つの機関がもっぱら蓄積していたのである。したがって，創業者一族が必要とする専門家をこの二つの機関に求めたのも当然であった。しかも，UCOM グループが事業の拡大を図ろうとすれば，事業の許認可権をもつ運輸通信省や電気通信問題を検討する国家委員会（軍関係者も多数参加）とのコネクションが不可欠となる。その意味でも，この二つの機関から役員を招聘することは，企業にとって合理的な行動であったといえる。

もっとも，政府や国軍の退官組はすでに高齢者が多く，通常の業務執行はもちろんのこと，戦略や投資の決定に重要な役割を果たしているとは考えにく

---

[21] ベンチャロングン家と UCOM グループの事業発展と一族については，次の文献を参照。Tara Siam Business Information Ltd. ed. (1993b, 246-248)，末廣（1995 年 a），Thanawat (2000a, 208-219)，The Brooker Group PLC ed. (2001, 39-44；2003, 43-49)．

[22] 「56/1 形式報告書」（公開株式会社法の第 56 条第 1 項にもとづく文書）とは，通貨危機後の証券市場改革の中で，情報公開促進の一環として政府が上場企業に提出を強く義務づけた文書を指し，投資計画の詳細のほか，役員の学歴や過去 10 年間に遡る経歴といった個人情報を含む（ただし，タイ語である）。その結果，1999 年以降，上場企業に限れば，トップ経営陣に関する個人情報は格段に入手しやすくなった。詳しくは本書の第 6 章を参照。

い。この点，創業者一族とともに重要な地位を占めているのが「外部リクルート組」である。ただし，彼らの多くは，実際には「中途採用・内部昇進組」の範疇に近かった。というのも，1992年前後にUCOMグループに移籍し，グループ内関連企業で社長職などを務めてきた比較的若い世代で構成されていたからである（11番，14番，17番，18番）。この点を勘案すれば，TIPCO社と同様に，UCOMグループの場合にも「三者結合」のパターンを見いだすことができた。

3) 所有主家族・家臣団・外部リクルート者——CPグループTA社の事例

CPグループは，もともと飼料・ブロイラーやエビ養殖といったアグロインダストリーを基盤に成長を遂げたグループであり，電気通信業に進出するのは，同事業の部分的民営化が開始された1987年以降のことである。したがって，三つのグループの中ではもっとも後発組であった。アジア通貨危機に至るまでのCPグループは，きわめて意欲的に事業の多角化をはかり，1996年当時の傘下企業数は，海外事業も含めると200社を優に超えるほどであった。

ところが，通貨・金融危機によって，CPグループは深刻な債務問題と経営危機に直面し，その過程で同グループは，事業基盤を競争的優位が発揮できる少数のコア分野に絞り込む戦略をとる。そのとき「戦略的コア事業」に位置づけられたのが，アグロインダストリー（中核はCharoen Pokphand Foods PLC：CPF社），電気通信事業（中核はTelecomAsia Corporation PLC：TA社；2004年にTrue Corporation PLCに名称変更），近代的小売業（C. P. Seven-Eleven PLC）の三つであった（本書の図3-5，第6章も参照）。

CPグループの電気通信事業は，2000年当時，(1) 固定電話回線事業（TOTから認可された260万回線のうち159万回線を実施。全体の収入の67%を占める），(2) 携帯電話事業（CPオレンジ社が担当。2000年末の加入者は39万3000件。全収入の16%を占める）。(3) インターネット事業（Asia Infonet社が担当。7万3500人が加入，全体の収入の7%を占める），(4) 有料テレビ事業（UBC社が担当），(5) 通信データサービス事業，の5分野からなる[23]。そして，TA社（1990年設立，93年上場）が (1) の事業運営と共に，グループ傘下企業（33社）

に対する出資と事業の統括も行っていた。したがって，TA社は事業会社であると同時に，電気通信分野の本社機能を兼ねた持株会社でもある。

さて，TA社の「トップ経営陣」19名を整理した表4-9によると，その構成は，創業者一族が5名，中途採用・内部昇進組が2名，外部リクルート組が5名，主要株主派遣者が3名，社外重役が4名であった。創業者一族の中には，CPグループ全体の総帥であるタニン・チアラワノン（謝國民，1939年生まれ）の三男スパチャイ（1967年生まれ）を含む。スパチャイは，1992年にTA社へ入社すると同時に，役員兼上級副社長にいきなり就き，99年3月には，32歳の若さで社長兼CEOに就任した（末廣・ネーナパー 2002年，357-358）。大学での専攻分野やキャリアに関係なく，もっぱら所有支配に由来する「超特急型昇進」の典型的な事例である。一方，「主要株主派遣者」というのは，TA社の事業パートナーであり，技術面でサポートする米ナイネックス社（NYNEX New York Systems：米系多国籍企業であるBell Atlanticの子会社）が派遣する3名の役員を指している（13番，18番，19番）。

TA社の役員構成で目をひくのは，表の中で「古参家臣団」と名づけた中途採用・内部昇進組（10番，14番）と，「新参家臣団」と名づけた外部リクルート組の一部（8番，11番，15番）であろう。CPグループは，チアラワノン家が所有と経営を支配する典型的なファミリービジネスであるが，他方では事業の拡大過程で，家族外から有能な専門家を積極的に登用してきたことでも知られるグループであった（Wichai 1993）。外部からの人的資源のリクルートが戦略的に行われたのは，飼料・肥料輸入などの商業から製造業分野（飼料・ブロイラー）へ初めて進出しようとした1960年代後半と，事業の多角化を本格化させる1970年代後半の2時点に集中している。前者が「古参組」，後者が「新参組」に該当する。

通貨危機後，CPグループが事業再編を行った際，アグロインダストリーの

---

[23] 『週刊タイ経済』2001年6月25日号。2005年3月の最新データでは，固定電話回線の加入者は184万件，CPオレンジ社（True Corp.）の携帯電話事業は392万件である。因みに，携帯電話事業のトップはSHINグループのアドヴァンスト・インフォ社（1535万件）で，UCOMグループのTAC社（811万件）がこれに次いでいる（The Brooker Group PLC ed. 2005b, 55）。

第 4 章 経営者と経営体制　149

表 4-9　CP グループ，TelecomAsia PLC のトップ経営陣の学歴と経歴（1999 年末）

番号	名前, 生年 年齢（99 年現在）	分類	地位（2000 年） TelecomAsia 社	学　歴	経　歴
1	Withaya Wejjajiva （1936 年, 63 歳）	社外重役	監査委員会委員長	修士　ハーバード大学法学，ケンブリッジ大学文学部	もと外務次官。K. Line (Thailand) 会長。
2	Koson Phetsuwan （1939 年, 60 歳）	社外重役	監査委員	PhD. University of London 工学	タイ石油公団社外重役。
3	Chote Phokwanit （1942 年, 57 歳）	社外重役	監査委員	イギリス会計士協会公認会計士	East Asiatic (Thailand); Thai Wah Group Company.
4	Narong Srisaan （1928 年, 71 歳）	社外重役	社外重役	City of London College, UK	元アユタヤー銀行役員。
5	Thanin Chearavanont （1939 年, 60 歳）	創業者一族，グループ総帥	取締役会会長	Commercial School of Hong Kong	57 年から事業に参加/80-88 年 CP グループ会長/89 年から現在 Charoen Pokphand Group Company 会長兼 CEO。
6	Sumet Chearavanont （1934 年, 65 歳）	創業者一族，タニンの兄	取締役会副会長	高校卒	50 年代からグループの事業に参加/93 年から TA 社副会長，Charoen Pokphand Group Company 副会長兼経営執行委副会長。
7	Chaliao Suwannakitti （1928 年, 71 歳）	外部リクルート	取締役会副会長	MBA インディアナ大学経営学（米）	92 年から TA 社副会長。
8	Wirawat Kanchanadun （1938 年, 61 歳）	外部リクルート（新参家臣団）	取締役会副会長，財務担当責任者（CFO）	PhD. イリノイ大学経営学，タンマサート大学商学部	79 年に CP グループに専門家として招聘。元グループ全体の投資計画責任者，Charoen Pokphand Group Company 上級副社長兼役員。
9	Athuk Assawanan （1951 年, 48 歳）	外部リクルート	取締役会副会長，法律委員会委員長	修士　ニューヨーク大学法学	78-99 年　Baker & McKenzie/97 年から TA 社役員就任。
10	Wanlop Wimonwanit （1941 年, 58 歳）	中途採用（古参家臣団）	取締役会副会長		89-99 年　Telecom Holding 社長/99 年から同社会長。現職は 99 年から。
11	Art Taolanon （1937 年, 62 歳）	外部リクルート（新参家臣団）	役員兼経営執行委員会委員長	PhD. Illinois Institute of Technology 産業工学（米）/チュラーロンコン大学産業工学	79 年（42 歳）にグループの投資戦略顧問として招聘/91-92 年農業大臣/92-98 年　Charoen Phokphand Northeastern PLC 執行役員/93-99 年　TA 社社長。
12	Suphachai Chearavanont （1967 年, 32 歳）	創業者一族，タニンの三男	取締役社長 CEO	ボストン大学金融（米）	92 年（25 歳）から TA 社の役員兼上級副社長/99 年 3 月から CEO。
13	Stephen Parker （1946 年, 53 歳）	出資者派遣役員代表	役員	Distingusihed Military Graduate, United States Army	92-95 年　Executive Managing Director of Asia Pacific, NYNEX Network Systems Company/96 年から Managing Director of NYNEX Network Systems Siam Limited, Bell Atlantic Asia Communications Group/96 年から現地位。

150　第Ⅰ部　所有構造と経営体制

番号	名前, 生年 年齢（99年現在）	分類	地位（2000年） TelecomAsia社	学　歴	経　歴
14	Min Thiarawon (1936年, 63歳)	中途採用 （古参 家臣団）	役員	短大 Bangkok Accountancy College 会計学	50年からグループの経理を手伝う/58年に正式に入社/Charoen Pokphand Group Company 上級副社長兼役員。
15	Sunthorn Arunanonchai (1942年, 57歳)	外部リクルート （新参 家臣団）	役員	修士 アルカンザス大学経営学（米）	77年から Bangkok Insurance PLC 役員/84年 Rachaburi Sugar 会長/85年から現在 CP Land 社長/87年から現在 CP Plaza Co., Ltd. 会長。
16	Chatchawan Chearavanont (1962年, 37歳)	創業者一族, スメートの三男	役員	Univ. of Southern California 経営学	87年から現在 Metro Machinery Co., Ltd. 役員/99年 (37歳) から Telecom Holding 会長。
17	Suphakit Chearavanont (1964年, 35歳)	創業者一族, タニンの次男	役員	ニューヨーク大学経営学部	91年から AT&T Network Technology (Thailand) 会長/99年 (35歳) から Telecom Holding 社長。
18	John Doherty (1964年, 35歳)	出資者 派遣役員	役員 副社長	学士 Arts, Stonybrook University（米）	94-97年 Executive Director for marketing & strategy, NYNEX Cable Communications/97-98年 Executive Director of Europe/Americas, Bell Atlantic Interantional Communications/98年8月から現地位。
19	Daniel Petri (1948年, 51歳)	出資者 派遣役員	役員	修士 Long Island Univ. 経営学（米）	88-94年 Vice President & General Manager of NYNEX New York Telephone/95-98年 President of Global Systems Bell Atlantic/98年から現地位。

注 1)　TelecomAsia PLC（TA社）は，1990年設立，1993年12月上場。2004年から，True Corporation PLC.
　　2)　1995年の機構再編後の経営執行委員会は66名。うち「平執行委員」(officer) 57名の内訳は，38名がTA社の「生え抜き組」，16名が「外部リクルート組」，1名がCPグループ本社からの派遣であった。「外部リクルート組」のもとの在籍は，Eutaca (Thailand), Colgate-Palmolive (Thailand), CRC Creation PLC, Siam TV and Communication, QMI-Case (M), Line Services, Thai Oil Company, Cathay Trust Finance, 国家経済社会開発庁, Standard Chartered Bank (financial accountant), Siam Video Co., Ltd., Vinithai Co., Ltd., UTV Cable Network PLC, Petro Asia Co., Ltd., Finance One PLC, ESSO Standard Thailand, Shinawatra Paging Co., Ltd.

出所 1)　TelecomAsia PLC (2000) の付属文書「役員一覧表」; 2)　Wichai (1993).

　中核企業CPF社に役員として送り込んだのが「古参組」（ミン，チンチャイ，タナゴーンなど）であり（本書の表6-10），もうひとつの柱である電気通信業のTA社に，役員として送り込んだのが「新参組」（アート，ウィラワット，スントンなど）である。重要な点は，こうした古参組・新参組に対して，創業者一族がグループ全体の持株会社であるチャルンポーカパン・グループ社（CPG社。非公開株式会社）の株式の一部を，その貢献と勤続年数に応じて配分して

いる事実であろう（末廣・ネーナパー2002年, 359-361）。したがって，彼らは単に契約関係で創業者一族と結ばれた「俸給経営者」だけではなく，所属する企業や創業者への忠誠心を前提とする「家臣団」とも呼べる経営者集団であったといえよう[24]。

なお，表4-9には示していないが，TA社は役員待遇の執行委員以外に，57名の「平執行委員」を任命していた。その経歴を検討すると，生え抜き・内部昇進組が38名，外部リクルート組が16名，CP本社からの派遣が1名，ナイネックス社の社員が2名となり（TelecomAsia PLC 2000, 82-103），「トップ経営陣」の構成と異なって，内部昇進組の比重が格段に高まる。また，外部リクルート組の出身をみると，優良大企業とりわけ外国企業でキャリアを積んできたものが多かった[25]。したがって，日常的な業務執行に責任をもつ経営管理者層に目を転じると，TA社の場合も「三者結合」のパターンが明確になることを指摘しておきたい。

4) スペシャリスト型経営者集団──SHINグループの事例

最後の事例は，タイ最大の電気通信企業であるSHINグループである[26]。同グループの中核に位置し，同時に本社機能を兼ねた持株会社でもあるShin Corporation PLC[27]の株式は，創業時（60%）から2006年1月（49%）に至るまでタクシン首相の一族が所有している（末廣・ネーナパー2002年, 351）。そして，1990年代末までは，同社（当時はSCC社）の経営支配権もタクシンやその夫人ポッチャマーン，あるいは夫人の兄バンナポット・ダーマーポング

---

[24] コッカは，産業発展期のドイツの家族企業の発展を支えてきた重要な要因として，家族・親族内部の忠誠心とは別に，「企業に対する職員の忠誠心と誠実」の存在を，彼らの専門的能力と同じ程度に強調している（コッカ，加来編訳1992年, 179）。
[25] 「外部リクルート組」のもとの在籍は，表4-9の注記を参照。
[26] SHINグループ，チナワット・グループの事業発展については，末廣（1995年a），Phacharaphon（1992），Sorakon（1993），Pasuk and Baker（2004）などを参照。同グループの機構改革については，Wirat（1999）が詳しい。
[27] Shin Corporation PLCの前身は，Shinawatra Computer & Communications PLC（SCC社）であり，1999年にShin *Corporations* PLCに，そして2001年5月から現在の企業名に変更した。

が握っていた (*Krungthep Thurakit*, 14 June 1999)。しかし，1999年12月にSHINグループは大掛かりな機構改革に乗り出し，翌2000年までには，タイのファミリービジネスにはまだ珍しい「所有と経営の完全な分離」体制を構築する（表4-10を参照）。

　タクシンから事業の経営権を委託されたのは，もとタイ通信公団（CAT）のブンクリー・プランシリである。ブンクリーはチュラーロンコン大学工学部の出身者で，イリノイ大学でコンピュータサイエンスを学んだ生粋のエンジニアであった。彼は，1999年12月に新たに設置されたグループ企業CEOの役職に任命された。ブンクリーはSHINグループの組織運営をコンピュータ機能そのものにたとえて構想し，意思決定機構を四つのCPU（中央演算機能），つまり会長（chairman），業務統轄者（controller），監査（audit），人事管理（personnel）の4分野に分けた。

　同時に，ブンクリーはグループ内事業を，(1) 本社統轄事業，(2) 携帯電話事業，(3) 通信衛星事業，(4) メディア・広告事業の四つの事業部制に分割する。その上で，事業部ごとに経営の権限を徹底的に分権化し（The Centerless Organization 構想），事業部の戦略や賃金・人事体系も独立させると同時に，他方では，事業部関連の各種情報の中央集権化を図る「アームリンク型組織」（Arm-link Organization）を提唱した（Phairo 1999, 51-53）。この構想は，最近経営学で注目を集めているビジネス・アーキテクチャー理論，すなわち「企業経営の全体をどのように切り分け，部分をどのように関係づけるか」，事業の分け方と各事業のつなぎ方（インターフェース）を再構築しようとする新しい企業経営理論とも合致する，きわめて野心的な経営戦略だったのである[28]。

　そこで，表4-11に掲げた機構改革後の「トップ経営陣」の特徴を検討してみよう。役員16名の構成は，創業者一族が2名（会長・創業者の義兄と同義理の従姉妹），内部昇進・生え抜き組が4名，外部リクルート組が6名，株主派遣役員が1名（Singapore Telecom社），社外重役が3名である。ここには繰り返し見てきた「三者結合」の典型をみることができる。

---

[28] ビジネス・アーキテクチャー理論については，藤本・武石・青島（2001年）を参照。とくに第2章，第3章，第7章，第8章の論稿が，本章の議論とは直接に関係する。

第4章 経営者と経営体制 153

表4-10 SHIN Corporation PLC の発展と機構改革年表（1983-2001年）

年月	事項
1983年6月	タクシン夫妻が Shinawatra Computer Service & Investment Co., Ltd.（SCSI社）を設立。IBM のミニコンピュータとメインフレームのレンタルと保守が事業目的。
1984月2月	SCSI 社を Shinawatra Computer Co., Ltd.（SC社）に改名。
1985年9月	International Broadcasting Co., Ltd.（IBC社）を設立。ケーブル TV 事業に進出。
1986年4月	Advanced Info Service Co., Ltd.（ADVANC 社，AIS 社）を設立。コンピュータのレンタル事業。90年9月から携帯電話「セルラー」のサービスを開始する。
1987年12月	タクシン警察中将，内務省警察局企画課を退職する（75年から勤める）。
1990年3月	Shinawatra Datacom Co., Ltd. を設立。シンガポール・テレコム社と合弁で，データ通信事業へ進出。
1990年8月	SC 社をタイ証券取引所に上場する。
1991年9月	SC社を，Shinawatra Computer & Communications Co., Ltd.（SCC社）に改名する。
1993年1月	第1次機構改革。タクシンがグループ経営執行委員会会長，妻ポッチャマーンが同副会長に就任。チュートサックをグループ経営総支配人に任命する。グループ事業を，①コンピュータ，②携帯電話，③ケーブル TV・衛星放送の3事業部に改組。
1993年7月	ブンクリーがタイ通信公団（CAT）を辞職。グループ経営総支配人に招聘される。
1993年11月	パイブーンがタイ電話公団（TOT）総裁を辞職。グループ海外事業担当責任者に招聘される。
1993年12月	タイ最初の衛星「タイコム1号」の打ち上げ成功。
1994年3月	タクシン，取締役会会長に就任。パイブーンがグループ経営執行委員会会長に昇進。
1994年10月	タクシン，外務大臣に就任（95年2月まで）。妻ポッチャマーンがグループ取締役会会長に就任。
1995年3月	グループ経営総支配人制を廃止。経営最高責任者（CEO）に変える。ブンクリーはグループ経営副会長として五つの事業を統括する。
1995年6月	ポッチャマーンがグループ取締役会会長を辞任。実弟のバンナポットが後任として就任。
1995年10月	SCC 社を事実上，持株会社に改組。
1997年8月	タクシン，チャワリット政権の副首相に就任する。
1998年5月	独立の監査委員会を新設。3名を任命。委員長はオラーン元サイアム商業銀行社長，委員はタノン・タイ軍人銀行社長，シリン・グルンタイ銀行社長。
1998年7月	タクシン，タイラックタイ党を結成。初代党首に就任。
1998年12月	第2次機構改革。SCC 社を完全持株会社化。同時にグループの「グッド・コーポレート・ガバナンス」（thammarat thi-di）確立のため組織改革を実施。事業別経営責任体制を導入。ブンクリーがグループ CEO に就任。
1998年12月	ブンクリー，イギリスのアレン（Brouze Allen）の「The Cenerless Corporation」をテキストにグループ内企業の分権化計画に着手する。
1999年2月	SCC 社を，SHIN Corporations PLC に改名する。
1999年2月	ADVANC 社の株 1800 万株を Singapore Telecom International Private（STI）に売却。STI の株式保有は 20%へ，チナワット・グループは 55%から 40%へ低下。シンガポール・テレコム社が COO を派遣，同社と戦略的提携を結ぶ。
2001年1月	総選挙でタイラックタイ党が圧勝。タクシンが第 23 代目首相に任命される。
2001年5月	社名を SHIN Corporations PLC から，SHIN Corporation PLC へ再度変更する。

注）機構改革以外の，SHIN（Shinawatra）グループの事業発展については，末廣（1995年a，44-58）を参照。
出所 1）SHIN Corporations PLC, *Annual Report 1998*, SET, 1999； 2）Shin Corporations PLC（2000, 3-8）；
  3）Phairo（1999, 45-61）；
  4）SHIN Corporation PLC のホームページ（http://www.shinawatra.com/cor_profile/cor_milestones.htm）。

表 4-11 SHIN グループのトップ経営陣の学歴と経歴（1999 年末）

番号	名前 年齢（99 年末）	1999 年 Shin Corp. 地位	学 歴	経 歴
1	Bannaphot Damaphong （50 歳）	会長 創業者の義兄	修士 Texas Southern State Univ. 社会学	87-91 年 Shinawatra Computer 社の副社長/91-95 年 SHIN グループ経営執行役員/95 年から Shin Corporation PLC 会長。
2	Phaibun Limpaphayon （58 歳）	役員 外部リクルート	PhD. アイオワ州立大学、電気工学	88-92 年 タイ電話電信公団（TOT）総裁/92-93 年 TAT 顧問/93 年から現在の地位/98 年から Advance Info Service PLC（AIS）会長。
3	Bunkhlee Plangsiri （48 歳）	経営執行委員会長（CEO） 外部リクルート	修士 イリノイ大学コンピュータ科学	もとタイ通信公団（CAT）国際通信局長/93-94 年 SHIN グループ経営執行委員会役員/95-96 年 同グループの経営執行委員長/99 年からグループの CEO。
4	Siriphen Sittasuwan （51 歳）	役員、財務担当上級副社長 内部生え抜き	MBA Wichita State Univ.（カンザス州、米）	91-93 年 SHIN グループ財務担当部長補佐/94-98 年 同グループ役員・財務担当部長/98 年 12 月から現在の地位。
5	Somprasong Bunyachai （44 歳）	執行役員、通信事業担当責任者 外部リクルート	修士 アジア工科大学（AIT、タイ）工学	92 年より IBM Thailand/92 年に SHIN グループの第 4 事業部副部長として移籍/93 年 AIS 社社長/95 年から AIS 社上級社長。
6	Damrong Kasemset （45 歳）	執行役員 外部リクルート	PhD. MIT 電子工学	86-89 年 Microwave Semiconductor（Simens, USA）/89-91 年 GE Aerospace（USA）/91 年から SHIN グループに移籍/93-94 年 IBC Cable TV 社社長/97 年から Shin Talelight Co., Ltd. 会長。
7	Niwat Bunsong （51 歳）	執行役員、広告担当責任者 内部生え抜き	修士 CU 大学コンピュータ科学	93-95 年 Shinawatra Computer and Communications PLC 社長/95 年から現在の地位。
8	Lee Sinkhoi （59 歳）	役員 株主派遣役員	シンガポール国立大学会計学	92-98 年 Singpost Pte. Ltd. 副社長/98 年 Singapore Telecom Interantional 副社長、顧客担当。
9	Paron Issarasena Na Ayudhya （72 歳）	役員 外部リクルート	MIT 電気工学	69-92 年 Siam Cement PLC 役員/85-92 年 同社の社長/92 年から Shin Satellite PLC 役員兼会長。
10	Bussaba Damaphong, Ms. （45 歳）	執行役員 創業者一族	MBA カセサート大学（タイ）	90-91 年 SHIN グループの社長補佐/91-94 年 同グループ財務担当副社長/94-95 年 SC Estate Co., Ltd. 社長/95 年から現在の地位。
11	Somkiat Paroprakan （59 歳）	執行役員 内部生え抜き	修士 オレゴン州立大学電気工学	90-91 年 グループのラジオ・テレビ事業担当部長補佐（役員）/91-92 年 同グループ総務担当部長/94 年から現在の地位。
12	Arak Chonlathanon （50 歳）	執行役員 外部リクルート	CU 大学電子工学	89-90 年 Datacraft（Thailand）Ltd. 経営支配人/91-92 年 SHIN グループ、AIS 社上級副社長/93-98 年 Shinawatra International Co., Ltd. 社長/98 年から現在の地位。
13	Churairat Uhakan （34 歳）	執行役員 内部生え抜き	MBA タンマサート大学	91-96 年 SHIN グループ財務計画担当課長/96-98 年 同グループ財務担当部長補佐/98-99 年 Shin Corporation 投資担当副部長（役員）/99 年から AD Venture 社長、現在の地位。
14	Olarn Chaiprawat （56 歳）	社外重役	PhD. MIT 経済学	92-99 年 サイアム商業銀行社長/2001 年からタクシン政権財務省政策顧問。
15	Thanong Phithaya （52 歳）	社外重役	PhD. ノースウェスト大学経営学	91-2001 年 タイ軍人銀行社長/91 年から Shinawatra Computer and Communications の役員/タクシン政権のもとでタイ資産管理公社（TAMC）の委員長。
16	Sirin Nimmanhaeminda （52 歳）	社外重役	MBA スタンフォード大学経営学	79-91 年 タイ石油公団（PTT）副総裁、財務・経理担当/92-2000 年 グルンタイ銀行社長

注）CU 大学：チュラーロンコン大学, MIT：マサチューセッツ工科大学
出所 1）Shin Corporations PLC（2000）; 2）The Brooker Group PLC ed.（2003, 574-582）.

さらに，外部リクルート組の経歴をより詳しく見ていくと，1993年7月に，創業者タクシン（当時，グループ経営執行委員会会長）がタイ通信公団（CAT）から引き抜いたブンクリー（3番）は新設の「グループ企業CEO」に，同じ年の11月にタイ電話電信公団（TOT）から引き抜いたパイブーン（2番）は「グループ海外事業担当責任者」に，それぞれ就任している。ブンクリーは当時，CATの国際通信局長で次期総裁の声が高かったタイ屈指の情報通信関係の専門家であり，パイブーンは1987年から91年までTOTの総裁を務めた，政府の電気通信事業のトップ官僚であった。つまり，タクシンは政府の電気通信事業を指揮していたトップクラスの2名を，一挙に引き抜いたことになる。

そのほか，外部リクルート組に名前を連ねているのは，IBMタイランド社にいたソムプラソン（5番），ドイツのジーメンス・グループ（USAでの子会社）でキャリアを積んだダムロン（6番），米データクラフト社の電気エンジニアであったアラック（12番）など，技術畑の専門家たちであった。一方，「内部生え抜き組」は，SHINグループの関連企業の社長をローテーションとして経験してきたゼネラリストか，シリペン（4番），チュライラット（13番）のように，財務や投資関係一筋に企業内部でキャリアを積んできたスペシャリスト型経営者で固めている。

表4-8に示したUCOM社のトップ経営陣の構成と比べると，SHINグループのそれはいずれも年齢が一回り若く，かつ専門性がより明確であった。その意味で，同グループの事業運営を担っているのは，スペシャリスト・タイプにより特化した経営者集団であったということができるだろう。このように，企業や企業グループの所有は，依然として特定の家族の手にありながら，所有と経営が完全に分離し，さらにはその経営も専門性を身につけた俸給経営者の集団に委ねられているSHINグループの動きは，タイにおける「経営者企業」の発展可能性を示唆する，興味深い事例を提供している[29]。

5 トップ経営陣の構成（III）──芸能コンテンツ産業

1) 芸能コンテンツ産業の特徴

　1988年から始まる「経済ブーム期」にタイで大きく発展し，さらに通貨危機後に金融・製造業分野が国内不況に陥る中で，ますますその勢力を拡大していったのが，芸能コンテンツ産業である。この産業のなかには，娯楽施設，レストラン，百貨店，スーパーなどが一体化した総合ショッピング・センター（コンプレクス）の全国的な展開にともなって急速に伸びていった映画産業（映画の配給と映画館の運営）や，消費社会の高度化に伴って発展を続けるテレビ産業（番組制作，広告宣伝など），音楽・アニメ関連産業（CD/DVDの制作）などが含まれる[30]。

　芸能コンテンツ産業の大きな特徴は，この産業に固有のノウハウや知識が存在する点にある。また同産業は，情報通信技術（ICT）やネット社会の発展とも密接に関連しており，この分野に関連する知識や，多様かつ急速に変化する市場へのクイック・レスポンスが，事業成功の鍵となる。タイでは1960年代以降，商業で基盤を築いたグループが製造業に進出し，製造業で大きくなったグループが金融や不動産業に事業を多角化させて「コングロマリット」に成長する事例は珍しいことではない（本書の第5章）。しかし，既存の大規模ファミリービジネスが，芸能コンテンツ産業に参入する事例はないし，逆に同分野で成功をおさめたグループが，非関連業種へ事業を多角化することもほとんどなかった。芸能コンテンツ産業は，事業の運営面で「専門性」（specialty）の比重が高く，それがゆえにベンチャー型企業が生まれやすい環境をそなえている（Nattaphong and Dao 2002）。

---

[29] 2006年1月に，タクシンは一族が保有しているSHIN Corporation PLCの株式14億8000万株すべてを，それまで事業面で協力関係にあったシンガポール政府系の投資会社テマセク・ホールディング社に，合計730億バーツ（2200億円）で売却した。その結果，SHINグループはもはやファミリービジネスではなく，外国企業を筆頭株主とする「経営者企業」に姿を変えている（『週刊タイ経済』2006年1月30日号）。

[30] 芸能コンテンツ産業については，経済産業省の「コンテンツ産業国際戦略研究会」報告書（http://www.meti.go.jp/policy/media_contents/）や，ハリウッドの寡占体制を描いた滝山（2000年）が参考になる。

さて表4-12は，1998年から2004年までの主な芸能コンテンツ関連「上場企業」の経営実績を整理したものである。1998年当時は，芸能コンテンツ分野の上場企業は，BEC World社とその子会社であるCVD Entertainment社，そしてGrammy Entertainment社（現GMM Grammy PLC）の2グループ3社であった。それが2004年までには，いくつかの新興グループが新たに参加し，上場企業の数は七つに増えている。興味深いのは，いずれの企業も通貨危機のあとも順調に業績を伸ばし，しかも株主資本に対する収益率（R/E）が30％以上と，きわめて高かった事実である。芸能コンテンツ企業が株式市場で人気銘柄となる大きな理由は，同産業の高収益性にある。

もっとも，上記7社の総収入をグループ・企業ごとに集計すると，2004年現在，パイブーン・ダムロンチャイヤタム（黄民輝，付表1のX052）が所有するグラミー・グループ（2社）が82億バーツ，マーリーノン家（徐姓，X106）が所有するBEC Worldグループ（2社）が72億バーツで，プーラウォーララック家（辜姓，X139）が率いるメージャー・シネプレックス・グループの28億バーツ，チェートチョーティサック家（岳姓，X041）のRS Promotionグループの23億バーツ，BBTVが所有するメディア・オブ・メディアス（Media of Medias）グループ（X025）の14億バーツを，大きく引き離していた。そこで以下では，この分野を代表するBEC World社とグラミー社の二つを事例に取り上げ，その「トップ経営陣」の特徴を検討することにしたい。

2）所有主家族支配の下での「三者結合」──BEC World社の事例

BEC World社の創業者であるウィチャイ・マーリーノン（徐漢光，潮州系。1919年生まれ）は，第二次大戦前は，故郷であるチャチュンサオ県でミニバス運行の小規模な経営を行っていたが，大戦後バンコクに移り住み，公営宝くじの販売代理業務に転じた。その関係で，当時軍・警察（宝くじビジネスを支配）の有力者に近かったアジア信託銀行の社長ワロップ・ターラワニットグン（馬燦勲，潮州系）と知り合い，以後，彼ともっぱら組んで共同事業を次々と立ち上げていく。そして，1967年にBangkok Entertainment Co., Ltd.（のちBEC World PLC）を共同出資者たちと設立し，翌68年に政府系のタイ・テレビ会

表 4-12 芸能コンテンツ産業上場企業の業績比較 (1998-2004 年)

(1) 総資産額の推移

(単位：100万バーツ)

企業名	1998	2000	2001	2002	2003	2004
BEC World PLC	8,426	8,330	8,103	8,533	6,892	7,565
CVD Entertainment PLC	1,834	1,244	934	851	919	741
GMM Grammy PLC	3,889	4,197	4,120	5,852	5,026	5,907
GMM Media PLC	＊	338	414	2,053	1,855	1,846
Major Cineplex Group PLC	＊	751	1,822	2,774	3,659	6,648
Media of Medias PLC	＊	622	485	433	1,572	1,949
RS Promotion PLC	＊	＊	241	1,354	2,226	2,469

(2) 総収入の推移

(単位：100万バーツ)

企業名	1998	2000	2001	2002	2003	2004
BEC World PLC	3,211	5,039	5,249	5,365	6,086	6,320
CVD Entertainment PLC	1,392	1,410	1,145	1,090	1,164	1,004
GMM Grammy PLC	3,346	3,598	4,117	5,215	5,176	5,802
GMM Media PLC	＊	399	495	992	2,220	2,411
Major Cineplex Group PLC	＊	304	1,256	1,741	2,311	2,808
Media of Medias PLC	＊	222	273	419	1,139	1,431
RS Promotion PLC	＊	＊	572	1,182	1,947	2,342

(3) 税引き後利益の推移

(単位：100万バーツ)

企業名	1998	2000	2001	2002	2003	2004
BEC World PLC	1,307	1,545	1,542	1,668	1,970	1,602
CVD Entertainment PLC	−224	4	−215	−68	94	109
GMM Grammy PLC	238	317	200	664	525	700
GMM Media PLC	＊	154	158	285	386	323
Major Cineplex Group PLC	＊	30	83	315	423	−479
Media of Medias PLC	＊	−398	−139	480	459	345
RS Promotion PLC	＊	＊	20	60	108	−132

(4) 株主資本利益率の推移

(単位：R/E, %)

企業名	1998	2000	2001	2002	2003	2004
BEC World PLC	27.2	30.3	30.9	32.5	41.4	38.5
CVD Entertainment PLC	−14.2	3.4	−23.1	−4.6	20.8	24.2
GMM Grammy PLC	13.8	15.9	14.5	30.9	24.6	32.8
GMM Media PLC	＊	—	76.7	—	35.0	32.5
Major Cineplex Group PLC	＊	—	71.0	41.9	32.1	17.3
Media of Medias PLC	＊	151.5	23.0	1.5	72.1	31.0
RS Promotion PLC	＊	＊	—	—	15.2	−8.2

注 1) ＊該当数字なし。—不明。
2) CVD Entertainment PLC は国内機関投資家 76％、BEC World PLC は同 17.6％保有。
3) GMM Grammy PLC, GMM Media PLC はグラミー・グループの傘下企業。
4) Major Cineplex Group PLC は国内機関投資家 81％、外国人機関投資家 18％保有。プーラウォララック家 (X139) が経営支配。
5) Media of Medias PLC は BBTV (Bangkok Broadcasting & TV Co., Ltd.) Group が 71.5％保有。
6) RS Promotion PLC はチェートチョーティサック家 (X041) が 54％保有、国内機関投資家が 39％保有。

出所) The Brooker Group PLC ed., *Thailand Company Handbook January 2003*, pp. 254-269; do., *Thailand Company Handbook August 2005*, pp. 666-691 より筆者作成。

社（Thai Television Co., Ltd.）から番組放映権のリースを受け，70 年 3 月から「チャンネル 3」で放映を開始した。民間では最初のテレビ放送である。その後は，テレビ放送事業，番組の制作，映画のプロモーション，メディア関連事業に次々と事業を多角化し，1995 年には BEC World 社を，本社機能を兼ねた持株会社に改組している。傘下企業数は 2003 年現在，32 社である（The Brooker Group PLC ed. 2003, 425）。

BEC World グループは，創業者ウィチャイの長男プラサーン，次男プラウィット，三男プラチャー（2001-2006 年のタクシン政権の閣僚），四男プラチュム，さらには長女ラッタナー，次女ニパー，三女アムポンの 7 名が企業の株式保有だけではなく，主要傘下企業 15 社の会長，社長，もしくは執行役員を独占する典型的な閉鎖型ファミリービジネスの形態をとっている[31]。このような排他的な所有と経営の構造は，第 3 章で紹介したリアウパイラット家による TPI グループの「権威主義的ファミリービジネス」と，ほぼ同じ特徴をもつ（前出表 3-6 を参照）。

一方，BEC World 社のトップ経営陣 19 名の構成をみると（表 4-13），創業者一族が 8 名，内部昇進組が 3 名，外部リクルート組が 6 名，社外重役が 2 名であり，ファミリービジネス全般と比較しても，創業者一族の存在が顕著であった。

創業者一族は，CEO，COO，経理・財務担当，テレビ担当，番組制作担当などの要職をほぼ独占し，同時に均等に配分された株式を保有する。創業者一族は，アメリカや国内の有名大学（タンマサート大学）を卒業したあと，直ちに BEC World 社に入社し，例外なく企業内でキャリアを積んできた「企業内訓練型オーナー経営者」たちであった。一方，役員を兼任する執行委員をみると，中心をなすのは外部の主要企業から引き抜いてきた専門家たちである。例えば，財務担当のナリントーン（16 番）は，世界最大の HDD 製造企業である

---

[31] 例えば，長男プラサーンが映画・音楽プロモーションの大手 BEC-TERO Entertainment PLC の会長職に，次男プラウィットがニューメディア分野の Satellite TV Broadcasting Co., Ltd. の会長職に，三男プラチャーがテレビ番組制作の BEC International Distribution Co., Ltd. の会長職に，それぞれ就いていた（BEC World PLC 2001, 11-12）。

表 4-13 BEC World PLC のトップ経営陣の学歴と経歴 (1998 年)

番号	名前，家族関係 生年	分類保有 (%)	BEC 社での 地位 (98 年)	学 歴	経 歴 (2003 年現在を含む)
1	Wichai Maleenont (徐漢光) (1919 年)	創業者	取締役会会長，経営執行委会長 (CEO)	高校卒	67 年 Bangkok Entertainment (BEN) 設立/92 年 BEN 取締役会・経営執行委会長/95 年 BEC 社の取締役会・経営執行委会長 (CEO)。
2	Prasarn Maleenont ウィチャイの長男 (1944 年)	創業者一族 (7.86%)	取締役会，経営執行委副会長，Chief Operating Officer (COO)	学 士 Elmhurst College (米) 経営学	85 年 BEN 社の取締役社長 (のち COO) /90 年 Ariyawatana 社の会長/95 年から現地位/97 年 CVD Entertainment PLC の会長兼 CEO/2003 年現在，同職。
3	Prawit Maleenont ウィチャイの次男 (1946 年)	創業者一族 (11.42%)	執行役員，副社長 テレビ担当	イリノイ大学 (米) 工学部	85 年 BEN 社の取締役社長/92 年 New World Production 会長/94 年 BEC Studio 会長/91 年から現地位/2003 年現在，同職。
4	Pracha Maleenont ウィチャイの三男 (1947 年)	創業者一族 (7.86%)	執行役員，副社長	Elmhurst College (米) 経営学	85 年 BEN 社の取締役副社長/91 年 You & I Corporation 会長/95 年から現地位，BEC Multimedia, BEC International Distribution, Bangkok Satellite 会長/2001 年 タクシン政権の閣僚。
5	Ratana Maleenont, Miss. ウィチャイの長女 (1949 年)	創業者一族 (7.86%)	執行役員 経理・財務担当	TAM 大学経済学部 (タイ)	85 年 BEN 社の役員/91 年 Rungsairojvanit 社会長/95 年から現地位/2003 年現在，経理・財務担当執行役員。
6	Nipha Maleenont, Miss. ウィチャイの次女 (1952 年)	創業者一族 (7.86%)	取締役会役員	TAM 大学商・会計学部 (タイ)	92 年 BEN 社役員/95 年 BEC International Distribution 会長/95 年から現地位。2003 年現在，平役員。
7	Amphon Maleenont, Miss. ウィチャイの三女 (1954 年)	創業者一族 (7.86%)	執行役員 番組製作担当	TAM 大学商・会計学部 (タイ)	80 年 BEN 社役員/90 年 Ariyawatana 社副会長/94 年 Three Media 会長/95 年から現地位。Satellite TV 副会長/2003 年現在，同職。
8	Prachum Maleenont ウィチャイの四男 (1955 年)	創業者一族 (7.86%)	執行役員 広告メディア担当	アサンプション商業大学経営学部 (タイ)	85 年 BEN 社役員/94 年 Ariyawatana 社副会長/95 年 Three Media 会長/95 年から現地位/2003 年現在，同職。
9	Rachanee Niphattakuson (1958 年)	外部リクルート	執行役員 販売マーケティング担当	TAM 大学芸術学部 (タイ)	95 年から BEC 社役員，New World Production 副会長/2003 年現在，販売マーケティング担当役員。
10	Khanai Sriyaphai (1926 年)	外部リクルート	執行役員 メディア担当	TAM 大学/国防学校第 21 期卒	86-94 年 BEN 社のメディア部門顧問/95 年から BEC 社役員/2003 年現在，すでに退職。
11	Worasak Woraphamon, Dr. (1941 年)	外部リクルート	執行役員	マサチューセッツ工科大学 (MIT) 博士号	85-92 年 Country Manager of Pacific Telesis (Thailand) Co., Ltd./Pacific Telesis Engineering Ltd.の CEO/95 年 BEC 社に移籍，執行役員。
12	Pramot Chokesirikunlachai (1962 年)	外部リクルート	執行役員	上智大学経営修士/東京大学国際関係博士 (論関)	91 年 CSC Business Consultant/92 年 You and I Corporation 役員/95 年から経営執行委員/2003 年現在，役員名簿に名前なし。
13	Somrak Narongwichai (1951 年)	内部昇進	執行役員 番組制作担当	文学部 (大学不明)	91-95 年 BEN 社番組制作担当課長/95 年から番組制作担当役員/2003 年現在，番組制作担当副社長。
14	Panithan Tosanaithada (1944 年)	内部昇進	執行役員 広告担当	学士 (大学不明)	80-95 年 BEN 社社長補佐/95 年から BEC 社の広告担当執行役員/2003 年現在，広告担当副社長。

第4章 経営者と経営体制　161

番号	名前，家族関係 生年	分類保有 (%)	BEC社での 地位 (98年)	学　歴	経　歴 (2003年現在を含む)
15	Borisut Buranasamrit (1947年)	内部昇進	執行役員 事業支援担当	TAM大学新聞雑誌学（タイ）	90-95年　BEN社広報課長/95年からBEC社の事業支援部担当/2003年現在，総務担当副社長。
16	Narinthorn Anuk-hrothanaphong, Ms. (1965年)	外部リクルート	執行役員 経理担当	TAM大学金融，マーケティング（タイ）	90-91年　3M (Thailand) Ltd./92-93年　Promt Design Co., Ltd経理部長/94-95年　Sino-Thai Enineering Corp.社長補佐/95年からBEC社経理担当執行役員/2003年現在，同職。
17	Chatchai Thiamthong (1951年)	外部リクルート	執行役員 財務担当	法学部（大学不明）	90-93年　シーゲート社アジア太平洋本部財務担当部長/94-95年　シーゲート（台湾）社の支配人/96年からBEC社の財務担当執行役員/2003年現在，財務担当副社長。
18	Arun Ngamdee (1936年)	社外重役	独立役員	CU大学文学部/ボストン大学広報学修士	もと政府広報局局長/95年からBEC社の社外重役に就任。
19	Prathan Rangsimaphon (1934年)	社外重役	独立役員	TAM大学学士/パンジャブ大学修士	もと国家ラジオ放送運営委員会委員長/95年からBEC社の社外重役に就任。

注) CU大学：チュラーロンコン大学，TAM大学：タンマサート大学
出所 1) BEC World Public Company (1999, 99-103)；2) The Brooker Group PLC ed. (2003, 420-427)；
　　 3) 杖期夫徐漢光率男巴遙，巴訕，巴逸，巴春叩首「謝啓　内室間号如珍馬氏仙逝」（『星暹日報』1979年8月11日号）。

　米シーゲート社（アジア本部）のもと財務担当部長であった。したがって，BEC World 社の場合には，「三者結合」ではなく，基本的には創業者一族が所有と経営を強固に支配し，これを内部昇進組と外部リクルート組，とりわけ後者が創業者一族をサポートしていたことがわかる。したがって，新業態でありながら，「経営者企業」的特徴はほとんどみることができない。

3) 創業者と学縁による同志的結合──グラミー社の事例

　BEC World 社とまったく対照的な経営形態を示すのが，芸能コンテンツ産業のもうひとつの覇者であるグラミー社（Grammy Entertainment PLC。現GMM Grammy PLC）である。創業者であるパイブーン・ダムロンチャイヤタムは，チュラーロンコン大学マスコミ学科を首席で卒業したあと，近代的広告会社の草分けともいえるファーイースト広告社（Far East Advertising Co., Ltd. サハ・グループの傘下企業）に入社し，コピーライターとして活躍した。その後，「リポビタンD」の製造で有名なオーソットサパー・グループ（前出図1-2

を参照）の出資協力を受けて，Premier Marketing Co., Ltd. を設立し，さらに 1983 年には，友人たちと共にテレビ番組の制作会社であるグラミー社を立ち上げて，その初代社長に就任した。

パイブーンは同社の株式の 53％（98 年末現在）を単独で所有するが，彼の家族・親族は，弟のスワットを除いて，経営にはまったく参加していない点が，先の BEC World 社とは大きく異なる点である。パイブーンはその後，音楽，映画，出版，メディア分野に次々と関連会社を設立していき，2003 年現在までに，傘下企業数 40 社を擁するタイ最大の「コンテンツ産業帝国」を築き上げた（The Brooker Group PLC ed. 2003, 210-211）。この芸能分野での事業の垂直的・水平的統合，もしくは彼らの表現を使うならば，「統合された市場戦略にもとづくメディアサービス」（Integrated Marketing Communication Service：IMCS）こそが，グラミー社を他の伝統的な芸能関連企業と区別する，最大の特徴でもある（Phairo 2002, 85）。

もともとタイの芸能産業は，歌手をかかえるプロダクション，歌や音楽をレコーディングする会社，芸能の企画・プロモーションを担当する会社が別個に発展を遂げ，かつ企業形態は小規模の家族経営に頼ってきた点に特徴を有する。この方式を改め，近代的な広告・企画概念や経営方式を取り入れて，統合的な市場戦略を展開したのが，グラミー社のパイブーンであった。具体的には，事業を (1) 音楽制作部門，(2) レコード，カセットテープ，CD などの製造・販売部門，(3) メディア関連部門，(4) 歌手・アーティスト管理部門の四つに分け，これをグラミー社が統括する体制をとったのである（Ibid., 82）。その結果，2001 年度の同社の収入 46 億 400 万バーツの構成比をみると，音楽制作・プロモーション部門（58.3％）を筆頭に，以下，ラジオ番組制作部門（16.7％），テレビ番組制作部門（8.7％），アーティスト管理部門（2.9％），コンサルティング収入（2.5％），雑誌・本販売部門（2.4％），映画・CM 制作部門（2.4％）となっている（Ibid., 84）。そして，各部門にスペシャリストを配置し，各部門が連携するという，先の SHIN グループに近い経営体制をとった。

そこで，グラミー社の「トップ経営陣」に目を転じると，取締役役員 19 名の構成は，創業者一族 2 名，内部昇進組 8 名，外部リクルート組 7 名，社外重

表 4-14 Grammy Entertainment PLC のトップ経営陣の学歴と経歴（1998 年末）

番号	名前 年齢（98年末）	分類 出資(98年末)	地位 （98年末）	学 歴	経 歴（2003年現在を含む）
1	Phibun Damron-gchaitam （1939年5月生まれ，49歳）	創業者 (53.22%)	取締役会長	CU大学マスコミ学科（首席）	75年以前 Fareast Advertising Co., Ltd.のコピーライター/75年 Media Mass Communication Co., Ltd.（雑誌編集刊行）/Premier Marketing Co., Ltd. 共同設立，支配人に就任/83-88年 グラミー社設立。同社の社長/88年から現地位/2003年現在，GMM Grammy 取締役会会長兼社長。
2	Wisit Tantisunthorn （39歳）	外部リクルート	経営執行委会長 (CEO)	CU大学統計学科/MBAウィスコンシン大学（米）	92-98年 American International Assurance Co., Ltd アジア地区投資部門責任者/同 Shinawatra Computer & Communications Co, Ltd 役員/98年から経営執行委会長（CEO）。
3	Kittisak Chuwang-arun （44歳）	内部昇進 (0.28%)	副社長 音楽部門担当	CU大学マスコミ学科	83年から現在 グラミー社副社長，生え抜き組。
4	Bussaba Daoruang （46歳）	内部昇進 (0.28%)	副社長	TAM大学文学部	83年から現在 グラミー社副社長，生え抜き組/2002年10月から，GMM Grammy CEO/Chief Creative Officer に就任。
5	Anchalee Jiwar-angsinee, Miss. （43歳）	外部リクルート	副社長 内部監査担当	CU大学会計学部/Mini MBA タンマサート大学	80-92年 Premier Marketing Co., Ltd 執行委経理担当部長（プレミア・グループ）/93-98年 グラミー社副社長経営部門担当/98年から現地位/2003年現在，同職。
6	Akharadet Rotmetha （44歳）	外部リクルート		TAM大学商・会計学部/MBA Tarleton State University（米）	89-90年 R. B. K. Marketing マーケティング担当部長/90年から MGA Co., Ltd. 社長。
7	Anan Assavabhokhin （49歳）	社外重役		CU大学工学部/修士 イリノイ技術大学産業工学（米）	94年から Land and Houses Public Company 社長，同グループの創業者兼総帥。
8	Banyong Phongphanich （44歳）	社外重役		CU大学経済部/MBA CU大学 SASIN	Phatra Thanakit Finance Public Company 経営執行委会長。
9	Wilai Chantras-mi, Ms. （45歳）	外部リクルート	副社長 経理・財務担当	CU大学会計学部/修士 TAM大学会計学	93-95年 The Nation Publishing PLC 副社長/96-98年 Siam Integrated Cold Steel PLC 副社長（サハウィリヤー・グループ）/98年から現地位/2003年現在，役員名簿に名前なし。
10	Duangchai Loleotwit, Ms. （36歳）	内部昇進	執行役員	CU大学マスコミ学科	90-95年 グラミー社マーケティング第二部門部長/95年から Grammy Television 社長。
11	Saithip Montri-kun Na Ayudhya, Ms. （42歳）	内部昇進	執行役員	CU大学マスコミ学科	91年から A-Time Media Co., Ltd., Radio Concept Co., Ltd. Master Plan Co., Ltd., Grammy Direct Co., Ltd. 各社の社長/2003年現在，執行役員。

番号	名前 年齢 (98年末)	分類 出資(98年末)	地位 (98年末)	学 歴	経 歴 (2003年現在を含む)
12	Nitiphong Honak (38歳)	内部昇進	副社長 音楽制作担当	CU大学都市工学部	85-96年 グラミー社製造・音楽制作部長/97年から現地位/2003年現在, 同職。
13	Wichian Ritphaisan (40歳)	内部昇進	副社長 音楽制作担当	CU大学政治学部	92-96年 グラミー社製造・音楽制作部長/97年から現地位/2003年現在, 同職, Artist Management Co., Ltd. 社長。
14	Suwat Damrongchaitam (31歳)	内部昇進	上級社長補佐 音楽制作担当	アサンプション大学経営学部	94-96年 グラミー社購買部担当/97年 Grammy Big Co., Ltd. 経営支配人/98年から現地位。
15	Thana Lowasut (30歳)	内部昇進	上級社長補佐 音楽制作担当	CU大学会計学部/MBA CU大学経営学修士	93-98年 グラミー社 Executive Producer/98年から現地位。
16	Tongvit Jirasophin (42歳)	内部昇進	上級社長補佐 社会事業担当	TAM大学商・会計学部	86-93年 グラミー社マーケティング担当部長/94-96年 同社長補佐テレビ部門担当/97-98年 Grammy Social Vision Co., Ltd. 社長/98年から現地位。
17	Waravit Kamphu Na Ayudhya (39歳)	外部リクルート	上級社長補佐 事業開発担当	キングモンクト工科大学(ラートグラバン校)コンピュータ科学	91-95年 Future Right Group 社長/95年にグラミー社入社。事業開発担当社長補佐/98年から現地位。
18	Wichitra Sophon, Ms. (43歳)	外部リクルート	副社長 人事・総務担当	CU大学文学部/修士 Western Michigan University マスコミ学	89-94年 Coupers & Librand Associate Co., Ltd. コンサルタント/95-96年 Siam Media & Communications Group 人事担当部長/97年 グラミー社人事・総務担当副社長として入社。
19	Khanungnit Tejavimon, Ms. (40歳)	外部リクルート		CU大学統計学科/修士 アトランタ大学コンピュータ科学	87-94年 IBM (Thailand) Ltd. コンピュータ・センター責任者/94-96年 Citibank Corp. System Administration Manager/96-98年 同行副社長補佐/98年にグラミー社に入社, 現地位。
新規	Churairat Uhaka (33歳)	外部リクルート	副社長 財務・情報技術担当	MBA TAM大学経営学修士	91-98年 Shinawatra Computer (のち Shin Corporation) 財務担当副社長補佐, および副社長/98年12月 同社の執行役員, ポートフォリオ担当(のちグラミー社入社)/2003年現在, GMM Grammy Chief Financial Officer (CFO)。

注1) Grammy Entertainment PLC は1994年に上場。2002年に GMM Grammy PLC に名称変更。
2) CU大学:チューラーロンコン大学, TAM大学:タンマサート大学
3) 2000年7月に, Aphirak Kosayothin (1961年生。もとペプシコーラ社アジア地区マーケティング部長)が社長兼CEOに就任。しかし, アピラックは2002年10月, CPグループの TA Orange 社の CEO に引き抜かれる。2004年1月, バンコク都知事選出馬のため退職。同年8月, バンコク都知事に選出 (*Bangkok Post*, August 31, 2004)。

出所1) Grammy Entertainment PLC (1999) の添付ファイル「役員一覧表」。
2) The Brooker Group PLC ed. (2003, 207-212).
3) "Phaibul Damrongchaitam," *Who's Who in Business and Finance,* Vol. 3, No. 25, November 1996, pp. 53-54.

役2名であった（表4-14）。もっとも，内部昇進組の大半は，じつはパイブーンがグラミー社を立ち上げた際に事業に参画した友人たちであり，それぞれが芸能関係に専門的知識や技術をもつ集団であった。彼らは部門ごとに副社長，もしくは上級社長補佐（senior assistant president）の地位につき，同時に部門ごとに設立されている関連子会社を指揮・監督する立場にもある。

　グラミー社の第2の特徴は，副社長キティサック（3番，パイブーンの大学時代の後輩）をはじめ，役員の大半がパイブーンと同じチュラーロンコン大学出身者であった点である。タイ社会では高校や大学の先輩・後輩関係の絆はきわめて強く，こうした「学縁」にもとづく共同事業は，華人系のファミリービジネスが過去依存してきた，血縁・地縁・業縁の人的ネットワークと並んで，重要な役割を果たしてきた（図序-1に従えば，ネットワーク型企業グループ）。グラミー社は「学縁」というネットワークを最大限に生かした事例といえよう。

　さらに，創業者パイブーンを除くと，1998年末時点で役員の全員が45歳以下の若い世代に属していた点も大きな特徴である。したがって，グラミー社は新興産業における「ベンチャー型企業」という，タイの新しい企業形態も示している。創業後，同族支配企業の形態をとらないで急速にグループ化していったという点では，先に紹介したSHINグループの発展パターンに近い。しかし，企業の「究極の所有主」はあくまで創業者個人であって，SHINグループのように所有主家族ではなかった。仮にパイブーンが何らかの理由で経営から身をひき，かつその保有株式を家族外に売却するようなことがあれば，グラミー社が「経営者企業」に転化する可能性は高い。

おわりに

　以上の考察から，タイのファミリービジネスにおける「トップ経営陣」の，じつに多様な存在形態が明らかになった。とはいえ，企業内でキャリアを積んだ創業者・所有主家族，内部昇進組，外部リクルート組の「三者結合」は，程度の差はあれ，業種に関係なく共通に確認することができる形態であった。このことは，タイのファミリービジネスが，創業者の「企業家精神」や，後継者

の「脱アマチュア経営者化」だけではその事業の維持と拡大が困難となり，家族外の経営者の役割により依拠しつつある事実を示唆している。しかしその一方，タイの大企業が所有と経営の分離を前提とし，俸給経営者に日常的な業務執行だけではなく，戦略的な意思決定さえも任せるという「経営者企業の時代」を迎えるまでには，まだ至っていないことも示しているといえよう。

それでは，タイの大規模ファミリービジネスの経営形態は，森川が戦前日本の大企業のトップ経営者に関する調査をつうじて指摘したように，大企業が企業年齢を重ねるにしたがって，「内部昇進者」の占めるトップ経営者の比重が着実に増加していくと予測できるのであろうか（森川 1980 年，41）。あるいは，チャンドラーたちが指摘したように，近代産業資本主義の発展にともなって，ファミリービジネスから経営者企業に転換していくのであろうか（Chandler 1990）。

本章で紹介した SHIN グループやグラミー社の事例は，確かに経営者企業への移行を示唆している。しかし，その移行は基本的には創業者の企業経営に対する姿勢や戦略に拠るところが大きく，森川やチャンドラーが想定したような企業の年齢や産業構造の高度化にそのまま対応しているわけではない。もし，企業年齢が重要な決定要因であるとするならば，創業がもっとも古いUCOM 社においてこそ内部昇進者の役割が増大すべきであるにもかかわらず，実態はそうではないからである。むしろ，「三者結合」のパターンを決めているのは，企業年齢や業種の違いではなく，創業者や所有主家族が事業を拡大するにあたって依存してきた手段（政治的コネクション，血縁や学縁にもとづく人的ネットワーク）によるところが大きいと考えられる。

一方，外部リクルート組に所属する経営者は，タイ発電公団（EGAT）やタイ通信公団（CAT）などの国営企業，サイアムセメント社のような優良地場企業，米系プライスウォーターハウス社や IBM タイランド社に代表される外国企業が，もっぱら供給してきた。CAT 出身者である SHIN グループのブンクリーや，EGAT を退職したあとバンコクの高架鉄道（BTS）と地下鉄の建設を指揮してきたことで有名なソムバット・ギッチャラクサナなどは，その典型的な事例である[32]。

第4章　経営者と経営体制　167

しかし，彼らの権限は所有主家族の意向を無視できるほど自律的で強いものとはいえない。俸給経営者が業務執行のレベルを超えて経営の意思決定を牛耳るには，所有主家族の経営支配権に対する執着と意欲がいまだあまりに強いし，逆に経営機能に専念する専門家の外部労働市場の発展も，タイではいまだ限られているからである。この問題は「ポスト・ファミリービジネス」として，本書の終章で改めて論じてみたい。

32　ソムバット（土木工学博士，1957年生まれ）は，チュラーロンコン大学土木工学の出身で，7年間，タイ発電公団で上級エンジニアとしての経験を積んだあと，1990年にトゥリウィサウェート家が所有するチョー・ガーンチャーン社（CK社，付表1のX189）に移り，バンコク高架鉄道の建設を指揮したことで名声を馳せた。そして，2004年7月に開通した地下鉄の建設を請け負ったCK社の子会社Bangkok Metro PLC（BMCL）社の経営支配人に任命された。ファミリービジネスの下で「技術者」が果たしたバンコクの交通革命における興味深い事例については，次の新聞の特集記事を参照。"Quiet Diplomacy helped a mild-mannered engineer get the country's first subway system up and running," *Bangkok Post : Business*, August 30, 2004.

第II部

歴史的展開と通貨危機後の再編

第5章

ファミリービジネスの歴史的展開
事業基盤,時代環境,政府の政策

はじめに

　第I部では,ファミリービジネスに関わる問題を,所有と経営,事業の継承,経営的臨界点,経営者と経営体制など,テーマ群ごとに検討してきた。第II部では,最初にファミリービジネスの歴史的な発展過程を取り上げる。次いで,1997年の通貨危機後の二つの主要な制度改革,つまり証券市場改革と金融制度改革に対する彼らの対応過程(経営改革)について検討する。

　本章では,19世紀末から現在に至るタイの資本家グループ(大企業の所有主)の変遷について,俯瞰的に整理しておきたい[1]。そのため,政治と経済の主要な変化に注目して時期区分を行い,それぞれの時期において主導的な地位を占めた資本家グループを確定し,序章の定義(図序-1)にしたがって,特定の家族が排他的に所有する「財閥型ファミリービジネス」と,複数の有力家族が共同で出資し水平的に事業を展開する「ネットワーク型企業グループ」の二種類を検出する。そして,検出した彼らの事業基盤,事業拡大の手段,発展プロセスの特徴を明らかにする。したがって,この章はタイの経済発展を,ファミリービジネスの発展という観点から捉え直した見取り図でもある。

　本章で暫定的に行った時期区分は次のとおりである。

　(1) 19世紀末から1932年立憲革命まで

---

[1] 以下の記述は,Suehiro (1989a) とその後の筆者の追加調査によっている。

(2) 1932年から第2次大戦をはさんで46年まで
(3) 1947年軍事政権の成立から59年の軍事クーデタまで
(4) 1960年工業化政策の本格的な開始から78年まで
(5) 1979年の第2次石油危機から,経済不況をへて構造調整が終わる87年まで
(6) 1988年以降の経済ブームから97年の通貨危機直前まで
(7) 1997年の通貨危機とその後の制度改革から現在まで

このうち (1) (2) は第1節で, (3) (4) は第2節で, (5) (6) (7) は第3節で, それぞれ扱うことにする。そして,「おわりに」でファミリービジネスの2類型に即して,タイでの歴史的発展を整理してみたい。

1 第2次大戦前——血縁的ネットワークと政治的コネクション

1) ライス・ビジネスと海を越える同族ネットワーク

1855年,タイはイギリスと通商条約を締結した。通常,ボウリング条約 (The Bowring Treaty) の名で知られるこの条約は,それまでの国王による貿易独占体制に終止符を打ち,タイを世界経済に結合する契機となった。もともとイギリスがタイに門戸開放を迫った背景には,タイの特産物である胡椒,砂糖をヨーロッパに輸入し,中国市場で伸び悩んでいた綿製品の輸出販路を,タイを含む東南アジアに拡大しようとする意図があった。ところが,蒸気船の普及,電信網の拡大,スエズ運河の開通といったアジアにおける交通革命の進展と,マラヤ半島における植民地産業の発展(天然ゴム栽培と錫採掘)は,当該地域における食糧需要,とりわけコメ需要の急増を引き起こす (Latham 1978)。その結果,タイの貿易は相手先が中国からヨーロッパに広がっただけでなく,コメを必要とする東南アジア地域にも広がり,輸出金額も目ざましい増加を遂げた。

この点を数字で確認すると,輸出額は1850年の560万バーツから70年には1100万バーツへ,さらに1905年には1億700万バーツへと,19世紀末から飛躍的に伸びた。とりわけコメ輸出の伸びは著しく,1870年から1905年の間に

650万バーツから7920万バーツへと12倍に増加し，輸出総額の8割近くを占めるまでになった（Ingram 1971）。この過程で，農村には商品経済が浸透し，コメの栽培・精米・貿易を柱とするライス・エコノミーが成立する。そして，ライス・エコノミーの進展は，コメ輸出とこれに付随する内運・海運業，倉庫業，送金業務，損害保険，つまり，「ライス・ビジネス」の重要性を一挙に高める結果となった（Suehiro 1989a, Chapter 2）。

　ボウリング条約のもうひとつのインパクトは，国内製造業の衰退である。タイが締結した通商条約は不平等条約であり，欧米諸国がタイに押し付けた輸入関税は，植民地インドや半植民地中国よりも低い3％に固定された。そのため，タイは砂糖や織物などの地場産業の崩壊と，その後の国内製造業の未発達を経験する（Chatthip and Suthy 1981；末廣 1991年）。加えて，財政収入も直接税や関税に頼るのではなく，アヘン税や酒税など旧社会の税体系を引き継いだ。事実，1900年の時点でもアヘン，酒，賭博，富くじの徴税請負分の合計は，中央の財政収入の5割以上を占めていた。タイが関税自主権を回復するのは，日本から遅れること20年，1927年のことだった。

　以上のプロセスから容易に推測されるように，19世紀末から1920年代までに富を蓄積していったのは，国王やその側近を別とすれば，コメ輸出の増大に依拠してライス・ビジネスを展開していった貿易商人と，アヘンや賭博の徴税を国王から委託され，そこで蓄積した資金をライス・ビジネスに投入していった徴税請負人（tax farmers）の二つのグループであった。そこで，まず前者の事例からみておこう。

　ライス・ビジネスを最初に掌握したグループは，ボルネオ商会，ボンベイバーマ商会といったヨーロッパ人商人のグループである[2]。ところが，投機的な要素が強い籾の買い付けや，季節的な労働者の確保を必要とする精米業から彼らは次第に撤退し，事業を海運・金融・損害保険や輸入代理業務へと集中さ

---

[2] 当時のヨーロッパ人商会の活動については，Wright (1908)，Suehiro (1989a)，Orawan et al. (2004)，杉山・グローブ編（1999年）を参照。オーラワンたちの最新の本は，現在も活動を続けるバーリージュッカー商会（Berli Jucker Co., Ltd.）とイースト・エイシアティック商会（East Asiatic Co., Ltd. デンマーク）を取り上げている。

せていった。一方，これに代わって，コメの買い付け・精米・輸出に進出し，のちに海運・貿易金融・損害保険へと事業を多角化させていったのは，アジア地域の開港場に拠点を置く，中国人の港市商人たち（ports merchants）であった（濱下 1989 年）。その典型的な事例が，現在もタイで不動産業を営み，140 年の歴史を誇るワンリー家（陳姓，潮州系饒平県出身）である。

ワンリー家の事業は，1865 年頃に創始者である陳慈黌（タンツーフアン）（1841-1920 年）が中国の汕頭（スワトウ）からバンコクに移り，「陳黌利行」（Hang Tan Huang Lee）の商号で中国の絹製品やヨーロッパの工業製品を輸入販売したことから始まった。そして，1900 年代以降は「隆興利」（ロンヘンリー）などの機械制精米所を次々と設立し，コメ輸出に進出する。息子の陳立梅（タンリップブアイ）（1881-1930 年）の時代には，精米や貿易業のほか，保険業や海運業にも事業を拡大し，1930 年代にはのちにみるように，タイでもっとも有力なコメ財閥のひとつに成長した。戦前のワンリー家は，陳立梅が中華総商会の発起人（1910 年）や同総商会の主席，精米業者協会会長などの要職をつとめ，陳立梅の長男である陳守明（タンシュウメン）（1904-45 年）も，中華総商会主席や泰國潮州会館の発起人をつとめるなど，バンコク中国人社会で名望家的地位を占め続けた[3]。

以上ワンリー家の発展の記述は，あくまで陳慈黌を始祖とするタイ側の文献史料にもとづいている。ところが，1998 年 3 月にシンガポールで開かれた「アジア・ビジネス・ネットワーク」の国際会議に筆者が出席した際，香港科学技術大学の蔡志祥氏から，ワンリー家（陳家）が，じつは 300 年以上の族譜（家族の歴史）を汕頭でもつこと，陳慈黌は「起家五家」から数えても 3 代目にあたり，同世代の兄弟や従兄弟が香港，シンガポールなどで事業を幅広く展開していた事実を知った（図 5-1 の家系図を参照）。

より具体的には，1850 年代頃から「起家五家」が分岐して，バンコク（陳黌利行），シンガポール（陳元利行）（タンゲンリー），サイゴン（乾元利行）（キムゲンリー），香港（乾泰隆行）（キムタイロン），汕頭（陳萬利行）（タンブアンリー）でそれぞれ事業を興し，家族・同族内で相互に協力し

---

[3] ワンリー家のタイにおける発展については，Jamnongsri (1995) がもっとも詳細かつ包括的である。許祥安 (1956 年), Tan Siew Meng Wangee (葬式本 1972), Phanni (1986), Suehiro (1989a, 110-122), Thanawat (2001a, 262-277) も参照。

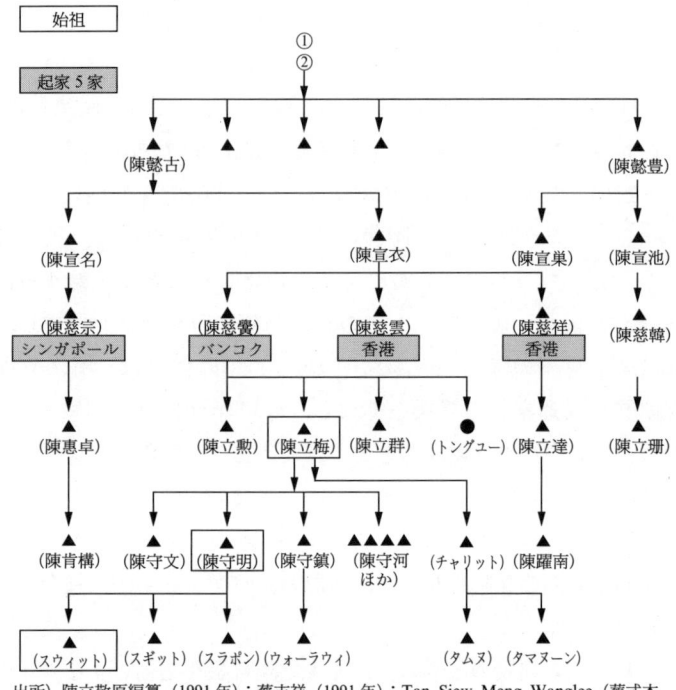

図 5-1　陳家とワンリー家の家系図

出所）陳立敬原編纂（1991 年）；蔡志祥（1991 年）；Tan Siew Meng Wanglee（葬式本 1972）；Veerasak（1996, 198-200）にもとづき筆者作成。

ながら，アジア全域で貿易・金融・海運の事業を拡大していった事実を知ったのである（蔡志祥 1991 年；Choi 1998）。1910 年代以降，陳家の事業の主流はバンコクに拠点を置くワンリー家に移っていったものの，タイにおけるライス・ビジネスを支えていたのは，何よりも海を越えた同族ネットワークであり，陳家の祭祀を司っていたのはバンコクではなく，汕頭にある本家であった。

　同様の事例は，第 1 次大戦前後に，タイ最大の精米・コメ輸出商のひとつに成長した「高元發盛行」（コー・ングアンフアットセン）（Hang Koh Nguan Huat Seng）の発展にもみることができる。筆者のタイ語・華語文献による調査では，同行の発展の経緯は，1890 年代に中国からバンコクへ移住してきた高学修もしくは高暉石（コーフイジャ）（1874-

1932年，ゴーワッタナー家）が，すでにタイで事業を展開していた親族の精米所「高豊利」(コーホンリー)で働いた後，「元發盛」「元章盛」など六つの精米所を次々と設立し，そのうちコメ輸出や中国との貿易にも進出するというものであった（Suehiro 1989a, 83-85）。

ところが，最近の香港側の史料にもとづく研究によると（張映秋 1991年；霍啓昌 1999年），バンコクの「高元發盛行」は，高暉石の父親である高楚香（高媽和(コーマーワ)，1820-82年）の一族が，三代にわたって展開していたアジア地域大の同族事業の一部であったことが判明している。つまり，始祖・高楚香の次男である2代目・高学能（高舜琴，1857-1909年），そして高学能の長男である3代目・高縄芝（高秉貞，1878-1913年）は，香港，汕頭，広州などで貿易，金融，送金業務，電燈事業を幅広く経営しており，バンコクの事業を担当したのが，高楚香の七男・高暉石とその一族であったという。その意味で，アジア地域の開港場を結ぶライス・ビジネスは，当時アジア地域大で展開していたファミリービジネスと重なっていたのである[4]。

2）徴税請負人の事業拡大

血縁的ネットワークではなく，タイ国内の政治的コネクションに依拠してライス・ビジネスに進出していったのが，徴税請負人のグループである。徴税請負人制度（tax farming system）はアユタヤー王朝期にまで遡るが，制度として普及するのはラーマ3世王期（1824-51年）からであった。具体的には，国王が1年から3年ごとに告示を出して，特定の産物や事業の徴税代理の入札を行い，落札したものに対して特定地域における独占的な徴税権を供与する方法である。この方法によれば，国王は一定金額の税収を見込めると同時に，徴税請負人も莫大な利益を確保できる。かくてラーマ3世王期には，賭博，富くじ，胡椒，砂糖など38種類の事業または品目について，さらにラーマ4世王期

---

[4] バンコクのライス・ビジネス，徴税請負，タイ国王の「エージェント」としてのシンガポール総領事，の三つを兼ね，香港ではなくシンガポールを拠点に19世紀後半に事業を展開した陳金鐘（Tan Kim Ching）とその一族の詳しい事例研究については，宮田（2002年）を参照。

(1851-67年)にはアヘンなど42種類について,徴税請負人制度が導入された⁵。この制度は,アヘンや酒の徴税を国家直轄の事業に再編する1910年頃まで続いた。

注目すべきは,徴税請負人の大半が,当初中国との帆船貿易に従事した商人か,タイの華僑・華人社会の責任者に任命された中国人で占められた事実である。加えて,徴税請負人は任命と同時に,官爵,欽賜名,位階田などを与えられ,国王を頂点とするタイのヒエラルキー的社会の一角に位置づけられた点も重要である。徴税請負は蓄財をなす最も確実な事業であり,有資産階級の多くは,王族や有力貴族を別とすると,彼らの中から生まれてきた。しかも,ラーマ5世王期(1868-1910年)には,巨利を生む徴税権とバンコクの中国人社会を統轄する権限は特定の家族のもとに集中し,彼らはその蓄財した資金を精米,貿易,金融などに投じていった。

中国人社会を統轄する官爵・欽賜名(Phraya Choduk-rachasetthi)を引き継ぎ,同時にライス・ビジネスにも進出していった華人系一族は,ソンバットシリ家(陳姓,福建),ピソンブット家(劉姓,福建),ピサーンブット家(李姓,潮州),チョーティカプックカナ家(李姓,福建),チョーティカサティアン家(劉姓,福建),ラオハセーティー家(劉姓,福建)などである⁶。彼らは,ワンリー家などと同様,華僑の末裔であったが,中国本土にもはや拠るべき本家をもたず,もっぱらタイの国王・貴族との政治的なパトロネージ(庇護関係)に依拠して事業を拡大していった。

---

5 徴税請負人制度はイギリスなどヨーロッパでも古くからみられる。タイの徴税請負人制度とその事業展開については,Wilson (1970), Suphaphorn (1979), Suehiro (1989a) を参照。
6 これら徴税請負人の系譜については,各家の葬式本にもとづく筆者の調査(Suehiro 1989a, 72-83)のほか,最近になって,ピサーンブット家の末裔であるピムプラパイが,初めてこの分野について体系的な研究を行い,徴税請負人=バンコク中国人社会の実態を明らかにした(Phimpraphai 2001)。以下の葬式本も,徴税請負人の家系と事業発展の歴史を記録していて有用である。Pherm Laohasetti (葬式本 1963), Phong Jotikabukkana (葬式本 1933), Prachajert Bisalputra (葬式本 1956), Rong Bisolputra (葬式本 1972), Sai Jotikasthira (葬式本 1952).

3) 5大コメ財閥の形成

ところが，1930年代初めに生じた二つの出来事が，こうしたグループに深刻な影響を与える。ひとつが1929年にアメリカで勃発し，30年代初めにアジア地域にも波及していった大恐慌であり，もうひとつが絶対王政を倒壊させた1932年の立憲革命であった。この過程で，先に紹介した「高元發盛行」グループは，1933年に中国本土でもバンコクでも事業が破綻し，国王の政治権力に依拠していた徴税請負人グループも，立憲革命のあとほぼ姿を消した。また，国王や貴族に出資を仰ぎ，香港，シンガポールにおける貿易拠点を結んで事業を展開し，1920年代にはタイからのコメ輸出の3分の1を支配していた李竹漪（リーアーポン家）が率いる「坤盛行」も，舞台から消えていった（Phanni 2002, 123-127）。

そうした中で生き残り，1930年代にライス・ビジネスを掌握していったのが，表5-1に整理した五つの家族である。具体的には，①ワンリー家（陳家）=「黌利行」，②ブラスック家（盧姓，潮州潮安県）=「裕隆行」，③ブーラグン家（馬家，廣肇）=「振盛行」，④イアムスリー家（蟻姓，潮州澄海県）=「光興利行」，⑤ラムサム家（伍姓，客家）=「廣源隆行」の五家である。

以上のうち，ワンリー家は汕頭の本家が1930年代初めに大恐慌の影響で経営困難に陥り，アジア地域大の血縁的ネットワークではなく，むしろタイを拠点とする事業にシフトする。ブラスック家の盧𠎀川は，ワンリー家の精米所の番頭から台頭してきた人物であり，北タイのチーク材の伐採・製材・輸出で蓄財をなしたラムサム家と同様，ワンリー家とは婚姻関係で緊密に結びついていた[7]。ブーラグン家は精米機械の修理・製造で成功をおさめた広東系の技術者である馬棠政を父親にもつ馬立群を中心とし，1920年代に精米・コメ輸

---

[7] 盧𠎀川自身は陳慈黌の次女プックと結婚し，盧𠎀川の弟である盧文保の三女は陳慈黌の孫であり，1930年代のワンリー家の総帥である陳守明に嫁いでいる。また，盧文保の長女は，戦前の精米業者の大物である李介之（リーターウォン家）に，次女は金取引商の6大グループのひとつであったタンタウィロート家に，それぞれ嫁いだ。他方，陳慈黌の長女トーンユーは，ラムサム家の始祖伍蘭三の三男伍毓郎に嫁ぎ，陳慈黌の孫娘サングアンは，伍毓郎の次男チューリンに嫁いでおり，姻戚関係は世代を超えて再生産されていった（Suehiro 1989a, 113）。Tan Siew Meng Wanglee（葬式本 1972），Salee Leedhavon（葬式本 1973），Bancha Lamsam（葬式本 1992）による。

表 5-1 1930 年代の主要ライス・ビジネス・グループ

商号・グループ名	総帥(華語名)	所有主家族(タイ名)	1929 年(トン/日)				1938 年(トン/日)	
			(未稼働含む)		(稼働中のみ)			
			工場数	精米能力	工場数	精米能力	工場数	精米能力
李「坤盛行」	李竹漪	リーアーポン	8	1,080	3	390	—	—
陳「蠹利行」	陳立梅, 陳守明	ワンリー	7	950	5	710	7	1,710
盧「裕隆行」	盧瓞川	ブラスック	4	455	4	455	6	841
馬「振盛行」	馬立群	ブーラグン	2	450	2	450	2	800
蟻「光興利行」	蟻光炎	イアムスリー	—	—	—	—	3	450
伍「廣源隆行」	伍柏林, 伍竹林	ラムサム	—	—	—	—	2	340
小 計 (A)			21	2,935	14	2,005	20	4,141
総 計 (B)			71	6,324	39	3,608	72	9,515
上位グループへの集中 (A)/(B) (%)			29.6	46.4	35.9	55.6	27.8	43.5

出所) Suehiro (1989a, 117) ほかより筆者作成。

出，海運に進出した一族である（泰國廣肇会館編1977年, 24, 28）。

これら五つの「コメ財閥」には共通する特徴がある (Suehiro 1989a, 110-122)。

第1に，彼らの事業基盤は，従来のグループと同様にライス・ビジネスであったが，1920年代末からの政府による金融機関・保険業の育成政策に呼応して，それまでヨーロッパ人商会に支配されていた銀行・保険業にも事業を拡大していったこと，第2に，中華総商会，同郷組織（廣肇会館，客属総会，潮州会館など），同業団体（精米所公会＝火礱公会）などの，タイ国内の華人組織（僑団）の発起人もしくはトップの地位に就任したこと，第3に，タイ国内の政治指導者ではなく，中国本土の事業家グループ（同族ではない）や抗日救国運動組織などと連携を保っていったこと，の3点である。

表5-1に整理した精米事業における市場占拠率をみると，「5大コメ財閥」は，1938年当時バンコクに所在した72の精米所のうち20を所有し，その合計精米能力は全体の44％に達した。もっとも，これら「コメ財閥」は，1939年にピブーン首相が「タイ人のためのタイ経済」を目指す民族主義政策を採用し，国家が統制する「タイ米穀会社」(Thai Rice Company) や「タイ主義商事

会社」(Thai Niyom Phanich Co., Ltd.) を設立すると，それらへの協力を余儀なくされた。例えば，ブーラグン家やワンリー家が所有する精米所はすべてタイ米穀会社の直轄会社に再編され，ラムサム家のチューリン（伍竹林）は，タイ主義商事会社の経営支配人に任命されている（Nambara 1998；Suehiro 1989a, 122-130）。

「5大コメ財閥」で特記すべき点は，彼らが戦争中の政府への「協力」を間にはさみながら，戦後もしぶとく生き残り，本書の付表1に示した220グループ・所有主家族の，しかも有力グループに，例外なく含まれていた点である。例えば，ワンリー家（X206）は商業銀行やタピオカ製品輸出に，ブラスック家（X019）はペプシコーラの販売やマクドナルドの一手代理業務に，ブーラグン家（X024）は精米のほか近代サイロ業・不動産業に[8]，イアムスリー家（X063）は不動産業にそれぞれ進出し[9]，ラムサム家（X087）は後述する「金融コングロマリット」へと発展していった。戦後の代表的なファミリービジネスは，まさにこの「コメ財閥」に端を発していたのである。

4)「タイ商人」とタイ商業会議所

少し時代が前後するが，「5大コメ財閥」とはまったく出自を異にするグループが，第1次大戦期以降に登場した。彼らはほぼ例外なく華人である（姓名はタイ語表記を使用）。ただし，タイにおいて事業を形成した契機が，従来，中華総商会や同郷組織に結集していた華僑・華人のグループと，次の点で異なっていた点に注意する必要がある。

第1に，彼らの何人かは，アジア地域大の中国人の貿易ネットワークではなく，むしろヨーロッパや日本との貿易，とりわけ第1次大戦以降，急速に輸出を伸ばしていた日本との貿易に事業基盤を置いていたこと。第2に，政府が1920年代から開始する損害保険や河川航運の育成政策，あるいは電力事業の

---

[8] ブーラグン家の戦後の事業発展については，Bunkhrong Bulkul（葬式本 1980），Wirat (1986) を参照。
[9] イアムスリー家の事業発展については，Amphorn Iamsuri ed. (1994)，Kamjai Iamsuri（葬式本 1998）が詳しい記録を残している。

民営化政策にともなって会社を設立し，国内市場向けの事業が中心を占めていること。第3に，自分の事業を興す前は，ヨーロッパ人商会のコンプラドールをつとめるなど，英語を得意とすること。第4に，当時，ミッション系学校で，英語による授業と簿記など新しいカリキュラムを設けていたアサンプション学校（Assumption School）に子弟を派遣し（華僑の多くは，中国本土や香港の学校に留学させていた），その父兄会を通じて，出身地の違いを横断するネットワークを創っていたことなどである。

このように，ライス・ビジネス以外の周縁的領域で蓄財をなしたグループは，表5-2に整理したように，1932年12月に「タイ商業会議所」（Siamese Chamber of Commerce, のち Thai Chamber of Commerce）を設立し，その中核メンバーとなった（Ho Kan-kha Thai ed. 1983, 27-29）。例えば，タイ商業会議所の創立メンバーの一人であったプラヤー・ピロムパクディーは，1920年代に河川航運に従事したあと，33年にタイ最初のビール工場を建設した人物である[10]。同じく創立メンバーであったレック・ゴーメートは，弁護士をつとめたあと，日本との貿易に従事するタイ・ワニット社を創設した[11]。

初代役員を務めたシアウ・ケンリアン・シーブンルアン（蕭慶蓮）は，ドイツのウィンザー社（Windsor & Company）のコンプラドールをつとめたあと，政府の港務局の商品検査官になり，その後，ヨーロッパ製のタバコ，楽器を輸入する会社を発起している。あるいは，創立メンバーのチュア・ペンパークグンは，漢方薬に対抗してヨーロッパからの医薬品の輸入・販売で大きくなった。表に掲げたメンバーの何名かは，1920年代の電力事業の民営化の機会を利用して配電事業に共同で投資し，電力を消費する映画館の経営と無声映画の配給，タイ語紙を発行する新聞社の経営（無声映画の内容紹介が，当時の新聞の「売り」であった），映画館に隣接する雑貨店の経営の四つを統合する，ユニークな「映画ビジネス」にも進出している[12]。

---

[10] プラヤー・ピロムパクディー（ブンロート）の詳しい歴史は，彼の葬式本（Bhirom Bhakdi, Phraya 1950）を参照。彼は第1章で紹介したブンロート・グループの創始者である。

[11] レック・ゴーメートの興味深い葬式本，Lek Komet（1962）を参照。

第5章 ファミリービジネスの歴史的展開

表5-2 タイ商業会議所ほかのメンバーと新興グループ（1930年代）

名前（中国姓）	生没年	タイ商業会議所	サヤーム・チナーングン	サーマッキー・チーン・サヤーム	サハ・サーミット	事業内容，主要会社
ブンロート・ピロムパクディ（プラヤー・ピロムパクディ）	1872-1950	創立メンバー，初代主席				河川航行業，ビール製造。Boon Rawd Brewery Co., Ltd.（1933年）
シアオ・ケンリアン・シーブンルアン（蕭慶蓮，福建）	1875-1940	初代役員	会員			Windsor & Co. に入社。経理担当。政府の港務局船舶検査所。タバコと楽器の輸入。The Bangkok Trading Co., Ltd.
レック・ゴーメート（タイ人）	1892-1962	創立メンバー，副主席（33年）		役員（31年）		弁護士，日本製品の輸入，金属製品などの輸入商。Thai Vanich Co., Ltd.; Thai Mai Co., Ltd.
ティアン・チアン［サーティット］・ガンナスート（陳姓）	1893-1971		会長（28-29年），副会長			河川航行業，製氷，電力，映画。Supan Panich Co., Ltd.; Sarasin Co., Ltd.
チャルーム・プングトゥラグン（方姓）	1893-1961			会長（33-35年）	会長（38-52年）	Anglo-Siam Corp. 入社（1923年），同社のコンプラドール（1940-48年）。
チェー・リムパスワン（林姓），Khun Loetdamkarn	1893-?	会員，主席				軍・警察へ雑貨を納品。タオル工場。印刷業，織布業，缶詰業。バンコク市長（1951-53年）。
チュア・ペンパークグン	1896-1985	創立メンバー，渉外（35年）		副会長（30年）	役員（37年）	医薬品の輸入・販売。Ran Khai Yai Penphak（1917年）
エーク・ウィサグン（章翼八）	1897-1983	創立メンバー	副会長（32-33年）	会長（27年）	広報（37年）	タイ語新聞紙『タイ・マイ』の発行編集人，アサンプション校同窓会初代役員
コーシット・ウェーチャチワー（丘姓，客家）	1899-1962				副主席（37年）	East Asiatic Companyのコンプラドール。
ギムライ［レック］・キアンシリ（陳姓，潮州）	不明	初代役員	会長（32-33年）		主席（37年）	一般輸入商。Khiang Seng Store（1916年）; Nakorn Phanich Co., Ltd.
チャウェーング・キアンシリ（陳成瀛，潮州）	1903-1981				役員（37年）	輸入商，保険業。Kim Seng Chan（乾盛桟），Thonburi Insurance Co., Ltd.
チューリン・ラムサム（伍竹林，客家）	1904-1965	主席				保険業，森林伐採，輸入商 1941年以降，政府関連のThai Niyom Panich Co., Ltd. 支配人。
モームチャオ・ニッタヤコーン・ウォラワン（王族）	不明	初代会員				鉄道，河川航行業などに投資。

出所 1）タイ商業会議所：Ho Kan-kha Thai ed. (1983).
2）サヤーム・チーナーグンほか：Chaloem Pungtrakun（葬式本 1962）.
3）Siao Kheng Lian Sriboonruang（葬式本 1941）; Lek Komet（葬式本 1962）; Sathit Karnasuta（葬式本 1971）; Chaloem Pungtrakun（葬式本 1962）; Chua Phenphakkun（葬式本 1985）; Khosit Wejjajiva（葬式本 1964）; Chawaeng Khiangsiri（葬式本 1992年）; Thian Karnasuta（葬式本 1971）.

「タイ商業会議所」に結集したメンバーのもうひとつの特徴は，彼らの多くが，中華総商会や伝統的な慈善団体（天華医院，報徳善堂など）に参加していない，あるいはそこから排除されてきたバンコク在住の華人系タイ人を母胎とし，既存の団体とは別に，独自の「華タイ友好団体」を組織したことである（Ek 1962）。例えば，1920年代から30年代に活動していた「サモーソン・チナーングン」（チナーングン協会），「サーマッキー・チーン・サヤーム」（タイ中国団結協会），「サハ・サーミット」（聯合同盟）などがそれであり，彼らは中国本土の国民党政権を支持していた。

もっとも，表5-2に掲げた一族は，シンガービールを製造販売するピロムパクディー家（X016）や，戦前から一貫して保険業に従事しているキアンシリ家（X074）を別とすると，その大半が第2次大戦を境に姿を消しており，戦後に再建されたタイ商業会議所の役員名簿をみても，その名前を見いだすことはできない。彼らは「コメ財閥」のように事業を継承し，ファミリービジネスに発展することはなかったのである。

2 　工業化政策と資本家グループの諸類型

1) 軍閥と4大グループ——パーリア的企業家

1945年の第2次大戦の終結，47年の軍事クーデタによるピブーン政権の復活とその後の国家主導型の経済ナショナリズム政策の推進，そして49年の社会主義中国の成立は，戦前の資本家地図をすっかり塗り替えてしまう。戦後のコメ輸出の国家管理と経済混乱の中で，五大コメ財閥は事業の縮小を余儀なくされ，中国本土との商業ネットワークに基盤を置いていた華人商人グループも，コメ財閥と同様に事業機会を失った。また，タイ商業会議所に結集し，中国本土の国民党を支持していた新興グループもほぼ姿を消した。

代わりに登場してきたのは，商人・企業を業種別シンジケートに組織し，政府の統制下に置こうとしたピブーン政権や，ピブーン政権のもとで台頭してき

12　このユニークな映画ビジネス＝「パッタナーゴン・グループ」の形成と事業展開，役員重複の実態については，末廣（1991年，54-58）を参照。

た軍・警察の指導者とコネクションをつくったグループである。つまり，政府が規制する金融・保険業，政治的レントが発生しやすいコメ・木材の国内流通，軍や政府がクライアントになった建設請負業に基盤を置くグループがそれであった。こうしたグループを，「タイ官僚政体論」(Thai bureaucratic polity) で有名なリッグス (Fred W. Riggs) は，「パーリア的企業家」(pariah entrepreneurship) と呼んだ[13]。彼らは，いずれも華僑・華人であったが，特定の家族が所有する同族支配企業ではなく，複数の有力者が集まって商業銀行や保険会社などの拠点事業に共同で出資し（パートナーシップ型企業），複数の企業の役員を兼任するネットワーク型企業グループを形成した点が，戦前の「コメ財閥」との大きな違いである。

これらグループは，表5-3に整理したように，(1) 陳弼臣（チン・ソーポンパニット），鄭景雲（テー・ゲンウン・テーチャットアナン），周修武（シウブン・チャンヤーサック）などを中心とする「亜洲信託グループ」（バンコク銀行，バンコク金銀貿易，アジア信託など），(2) 余子亮（ウー・チューリアン），鄭午樓（ウテーン・テーチャパイブーン），鄭亮蔭（キアット・シーフアンフング），蘇君謙（ソー・クンキアム・スラッタナガウィーグン）などを中心とする「泰華グループ」（京華銀行＝BMB，華商保険会社など），(3) 王慕能（ルアン・ブアスワン），洪天涛（ティアン・アングサナン）など東北タイの精米・製材商人を中心に結成された「大城グループ」（アユタヤー銀行，アユタヤー保険会社など），(4) 中華総商会主席の張蘭臣（サハット・マハークン）を中心とする「聯合グループ」（ユニオンバンク・オブ・バンコクほか），の四つからなる。なお，1950年代初めにタイの華僑社会とそのリーダーシップについて，アメリカ政府の依頼で克明な実態調査を行ったスキンナー (William Skinner) は，こうしたグループの存在を「ビジネス・ブロック」と呼んだ (Skinner 1958, 181-186)。

以上のうち，(1) の亜洲信託グループは，潮州系華僑・華人のなかでも潮陽

---

[13] リッグスは，1950年代の軍・高級官僚と中国人企業家の間の互酬的関係を精査し，異邦人 (alien) である中国人は，政治的に無力であるがゆえに，さまざまな政治的庇護をタイ人官僚から「購入し」，逆に官僚は特別の個人所得や政治資金を企業家から引き出す結果になったと結論づけ，これを「パーリア的企業家」と呼んだ (Riggs 1966, 249-254)。

表 5-3 4大企業グループ＝ビジネス・ブロック（1945-58年）

グループ名	亜洲信託グループ Asia Trust Group	泰華グループ Thai-Hua Group	大城グループ Ayudhya Group	聯合グループ Union/Mahaguna Group
構成要素	潮州潮陽県出身の金融業・商業のネットワーク	潮州系の金融・保険、30年代の抗日運動組織	東北タイ精米業者・軍のThaharn Co-operation	張蘭臣・中華総商会主席を中心とするグループ
主要メンバー	陳弼臣（チン・ソーポンパニット），潮州潮陽県	鄭午楼（ウテーン・テーチャパイブーン），潮州潮陽県	王慕能（ルアン・ブアスワン），潮州普寧県	張蘭臣（サハット・マハークン），潮州潮安県
	陳文莉（ブンリー・ソーポンパニット），潮州潮陽県	余子亮（ウー・チューリアン・ウアワッタナサグン），潮州饒平県	王文保（ブン・ブアスワン），潮州普寧県	羅功賢（ロー・ゲンヒアング・ローチットラーノン），潮州普寧県
	鄭景雲（テー・ゲンウン・テーチャットアナン），潮州潮陽県	陳景川（チュアン・タンタナ），潮州饒平県	洪天涛（ティアン・アングサナン），潮州掲陽県	胡文虎（オウ・ブンホ），福建
	周修武（シウブン・チャンヤーサック），潮州潮陽県	蘇君謙（ソー・クンキアム・スラッタナガウィーグン），潮州澄海県	丘細見（キアット・ワッタナウェーキン），客家	
	陳振剛（ガンチョン・タンタットサワット），潮州潮陽県	廖公圃（クン・セータパクディ），潮州澄海県	楊錫坤（クン・クンパリン），廣肇恵來県	
	林伯岐（パーギット・ウィスートティポン），潮州澄海県	鄭開修（テー・カイシウ），潮州澄海県	ピン・チュンハワン（元陸軍司令官）	
	林國長（ガシアン・スパンナーノン），潮州澄海県	鄭亮修（キアット・シーフアンフング），潮州豊順県	パオ・シーヤーノン（警察局長官）	
	馬雪岩（ラクサナブン・アッサワーノン）		シリ・シリヨーティン（警察局副長官）	
主要傘下企業	Asia Trust Co., Ltd.（亜洲信託：海外送金）	Bangkok Metropolitan Bank（京華銀行）	Taharn Co-operation Co., Ltd.（持株会社）	Union Bank of Bangkok（曼谷聯合銀行）
	Asia Trading Co., Ltd.（亜洲聯合：貿易）	Thai Metropole Insurance Co., Ltd.（泰華保険）	Bank of Ayudhya Co., Ltd.（大城銀行）	Bangkok Bank of Commerce（曼谷商業銀行）
	Bangkok Bank Co., Ltd.（盤谷銀行）	Srimuang Insurance Co., Ltd.（華商保険）	Ayudhya Insurance Co., Ltd.（大城保険）	Bangkok-Thonburi Insurance（京呑保険）
	Bangkok Gold Trading Co., Ltd.（曼谷金銀貿易：金取引）	Bara Windsor Co., Ltd.（大地温砂有限公司：輸入業）	Ayudhya Life Insurance Co., Ltd.（大城人壽保険）	Mahaguna Co., Ltd.（源聯泰有限公司：建設請負）

注）主要メンバーの華語名、タイ名、出身地の確認は、筆者のタイでの調査にもとづく。
出所）Suehiro (1989a, 157-172)；Skinner (1958)；泰國中華総商會編（1954年；1961年）より筆者作成。

県出身の商人が集まってできたグループであり，金取引，海外送金業務，貿易金融の面で圧倒的な勢力を誇った。一方，(2)の泰華グループは，同じ潮州系でも饒平県や澄海県の出身者が多く，戦前の抗日救国運動の人的ネットワークに基盤を置く。金融のほか，損害保険が主たる事業である。

これに対して (3) 大城グループと (4) 聯合グループは，1950年代に勢力を伸ばしたピン・チュンハワン元陸軍司令官，パオ・シーヤーノン警察局長官（ピンの娘婿），シリ・シリヨーティン陸軍少将の軍閥（ソーイ・ラーチャクルー派）と結びつくことで，一挙に事業機会を拡大したグループである。前者の「大城グループ」は，東北タイの精米所・コメ商人や木材商人をメンバーに加えた「タハーン・コーポレーション」（ピン元帥を会長とする退役軍人会が創設した持株会社）と連携して，当時のコメ・木材の流通や貿易・保険・建設請負業を支配下に置いた。後者の「聯合グループ」は，1948年から61年まで中華総商会の主席をつとめた張蘭臣を核とするグループである。軍との強力なコネクションを背景に，メーコン・ウィスキーの一手製造・販売，その原料となる砂糖きびの栽培と製糖，建設請負の分野で一大勢力を築いた[14]。

社会主義中国の勢力浸透を極力警戒していた政権が存在する以上，タイの華僑・華人が事業拡大のためにまず腐心したのは，政治指導者との良好な関係であり，次いで中国本土以外の香港，シンガポール，アメリカに在住する華僑・華人とのネットワークの構築であった。その結果，家族・同族の血縁的ネットワークにとどまらず，利用可能な人的コネクションをできるだけ活用し，これをひとつの事業体に結集させる「パートナーシップ型」が支配的なパターンになったと考えられる。

2）金融コングロマリットの形成

ところが，1958年の政変と59年の軍事クーデタを主導したサリット陸軍司令官が政治権力を握ると，60年代以降のタイの経済環境は大きく変わってし

---

[14] 以上のグループの事業拡大や軍との関係については，Skinner (1957), Suehiro (1989a, 157-172), Sungsit (1986) の「官僚資本主義論」，Luan Buasuan（葬式本 1956), Sahat Mahaguna（葬式本 1961）を参照。

まう。軍事政権という政治体制は変わらなかったものの，ピブーン首相は日本に亡命し，1950年代に権勢を誇っていたピン元帥やパオ警察局長官も失脚した。その結果，旧政治権力にもっぱら依存して事業を拡大していた「大城グループ」や「聯合グループ」は急速に没落する。他方，政権の座についたサリット首相は，それまでピブーン首相が推進していた国家主導型の経済運営を改め，民間主導型の経済開発に方針を大きく転換した。そして，この方針転換は，タイに「第1次経済ブーム」とも呼ぶべき経済成長をもたらし，同時に新しいタイプの資本家を生み出す契機ともなった。

そこで，1960年代以降のタイ経済の成長ぶりを簡単にみておきたい。1961年と1979年（最初の本格的な不況の直前）の2時点をとると，製造業の名目付加価値額は，98億バーツから1200億バーツへと12倍の伸びを示し，輸出入金額の合計も同期間，203億バーツから2540億バーツへと12.5倍の伸びを示した。注目すべきは，同じ1961年と79年の間に，地場の商業銀行が，製造業や貿易の伸びをはるかに上回るスピードで活動を拡大していった点である。例えば，預金高合計は58億バーツから1900億バーツへ33倍の伸びを示し，融資残高に至っては，36億バーツから2086億バーツへと58倍の伸びを実現した (Kroekkiat 1990, 62-63, 68-69)。そして，この商業銀行の成長は，従来の「金融グループ」に再編をもたらす。その主な変化は次の三つであった。

第1は，複数の有力華僑・華人が共同で出資・経営していた銀行（先の「ビジネス・ブロック」のコア企業）が，次第に特定の家族の支配下におかれるようになった事実である。例えば，BMB（京華銀行）の場合には，鄭午樓とその一族（テーチャパイブーン家）に，潮州系商人が設立したバンコク銀行は陳弼臣とその一族（ソーポンパニット家）の手にそれぞれわたった（後出表7-4を参照）。アユタヤー銀行は1950年代，軍と王慕能の支配下にあったが，60年代末までに李木川（チュアン・ラッタナラック）とその一族が株式の過半を制した。

このようにして，1970年代初めまでには，タイで「4大家族」(Si Trakun Yai) と呼ばれる金融財閥が成立をみる (Kroekkiat 1982b)。すなわち，(1) バンコク銀行＝ソーポンパニット家 (X159)，(2) 京華銀行 (BMB)＝テーチャパ

イブーン家（X181），(3) アユタヤー銀行＝ラッタナラック家（X146），(4) タイ農民銀行＝ラムサム家（X087），がそれであった。このうち (1) は1950年代の「亜洲信託グループ」から，(2) は「泰華グループ」から，(3) は「大城グループ」から，それぞれ分離独立していき，特定の家族が「究極の所有主」に発展した事例である。(4) のタイ農民銀行は，ラムサム家が中心となって設立した客家系の同郷銀行であったが，同家の出資比率は1945年の22％から70年には58％に上昇し，文字通り「ラムサム家の銀行」に再編された。

　第2は，こうした「4大家族」の銀行が1960年代以降，他行以上のスピードで預金・貸付のシェアを拡大し，経済力集中を高めていった点である。くわえて，テーチャパイブーン家は，京華銀行（BMB）のほかに1970年代初めまでに，アジア銀行（Bank of Asia）と泰國第一銀行（First Bangkok City Bank，86年に破産）の二行を，またラッタナラック家はアユタヤー銀行のほかにサイアムシティ銀行をそれぞれ自己の傘下におさめたから，「4大家族」の寡頭支配はますます強化されるに至った（Dok Bia ed. 1982a)。ちなみに，「4大家族」所有の銀行預金高がタイ全体に占めるシェアは，1961年の37％から79年には62％へと，大きく上昇している（後出表7-3を参照）。

　しかも，彼らの金融支配は商業銀行にとどまっていたわけではない。彼らは，1960年代以降の非商業銀行系金融業の発展のもとで，ファイナンス・カンパニー（預金業務はできない），投資信託，損害保険，生命保険，住宅金融の分野にも積極的に進出し，生命保険を除くほぼすべての分野で上位会社を独占していった。その結果，「4大家族」に王室財産管理局（Crown Property Bureau）が所有するサイアム商業銀行グループを加えた「5大グループ」は，表5-4に整理したように，1980年時点で，金融・保険関連会社256社のうち57社を占め，合計資産総額でみると，タイ全体の4300億バーツのうち2650億バーツ，つまり6割以上を支配する巨大金融グループに成長した。

　第3は，1960年代以降の工業化の進展，そして商業銀行やファイナンス・カンパニーを通じた融資関係を通じて，「4大家族」が積極的に非金融分野（製造業，商業，不動産業）へ進出を図ったことである。例えば，バンコク銀行は飲料，繊維，砂糖，倉庫業へ，京華銀行（BMB）は酒造業，不動産業へ，

表 5-4 5大金融コングロマリットによる金融・保険部門の経済支配（1980年）

(単位：社数，100万バーツ，％)

グループ名 事業分野	指標	バンコク銀行グループ ソーポンパニット家	タイ農民銀行グループ ラムサム家	BMBグループ テーチャパイブーン家	アユタヤー銀行グループ ラッタナラック家	サイアム商業銀行グループ 王室財産管理局	5大グループ小計	タイ全体
商業銀行	企業数	1	2	3	1	1	8	30
	総資産	120,157	41,914	32,379	16,449	19,989	230,888	348,379
	％	34.5	12.0	9.3	4.7	5.7	66.3	100.0
金融会社	企業数	7	3	14	1	3	28	112
	総資産	8,835	6,003	9,665	1,574	3,830	29,907	65,146
	％	13.4	9.2	14.8	2.4	5.9	45.9	100.0
投資信託	企業数	1	1				2	15
	総資産	1,192	280	—	—	—	1,472	2,028
	％	58.8	13.8				72.6	100.0
住宅金融	企業数	2		2		2	6	33
	総資産	736		152		679	1,567	4,103
	％	17.9		3.7		16.5	38.2	100.0
損害保険	企業数	2	3	2	1	3	11	53
	総資産	594	175	153	74	133	1,129	3,578
	％	16.6	4.9	4.3	2.1	3.7	31.6	100.0
生命保険	企業数	1			1		2	13
	総資産	66	—	—	156	—	222	6,459
	％	1.0			2.4		3.4	100.0
合　計	企業数	14	9	21	4	9	57	256
	総資産	131,580	48,372	42,349	18,631	24,631	265,185	429,693
	％	30.6	11.3	9.9	4.2	5.7	61.7	100.0

注) 各グループに所属する金融・保険会社の確認は，Suehiro (1989a, 288-297)，各業種別の社数と総資産額の合計値はバンコク銀行調査部の調査。
出所) Suehiro (1989a, 262).

　アユタヤー銀行はセメント，製粉，テレビ放映，住宅開発へ，タイ農民銀行は食用油，繊維，電機機器などへ，それぞれ進出していった。まさに後発工業国に固有の企業機会の広さと，政府の加速的工業化政策を巧みに利用して，いっきょに事業を拡大していったのである（安岡 1998年，第13章）。その結果，1970年代末までには，彼らは合計で300社を超える傘下企業を擁する「金融コングロマリット」へと発展した。
　こうした動きの背景には，政治的要因，政策的要因，所有主家族の方針，の

三つが存在する。

第1に、1960年代になると対外的には冷戦体制が定着し、対内的には、サリット首相（63年に55歳で病死）のあとを引き継いだタノーム首相とプラパート副首相兼陸軍司令官が、強固な軍事政権を確立した。その結果、華人系商業銀行は、タノームやプラパートを自行の会長や役員に競って招聘して政治的庇護を確保するが（Suehiro 1989a, 263-264）、他方では従来のように、複数の有力家族の間で株式を分割して保有し、政治リスクを分散させる必要性は低下した。

第2に、1961年の商業銀行法の改定は、銀行の新設を原則的に禁止したため、増加する資金需要に対応するためには、既存の銀行の資本金を増加させるか、銀行法の規制の外にあるファイナンス・カンパニーを利用するしか方法がなかった。一方、1978年に株式の分散と大衆化を条件とする「公開株式会社法」が商業銀行に適用されるまでは、増資は公募ではなく、すべて旧株主に出資比率に応じて自動的に割り当てる方法がとられた。そして、旧株主が増資分の引き受けを辞退した場合には、他の株主に新株引き受けの権利が譲渡された。先に紹介した「4大家族」は、1960年代半ばから本格化するこの増資の機会をつかまえて、自分の保有比率を引き上げていったのである。

第3に、1960年代になると「4大家族」の間で、商業銀行を中核に「事業の継承」の意思が明確になったことも重要である。バンコク銀行の場合には、1959年にチン・ソーポンパニットが軍事クーデタ後の混乱を避けるために、一時的に香港に亡命するという事態が生じた。その際、チンは次男のチャートリーをアジア信託社からバンコク銀行に移籍させ、1967年には四男のチョートも同行に入社させている（前出表4-5を参照）。それと同時に、1966年には次男の名前を付した家族投資会社（Chatri Sophon Co., Ltd.）を設立し、個人所有から家族投資会社を通じた所有支配へと切り替えた（前出表3-1を参照）。つまり、「家族所有銀行」に意図的に再編したのである。

3）製造業グループと外国資本

1960年代の民間資本主導による工業化政策が生みだしたもうひとつの華人

系グループが「製造業グループ」である。サリット首相は，(1) 経済開発計画の導入 (1961年)，(2) 民間資本の投資奨励 (1960年，64年，72年，77年に制定・改定)，(3) 外資の優遇 (1960年，外資の100%出資を認可)，(4) 国内産業保護のための輸入税引き上げなど，一連の政策を導入した。この過程で，繊維，自動車組立，鉄鋼二次製品，家電，化学，紙，飼料など，国内市場向け製造業の保護・育成が図られた。そして，これら奨励産業を基盤に新しい資本家グループが，つまり「製造業グループ」が誕生する。その代表は，繊維のスックリー (X018)，サハユニオン (X053)，ホンイヤーセン (X097)，自動車組立のサイアム (X134)，ガモンスコーソン (X166)，鉄鋼二次製品のサハウィリヤー (X202)，GSスチール，家電のシウ (X072)，ターニン (X196)，日用品のサハ (X045)，製紙のバンコクペーパー (X118)，飼料のCPグループ (X040)，レームトーン・サハガーン (X070) などである (表5-5，および付表1を参照)。

こうした製造業グループには共通する特徴がある。

第1に，彼らの事業開始年をみると，22のうち12のグループは戦前に遡ることができる。ただし，ビール製造のピロムパクディ家のブンロート・グループ (既出)，医薬品製造のオーサタヌクロ家のオーソットサパー (德興裕) グループを除くと，残り20のグループがいずれも創業者の世代であった点が重要である。また，彼らの事業が本格的に拡大するのは，戦後になって製造業に進出してからであった。

第2に，進出した製造業の分野をみると，1950年代末から輸出が伸びた砂糖産業を別とすれば，その大半が政府の投資奨励政策による恩典を受けた輸入代替産業であった。政府の政策は，奨励企業に対して，法人税や原材料・機械の輸入関税の一定期間の免除といった，税制面でのインセンティブの供与だけでなく，奨励企業の数や生産設備能力の最低規模を規定するものであり，競争制限的な産業政策であった。別言すれば，いったん投資奨励を受けた企業は，保護された国内市場での事業を保障されたのである。

第3に，彼らが国内製造を開始する以前は，同じ製品の輸入販売に従事している商人が多かった。製造業に関するノウハウをもたない彼らが，商業から製

第 5 章　ファミリービジネスの歴史的展開

表 5-5　タイ系製造業グループの系譜と製造業への進出（1979 年現在）

グループ名	総帥タイ名（華語名，生没年）[1]	製造業投資以前の経済活動		製造業への投資[2]		
		分類	当初の主要企業	製造企業の名前	合弁相手[3]	投資奨励[4]
1 Siam Motors (Siam)	ターウォン・ポーンプラパー（陳龍堅, 1916 年生）	輸入商	1930's-Thanthong Huat（陳同發）（中古車, 金属輸入）	1962-Siam Motors & Nissan（自動車組立）	日本（技術）	◎
2 CP	タニン・チアラワノン（謝國民, 1939 年生）	輸入商	1921-Chia Tai（野菜種子の輸入, 戦後は飼料輸入）	1967-Charoen Pokphand Feedmill（飼料）	―	○
3 Metro	サワーン・ラオハタイ（劉家光, 1941 年生）	輸入商	1968-Metro（化学肥料輸入）	1973-Thai Central Chemical（化学肥料）	日本	◎
4 Chawkwanyu	チョウ・チョウクワンユー（周光榮, 1913 年生）	輸入商	1950-Jen Sing Trading（カーボンブラック, 繊維品輸入）	1961-Thai Oil Refinery（石油精製）	英・蘭	◎
5 Boon Rawd Brewery	プラチュアップ・ピロムパクディ（1912-92 年）	河川航業	1913-Bang Ruan Co., Ltd.（河川航運）	1933-Boon Rawd Brewery（ビール製造）	―	―
6 Hong Yiah Seng	ポーン・リアオパイラット（廖景暉, 1916-86 年）	輸出入商	戦前-Pak Priew Rice Mill（精米）, 戦後（1946）-（コメ輸出, 繊維品輸入）	1960-Luckytex（Thailand）（繊維）	香港	◎
7 Saha/SPI	ティアム・チョークワナー（李興添, 1916-90 年）	輸入商	1943-Hieb Seng Chieng（協成昌）（雑貨輸入）	1962-The Lion Bangkok（洗剤）	日本	◎
8 Kamol Sukosol	ガモン・スコーソン（陳發財, 1914-80 年）	輸入商	1939-Kamol Sukosol（家電品輸入）	1974-Sukosol Mazda Motor Industry（自動車組立）	日本	◎
9 Laem Thong Sahakarn	ヨングサック・カナタナワーニット（謝子昴, 1926 年生）	輸出入商	1950's-（コメ, 麻輸出）	1963-Laem Thong Industry（麻袋）	―	○
10 Thai Roong Ruang	スリー・アッサダートン（関元年, 1908-96 年）	製造業者	1946-Hiap Hua Sugar Factory（製糖）	1958-Thai Roong Ruang Industry（製糖）	―	○
11 Sukree	スックリー・ポーティラッタナングン（呉乾基, 1917-99 年）	輸入商	1943-Kim Yong Ngan（錦榮源）（繊維品輸入）	1963-Thai Blanket Industry（紡織）	日本	◎
12 Saha Union	ダムリー・ダラーカーン（陳竹如, 1932 年生）	輸入商	協成昌で働く, のちWorld Trading 設立（雑貨輸入）	1961-Union Yoshida Industry（ジッパー）	日本	◎
13 Osothsapha	スラット・オーサタヌクロ（林探智, 1930 年生）	小売商	1893-Teck Heng Yoo（徳興裕）（西洋医薬品の輸入）	1949-Osothsapha [Teck Heng Yoo]（製薬）	―	―
14 Boonsung	ジュティ・ブンスーン（林裕智, 1910-82 年）	採掘, 輸出	戦前-（南タイで錫採掘）	1966-Isuzu Motors（Thailand）（自動車組立）	日本	◎
15 Sahaviriya	プラパー・ウィリヤープラパイキット（呉玉音, 1929 年生）	輸入商	1954-Sahaviriya Panich（偉成發）（鉄鋼製品輸入）	1963-Sahaviriya Metal Industry（鉄鋼二次製品）	―	○
16 Kwang Soon Lee	チュアン・チンタムミット（秦子萱, 1913-80 年）	修理工	戦前-製糖機械修理	1946-Kwang Soon Lee（製糖）	―	―
17 Mitr-Pol	スントン・ウォングーソンギット（汪東發, 1938 年生）	栽培経営	1946-（砂糖キビ農園）	1956-Bang Pong Sugar（製糖）	―	―
18 Srifuengfung	キアット・シーフアンフング（鄭亮蔭, 1916-92 年）	銀行	戦前-（広東銀行タイ支店長）	1963-Thai-Asahi Glass（板ガラス）	日本	◎
19 Thai Seri	パイロート・チャイヤポーン（周姓, 1933-2001 年）	食品加工業	1932-（冷凍倉庫業）	1932-Thai Seri Coldstorage（冷凍倉庫）	―	―
20 Siew	メーワディ・ガーンチャナチャーリー（黃姓, 1943 年生）	輸入商	1949-Siew & Co.（ラジオ輸入）	1961-National Thai（家電）	日本	◎
21 BIS	チアム・ソムプラキット（鄭國平）	輸入商	（雑貨品の輸入）	1953-Bangkok Industry Service（鉄鋼）	―	―
22 Bangkok Paper	チャワン・ニティワーシン（劉秋855, 1912-87 年）	輸入商	1948-Hua Kee（和記）（紙輸入）	1962-Bangkok Paper Factory（製紙）	―	○

注 1)　総帥の名前は 1980 年代前半当時の総帥を指す.
　　2)　1, 3, 8, 14 は最初ではなく, 主な製造業向け投資を選んだ.
　　3)　― は, 当該企業に提携関係なし.
　　4)　◎は設立時投資奨励法適用, ○はその後適用.
出所）末廣（1984 年, 11）をもとに, 本書の付表 1, 筆者の「タイ主要家族 300 家族の家系図」（未刊行）で補足.

造業へ支障なく進出することができたのは，政府の政策に加えて，外国資本とくに日本資本との合弁企業形態を積極的に活用したからである。この点を確認するために作成したものが表 5-6 である。

　表から分かるように，サイアム・グループの日産自動車（自動車組立），メトロ・グループのセントラル硝子（化学肥料），サハウィリヤーの川崎製鉄（鉄鋼），ブンスーンのブリヂストン（タイヤ），スックリーの敷紡（繊維），サハユニオンの吉田工業（ジッパー），シーフアンフングの旭硝子（板ガラス），シウの松下電器産業（乾電池，家電），サハのライオン油脂（洗剤）など，合弁相手先や技術提携先の大半が，当時の輸入相手国の日本であった。また，日本と組まない場合でも，CP グループの米アーバーエーカー社（ブロイラーの種鶏生産），ホンイヤーセンの香港企業（繊維）など，コアの技術は外国企業に依存していた。実際，筆者の調査によると（表5-6），22 の製造業グループの製造会社 197 社のうち 73 社が合弁形態であり，さらに 73 社のうち 59 社が日本との合弁であった。タイ政府が採用した，国内資本と外国資本を等しく優遇するという投資奨励政策が，外国資本を利用した工業化を促したのである。

4) NAIC 型工業化とアグリビジネス

　上に掲げた輸入代替産業に加えて，1970 年代半ばから目ざましい成長を遂げ，かつ輸出産業の花形としても注目を浴びたのが，アグロインダストリーである。1972 年の第 1 次石油危機を契機に原油価格が急上昇し，これに牽引される形で農産物や農水産畜産加工品の輸出単価も急上昇を示した。この過程で農業関連事業に基盤を置く新しいグループ，すなわち「アグリビジネス・グループ」が登場する。

　通常，発展途上国の工業的発展は，一次産品の輸出と工業品の輸入代替から始まり，次第に繊維・衣類，家電・電子などの輸出を伸ばし，並行して重化学工業品の輸入代替を図るという，段階的発展をとげる。韓国や台湾がまさにこのパターンであった。ところが，タイの場合には，衣類や電子製品の輸出が伸びる前に，アグロインダストリーが輸出の牽引役となっていった。さらに，アグロインダストリーの成長は，これに原料・素材を供給する農民たちや地方商

第5章 ファミリービジネスの歴史的展開　193

表5-6 製造業グループの製造業投資と合弁相手先（1979年）

(単位：社数)

グループ名	傘下企業数	合計	製造業 タイ	日本との合弁	欧米との合弁	その他との合弁	主要合弁相手先
1 Siam Motors Group (Siam Group)	58	21	9	12	—	—	日産（技術提携），鈴木自動車，ヤマハ発動機，理研，日本特殊陶業
2 CP Group	64	21	16	2	3	—	Arbor Acres（米）
3 Metro Group	17	3	—	2	1	—	日商岩井，セントラル硝子，Crohn（独）
4 Chawkwanyu	15	3	2	—	1	—	Shell（英・蘭）
5 Boon Rawd Brewery Group	5	3	2	1	—	—	東洋製缶
6 Hong Yiah Seng Group	24	9	7	—	—	2	（マレーシア，香港）
7 Saha/SPI Group	46	22	11	11	—	—	ライオン油脂，ワコール，エーザイ，イトキンなど
8 Kamol Sukosol Group	26	5	2	2	1	—	東洋工業，トーメン
9 Laem Thong Sahakarn Group	16	5	4	1	—	—	伊藤忠
10 Thai Roong Ruang Group	13	12	12	—	—	—	—
11 Sukree Group	16	12	2	8	2	—	敷島紡績，野村貿易，鐘紡，Rhône-Poulenc（仏）
12 Saha-Union Group	37	20	15	5	—	—	吉田工業，鐘紡，大貫繊維
13 Osothsapha Group	18	7	5	1	1	—	大正製薬（技術），三洋電機
14 Boonsung Group	15	6	2	3	1	—	ブリヂストン，いすゞ自動車，日本電装，Reynold Aluminium（米）
15 Sahaviriya Group	16	5	2	3	—	—	川崎製鉄，丸紅，日本タングステン
16 Kwang Soon Lee	18	8	8	—	—	—	—
17 Mitr-Pol Group	7	4	4	—	—	—	—
18 Srifuengfung Group	15	8	—	7	1	—	旭硝子，三菱商事，三井物産
19 Thai Seri Group	14	10	10	—	—	—	—
20 Siew Group	5	1	—	1	—	—	松下電器産業
21 BIS Group	17	8	7	—	—	1	（香港，米）
22 Bangkok Paper	14	4	4	—	—	—	—
合　計	476	197	124	59	11	3	

出所）末廣（1984年, 14）。

人の所得を引き上げ，化学肥料，繊維，多目的の商用車，屋根の葺き替え用のトタン板の製造を促すという，好循環を生み出した。東アジアの「新興工業諸国」(NICs) ではなく，「新興農業関連工業国」もしくは NAIC (Newly Agro-Industrializing Country) と呼ばれる発展パターンがそれである[15]。

コメ以外の農産物に基盤を置くグループの先駆的存在は，1970年代の輸出価格の急騰にともなって急成長を遂げたタイ・ルンルアン（泰倫亮，X006）やグワンスンリー（廣順利，X043）に代表される砂糖財閥，テクビーハン（徳美行，X156）に代表される天然ゴム加工・輸出商に求めることができる。1970年代半ばからは，砂糖や天然ゴムにくわえて新たに飼料用タピオカの輸出が急増し，さらに80年代に入るとブロイラー，養殖エビ，水産缶詰など加工品の輸出も急増した。アグリビジネス・グループの代表は，化学肥料の独占メーカーであり，のちタピオカの製造・輸出に進出したメトロ・グループ，コメ・とうもろこし輸出の新興グループであるスンフアセン（順和成），ブロイラー輸出のCPグループ，レームトーン・サハガーン，ベタグロ，精米・サイロ経営のマーブンクロン，そして水産缶詰輸出のタイセーリー，ユニコード，タイユニオンなどであった[16]。

彼らを従来の伝統的な農産物輸出商と区別しているのは，1977年の新投資奨励法の制定によって，アグロインダストリー（近代的かつ大規模な精米業やサイロ業を含む）が，政府による戦略的育成産業のターゲットになり，税制上の恩典を受けることができた点である。また，ブロイラーの種鶏生産やツナ缶詰のアルミ製缶のように，先進技術を必要とする分野では，外国企業や外国商社と合弁事業を組み，他方では，莫大な穀物買付け資金や設備投資資金をバンコク銀行など地場商業銀行に仰ぐことによって，短期間に急速な成長を実現した。後発工業国における独自の「担い手」の典型を，アグリビジネス・グルー

---

[15] NAIC型工業化の特徴については，末廣・安田編（1987年），末廣（2000年a，第6章）を参照。

[16] 新興農産物輸出商グループとメトロ・グループの詳しい発展過程については末廣（1989年），飼料・ブロイラー産業の6大グループの発展と寡占的支配の実態については末廣（1987年）に，それぞれまとめておいた。1980年代，タイ最大の農産物輸出商に成長したスンフアセン・グループについては，Wirawan（1990）が詳しい。

プに見いだすことができるだろう。

3　経済ブーム・自由化・通貨危機

1）タイ経済の構造的変化

　1972年から78年までのタイ経済は，一次産品ブームや世界的な低金利に支えられて，相対的には好調であったと言える。輸出の増加に牽引されて実質GDP成長率も同期間7.6％と，国際的にみれば高い水準を維持した。ところが，1979年に勃発した第2次石油危機は，タイにとって追い風ではなく，むしろ向かい風になった。一次産品の輸出単価はもはや上昇せず，逆に1980年代に入って崩落し，世界不況による海外需要の減少と重なって，タイは60年代以降初めて深刻な経済不況に直面した。その結果，タイ政府は，1981年と82年にIMFから救済融資を，また82年と83年には世界銀行から構造調整融資（SALs）を，それぞれ受ける。同時に政府は融資の見返りとして，国際金融機関が提示する「政策パッケージ」（コンディショナリティ）に従うことに合意した（末廣・東編 2000年，第1章）。

　この経済不況・構造調整期に，タイ政府は為替の切り下げ，対外借入の抑制，インフレ抑制など，一連のマクロ経済安定化政策を導入する。そして，これと並行して部分的な自由化政策にも踏み切った。こうした経済政策の転換と，1985年のプラザ合意を転機とする未曾有の日本や韓国・台湾からの直接投資ラッシュの恩恵を受けて，タイは1980年代半ばから経済の回復過程に入り，88年からは3年連続の2桁の実質成長率を実現した。いわゆる「第2次経済ブーム」の開始である。ただし1993年になると，経済は株式投機，土地投機などバブル化の様相を示し，96年にはバブル経済の崩壊，金融不安，通貨危機に見舞われ，97年から深刻な経済危機の時代に突入することになる（末廣編 1998年）。因みに，1988年から96年までの8年間のGDP実質年成長率は9.6％，製造業のそれは12.5％，輸出の年伸び率は19.1％を記録した。

　1988年から始まる経済ブームとこれに続くバブル経済は，一人当たり国民所得を大幅に引き上げると同時に，タイの経済構造を大きく変えていった[17]。

セクター別の付加価値構成をみると,農林水産業は1975年から95年の間に,27％から11％に大きく低下し,逆に製造業が19％から28％に,金融保険業が3％から8％へ,それぞれ上昇した。また,製造業の内訳に注目すると,食品・飲料・タバコの「食品関連産業」が31％から16％に半減し,代わりに機械・電機・輸送の機器類産業が,11.5％から24％へと大きく伸びた。重化学工業部門の付加価値合計額が軽工業部門のそれを上回ったのは,1994年のことである(末廣・東編 2000年,6)。

産業構造の高度化や経済のサービス化・情報化に伴って,貿易構造も1975年から96年の間に大きく変化した。輸出構成比は,タイの伝統的輸出品であるコメをはじめとする農水産物が,その比率を46％から16％に大きく低下させ,1980年代に入ると,先に述べた農水産畜産加工品の輸出だけではなく,衣類,宝石,集積回路などの労働集約型工業製品の輸出も伸びていく。そして,1990年代に入ると,繊維・衣類に代わって,コンピュータ部品,電子部品,プラスチック製品などの輸出が急速に伸びた(同上書,7)。

2) 上位100大グループの比較——1979年と1997年

以上のように,1979年から18年間のあいだに,タイは戦後もっとも激しい経済変動を経験した。それでは,この期間にタイの大企業,そして特定の家族が所有支配するファミリービジネスの間にはどのような変化がみられたのか。この点を確認するために作成したのが,表5-7である。表は,1979年と97年の二時点をとり,それぞれの基準年について約2000社の企業データから「究極の所有主」をまず確定し,所有主家族ごとに傘下企業の売上高合計を求めて,売上高順に上位100グループを検出したものである。なお,「究極の所有主」が国営・公企業もしくは外国企業である場合は,表からは除いている[18]。

さて,上位100大グループの合計売上高をみると,1979年から97年の間に,1700億バーツから2兆3700億バーツへと,じつに14倍に増大している。一方,同期間の名目GDPは5600億バーツから4兆7300億バーツへと8.4倍

---

[17] 一人当たり名目GDPは,1975年355ドル,85年754ドル,95年2829ドルと,88年以降の経済ブーム期に飛躍的に上昇した。

表5-7 上位100グループの存続と新規参入（売上高合計ベース，1979年と97年）
(単位：100万バーツ，％)

グループ別	1979			1997			倍率 B/A
	傘下企業数	売上高合計額(A)	経済集中度(%)	傘下企業数	売上高合計額(B)	経済集中度(%)	
(1) グループ階層別							
上位1グループ	78	19,618	11.5	49	238,174	10.1	12.14
上位3グループ	136	45,927	27.0	97	574,318	24.3	12.51
上位10グループ	428	88,644	52.0	236	1,296,162	54.8	14.62
上位20グループ	656	120,217	70.6	313	1,535,408	64.9	12.77
上位50グループ	1,006	155,124	91.1	491	2,046,143	86.5	13.19
上位100グループ	1,343	170,368	100.0	640	2,366,788	100.0	13.89
(2) 所有主家族別							
4大家族	262	34,482	20.2	58	458,990	19.4	13.31
王室財産管理局	44	16,367	9.6	49	238,174	10.1	14.55
5大金融コングロマリット	306	50,849	29.8	107	697,164	29.5	13.71
(3) 1979年と1997年の100大グループの双方に含まれる45グループ							
1979年データベースによる45グループの比重	916	137,242	80.6				
1997年データベースによる45グループの比重				408	1,646,825	69.6	

注1) 4大家族は，ソーポンパニット家，ラムサム家，テーチャパイブーン家，ラッタナラック家の4家族を指す。
2) 5大金融コングロマリットとは，「4大家族」に王室財産管理局グループを加えたもの。
3) 1997年の筆者のデータベースに合わせるために，グルークキアットの「Hong Yiah Seng」は Hong Yiah Seng/TPI Group（リアオパイラット家）と BETAGRO Group（テーパイシットポング家），「Saha Group」は Saha/SPI Group（チョークワッタナー家）と Saha-Union Group（ダラーカーノン家）に分けている。
4) (3)に示した比率は，1979年の上位100大グループで1997年に存続した45グループの，それぞれの年における合計売上高に占める比率。
出所) 1979年：Kroekkiat (1981b, 378-484) をもとに，筆者が独自に集計。1997年：本書の付表2をもとに集計。政府出資，外国人所有企業を除く。

---

[18] 表5-7は所有主家族を集計の単位としているが，このことはタイの大中規模企業のすべてが，ファミリービジネスに所属することを意味しない。ただし，1997年を例にとると，売上高上位1000社のうち，国営・公企業が出資する企業21社，外国企業231社を除いた748社がタイ系民間企業であり，このうち644社（86%）が特定の家族が所有支配する企業に分類できた。しかも，644社の合計売上高は748社の合計の92%に達していたから，独立系大企業の存在はきわめて限定的であったと理解してよい（本書の表2-2より算出）。

の増大であったから，単純に合計売上高を名目 GDP で割ると，比率は 1979 年が 30%，97 年が 50% になる。この数字は，経済ブーム期の国民経済の規模拡大や重化学工業化が，ファミリービジネスを衰退に導いたのではなく，逆に彼らに対して絶好の事業拡大の機会を提供したことを示唆する。

次に，上位 100 大グループの中での経済集中度をみると，上位 10 大グループでは 1997 年にやや比率が高まり，上位 50 大グループをとると，6% 低くなっていることが分かる。しかし，目だった変化はみられない。より興味深い点は，前節で紹介した「金融コングロマリット」，つまり 4 大家族に王室財産管理局を加えた五つのグループが，1979 年と 97 年のあいだで，上位 100 大グループの合計売上高の 30% を等しく占めている点である。彼らがその圧倒的地位を保持した背景としては，経済ブーム期に金融部門が著しく膨らんだことが指摘できるが，同時に政府の重化学工業化政策や不動産ブームに乗じて，彼らが 1960 年代以上に事業を多角化していった事実が関係していた。

最後に，1979 年と 97 年のあいだの上位 100 大グループの新旧交代をみておこう。表から分かるように，1979 年のリストに登場し，97 年のリストにも引き続き残っていたのは，45 のグループであった。逆に言えば，20 年間のあいだに 55 のグループが上位 100 位から転落するか，もしくは事業破綻などで姿を消したことになる[19]。したがって，上位を構成するファミリービジネスの新陳代謝は相当激しかったと言えよう。

ただし，ここではそのことより次の事実に注目しておきたい。すなわち，経済ブーム期に存続した 45 のグループは，1979 年の時点で上位 100 大グループの合計売上高の 81% を占め，97 年の時点でも全体の 70% を占めていたという事実である。このことは，規模の大きいファミリービジネスはほぼ存続し，しかも事業を多角化していった蓋然性を示唆している。そこで，次にどのような

---

[19] この時期，事業破綻した主なグループは，鉄鋼の GS スチール・グループ（ウィサワポンブーン家，26 位），銀行のアジアトラスト銀行グループ（ターラーワニットグン家，27 位），繊維の TDT グループ（ティラチャイモンコン家，38 位），建設用資材販売のボリブーン・パーニット（チョンウィリヤー家，39 位），スチール家具製品販売のバンコク・ボリブーン（ソムプラキット家，42 位），冷凍倉庫業のタイセーリー・グループ（チャイヤポーン家，45 位）などである。

グループが経済ブーム期に新規に参入し，既存グループはどのような分野へ新たに進出していったのかを検討してみたい。

3) 経済ブーム期の新興グループと既存グループの事業多角化

表 5-8 は，1997 年のリストに登場した新規参入組 55 グループのうち，主なグループの所有主家族と事業基盤を一覧にしたものである。表を検討すると，経済ブーム期に急速な成長を遂げたグループは，四つのタイプに大別することができた。

第 1 は，1988 年以降の直接投資ラッシュに踵を接して生じた建設ブーム，土地不動産ブームに伴って登場してきたグループである。その代表は，建設請負業のチョー・ガーンチャーン（バンコクの高架鉄道 BTS や地下鉄の請負業者，X189），シノタイ（STECON）グループ（X035），不動産・住宅開発の TCC グループ（X158），ランド・アンド・ハウス（X008），バンコクランド（X073）などである[20]。建設請負業の場合には，ガンナスート家（X071）のイタリアン・タイ・デベロップメント社（47 年設立）が，1960 年代以降，ほぼ公共事業を独占していたが，80 年代以降，先の 2 グループが参入し，さらにこれにシーコン（SEACON，X160）を加えた「四匹の虎」体制が定着した。この体制は 2006 年現在も続いている。

一方，不動産業についてみると，従来のファミリービジネスは土地を広大に所有していても，これを収益目的に運用することはなく，もっぱら家族資産として保有するだけであった。ところが，所得の向上に伴う建売住宅やコンドミニアムの需要急増，あるいは地価の高騰に伴う土地投資ブームが，不動産業をいっきょに花形産業に押し上げ，不動産業に特化した新興グループを誕生させる。それが，「タイ近代不動産業の草分け」と称されるアッサワポーキン家のランド・アンド・ハウスであり，サムペン街での時計の輸入販売から香港にいったん移住し，1980 年代に帰国して宅地開発で蓄財をなした「不動産業の

---

[20] 当時の建設ブーム，土地投機の実態については，Borisut et al. (1990)，末廣編 (1998 年) に詳しい。また，1990 年代に刊行された月刊誌『Property』（タイ語）は，宅地開発の状況や不動産グループの事業活動を克明に伝えている。

表 5-8 1997年の上位100大所有主家族に含まれる新規参入組

順位	通し番号	グループ名	所有主家族	主要事業基盤
6	X158	TCC	シリワッタナパクディー	酒・ビール, ホテル, 不動産
14	X154	SHIN	チナワット, ダーマーポング	情報通信
16	X012	UCOM	ベンチャロングン	情報通信
21	X051	Soon Hua Seng	ダムナーンチャーンワニット	アグロ, 農産物輸出, パルプ
24	X130	Phatraprasit	パットラプラシット	金融, 保険, 不動産
25	X030	FIN/Finance One	チャッカパーク	金融, 投資
29	X031	Thai Union (Frozen)	チャンシリ	アグロ：水産缶詰
32	X096	Siam Steel Pipe (SSP)	リーサワットトラグーン	鉄鋼製品, 建設資材, 不動産
34	X008	Land and Houses	アッサワポーキン	不動産・住宅開発
36	X133	Premier/Pacific	ポングサートン	日用品, 家電製販, ホテル
37	X189	Ch. Karnchang	トリーウィサワウェート	建設請負, 百貨店, 輸送
39	X068	Thai Summit	チュンルンルンアンギット	自動車部品の製造・販売
40	X218	Katin Daeng	ユーウィタヤー	製薬, 精力剤, 不動産
43	X084	Siam Steel (SSG)	クナーナンタグン	鉄鋼
46	X192	The Mall	アムプット	百貨店, 不動産
49	X197	Samart	ウィライラック	情報通信
53	X035	Sino-Thai Engineering	チャーンウィーラグン	建築請負, 不動産
55	X017	Jasmine	ポーターラミック	情報通信
58	X113	KPN	ナロンデート	自動二輪車製造
59	X169	TIPCO	サップサーコン	アグロ：パイン缶詰, アスファルト
60	X106	BEC World	マーリーノン	芸能コンテンツ, 音楽制作
66	X069	Summit Autoseats	チュラーングーン	自動車部品の製造, 販売
67	X173	TOA	タングカーラワクン	化学, ペイント（自動車用）
71	X115	Chintek	ンガーンタウィー	電子部品, ゴム, 不動産
75	X111	Bangkok Cable	ナコンシー	電線製造
76	X090	Thailand Fishery	ラオトラグーン	アグロ：水産缶詰
84	X052	Grammy	ダムロンチャイヤタム	芸能プロモーション
85	X062	NTS Steel	ホールンルアング	鉄鋼製品, 発電
89	X094	Lee Feed Mill	リーラシートン	アグロ：飼料, 金融, 不動産
91	X098	Srithai Superware	ルートスミットグン	陶器セラミック製品
92	X073	Bangkok Land	ガーンチャナパート	不動産・住宅開発
97	X164	CPICO	シーソムブーラナーノン	不動産開発

注1) 1979年の売上高上位100大グループには含まれず, 1997年の上位100大グループに登場したもの。
　2) 順位は1997年のグループごとの売上高合計額による。付表2の総合得点順とは異なることに注意。
　3) 「通し番号」は付表1の「220グループ・所有主家族の一覧表」の番号を指す。
出所) 付表2と筆者の「タイ企業データベース 1979-2004年」より作成。

雄」ガーンチャナパート家のバンコクランドであった[21]。

---

[21] ランド・アンド・ハウスとバンコクランドの2大グループが, 従来の「土地資産保有」とは異なる発想で, 不動産・住宅開発を近代ビジネスに変えていったプロセスについては, Nop (1990), Borisut and Janphen (1995) を参照。

第2は，この時期の重化学工業化の波に乗って登場したグループである。その典型は，建設ブームのもとで需要が急増した建設資材（鉄鋼，セメント，タイルなど），組立産業の生産拡大にともなって成長した自動車部品，「東部臨海開発計画」の本格的始動によって伸びた石油化学などである[22]。また，鉄鋼，セメント，自動車，石油化学は1990年代初めから投資の自由化が開始され，既存グループとは別の所有主家族が新規に参入してきた[23]。SISC社（サイアムセメント・グループの子会社），サハウィリヤー，GSスチール（事業破産）に対抗して，この時期いっきょに事業を立ち上げていったサイアム・スチール・パイプ（SSP, X096），サイアム・スチール・グループ（SSG, X084），NTSスチール（X062）の「鉄鋼御三家」が，その代表である[24]。

第3は，重化学工業化と並行して進んだ経済のサービス化に伴って登場したグループである。このなかには，①情報通信産業，②百貨店・近代小売業，③音楽の制作・テレビ番組の制作・芸能プロモーションを中核とするコンテンツ産業の三つが含まれる。本書の第4章で紹介したように，情報通信産業（電気通信産業を含む）を牽引したのは，SHIN　グループ（チナワット家），UCOMグループ（ベンチャロングン家），サーマート（ウィライラック家），ジャスミン（ポーターラミック家）などであり，コンテンツ産業で一大帝国を築いたのは，BEC World（マーリーノン家）とグラミー（ダムロンチャイヤタム家）の二つであった。彼らは，先の不動産業や鉄鋼業と同様に，1990年代の株式ブームに合わせて，いっせいに中核企業を上場し，銀行借入とともに株式市場を通じて投資資金を確保していった点が重要である[25]。

第4は，以上のグループの発展とも密接に関わるが，経済の拡大にともなって急成長を遂げた金融・保険業における新興グループの台頭である。既述のよ

---

[22] 重化学工業化の中心をなす鉄鋼や石油化学の発展を促したのが，タイ湾の天然ガスを利用することを目的に企画された「東部臨海開発計画」であった。この計画の内容については，荻野（1989年），東（2000年）を参照。

[23] 鉄鋼業，石油化学産業の投資の自由化とその産業の発展・担い手については，東（1996年）を参照。

[24] NTSスチールのホールンルアング家，SSGグループのクナーナンタグン家，SSPグループのリーサワットトラグーン家の，それぞれの事業発展については，The Brooker Group PLC ed. (2003, 252-259, 332-338, 381-385) を参照。

うに，この分野は「金融コングロマリット」が商業銀行だけではなく，ファイナンス・カンパニーや住宅金融，保険業においても勢力を誇っていた。ところが，急速な資金需要の増大と政府の金融業の自由化措置（1990年以降）は，当該分野の参入障壁を低めることになる。その結果，第7章で詳しくみるように，ファイナンス・ワン（X030）のような新しいグループが登場して，バブル経済の牽引役になった（Suprani 1996）。

ところで，ここで注意すべきは，重化学工業化や経済のサービス化を支えた担い手は，何も新興グループに限らなかったという点である。彼らとほぼ同じか，もしくはそれ以上に重要な意義を持ったのが，既存のファミリービジネスによる事業の多角化戦略であった。表5-9は，1997年の上位100大グループのうち，売上高順に26位までのグループ（国営・公企業の出資グループと，のち破綻したFINグループ，パットラプラシットを除くため上位20グループ）の，経済ブーム期の事業多角化を整理したものである。上位20のうち新興グループは，6位のTCCグループ（X158），14位のSHINグループ，16位のUCOMグループ，21位のスンフアセンの四つを数えるにすぎず，あとはすべて1979年のリストに含まれる既存グループであった事実に，留意していただきたい。

表をみると，既存グループのうち，サイアムセメント，バンコク銀行，タイ農民銀行，メトロ・グループは，例外なく石油化学や情報通信に進出したことが判明する。また，タイ最大のアグリビジネスを展開していたCPグループは，石油化学・情報通信・近代小売業へ，農産物輸出と繊維輸入の大手であったホンイヤーセン（鴻益成）も，世代交替と政府の自由化政策を背景に，石油化学とセメントへ，それぞれ進出した[26]。その意味で，経済ブーム期は，「金融コングロマリット」だけでなく，多数のファミリービジネスが事業多角化を通じて「コングロマリット型」へと発展を遂げた時期でもあった。

---

[25] 情報通信産業の発展と株式ブーム，そして情報通信に進出したグループの系譜については，末廣（1995年a）に詳しく記述しておいた。情報通信グループと政治家・軍との関わりについては，Sakkarin（2003）を参照。
[26] ホンイヤーセンの石油化学・セメント産業への進出と，TPIグループへの再編過程については，Phu Chatkan Rai-duan ed.（1988a）に詳しい。

表5-9 財閥型ファミリービジネスの事業多角化（1980年代から経済ブーム期）

順位	通し番号	グループ名	企業数	上場数	1980年代半ばまで	経済ブーム期
1	X050	Siam Cement	230	15	セメント，建築資材，パルプ	石油化学，自動車関連
2	X159	Bangkok Bank	46	10	金融コングロマリット	石油化学，情報通信
3	X040	CP	75	7	アグロインダストリー	石油化学，情報通信，流通業
4	X087	Thai Farmers Bank	43	8	金融コングロマリット	情報通信
6	X158	TCC	60	1	酒製造販売	ビール製造，不動産
8	X146	Bank of Ayudhya	25	4	金融コングロマリット	セメント関連
10	X016	Boon Rawd Brewery	14	1	ビール，ソーダ水	ウィスキー
11	X097	TPI/Hong Yiah Seng	22	2	農産物輸出，繊維	石油化学，セメント
13	X044	Central Department	69	3	百貨店，不動産	スーパーストア，コンビニ
14	X154	Shinawatra (SHIN)	26	4	コンピュータ・レンタル	情報通信，携帯電話，衛星放送
15	X045	Saha/SPI	194	10	日用品	工業団地造成ほか
16	X012	UCOM	77	1	情報通信機器輸入	情報通信
17	X071	Itallian-Thai Development	37	2	建築請負，ホテル，不動産	工業団地造成
18	X092	MMC Sittipol	7	1	自動車組立	自動車輸出
19	X134	Siam	63	0	自動車組立	ディーゼルエンジン
20	X088	Metro	46	4	農産物，倉庫，鉄鋼	石油化学，データ処理
21	X135	Soon Hua Seng	23	0	農産物輸出	パルプ，中国投資
22	X181	BMB	81	1	金融コングロマリット	不動産
23	X121	Osoth/Premier	97	5	製薬，不動産	電子，アグロ，金融
26	X053	Saha-Union	78	6	繊維，ガーメント	電子，発電

注1) 順位は1997年のグループごとの売上高合計額による。順位が飛んでいるのは，国営・公企業グループを除いたため。付表2の総合得点順とは異なる。
2) 傘下企業数は1996年時点。筆者の調査による。
3)「通し番号」は付表1の「220グループ・所有主家族の一覧表」の番号を指す。
出所）筆者の「タイ企業データベース 1979-2004年」より作成。

4) 通貨危機とファミリービジネスの再編

　そして1997年7月，タイは運命の通貨危機に直面する。前年の1996年にバブル経済は崩壊し，金融不安が高まっていたが，97年に入るとバーツ貨は国際ヘッジファンドの格好のターゲットとなり，大量のバーツ売り・ドル買いが起こった。実質的な固定相場制（ドルへのリンク）をとっていた中央銀行は，

外貨準備を使ってバーツの防衛に努めたものの，5月には200億ドルに及ぶバーツ売りが生じ，7月2日に政府は遂に管理フロート制への移行を宣言した（So. Po. Ro. ed. 1998）。その結果，バーツは1ドル＝25バーツから97年末には50バーツにまで下がる。この過程で，外貨建ての銀行借入に依存して事業を拡大していたファミリービジネスは，まず急激なバーツの低落にともなう為替差損に見舞われ，次いで過重債務の返済負担の増加，そして最後に国内の経済不況に直面した。

例えば，1997年12月時点における調査によると，169社が合計1兆5400億バーツの外貨建て借入を抱え，蒙った為替差損はじつに3635億バーツにも上った。為替差損の金額が大きかった上位20社には，タイ国際航空（Thai International Airways PLC）を筆頭に，石油化学4社，電気通信4社，セメント3社，不動産2社，鉄鋼1社が含まれる（末廣編 1998年，72）。いずれも経済ブーム期やバブル経済期に事業を大幅に拡大した分野であった。これらの分野は，通貨危機のあと例外なく国内不況に直面する。この過程で，既存，新興を問わず多数のファミリービジネスが事業の破産，もしくは事業の再編を余儀なくされたことは，本書の第4章でみたとおりである。

通貨危機は，ファミリービジネスの経営困難を惹き起こしただけではなく，彼らの中核上場企業の所有構造と経営体制にも，甚大な影響を与えた点が重要である。表5-10は，通貨危機前の1996年と危機後の2000年をベンチマークにとり，すべての上場企業について，その「究極の所有主」を調査し，所有形態別に整理したものである。表から分かるように，「家族所有型」と分類した企業（株式の20％以上を所有している株主が特定の家族であり，かつこれを上回る他の形態の株主が存在しない場合）は，1996年の216社（48％）から2000年には183社（42％）に減った。逆に増えたのは外国人が所有する企業である（59社から90社へ）。

もっとも，表5-10には，通貨危機後上場を取り消した企業と，危機後に新規に上場した企業の双方を含んでいる。そこで，1997年と2000年の双方に登場し，データが利用可能な424社に対象を限定すると，このうち110社（26％）が，4年間のあいだに所有形態を変更していることが判明した。また，

表 5-10 タイ上場企業の所有形態別分布（20%カットオフ基準，1996 年，N＝448；2000 年，N＝433）

（単位：企業数，%）

所有形態	1996	%	2000	%
家族所有	216	48.2	183	42.3
金融機関所有	37	8.3	33	7.6
タイ系事業会社所有	30	6.7	31	7.2
外国人所有	59	13.2	90	20.8
国家所有	13	2.9	15	3.5
分散所有	93	20.8	81	18.7
合　計	448	100.0	433	100.0

（単位：10億バーツ，%）

株式時価総額に占める割合	1996	%	2000	%
外国人保有合計	−		563	29.4
少数株主保有合計	−		419	21.8
株式時価総額	−		1,918	100.0

注1）20%カットオフとは，発行株式総数の20%以上単独で所有している究極の所有主が存在するかどうか，存在する場合，その所有主の属性はどうかで区分する。詳しい説明は末廣・ネーナパー（2002年，328-330）を参照。
2）少数株主とは，発行株式総数の0.5%未満しか保有しない株主を指す。
出所1）Suehiro（2001 36-37）；末廣・ネーナパー（2002年，331）。
2）2000年の外国人保有合計と少数株主保有合計については，タイ証券取引所所蔵の各社の詳細株主名簿より筆者が集計。

「家族所有型企業」208 社に注目すると，家族所有からその他の所有に変わった企業が 40 社（当該グループの 20%）に達し，うち 18 社が外国人に「究極の所有主」を変えている。通貨危機が，いかに大きなインパクトを与えたか，この数字からもうかがい知ることができるだろう（Natenapha 2006）。

おわりに

本書の序章では，ファミリービジネスの類型として二つのパターンを提示した。ひとつは，特定の家族が同族支配企業を排他的に所有し，その事業を多角化し垂直的に統合していく「財閥型ファミリービジネス」であり，もうひとつは，複数の家族がパートナーシップ型企業を立ち上げ，その後水平的に事業を多角化させていく「ネットワーク型企業グループ」である。

以上二つの類型は，タイの企業発展にも確認することができる。例えば，後者の「ネットワーク型企業グループ」としては，1920年代に配電・映画・新聞事業を多角的かつ統合的に展開し，タイ商業会議所や「華タイ友好団体」の設立に結集したグループや，1950年代に形成された「ビジネス・ブロック」などを，その代表として挙げることができるであろう。他方，1960年代に金融グループから分離独立して登場した「金融コングロマリット」は，図序-3に即していえば，左上のパートナーシップ型企業から右下の財閥型ファミリービジネスへの発展を示す典型的な事例であった。また，1960年代の工業化政策，70年代の一次産品ブームに乗じて発展を遂げた製造業グループやアグリビジネス・グループは，特定の家族が所有支配する同族支配企業から財閥型に移行したファミリービジネスと捉えることができる。

　創業者や所有主家族が，二つの類型のうちどちらの発展パターンをとるかは，事業拡大の戦略，政府の政策，時代環境に規定される。そして，彼らが財閥型の道を選択するためには，何よりも事業多角化を支える資金と人材が家族内で利用できることが必要条件であり，同時に「事業の継承」を可能にする後継者の存在が不可欠となる。この条件が満たされれば，彼らは血縁関係だけではなく，政治コネクションや外国資本との提携をフルに活用して，事業を拡大していくことになる。仮に血縁関係だけでなく，政治コネクションや外国資本との連携を「ネットワーク」に含めるとすれば，ネットワークはファミリービジネスが事業を発展させていく上で，もっとも重要な要素となるだろう。

　従来の研究は，アジア諸国に広くみられる血縁・地縁を軸とした企業グループを中国人の社会編成原理に求め (Wu and Wu 1980)，政府や政治家と癒着した企業家を「クローニー資本家」(crony capitalist) とか「クライアント資本家」(client capitalist) と呼び，外国企業に依存して発展した企業家を「従属的資本家」(dependent capitalist) と呼んで，その「アジア的やり方」(the Asian way) の側面を強調してきた[27]。しかしながら，企業の発展パターンからみれば，ネットワークを利用した事業拡大は，日本でもラテンアメリカでも広くみられる現象であり，むしろ，ネットワークを後発工業国のファミリービジネスの事業拡大を支える重要な経営資源と捉えた方が，より実態の分析に適してい

る。

 ところが，表 5-10 が示唆しているように，通貨危機は経済ブーム期に事業を多角化させていったファミリービジネスの所有主家族に，抜本的な見直しを迫る結果となった。そして，この再編を促したのが，通貨危機後にタイ政府が実施に踏み切った証券市場改革と金制度改革である。そこで，第 6 章と第 7 章では二つの制度改革がどのようなプロセスで導入され，個々の財閥型ファミリービジネスがどのように対応していったのかを，具体的に検討してみたい。

---

[27] アジア諸国の政府とビジネスの癒着関係やクローニー資本家については，相当数の研究の蓄積がある。筆者の文献案内（末廣 2000 年 a，第 7 章）のほか，Robison (1986), Hewison (1989), MaCintyre ed. (1994), Haggard et al. eds. (1997), Gomez ed. (2002) を参照。

第6章

証券市場改革とコーポレート・ガバナンス
情報開示ベースの企業淘汰システム

はじめに

　1997年に通貨危機がタイを直撃した。この通貨危機は，その後，アジア諸国に「伝染病」のごとく波及していく[1]。同時に通貨危機は，タイ政府に制度改革を迫る契機となった。というのも，危機のあとタイ政府は，巨額の救済融資や構造調整融資を IMF や世界銀行から受けることになり，その見返りとして，国際金融機関が指示する一連の制度改革の実施に踏み切らざるを得なくなったからである。その主な内容を整理すると，(1) 金融制度改革，(2) 企業再構築 (corporate restructuring)，(3) 産業構造調整事業，(4) 中小企業育成支援，(5) 社会的セイフティネットの強化，(6) 行政改革と国営企業の民営化，の六つに要約することができる[2]。

　このうち (1) (2) (5) (6) については，IMF・世界銀行が改革案の方針やその制度的枠組みの設定について強い影響力を及ぼし，(3) (4) (5) については，日本政府が積極的な支援を行った。IMF・世界銀行が通貨・経済危機の原因との関連で強い関心を抱いたのは，金融制度改革と企業再構築の二つである (World Bank 1999, 93-100)。つまり，アジア諸国が通貨・金融危機に見舞われ

---

[1] 「アジア通貨危機」の原因とその背景説明については，末廣 (2000年 a, 第4章) とそこに示した参考文献，荒巻 (1999年)，吉富 (2003年) などを参照。
[2] タイで通貨危機後に実施された制度改革については，次の文献を参照。末廣・山影編 (2001年)，末廣編 (2002年)，Nabi and Shivakumar (2001)。

たのは，国際短期資金の急速かつ大量の移動という対外的要因も大きく関係しているが，金融制度の未発達と「コーポレート・ガバナンス」の弱さという国内的要因こそがより重要である，というのが彼らの主張であったからである。彼らの主張は次の言葉に集約されている。

「東アジアの危機から得られる主な教訓は，コーポレート・ガバナンスの問題と融資の問題の二つを統合的に捉えることの重要性である。コーポレート・ガバナンスの貧弱なシステムは，商業銀行，金融会社，企業の行動を市場原則から切り離すことで，結局今回の金融危機を招く原因となった。貧弱なコーポレート・ガバナンスは，内部のチェックを厳格にし，外部によるモニタリングを認めることではなく，非効率な役員会，脆弱な内部管理，信用がおけない財務報告，適切な情報開示の欠如，おそまつな経営執行の姿勢，そしていいかげんな監査といった特徴をもたらした。そしてこうした問題が，報告されない損失や過小評価の負債を生み出した」(World Bank 1998, 57)。

金融制度の未発達というのは，資本市場の未発達のために企業が資金調達をもっぱら商業銀行に依存し，その結果，企業のレヴァレッジ（負債・自己資本比率）が高くなってしまう状況を指す[3]。一方，商業銀行はずさんな融資のために膨大な不良債権（NPLs）を抱えることになり，逆に企業は銀行借入へ過度に依存した結果，不健全な経営に陥ってしまった。つまり，金融制度の構造的弱さと企業経営の未成熟さという制度的脆弱性（institutional vulnerability）が，アジア通貨危機の根本的原因であったというのが，彼らの主張だったのである。

そこで彼らは，次のような「制度改革」をアジア諸国の政府に指示した。まず金融制度改革については，BIS規制にもとづく自己資本の充実や貸倒れ引当金の積み増しなどにより，銀行経営の健全性を確保する。次いで，不良債権問題をすみやかに解決するために，企業倒産法や企業倒産裁判所法などの法的整

---

[3] 世界銀行のクレッセンズたちは，日本を含むアジア9ヶ国の企業の経営指標を調査し，危機に襲われた韓国，タイ，インドネシアでは負債・自己資本比率が2.0を超え，しかも1988年から96年にかけて数字が悪化していること，また負債に占める短期負債の比率が傾向的に上昇していたことを明らかにしている（Claessens et al [CDL] 1998, 9-11；末廣2000年a，93-94)。

備を図る[4]。そして商業銀行の立て直しと並行して、株式市場や債券市場の整備を図り、間接金融から直接金融へ企業金融をシフトさせることを構想した（Nabi & Shivakumar 2001, 45-54）。

一方、企業再構築については、上場企業を対象として企業経営の健全性を確保するために、一連の国際基準（global standard）を適用する。例えば、社外重役の任命や経営陣から独立した監査委員会の設置などがそれである。アングロ・アメリカ流の企業経営に近づけることが「企業改革」の骨子であった。

金融制度改革と企業再構築。この二つを結ぶものとして、IMF・世界銀行が強く要請したのが証券市場改革である。同時に、タイ側でもタイ証券取引所（The Stock Exchange of Thailand：SET）やタイ証券取引等監督委員会（Securities and Exchange Commission of Thailand：SEC）の双方がこの動きに連動して、1997年以降一連の改革を実施していく。その狙いは、「グッド・コーポレート・ガバナンス」を基本原則としつつ、地場企業の株式公開を促すと同時に、他方で上場企業がみたすべき要件をいちだんと厳しくして、彼らの経営の改善を図るというものであった。

それでは、こうした目論見ははたして成功したのか。いわば、タイ政府が1998年から着手した制度改革の要をなすと思われる「証券市場改革」はどのように策定され、それはファミリービジネスに対してどのようなインパクトを与えたのか。その点を実証的に検討してみたい。

1 大企業・ファミリービジネスと公開株式会社

表6-1は、アメリカの信用調査会社である Dun & Bradstreet 社と、タイの Business On-Line 社が共同で作成した『企業ダイレクトリー』をもとに、1996年の売上高上位5000社を、企業形態別・所有主別に整理したものである。企業形態別は、(1) 公開株式会社（public limited company：PLC）、(2) 非公開株式会社（private limited company）、(3) 有限パートナーシップ（limited partner-

---

[4] この点については、金子（1999年；2004年）、東（2002年）、高安（2005年）を参照。

第6章 証券市場改革とコーポレート・ガバナンス 211

表6-1 タイ売上高上位 5000 社の企業形態別分布 (1997年)

(1) 企業数の分布

(単位:社数, %)

企業形態	合計	%	タイ人	%	外国人	%
Public Limited Company (PLC)	475	9.5	407	10.3	68	6.4
Private Limited Company	3,771	75.4	3,100	78.6	671	63.6
Limited Partnership	726	14.5	423	10.7	303	28.7
Registered Ordinary Partnership	15	0.3	14	0.4	1	0.1
支店, 連絡事務所	13	0.3	0	0.0	13	1.2
合 計	5,000	100.0	3,944	100.0	1,056	100.0

(2) 売上高合計の分布

(単位:100万バーツ, %)

企業形態	合計	%	タイ人	%	外国人	%
Public Limited Company (PLC)	2,347,186	32.0	2,016,468	39.1	330,718	15.1
Private Limited Company	4,021,034	54.8	2,820,908	54.8	1,200,126	54.9
Limited Partnership	919,360	12.5	306,753	6.0	612,607	28.1
Registered Ordinary Partnership	5,366	0.1	5,123	0.1	243	0.0
支店, 連絡事務所	40,428	0.6	0	0.0	40,428	1.9
合 計	7,333,374	100.0	5,149,252	100.0	2,184,122	100.0

注 1) 外国人所有企業は, 原則的に払込資本金の 30%以上を所有している場合。
2) 公開株式会社 (Public Limited Company) は事実上の「上場企業」, 非公開株式会社もしくは私企業 (Private Limited Company) は非上場企業をさす。
3) 公開株式会社には上場認可企業を含むため, 表6-2 の数字とは一致しない。
出所) Dun & Bradstreet (Singapore) Pte. Ltd. and Business On-line eds. (1999) のデータと筆者の企業データベースにもとづき集計。

ship), (4) 登記済み普通パートナーシップ (registered ordinary partnership), (5) 外国企業の支店・連絡事務所の五つに分類し, 企業所有主別はタイ人の企業と外国人の企業 (原則として外国人所有が30%以上) の二つに分類した。公開株式会社 (PLC) は, 大半が上場企業と重なるものと考えてよい。

そこで表6-1 をみると, 企業数, 売上高合計額の双方で最大を誇るのは, 非公開株式会社である。一方, 公開株式会社 (上場企業) は, 5000 社のうち 475 社, 全体の 9.5%であった。ただし, 売上高合計額に占める公開株式会社の比率をみると, すでに全体の 32%に達している。とくにタイ人企業の中では 39%を占めるまでになっている。もっとも, 対象を外国企業に限定すると, 総数 1065 社のうち公開株式会社は 68 社 (6%) にすぎず, 同企業の売上高合計額に占める比率も外国企業全体の 15%にとどまっていた。これはタイに進出

している欧米系の多国籍企業や日本の製造企業の大半が，地場の証券市場には上場していないことによっている。

　次に，ファミリービジネスの側からみると，証券市場への上場はどの程度進んでいるのだろうか。本書の付表1に掲げた220グループ・所有主家族の1996年における売上高データをもとに順位づけを行い，そのうち上位40グループを抽出すると，次のような数字を得ることができた。すなわち，上位40グループのうち34グループがファミリービジネスの範疇に入り，彼らに所属する合計359社の傘下企業のうち109社（30%）が，上場済みの企業であった。しかも，これら109社の売上高合計額は359社の売上高総額の61%を占めていた。また，王室財産管理局と国営・公企業（5グループ）を含めた40グループ全体では，傘下企業440社のうち129社（29%）が上場企業であり，上場企業の売上高合計額は全体の63%にも達していた[5]。この数字は，本書の第1章が対象とした時期（1979年と88年）と違って，大企業のかなりの部分がすでに上場していることを示している。したがって，通貨危機前の1996年時点で，上場企業の存在はタイでも十分重要だったといえるだろう。

2　証券市場の発展と企業の資金調達構造

1）経済ブームと証券市場

　タイに証券取引所が開設されたのは1975年である。政府は証券・株式市場の発展を促すために，まず地場の主要商業銀行やサイアムセメント社など有力企業に上場を要請し，少し遅れて外国企業の一部が政府の要請に応じた。そして，「1978年公開株式会社法（Public Limited Company Act）」の制定と民商法典の改正を経て，不特定多数の投資家を対象とした新株の公募や社債の発行を，この公開株式会社にのみ認めた。その結果，1978年には一時的に株式取引が活発化するが，ラーチャー・ファイナンス社などの破綻による金融不安が生じ，第2次石油危機を引き金とする経済不況も重なって，証券市場は80年

---

[5]　個々のグループ別にみた詳しい数字は，末廣（2002年a）の表2（69頁）に掲げておいた。

代前半を通じて停滞が続いた（田坂 1996 年）。

そこで政府は，1984 年に証券取引法を改正し，それまで債券発行を禁じていた非公開株式会社・私企業（private limited company）に対しても，上場さえすれば債券発行を認める方針に転じた。その結果，1980 年代後半には上場企業の数が増加し，株式の取引金額も急速に増加していく（表6-2 を参照）。ほぼ同時期，タイは直接投資ブームを引き金に高成長を迎え，事業拡大を目論む地場企業は，内部留保，銀行借入のほかに，株式発行による資金調達やプレミアム収入にも目を向けるようになる（三重野 2002 年）。この資金調達源の拡充方針にはずみをつけ，証券市場に飛躍をもたらしたのが，1992 年5月の「新証券取引法」の制定と「公開株式会社法」の抜本的な改正であった（Phiset 1999；大泉 2002 年）。

従来，タイ証券取引にかかわる業務は，証券業免許付与と上場認可権限などが財務省財政経済局（Fiscal Policy Office）に，証券業の監査権限が財務省の委託を受けた中央銀行に，不正取引の監視権限がタイ証券取引所（SET）に，それぞれ別途付与されていた[6]。しかし証券取引の活発化の中で，行政の分散化にともなう混乱に対する批判が高まっていたため，政府は新証券取引法にもとづき，タイ証券取引等監督委員会（SEC）を新たに設置し，証券業務の行政・監督権限を集中させた（SET 1999, 9）。それと同時に，上場認可企業を公開株式会社にのみ限定し，併せて社債発行の制限を公開株式会社に対して大幅に緩和する政策をとった。

こうした法・制度の整備と，1990 年から開始される金融自由化政策（資本取引や金利，金融業務の自由化）が，国内における経済ブームと重なって，92 年を境にタイの証券市場は未曾有の発展を遂げることになる[7]。表6-2 が示すように，年間の取引金額（売りのみ。売買金額はこの2倍）は，1986 年の 250

---

[6] SET は，1974 年5月20日制定の「タイ証券取引法」によって The Securities Exchange of Thailand として設立され，75 年4月30日から活動を開始した。そして，1991 年1月1日から The Stock Exchange of Thailand に名前を変えている。略記はいずれも SET である（SET 1999, 1-3）。

[7] タイにおける金融自由化のプロセスについては，末廣・東編（2000 年，第2章），田坂（1996 年）などを参照。

表 6-2 タイ証券市場の発展指標 (1975-2005 年)

(単位:企業数, 100万バーツ, 指標)

年次	合計上場企業数	新規上場企業数	上場取消企業数	年取引額 100万バーツ	時価総額 100万バーツ	SET 指標
75年4月	9	*	*	*	*	*
1975	21	12	*	559	5,394	84
1976	25	4	*	993	7,260	83
1977	39	14	*	26,282	19,232	182
1978	61	22	*	57,065	33,088	258
1979	69	8	*	22,450	28,384	149
1980	77	8	*	6,549	25,522	125
1981	80	3	*	2,521	23,471	107
1982	81	1	*	5,878	29,439	124
1983	88	7	*	9,120	34,794	134
1984	96	8	*	10,595	47,432	142
1985	97	1	*	15,334	49,457	135
1986	93	0	4	24,993	75,200	207
1987	109	16	0	122,138	138,155	285
1988	141	32	0	156,457	223,650	387
1989	175	34	0	377,028	659,493	879
1990	214	39	0	627,233	613,515	613
1991	276	62	0	793,068	897,182	711
1992	320	44	0	1,860,070	1,485,020	893
1993	347	55	1	2,201,148	3,325,390	1,683
1994	389	43	1	2,113,861	3,300,760	1,360
1995	416	28	1	1,534,959	3,564,570	1,281
1996	454	40	2	1,303,144	2,559,580	832
1997	431	5	28	929,600	1,133,340	373
1998	418	1	14	855,170	1,268,200	356
1999	392	0	26	1,609,790	2,193,070	482
2000	381	2	13	923,697	1,279,224	269
2001	382	7	6	1,578,000	1,607,310	304
2002	389	18	11	2,047,442	1,981,000	356
2003	408	21	4	4,670,281	4,789,857	772
2004	440	36	7	5,024,399	4,521,894	668
2005	468	36	9	4,031,240	4,649,707	714

注) *該当なし。上場企業の合計にはミューチュアルファンドを含む。
出所 1) The Stock Exchange of Thailand, *Fact Book*, various year, 1985-2003.
2) The Stock Exchange of Thailand, *Monthly Review*, Vol. 25, No. 9, January 2000, p. 52 ; do., July 2001.
3) 2002-2004 : SET, *Annual Report 2004*, Bangkok, p. 20.
4) 2005 : SET, *Annual Report 2005*, Bangkok, p. 26.

億バーツから92年には1兆8600億バーツと80倍近い伸びを示した。また，上場認可企業数も同期間93社から320社へと増加している。同様に，タイ証券取引所指標（SET指標）も，1988年から高値を更新し続け，90年には879（同年7月は1142）にまで上昇した。その後，湾岸戦争の影響で株価が一時崩落したあと，1991年半ばから再び上昇し，94年1月には1754と最高値を記録した。

1992年以降の株式ブームを支えた要因は三つある。

第1は，成長産業分野の地場企業による，プレミアム収入やキャピタル・ゲインの取得を目的とした新規上場と相次ぐ増資である。1990年の時点では，上場企業175社のうち商業銀行（16社），金融証券（22社），繊維・衣類（21社），商業（16社）などが主流を占めた。ところが，1992年あたりから上場ラッシュが続き，96年には上場企業の数は448社に増加した。このうち急増を示したのはファイナンスカンパニー（96年現在，52社）を筆頭に，不動産（44社），建設資材（35社），アグリビジネス（29社），保険（22社），電気通信（11社），マスメディアを含む印刷出版（11社）などである。とくに不動産，電気通信，出版印刷の三つは，1993年に政府が政策的に上場を奨励した業種であった[8]。第2は，株価の上昇を前提に活発化した買収・転売を目的とする株式取引である。こうした取引は，とくに金融証券や商業銀行で生じた。第3は，金融の自由化による外国人投資家（機関投資家）の本格的な参入である。それまで外国人の取引は株式売買総額の15％前後でしかなかったが，1993年を転機にその比率は20～30％の水準にまで上昇した（田坂1996年，74-75）。

2） タイにおける企業金融の特徴

証券市場の発展にともなって企業の資金調達構造も変化を示した。そこで最初にタイにおける金融構造の主な特徴を簡単に指摘しておきたい。表6-3はタ

---

[8] 業種別の上場企業の分布については，SETが毎年発行している年次報告（*Annual Report of SET*），ファクトブック（*Fact Book of SET*）に詳しい。なお，SETは1996年9月に上場企業の業種別分類を，従来の31グループから37グループへ拡充し，国連が作成する国際基準への鞘寄せを行っている（SET 1996, 6-12）。

表 6-3　タイ，日本，アメリカの金融市場構造（1997-98 年）

(単位：%)

項目	タイ	日本	アメリカ
(1) 家計の金融資産			
貯蓄	94.5	56.1	11.7
信託/退職積立金	2.1	5.5	＊
投資信託	＊	2.4	9.8
生命保険	1.4	26.1	＊
年金＋生命保険	＊	＊	29.8
株式	0.3	4.2	20.2
その他	1.7	5.7	28.5
合　計	100.0	100.0	100.0
(2) 金融機関の総資産残高			
商業銀行	75.5	46.0	33.2
金融会社	8.0	＊	3.9
政府系金融機関	14.0	29.1	＊
信託会社	＊	9.2	21.3
保険会社	2.4	12.2	＊
年金基金＋保険会社	＊	＊	41.6
その他	0.1	3.4	＊
合　計	100.0	100.0	100.0
(3) 企業の資金調達			
銀行借入	68.7	61.5	5.0
株式	17.9	26.4	53.9
社債	11.7	7.8	10.3
CP	＊	1.6	1.2
その他	1.7	2.7	29.6
合　計	100.0	100.0	100.0

注 1) タイの金融機関の総資産残高は 1999 年末，そのほかは 98 年の数字。日本は 1998 年の数字，アメリカは 97 年の数字。
　　2) ＊該当数字なし。
出所) タイは中央銀行，タイ証券取引等監督委員会，債券取引センターの資料。日本とアメリカは，通商産業省編（1999 年，232，260）より筆者作成。

イ，日本，アメリカにおける 1997-98 年現在の金融市場の構造を，(1) 家計レベルにおける金融資産の分布，(2) 金融機関の機関別総資産の分布，(3) 企業の資金調達源泉の分布，という三つの側面からみたものである。

　まず家計レベルにおける金融資産からみると，株式市場と年金制度が発展しているアメリカでは株式（20%），年金＋生命保険（30%）が中心を占め，貯

蓄（12%）はきわめて少ない。これに対して日本は株式（4%）の比重がまだ低く，代わりに生命保険（26%），そして何より貯蓄（56%）が大きな比重を占める。タイは貯蓄（95%）への依存がもっとはっきりしており，株式は1%にも満たないことが判明する。

この3ヶ国間における家計レベルでの金融資産の分布の違いは，当然ながら金融機関における商業銀行の比重の違いに反映する。実際，商業銀行が金融機関全体の総資産残高に占める比率は，アメリカの33%に対して，日本は46%，タイは76%にも及んだ。逆にアメリカの場合には，信託会社，年金基金，保険会社が全体の3分の2を占めている。最後に企業の資金調達源泉をみると，株式（直接金融）重視のアメリカと，銀行借入（間接金融）重視の日本，タイの間で好対照がみられた。

この点を時系列的に確認したのが表6-4である。この表はタイ企業の証券市場での新規資金調達の手段別推移と，資金調達源泉別の分布をそれぞれ示したものである。後者については正確なデータが入手できないので，各年末の商業銀行の貸出残高，発行株式の時価総額，発行社債の時価総額を，それぞれ当該年の名目GDPに対する比率で示すことにした。

これによると，経済がバブル化した1993年時点では，株式時価総額の対GDP比率は銀行借入のそれを大きく上回っていた。しかし，1996年を境に銀行借入の比重が増大し，逆に株式の比重が急速に下がっている。一方，証券市場の新規資金調達の分布をみると，危機後1998年から2000年にかけて株式の新規発行が増加し，2001年に再び急減していること，社債の発行が急速に伸びていることが分かる[9]。その結果，2000年までの数字をみて，世界銀行などはタイにおける企業金融の「直接金融へのシフト傾向」を強調したが，現実はそのようには進展していない。この点はあとで触れることにする。

---

[9] 通貨・経済危機に襲われた韓国，タイ，マレーシア，インドネシアの4ヶ国の債券市場を中心とした金融構造と企業金融の特徴と変化については，Shirai（2001）を参照。

表6-4 タイにおける上場企業の資金調達とその源泉(1993-2000年)

(1) 新規資金調達

(単位:100万バーツ)

資金調達方法	1993	1994	1995	1996	1997	1998	1999	2000
株式	34,027	82,065	64,565	65,178	15,718	136,354	277,227	72,349
社債	21,455	82,536	70,603	92,327	38,151	31,059	313,304	163,104
株式連動	39,985	27,514	16,132	40,530	2,770	6,715	7,692	7,446
ワラント債	880	2,442	470	2,946	0	1	1,401	18
合計	96,347	194,557	151,770	200,981	56,639	174,129	599,624	242,917

(2) 金融市場構造

(単位:10億バーツ)

資金調達方法	1993	1994	1995	1996	1997	1998	1999	2000
銀行借入	2,694	3,457	4,231	4,825	5,984	5,372	5,248	4,033
株式(時価)	3,325	3,301	3,565	2,560	1,133	1,268	2,193	1,279
国内債券(額面)	262	339	424	519	547	941	1,389	1,484
社債(額面)	26	86	134	182	188	178	402	n.a.
名目GDP	3,170	3,631	4,186	4,609	4,724	4,665	4,615	4,900

(3) 名目GDP比

(単位:%)

資金調達方法	1993	1994	1995	1996	1997	1998	1999	2000
銀行借入	85	95	101	105	127	115	114	82
株式(時価)	105	91	85	56	24	27	48	26
国内債券(額面)	8	9	10	11	12	20	30	30
社債(額面)	1	2	3	4	4	4	9	n.a.

注) 新規資金調達は上場企業のみ。銀行借入の残高と名目GDP比は,非上場企業の借入を含む。
出所 1) Securities and Exchange Commision of Thailand (2000);
2) Bank of Thailand Research Division (1999);
3) Thai Bond Dealing Center ed. (2000;2001)より筆者作成。

3 経済危機と証券市場改革

1) 経済危機以前のコーポレート・ガバナンス観

1996年から国際ヘッジファンドの攻撃対象となっていたタイのバーツ貨は,97年5月に激しいバーツ売り・ドル買いに直面し,わずか1ヶ月で中央銀行が200億ドル以上の外貨準備を使ってバーツ防衛に走るという事態が生じた。その結果,外貨準備を使い切ったタイ政府は,1997年7月2日に為替制度をドルを中心とする通貨バスケット方式から管理フロート制に切り替える。その結果,バーツの対ドルレートは1ドル=25バーツから40バーツ以上に大幅に下

落し，同年8月には，外貨準備の補塡のためにIMFなどから救済融資172億ドルを受け入れた。この救済融資とその後の世界銀行による融資を受けるために，財務省・中央銀行が合意したいわゆる「コンディショナリティ」が，金融制度改革と企業再構築の抱き合わせによる経済改革である。

この経済改革は，一方で商業銀行の活動を抜本的に見直すと同時に，それまで銀行借入に依存していた地場企業の資金調達を，間接金融から直接金融（株式と社債）に切り替えることを主たる目的としていた。実際，表6-4が示すように，1996年時点の銀行貸出残高4兆8250億バーツに対して，株式の時価総額はいまだその半分の2兆5600億バーツ，社債の時価総額にいたっては1820億バーツにすぎなかった。また，新規の株式発行額も652億バーツにとどまっていた。ただし，直接金融を促進するためには，海外投資家の参入が決定的に重要である。そして，海外投資家を呼び寄せるためには，地場企業の企業経営を制度的に改善することが不可欠の要件となる（Nabi and Shivakumar 2001, 49-50）。その要となるのが「グッド・コーポレート・ガバナンス」概念の導入だった[10]。

国際金融機関やタイ政府が導入しようとした「グッド・コーポレート・ガバナンス」の基本要件は，アメリカ流の「株主価値最大化」の原則にもとづく（Claessens et al. [CDFL] 1999a；1999b）。つまり，企業の外からの管理やモニタリング機能の強化と，企業自身による経営の透明性の確保（情報開示）の二つを柱とする。より具体的には，(1) 支配的株主（controlling shareholder）に対抗する一般株主や少数株主の権限の強化，(2) 社外重役の任命と重役の任命やその報酬を決定する委員会の設置，(3) 経営陣から独立した監査委員会の設置，(4) 国際会計基準協会（IASC）に準拠した会計制度の導入，(5) 債権者の権利を保護する企業法の整備，(6) 一般投資家に対する企業の情報開示の促進，の六つである。

興味深いことに，タイ証券取引等監督委員会（SEC）は，4大国際会計事務所のひとつであるPrice Waterhouse Management社（バンコク支店）と共同で，

---

[10] コーポレート・ガバナンス概念の国際比較と推移については，深尾・森田（1997年），稲上ほか編（2000年，第1章）を参照。

表 6-5 SET のコーポレート・ガバナンス調査結果（1996 年）

(1) 取締役会の開催頻度				
項目	合計	毎月	四半期	その他
実数	225	68	130	27
比率	100.0	30.2	57.9	11.9
(2) 取締役会と経営執行委員会を分離しているかどうか				
項目	合計	分離	未分離	
実数	225	165	60	
比率	100.0	73.3	26.7	
(3) 取締役会会長の性格				
項目	合計	社外	内部	回答なし
実数	225	62	160	3
比率	100.0	27.7	71.3	1.0
(4) コーポレート・ガバナンスについて公式の方針や政策をもっているかどうか				
項目	合計	あり	なし	回答なし
実数	225	117	96	12
比率	100.0	52.0	42.6	5.4
(5) 役員報酬委員会を別途設置しているかどうか				
項目	合計	あり	なし	回答なし
実数	225	117	106	2
比率	100.0	52.0	47.0	1.0
(6) 経営の情報開示について方針をもっているかどうか				
項目	合計	あり	なし	回答なし
実数	225	173	47	5
比率	100	76.7	20.8	2.5

注 1) この調査は，タイ証券取引委員会（SET）と Price Waterhouse Management Consultant Limited が 1996 年に合同で行ったものである。
　 2) 取締役会の開催頻度は，「1978 年公開株式会社法」では 2ヶ月に 1 回であったが，「1992 年公開株式会社法」によって，3ヶ月に 1 回に緩和された。したがって，四半期ごと以上が公開株式会社法の規定に従っていることになる。
出所）SET（1997a, 6-16）より筆者作成。

経済危機前，つまり IMF などが企業改革を主張する前である 1996 年に，上場企業 225 社に対して，コーポレート・ガバナンスに関するアンケート調査を実施している（SET 1997a, 6-16）。この調査は危機前にタイで実施されたコーポレート・ガバナンスに関する唯一の調査である。そこで，そのエッセンスを表 6-5 に整理しておいた。

この表には，取締役会議の開催頻度，取締役会役員と経営執行委員の分離の有無，コーポレート・ガバナンスに対する経営側の姿勢などがまとめてある。ここから，取締役会を毎月開催していない企業が70%，独立の役員報酬決定委員会を設置していない企業が47%，コーポレート・ガバナンスについて明確な方針をもたない企業が43%，企業経営の情報開示に無関心な企業が21%となっており，危機前には，アングロ・アメリカ流のコーポレート・ガバナンス概念は，それほど一般的ではなかったことが判明する。

より興味深いのは，コーポレート・ガバナンスの今後の取り組みに関するアンケート調査の結果である。政府（SET）の規制に対して，現行のままで満足，もしくは若干の改善で十分と答えた企業は調査企業の43%を数え，かなりの改善が必要という回答（34%），完全な見直しが必要という回答（6%）の合計値を上回っていた。つまり経済危機前の状況では，タイ上場企業の半数は，コーポレート・ガバナンスに対して積極的な意見をもっていなかったのである。「グッド・コーポレート・ガバナンス」を原則とする企業改革は，企業による自主的判断ではなく外圧にこそその理由があった。

2) 1998年1月のSETガイドライン

通貨危機の勃発から4ヶ月後の1997年11月に，タイ証券取引所（SET）は「上場企業の取締役役員の役割と責任」と題する小冊子を作成し，コーポレート・ガバナンスの改善に乗り出す。そして，同年12月のIMFとの第2回政策協定合意書（Letter of Intents：LOI）の中で，タイ政府が企業経営や会計・監査制度の抜本的な改善に同意したことを受けて，SETは1998年1月19日に，「グッド・コーポレート・ガバナンスの新ガイドライン」と題する布告（prakat）を，アマレート・シラーオーン委員長の名前で通達した。

この新ガイドラインは，「The SET Code of Best Practices of Directors of Listed Companies」と「Audit Committee and Good Practice Guidelines」の二つからなり，前者は，(1)役員の役割，任務，責任の明確化，(2)最低2名の社外重役の任命，(3)所有主や経営陣から独立した監査委員会，役員任命委員会，役員報酬委員会の新設，を定めていた。そして役員の任務と責任については，

企業経営のモニタリング，株主価値の最大化，株主に対する説明責任の三つを明記したのである。他方，後者の独立監査委員会の設置については，国際会計基準に従った財務書類の作成，支配的株主と姻戚関係にない最低3名の監査委員の任命，そのうち1名は財務知識をもつことなどを定めた[11]。

次いで，1年後の1999年2月には，SETは新ガイドラインを普及・徹底させるために，チャワリット・タナチャナン元中央銀行総裁を委員長とする「グッド・コーポレート・ガバナンス開発小委員会」（SGCGD）を設置する。また，タイ証券取引等監督委員会（SEC）事務局のもとに，SET，SEC，財務省，商務省，中央銀行，タイ公認会計士・監査人協会（Institute of Certified Public Accountants and Auditors of Thailand: ICAAT），タイ内部監査人協会（Institute of Internal Auditors of Thailand: IIAT）の代表を集めてスタディ・チームを立ち上げた。同チームが具体的な指摘と提言を行ったのは，1999年7月のことである。この提言は，アメリカやイギリスの事例を紹介しながら，少数株主の権利保護や一般投資家の権限強化，取締役会や監査委員会によるモニタリング機能の重要性を強調している[12]。

1998年1月に公表された新ガイドラインで重要であったのは，SETが1999年末までに，すべての上場企業に対してガイドラインの条件をみたすことを義務づけた点にある。また，1997年2月に財務大臣通達として上場企業に命じた，証券取引法第56条第1項にもとづく「株式発行目論見書」（Prospectus：いわゆる「56/1形式報告書」）の提出も再度指示した。この「56/1形式報告書」は，取締役会からのメッセージ，監査委員会の報告，企業の財務報告，企業が従事している産業の競争条件と当該企業の優位性，主要株主一覧と増資の状況，役員と経営執行委員の履歴（年齢，支配的株主との姻戚関係，最終学歴，90年以降の経歴や他会社との役員兼任状況など），出資比率20％以上（もしくは10％以上）の関連会社の財務状況と連結決算の報告など，合計13項目にわたって

---

[11] この二つのガイドラインのタイ語と英語の全文と解説は，SET編『年次別SET文書集——指示と布告』（タイ語）に収録されている（Talat Laksap haeng Prathet Thai ed., n. d.）。

[12] "Enhancing Good Corporate Governance of Thai Listed Companies," July 1999. この報告書は全部で五つの章からなり，SECのホームページに掲載されている。

報告すべき内容と書式を詳しく規定していた。一般投資家の権利保護と情報の開示を目的に，従来の年次報告書よりはるかに厳格な報告を，上場企業に対して求めたわけである。

筆者のSET投資情報センターでの調査によると，上場企業383社（2000年初めの数字）のうち，1999年度の年次活動報告（タイ語版）をSETに提出した企業は全体の97%，年次活動報告（英語版）を提出した企業は71%，「56/1形式報告書」（タイ語版）を提出した企業は94%に達した[13]。一方，1998年1月のSETのガイドラインに対して，上場企業がもっとも積極的に呼応したのは，独立の監査委員会の設置である。例えば，1999年初めに国際会計事務所デロイト・トゥーシュ社が行った企業アンケート調査によると，回答企業の44%がすでに監査委員会を新たに設置し，48%が設置を準備しているか，改善を検討していると回答した。反面，役員の役割について明文化した企業は全体の8%にすぎず，役員や経営陣の説明責任の強化を具体化した企業も13%にとどまっている（Deloitte Touche Tohmatsu Jaiyos 1999）。

監査委員会の設置を重視するコーポレート・ガバナンスのタイ側の捉え方は，SETがのちに公表した数字に端的に示されている。すなわち，タイムリミットである1999年12月末までに監査委員会を設置した上場企業は389社のうち336社にのぼった。一方，監査委員会をまだ設置していない53社のうち，22社が警告の対象，10社が執行猶予であり，残りの21社は「REHABCO」と呼ばれる企業カテゴリーに所属していた[14]。因みに，「REHABCO」とはRehabilitation Companyの略で，債務再構築のためにSETから証券市場での株式取引を一時的に禁じられている企業を指す。したがって，これを除くとほぼ全ての企業が監査委員会を設置したことになる。

---

[13] SET投資情報センターには，各上場企業が年次活動報告書や「56/1形式報告書」を実際に提出したかどうかの一覧表が常備されており，提出している場合にはその提出日を簡単に確認することができる。

[14] SET, *SET Warasan*, Vol. 3, No. 8, January 2000, p. 6.

3) 会計・監査制度の改革

こうした「グッド・コーポレート・ガバナンス」概念の導入とともに，政府が同時期に取り組んできたもうひとつの課題が，上場企業の会計基準の改正と国際基準への鞘寄せである。もともとタイの上場企業は，会計監査を国際的に有名な5大会計事務所（のち4大会計事務所）と，地場の最大手であるSGVナターラング社（タイで最古の会計事務所である同社も，実際はArthur Andersen社の提携会社である）の6社に委託していた[15]。

筆者の調査によると，1988年時点で上場していた企業138社のうち58社が5大会計事務所に，30社がSGVナターラング社に委託しており，6社の比率は全体の64%に達していた。そして，1992年の証券取引法の改正を受けて，上場企業の会計監査の担当者は，SETが免許を与える特定の公認会計士（会計事務所）のみに限定され，その結果，96年には上場企業448社のうち237社（53%）が5大会計事務所に，84社（19%）がSGVナターラング社に委託し，6社の比率は全体の72%にまで高まった[16]。監査の作業についていえば，通貨・金融危機以前から国際的な会計事務所が圧倒的地位を占めていたのである。

ところが，会計報告の基準や作成の仕方，内部監査の基準については，1972年に「会計・監査法」が公布されてから，ほとんど手付かずのままになっていた。そこで，SETは1995年から会計・監査制度の見直しを独自に開始する。そして危機後の1997年12月，政府はIMFとの第2次政策協定合意書の中で，会計・監査制度の改革を約束するに至った。

改革に対する取り組みが本格化したのは，世界銀行が1998年5月に会計・監査基準の調査を財務省財政経済局に指示し，34万3000ドルの無償援助を供

---

[15] 5大国際会計事務所とは，(1) Deloitte Touche Tohmatsu Jaiyos（タイ進出は1939年。地場大手会計事務所Jaiyosと共同事業），(2) Ernst & Young（同59年），(3) KPMG Peat Marwick Suthee（同87年，地場のSuthee & Co.と合弁事業），(4) Price Waterhouse Management（同59年），(5) Coopers & Lybrandの5社である。なお，Price WaterhouseとCoopers & Lybrandは，1998年7月に合併して4社に再編された（筆者の在バンコク・アメリカ商業会議所での聞き取り調査，1999年11月）。

[16] Alpha Info Co., Ltd. ed. (1997)のデータにもとづき筆者が集計。

与したときからである。財務省はこの調査を，タイ公認会計士・監査人協会 (ICAAT) のもとにある国際会計基準策定小委員会に委託し，同小委員会は商務省が管轄する「会計監査業務管理委員会」(Bureau of Supervision of Auditing Practices: タイ名，ゴーボーチョー) と協力して，会計基準や公認会計士の認可制度の全面的な見直しと，会計法・監査法の改定作業に着手した[17]。そして，2000年8月には28年ぶりに「1972年会計・監査法」を全面的に改定し，さらに翌2001年3月からは，国際会計基準協会 (IASC)，あるいはアメリカ財務会計基準委員会 (Financial Accounting Standards Board: FASB) にしたがって，財務会計報告を作成することを義務づけたのである (Nithitam Publishing House ed. 2000)。

したがって，国際金融機関が提言したコーポレート・ガバナンスを機軸とする企業改革は，1999年末から2000年にかけて，ほぼその法的・制度的枠組を整備し終えたということができる。1998年1月のSET布告を改革の開始とみるならば，その取り組みはきわめて迅速であったと評価できるだろう。ただし，制度的枠組ができても，それが効率的に運用され，さらに当事者の意図にしたがった政策効果を生み出してきたかどうかは，別の問題である。そこで次節ではこの問題を検討してみたい。

4 証券市場の企業淘汰システムとその実態

1)「メリット・ベース」と「情報開示ベース」

SETやSECが構想した証券市場改革は，ひとことで言えば，「グッド・コーポレート・ガバナンス」を軸に情報開示ベースによって上場企業の淘汰を進めていくという方式である。ところが，1997年の危機以前にSETが採用していた企業の上場認可の基準は，「情報開示ベース」ではなく「メリット・ベース」と呼ばれる方式であった。

「メリット・ベース」方式は，次の五つの項目を上場認可の際の重要な条件

---

[17] タイの会計・監査制度の仕組みとその改革については，末廣・ネートナパー (2000年, 6-17) に紹介しておいた。より詳しくは，Natenapha (2006, 270-304) を参照。

とする。すなわち，(1) 株式発行による資金調達目的の妥当性，(2) 負債・自己資本比率（debt-equity ratio）などに代表される財務の健全性，(3) 当該企業が所属する業種・セクターの国民経済に対する貢献度や重要性，(4) 上場申請時までの過去5年間における事業の収益性（連続した利益の計上など），(5) 企業の経営姿勢にみる健全性（グループ内企業同士で価格の振替操作を行った場合には，不健全とみなされる）の五つがそれである[18]。

「メリット・ベース」方式の特徴は株主ではなく，国民経済の成長や株式投資に関心のあるタイ人一般大衆（the public）の利害の観点から，当該企業が上場に値するかどうか，SETが判定する点にあった。そのため，上記五つの中では (3) と (4) がとりわけ重視された。まさにメリット（過去の企業実績）と，基盤を置く業種の将来性が重要な判断基準とされたのである。SETが1993年以降，アグロインダストリー，不動産，情報・電気通信などを戦略的に上場対象業種と捉えたのも，同様の考え方にもとづいている。

これに対して「情報開示ベース」方式は，一般大衆や国民経済ではなく，外部の投資家や一般株主の利害を尊重する。そして，上場企業の「参入」（entry）の敷居を低くすることでより多くの企業の上場を促し，証券市場の活性化を図ろうとした。実際，2000年1月には，証券市場の取引額の増大を目的に，最低資本金を1億バーツから2億バーツへと引き上げる半面，過去の経営実績，つまり連続した利益の計上といった，上場を阻害する条件を認可の基準から外した[19]。

他方，いったん上場した場合には，当該企業はSETが定めるもろもろのガイドライン，社外重役の任命や独立の監査委員会の設置などに厳格に従うことを条件づけた。とりわけSETが重視したのは，外部の投資家に対する企業経営の情報開示と財務報告の整備であった（「56/1形式報告書」の提出など）。そして，この条件をみたさない企業はペナルティを課せられ，状況に応じて上場の取り消し，つまり「退出」（exit）を指示する。情報開示を軸に「参入と退出

---

[18] 「メリット・ベース」の条件については，プラサーン・トライラットウォラグンSEC事務局長からの筆者の聞き取り調査の結果にもとづく（バンコク，2000年8月8日）。

[19] SET, *SET Warasan*, Vol. 3, No. 8, January 2000, pp. 5-6.

図 6-1 タイ証券市場の展開（SET 指標，1985-2005 年）

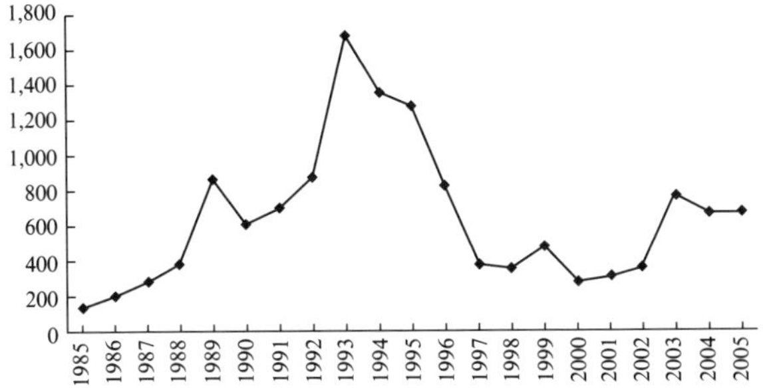

出所 1) The Stock Exchange of Thailand, *Fact Book*, various year, 1985-2000.
2) 1975-2005：www.set.or.th/SET30year_Eng.xls.1975-2004-Eng data
(2006 年 4 月 7 日アクセス)．

のルール」を定め，証券市場において健全な企業を残していくというのが，SET の構想であったといえよう。この方式を SET 自身は「情報開示ベースの企業淘汰システム」（Disclosure-based Screening System）と呼んでいる。

2）タイ証券市場の停滞

ところで，「企業淘汰システム」が機能するかどうかの成否は，第 1 に上場企業が新ガイドラインに忠実に従うかどうか，第 2 に外部の投資家，とりわけ外国人投資家が情報開示の結果を評価して地場企業の株式取得に向かうかどうか，この 2 点にかかっている。つまり企業の自主的な対応と証券市場の活性化が実現しない限り，SET が構想する証券市場改革はその効果をもちえないのである。ここではまず後者の問題を検討しておこう。

図 6-1 は，通貨危機前から 2005 年までのタイ証券市場の推移（SET 指標）を示したものである。この図が端的に示しているように，証券市場は危機から 2002 年まで停滞を続けた。ところで，前出の表 6-4 をみると，タイの新規株式発行は，危機を迎えた 1997 年の 157 億バーツから，98 年には 1364 億バーツ，99 年にはさらに 2772 億バーツと，一見順調に増加しているかにみえる。しかし実際には，この 2 年間に新規に発行された株式の 3 分の 2 が，政府が地場商業銀行に命じた BIS 規制にもとづく自己資本の積み増し（貸出残高に対し

て8%以上の自己資本の確保）によって実現したものである[20]。この点は，自己資本の積み増しが一段落した2000年に，新規株式発行額が再び723億バーツへと，極端に減っていることからもうかがい知ることができるだろう。

『月刊支配人』の調査によると，危機後の1997年度から99年度の3年間に，一度でも配当を実現したのは上場企業395社のうち129社（33%），3年連続の配当を実現したのは79社（20%）にすぎなかった（Phu Chatkan Rai-duan ed. 2000c, 162)。また，不動産，製造業などでは日々の株式売買がまったくなされていない企業が多数存在した。取引が成立している企業数は約200社程度あり，しかも取引額でみると商業銀行，金融，情報・電気通信，発電の4業種で全体の70%近くを占めていたのである。加えて，危機以降は証券市場から自ら脱退する企業が増加している事実を看過すべきではない。1997年28社，98年14社，99年26社，2000年13社と，脱退もしくは上場取り消しの企業数が，4年間で81社にも達しているからである（前掲表6-2)。新規の上場会社が再び増加するのは2002年からであった。

一方，証券市場の売買総額（売りと買いの合計金額，表6-6を参照）の推移をみても，1997年の1兆8600億バーツから，98年1兆7100億バーツ，99年3兆2200億バーツ，2000年1兆8470億バーツと，決してはかばかしい回復を示していない。とくに，SETが強い期待を寄せた外国人投資家が全体の取引額に占める割合は，表6-6によると，通貨危機が勃発した1997年の43%から98年には35%，さらに99年には29%へと低下してしまった。つまり，「グッド・コーポレート・ガバナンス」の導入による外国人投資家の誘引は，期待どおりには進まなかったのである。

こうした深刻な事態に対して，SETは2000年7月18日に，証券市場の活性化を目的とする「緊急支援パッケージ」を公表した。このパッケージは，(1)電力事業や通信事業など大規模な国営企業の上場を促す，(2)投資委員会（BOI）の奨励を受けている優良民間企業の上場を促す，(3) Exchange Traded

---

[20] 中央銀行の報告によると，危機後，タイ商業銀行が自己資本の充実のために増資した額は，旧株主への割当が970億バーツ，新規株主の引き受けが1600億バーツ，合計2570億バーツであった。これは1998年から99年の新規株式発行額の3分の2に相当する。

表 6-6 タイ証券市場のグループ別取引額推移（1997-2004 年）

(1) グループ別取引額の推移

(単位：100万バーツ)

年次	合計	個人投資家	国内機関	外国人投資家
1997	1,859,195	870,250	184,778	804,167
1998	1,710,337	1,021,887	96,414	592,036
1999	3,219,573	2,114,987	157,703	946,883
2000	1,847,392	1,147,637	105,118	594,637
2001	3,155,516	2,443,316	124,327	587,873
2002	4,123,283	2,978,611	219,185	925,487
2003	9,340,562	7,098,827	560,434	1,681,301
2004	10,048,798	7,134,647	803,904	2,110,248

(2) グループ別取引額の構成比

(単位：%)

年次	合計	個人投資家	国内機関	外国人投資家
1997	100.00	46.81	9.94	43.25
1998	100.00	59.75	5.64	34.62
1999	100.00	65.69	4.90	29.41
2000	100.00	62.12	5.69	32.19
2001	100.00	77.43	3.94	18.63
2002	100.00	72.24	5.32	22.45
2003	100.00	76.00	6.00	18.00
2004	100.00	71.00	8.00	21.00

注) 合計は売りと買いの合計額を示す。
出所) SET, *Fact Book 1998*, p. 12; *Fact Book 1999*, p. 42; *Fact Book 2000*, p. 43, *Fact Book 2001*, p. 33; *Fact Book 2003*, p. 31; *SET Annual Report 2004*, p. 19.

Fund を設置して，金融債券向け投資の手段を増やす，(4) CP セブン-イレブン社のような高い成長を誇る地場企業や「new economy」分野の企業の上場を促す[21]，(5) インデックスオプションによる株式売買を認可する，(6) 議決権のない普通株（NVDR）の発行に対して優遇措置をとる。以上の 6 点である[22]。

---

[21] CP セブン-イレブン社は，2003 年 10 月に SET から上場の認可を受けている（The Brooker Group PLC ed. 2005a, 662）。

[22] 詳しくは次の資料を参照。SET, *Khao Ko. Lo. To.* (タイ証券取引所委員会ニューズ), No. 20/2543, July 18, 2000; "Mai Mi Senthang Su-sawan Samrap Nak-longthun : Phaen Phattana Talat Hun rue tae Tempai Duai (投資家に明るい見とおしなし――証券市場の開発計画，もしくはもう限界か？)," *Krungthep Thurakit*, August 5, 2000.

そして，2001年2月に登場したタクシン政権は，証券市場活性化のために，より直接的な手段を導入する。つまり，経営パフォーマンスの良い上場企業に金銭的インセンティブを与える方針をとった。具体的には，同年5月に上場企業で利益を挙げている企業については，法人所得税を向こう3年間，30％から25％に引き下げ，第2市場（MAI）に上場するベンチャー型企業に対しては，法人所得税をさらに20％まで引き下げるという恩典を決めた（2002年1月から施行）。同時に，向こう3年間に国営企業15社の株式上場（独立法人化）を実現し，証券市場を活性化する方針を公表した[23]。

以上の新しい方針を固めるために，タクシン首相は2001年9月10日に，SET事務局長ウィチャイラットを，任期2年を残して事実上解任した。代わりに任命されたキティラット・ナラノーンは，経済危機前にファイナンスワン・グループ（Fin Group）の総帥ピン・チャッカパーク（背任容疑で裁判）の側近として名前を馳せた，生粋の投資ブローカーであった[24]。この人選は，政府が国際機関の指示する制度改革から，民間の投資専門家のノウハウと経験に依存する現実主義的なアプローチへと，方針を転換したことを意味した。

前出表6-2や表6-6が示すように，タイの証券市場は2002年を転機にようやく回復を示す。新規の上場企業数は2002年から2005年末までに111社に達し，取引売買総額は1998年の1兆8600億バーツから2004年には10兆500億バーツへと増加した。この発展の背景には，第1に輸出の伸びに牽引された経済全体の回復があるが，第2に政府の証券市場活性化政策と上場企業の自主

---

[23] 例えば，タイ発電公団（EGAT）の地方発電部門の上場（2000年11月認可）に続き，タイ石油公団（PTT，2001年12月認可），タイ電話電信公団（TOT，2002年7月閣議決定），タイ通信公団（CAT），タイ空港公団（AOT，2004年3月認可），タイオイル社（2004年10月認可）が，独立行政法人に改組されて上場された。しかし，2005年にEGATの全面的な民営化に対する強い反対運動が生じ，急ぎすぎた民営化方針にブレーキがかけられた。

[24] 『週刊タイ経済』2001年8月27日号，3ページ。ウィチャイラットは1999年に，クルンタイ銀行の経営執行委員会会長からSET事務局長に転任した。一方，新任のキティラットは，ファイナンスワン・グループ（本書の第7章を参照）のSecurity One社の社長を務め，同グループが1997年末に崩壊したあとは，タイ農民銀行グループの傘下企業であるユニヴェンチャー社の社長を務めた。

な経営改革が，一定の期間をへて功を奏したことも指摘すべきであろう。そこで以下では，個別の企業，とりわけファミリービジネスが，通貨危機とその後の証券市場改革に対して，どのように対応していったのかを検討してみたい。

5　CPグループの事業再編とCPF社の設立

1）CPF社によるアグロインダストリーの統合

　SETが証券市場改革にのりだした時，これにもっとも迅速かつ組織的に対応したのが，財閥型ファミリービジネスの典型であるチャルンポーカパン・グループ，もしくはCPグループであった。そこで以下では，このCPグループを事例としてとりあげて，SETの証券市場改革が，個別企業の行動にいかなるインパクトを与えたのか，具体的に検討してみよう。

　CPグループは，1980年代以降一貫して，タイの企業グループの中では第3位の売上高合計額を誇り，アジアの中で最大規模のアグリビジネスを発展させてきたグループである。1980年代末から経済ブームと投資自由化の波に乗って，事業を従来のアグロインダストリーから石油化学，電気通信，近代流通業，不動産業へと不断に多角化させ，危機前の97年当時には，九つの事業部（種子・肥料，アグロインダストリー，養殖エビ，貿易，流通小売，石油化学，不動産開発，自動車・機械，電気通信）と二つの準事業部（石油・発電，加工包装食品）を傘下に収めていた（Suehiro 1997, 40）。文字通りのコングロマリットへと発展したわけである[25]。

　しかし，アジア通貨・金融危機は，事業多角化を株式・社債発行に加えて，外国の商業銀行や海外シンジケートからの外貨建て借入に依存していたCPグループに大きな打撃を与えた。バーツ貨の大幅切り下げで生じた巨額の為替差損と外貨建て債務の膨張が，彼らを直撃したからである。これに対してCPグループがとった対応は素早かった。まず，事業基盤を二つに，つまり自社の競争力を発揮できるアグロインダストリーと，すでに巨額の設備投資を行い，今

---

[25] CPグループの危機前までの事業発展については，末廣・南原（1991年，第2章），Suehiro（1998），Thanawat（1999），Apiwat（2001）を参照。

後も成長が望める電気通信業の二つに絞り込んだ。そして，石油化学，自動車・機械，不動産開発，CP セブン-イレブン社を除く近代流通業からの撤退を決定し，同時に 1990 年代に急増させた中国への海外投資（ビール，自動車，石油化学，人工衛星事業）も，主力のアグロ関係を除いてすべて清算した。

その一方で CP グループは，それまで錯綜していたアグロ関係の事業会社の大半を，上場企業である Charoen Pokphand Foods PLC（CPF 社）に統合し，この CPF 社の機構改革と情報開示を進めることで，海外の投資家を勧誘する戦略をとった。同様に，電気通信業においても既存の TelecomAsia PLC（TA 社）を改組拡充して，国内の電気通信事業を TA 社に統合する方針をとった。その結果，CP グループの事業は 2001 年現在，持株会社兼グループの本社機能を果たすチャルンポーカパン・グループ社（CPG 社：非上場企業）を頂点に，CPF 社と TA 社の二つの上場企業を中核企業として，多数の事業会社を集中的に管理するという体制を整えている（本書の第 3 章，図 3-3）。

アグロ関連企業の中核に位置する CPF 社の前身は，1978 年に払込資本金 500 万バーツで設立された Charoen Pokphand Feedmill Co., Ltd.（旧 CPF 社）である。同社は，当初南タイ地区の養殖エビ（ブラックタイガー）向け飼料の製造と販売を目的に設立され，1988 年からは事業を養殖エビの加工と輸出にも拡大した。旧 CPF 社が株式を公開したのは 1987 年 12 月である。通貨危機の時点で，CP グループは旧 CPF 社のほかに，養鶏・養豚を行う Bangkok Agro-Industrial Products PLC（BAP 社，84 年 12 月上場），ブロイラーの解体処理・輸出を行う Bangkok Produce Merchandising PLC（BKP 社，87 年 12 月上場），飼料の製造，養鶏・養豚を行う Charoen Pokphand Northeastern PLC（CPNE 社，88 年 9 月上場），の計四つを上場企業として擁していた（Alpha Info Co., Ltd. ed. 1997）。

通貨危機の翌年に，CP グループはマッキンゼー社（McKinsey Company）と経営コンサルティングの契約を結び，その提案を参考にしながら本格的な機構改革に乗り出す。まず 1998 年 9 月に，上場企業である CPNE，BAP，BKP の 3 社の資産を，旧 CPF 社が普通株 3 億 8500 万バーツを新規発行して，株式交換によって買い取ることを決定した。3 社の株式と CPF 社の株式との交

図 6-2 CPグループ・アグロインダストリーの所有構造の再編

(1) 通貨危機前（1997年）

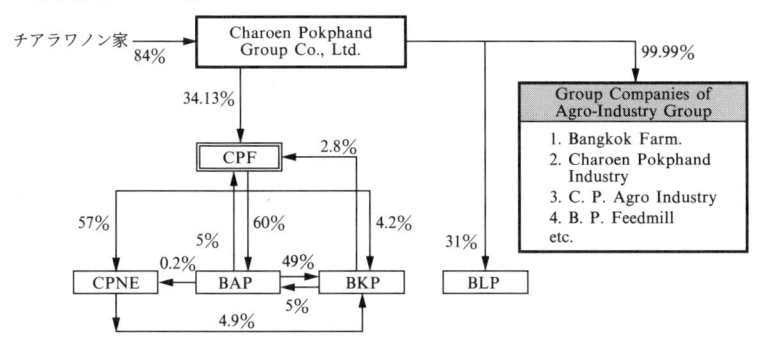

```
チアラワノン家 ──84%──→ Charoen Pokphand Group Co., Ltd. ──99.99%──→ Group Companies of Agro-Industry Group
                                                                        1. Bangkok Farm.
              34.13%↓                                                   2. Charoen Pokphand Industry
                                                                        3. C. P. Agro Industry
              CPF ←──2.8%──                                             4. B. P. Feedmill
         57%↓  5%↓ 60%↓ 4.2%↓                                    etc.
              0.2%  49%                              31%↓
        CPNE ← BAP ⇄ BKP                            BLP
              4.9%  5%
```

(2) 経営改革以後（1998年12月末）

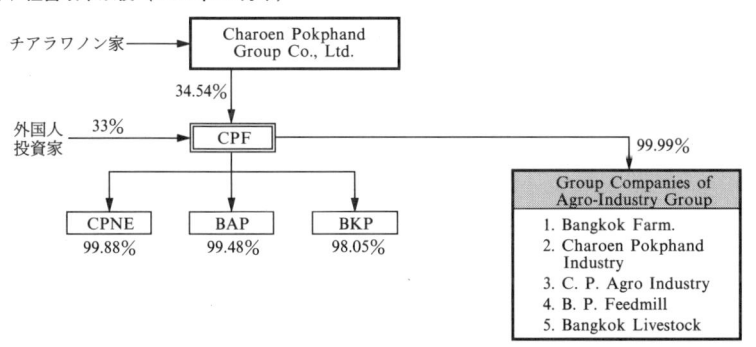

```
チアラワノン家 ──→ Charoen Pokphand Group Co., Ltd.
                        34.54%↓
外国人投資家 ──33%──→ CPF ──99.99%──→ Group Companies of Agro-Industry Group
                   ↓    ↓    ↓                    1. Bangkok Farm.
                 CPNE  BAP  BKP                   2. Charoen Pokphand Industry
                99.88% 99.48% 98.05%              3. C. P. Agro Industry
                                                  4. B. P. Feedmill
                                                  5. Bangkok Livestock
```

注) CPF：Charoen Pokphand Feedmill PLC
　　CPNE：Charoen Pokphand Northeastern PLC
　　BAP：Bangkok Agro-Industrial Products PLC
　　BKP：Bangkok Produce Merchandising PLC
　　BLP：Bangkok Livestock Co., Ltd.
出所) CPF PLC「56/1形式報告書」（タイ語版, 1999年3月）より筆者作成。

換比率は，CPNE社（54株：CPF社27株），BAP社（54株：同61株），BKP社（54株：同22株）であった（CPF 1998, 8-9）。その結果，1998年末には，図6-2に示したように，従来株式の相互持ち合いによって錯綜していた所有関係を，旧CPF社が3社の株式の98～99%を保有するという一元的な関係に整理統合した。

次いで，1999年1月には，Bangkok Farm Co., Ltd., Bangkok Livestock Co.,

Ltd. など非上場企業で，持株会社 CPG 社の傘下にあった主なアグロ関係会社 9 社の株式 99.99% を，旧 CPF 社が 40 億バーツを投入して取得し，これらの企業を完全子会社化した（CPF 1999a, 30-31；CP Group 1999b）。この時点で，旧 CPF 社が出資する事業は，「コアビジネス」である (1) 養殖エビ向け飼料生産，(2) 養殖エビ加工事業，(3) 飼料・ブロイラー事業の 3 大事業と，「ノンコア・ビジネス」である (4) 近代流通業，(5) その他事業，の計五つに再編された。傘下企業の数は合計 23 社である。

アグロ関連事業の再編が一段落を告げた 1999 年 12 月に，CP グループは旧 CPF の社名を新 CPF 社，つまり Charoen Pokphand Foods PLC に変更する（CPF 2001b, 5）。そして社名変更と並行して，新生 CPF 社は「世界の台所」(Kitchen of the World) を目指す企業という野心的な戦略を公表したのである（Phu Chatkan Rai-duan ed. 2000a, 60）。この「世界の台所」というキャッチフレーズは，新 CPF 社の『2000 年年次報告』（タイ語版）のカバータイトルになるだけではなく（CPF 2001a），2002 年には，国家経済社会開発庁 (NESDB) が発表した「国家競争力計画」のうたい文句にもなっている (National Economic and Social Development Board 2003, 83)。

CPF 社の事業の統合化はその後もとどまらず，2000 年 1 月には食品加工部門や冷凍食品部門 3 社の統合も決定し，牛乳製造の CP-Meiji Co., Ltd. (60%)，Star Marketing Co., Ltd. (100%)，CP Interfood (Thailand) Co., Ltd. (100%) の株式を，計 23 億バーツを投入して取得している（CP Group 2000d）。また，食品加工部門の統合を契機に，CPF 社は 2000 年 5 月に改めて機構改革を実施し，コアビジネスを「水上動物事業」(Thurakit Sat-nam, 旧エビ養殖事業) と「陸上動物事業」(Thurakit Sat-bok, 旧養鶏養豚事業) の二つに再編し，ノンコア・ビジネスの「卸売小売事業」，「その他事業」と合わせて，四つの柱とする方針をとった（CP Group 2000b）。その結果，CPF グループのグループ内企業に対する出資関係は，図 6-3 に示したように，外部の投資家に分かりやすい構図へ再編されたのである。

第 6 章　証券市場改革とコーポレート・ガバナンス　235

図 6-3　CP グループと CPF 社（アグロインダストリー）の所有構造再編
（2000 年 12 月以降）

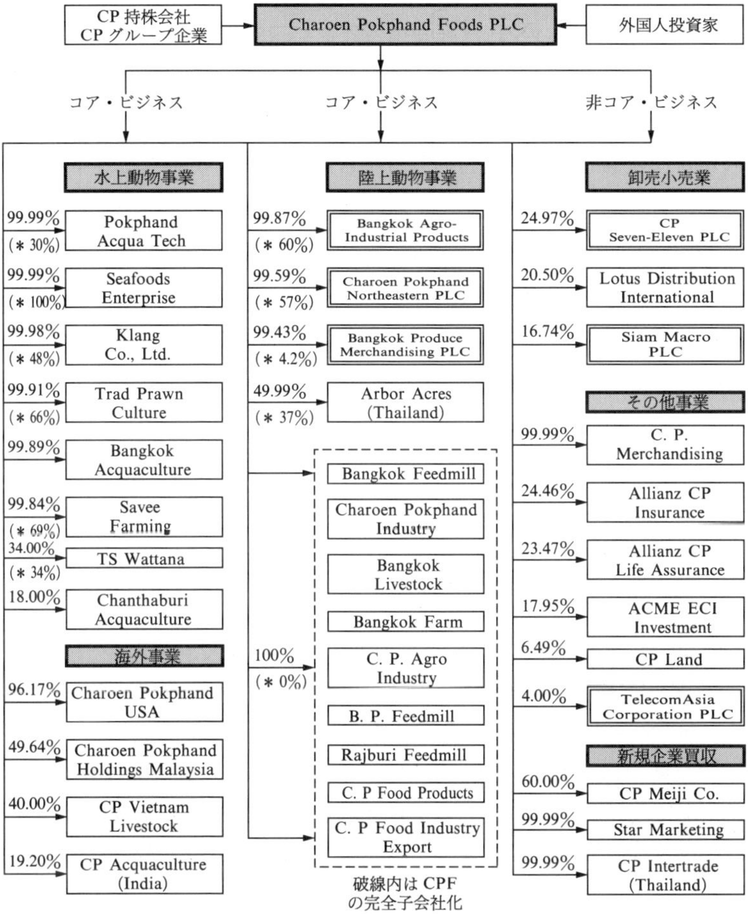

	コア・ビジネス	コア・ビジネス	非コア・ビジネス

CP 持株会社／CP グループ企業 → Charoen Pokphand Foods PLC ← 外国人投資家

水上動物事業
- 99.99%（*30%）Pokphand Acqua Tech
- 99.99%（*100%）Seafoods Enterprise
- 99.98%（*48%）Klang Co., Ltd.
- 99.91%（*66%）Trad Prawn Culture
- 99.89% Bangkok Acquaculture
- 99.84%（*69%）Savee Farming
- 34.00%（*34%）TS Wattana
- 18.00% Chanthaburi Acquaculture

海外事業
- 96.17% Charoen Pokphand USA
- 49.64% Charoen Pokphand Holdings Malaysia
- 40.00% CP Vietnam Livestock
- 19.20% CP Acquaculture (India)

陸上動物事業
- 99.87%（*60%）Bangkok Agro-Industrial Products
- 99.59%（*57%）Charoen Pokphand Northeastern PLC
- 99.43%（*4.2%）Bangkok Produce Merchandising PLC
- 49.99%（*37%）Arbor Acres (Thailand)
- 100%（*0%）
  - Bangkok Feedmill
  - Charoen Pokphand Industry
  - Bangkok Livestock
  - Bangkok Farm
  - C. P. Agro Industry
  - B. P. Feedmill
  - Rajburi Feedmill
  - C. P Food Products
  - C. P Food Industry Export

破線内は CPF の完全子会社化

卸売小売業
- 24.97% CP Seven-Eleven PLC
- 20.50% Lotus Distribution International
- 16.74% Siam Macro PLC

その他事業
- 99.99% C. P. Merchandising
- 24.46% Allianz CP Insurance
- 23.47% Allianz CP Life Assurance
- 17.95% ACME ECI Investment
- 6.49% CP Land
- 4.00% TelecomAsia Corporation PLC

新規企業買収
- 60.00% CP Meiji Co.
- 99.99% Star Marketing
- 99.99% CP Intertrade (Thailand)

注 1）上段の数字は 2000 年 12 月以降，下段の括弧内の数字は 1997 年現在。
　　2）新規企業買収は，2000 年 12 月に発表され，2001 年に実行されたもの。
出所）タイ証券取引所提出，CPF PLC (2001b, 20-21)；*Krungthep Thurakit*, December 16, 2000.

2）CPF 社の経営改革とその意義

　CP グループが，1998 年から 2001 年にかけて積極的にアグロ関連事業を CPF 社に統合していった最大の理由は，従来錯綜していた所有関係を上場企

業CPF社のもとに統合し,経営資源の戦略的な集中を図ると同時に,CPF社の情報開示を進めて国内外の投資家たちの信頼を大幅に改善することにあった。事実1998年以降,CPF社は既存のアグロ関係の上場企業の中では,もっとも詳細な「56/1形式報告書」と「年次報告」を毎年作成してSETに提出している[26]。また,1999年12月24日には,SETのガイドラインにそって4名の委員からなる独立の監査委員会も設置した（CPF 2001a, 28）。

こうした方針が功を奏した結果,CPF社は2000年3月と翌年3月に,それぞれ70億バーツの社債発行に成功している。この2度にわたる社債発行は,主として外貨建て債務や短期債務の切り替えに使われ,CPF社の財務状況の健全化に貢献した（CPF 2001b）。また,2000年6月には19億バーツの増資も実行している。こうした動きをみる限り,SETが目論んだ証券市場改革は,CPF社という個別企業レベルで着実に実行されていったと評価できるだろう。

一方,1998年以降急速に増資を重ねる中で,CPF社の株主構成はどうなったのか。その点を整理したのが表6-7である。この表から分かるように,CPF社の筆頭株主はグループの持株会社であるCPG社が全体の3分の1を保有し続けている。なお,このCPG社はグループの所有主家族であるチアラワノン家が80％以上支配する非公開株式会社であった（本書の第3章を参照）。そして,CPグループの他のすべての傘下企業を合わせると,CPF社に対するグループ全体の保有比率は60％を超え,残りの約33％を機関投資家や一般投資家の外国人が保有していた。CPF社の外国人保有率の上限は40％であるが,外国人の所有を分散化することで,所有主家族の支配権の維持を図ってきたわけである。ただし,発行済み株式は1996年の12億バーツから2001年の38億2000万バーツへと3倍以上に増加しているから,それだけ外国人投資家の投資金額も増加したことを意味する。CPF社は,事業統合と情報開示を進

---

[26] CPF社のタイ語版「56/1形式報告書」は200頁を超え,これまで非公開であった製品別の他企業との競争状況についての内部情報を掲載し,その他増資の目的,今後の展望,グループ内の役員の兼任状況,役員の経歴についても詳しい報告を行っている。従来の年次報告では考えられない情報の開示であった。

表6-7 CPF社の主要株主の推移（1996-2001年）

(単位：%)

No.	株主	2001年1月	1998年12月	1996年12月	備考
1	Charoen Pokphand Group Co., Ltd. (CPG社)	33.20	31.40	33.33	CPグループの持株会社兼グループ全体の本社
2	DBS Securities Singapore Pte. Ltd.	12.30	*	17.05	Development Bank of Singapore子会社
3	Littledown Nominees Limited	3.90	*	*	外国人投資家向けファンド
4	Charoen Pokphand Holdings Co., Ltd.	4.80	3.88	*	CPグループの投資会社
5	Bangkok Agro-Industrial Products PLC	3.80	3.80	5.18	CPグループの株式公開事業会社
6	C. T. Progressive (Thailand) Ltd.	3.60	3.61	4.77	CPグループの関連企業
7	Ying Kee Ltd.	2.30	2.29	－	CPグループの関連企業
8	Bangkok Produce Merchandising PLC	2.20	2.16	－	CPグループの株式公開事業会社
9	Thana Holdings Co., Ltd.	1.80	1.79	－	CPグループの投資会社
10	Bangkok Feedmill Co., Ltd.	1.50	1.52	－	CPグループの株式非公開事業会社
11	Thailand Securities Depository-Foreign	*	29.65	6.52	外国人投資家向け証券保管振替機関
12	Thailand Securities Depository-Local	*	10.01	－	国内投資家向け証券保管振替機関
	外国人所有合計	33.00	37.16	－	
	CPグループの合計（上位10大株主）	53.20	50.45	38.51	
	払込資本金（100万バーツ）	3,820	1,585	1,200	
	総資産額（100万バーツ）	50,922	40,399	21,967	

注）＊該当数字なし。－不明。
出所 1) タイ証券取引所「56/1形式報告書」。CPF PLC (2001a, 35)；2) CPF PLC (2000, 37)；3) Alpha Info Co., Ltd. ed. (1997, 80) などより筆者集計。

めることで，海外資金の呼び込みに成功したとみなしえるだろう。

　所有主家族による経営支配権の維持の試みは，表6-8に整理したCPF社の取締役会メンバーの構成表が，明確に示している。通貨危機前の1996年12月から，通貨危機後の99年2月までのあいだに，CPF社は役員の数を10名から16名に増加させた。新規選出の役員のうち2名は，SETのガイドラインにそって任命された「社外重役」（独立役員）である。他方，残りの役員は，1964年にCPグループに入社し，飼料・ブロイラー事業部門を率いたアディレーク，68年に入社し，貿易事業部門の責任者であったイアム，79年に専門家として招聘し，エビ養殖事業部門の責任者であったウィラワット，同じくエビ養殖事業部門の責任者の一人であったアムルングの4名であり，いずれも「中途採用・内部昇進組」であった[27]。したがって，16名の役員の構成は，3名の社外重役を除くと，4名の所有主家族，5名の「古釜」と呼ばれる創立初期からの忠臣（Ha Mo Kao），4名の中途採用・内部昇進者となり，所有主家族と関係のない役員は皆無であった事実に注意する必要がある。つまり，CPF社は証券市場改革に沿った機構改革を進めながら，所有と経営に対する支配権は，これをあくまで堅持したのである。

　最後に，CPF社の財務諸表の推移を，通貨危機以前の1996年に遡って整理したものが，表6-9である。売上高は関連企業の統合によって，1996年の245億バーツから2000年には620億バーツへと大幅に増加している。2000年度の年次報告によれば，620億バーツのうち77％が国内，23％が輸出であった（CPF 2001a, 1）。また，「2001年56/1形式報告書」に添付されたCPF社の市場占拠率の数字をみると，家畜向け飼料生産が第1位（国内の市場占拠率38％），養殖エビ向け飼料生産が第1位（同70％），ブロイラーチキンの製品輸出が第1位（同31％），冷凍チキンの輸出が第3位（同15％），養豚が第1位（同29％），冷凍エビの輸出が第2位（同9％）と，冷凍チキン，冷凍エビの輸出を除くと圧倒的なシェアを誇っていた（CPF 2001b, 33/2-33/9）[28]。

　次に経営指標をみると，純利益額は1997年のマイナスから98年以降急速に

---

[27] CPF PLCの『1999年56/1形式報告書　追補版』に添付された「役員経歴一覧表」（1999年6月8日付，A1/3-A1/12，タイ語）より。

第6章　証券市場改革とコーポレート・ガバナンス　239

表 6-8　CPF 社取締役会メンバーの構成（1996 年 12 月-99 年 2 月現在）

番号	名前（年齢 99 年 2 月）	地位	99 年 2 月	98 年 6 月	96 年 12 月	備　考
1	パオ・サーラシン（69）	名誉会長，独立役員	○	○	○	タイの名望家。コカコーラの製造元（Thai Pure Drinks）オーナー。CP グループは 4 社の会長を務める。
2	アーサー・サーラシン	独立役員	○			パオ・サーラシンの息子。1999 年 2 月 15 日に任命。
3	アッタシット・ウェーチャチワー（69）	独立役員	○			1999 年 2 月 15 日に任命。医学博士。
4	タニン・チアラワノン（謝國民，59）	会長	○	○	○	CP グループ総帥。創始者謝易初の五男。Charoen Pokphand Group Company（CPG 社）会長。
5	スメート・チアラワノン（謝中民，64）	副会長	○	○	○	創始者謝易初の息子。タニンの異母兄弟。1940 年代から CP グループの事業に従事。
6*	ミン・ティアンウォン（張中民，62）	副会長	○	○	○	1950 年から CP グループの経理担当を手伝う。1958 年に CP グループに入社。
7	ウィラワット・カンチャナードゥン（60）	副会長	○	○		元 CP グループ全体の投資計画責任者。1979 年に専門家として CP グループに招聘。
8	プラサート・プングマーン（盧岳勝，62）	取締役会役員兼 CEO	○	○	○	創始者謝少飛の娘タッサニーの婿。1954 年以降，CP グループの中心人物の一人。
9*	チンチャイ・ラオハワッタナーグン（59）	副会長兼社長	○	○		元 CP グループのエビ養殖事業部の責任者。1958 年に CP グループに入社。
10*	ティラユット・ピッタヤイサーラクン（56）	取締役会役員	○	○	○	元 CP グループのアグロインダストリー事業部の責任者。1965 年に CP グループに入社。
11*	タナゴーン・セーリーブリー（53）	取締役会役員	○	○	○	元 CP グループの自動車事業部の責任者。1968 年に CP グループに入社。
12	ポーンテープ・チアラワノン（48）	取締役会役員	○	○	○	タニンの弟。創始者謝少飛の次男。
13*	イアム・ンガームダムロン（53）	取締役会役員	○	○	○	元 CP グループの外国貿易事業部の責任者。1968 年に CP グループに入社。
14	アディレーク・シーブラタック（52）	取締役会役員	○	○	○	1964 年に CP グループに入社。飼料・ブロイラー事業部門に従事。
15	ポーング・ピセートパイトゥーン（53）	取締役会役員	○	○	○	1968 年に CP グループに入社。エビ養殖事業部門の責任者の一人。
16	アムルング・サッパシットウォン（45）	取締役会役員	○	○		CP グループのエビ養殖事業の責任者の一人。

注 1）番号の＊は，CP グループに長く奉職する「5 名の古株（古釜）」（Ha Mo Kao）を指す。
　 2）○は当該役職の就任を示す。年齢は 1999 年 2 月現在。
　 3）所有主家族とタニン会長との関係は，「チアラワノン家」の家系図（Wichai 1993）による。
出所 1）タイ証券取引委員会（SET）所蔵の企業ファイル；
　　 2）CPF PLC（2001b）；CPF PLC（1999b）；Wichai（1993）などにもとづき筆者作成。

表 6-9 CPF社の経営指標（1996-2001年，年末時）

（単位：100万バーツ，%）

項　目	1996	1997	1998	1999	2000	2001
払込資本金	1,200	1,200	1,585	1,918	3,820	3,820
総資産額	21,967	23,817	29,813	40,924	50,078	51,961
流動負債	7,087	9,073	10,911	15,688	17,412	10,862
負債総額	12,856	15,120	16,063	16,314	27,937	29,438
自己資本	7,747	7,262	13,624	24,575	22,073	22,479
売上高	24,517	28,235	35,670	53,122	61,957	74,827
純利益	1,357	−1,156	3,734	4,141	3,388	3,587
株式時価総額	9,600	6,840	7,015	17,961	14,804	26,934
1株当たり（バーツ）	64.56	60.51	85.94	140.93	57.78	−
負債・自己資本比率（%）	1.66	2.08	1.18	0.66	1.27	1.31
純利益率（%）	5.23	−4.13	9.86	7.66	5.36	4.80
総資産利益率（%）	6.18	−5.05	13.93	11.71	11.80	10.90
株主資本利益率（%）	17.53	−15.41	35.76	21.68	18.90	18.90

注 1) 負債・自己資本は D/E（debt equity ratio）；総資産利益率は ROA（return on assets）；株主資本利益率は ROE（return on equity）。
　　2) 2000年7月に19億200万バーツの増資を実施。
　　3) 2001年はタイ証券取引所のウェッブサイトによる情報。
出所）CPF PLC（1999a；2001a）；The Brooker Group PLC ed.（2005a, 25）．

回復し，純利益率，総資産利益率（ROA），株主資本利益率（ROE）のいずれも，98年，99年と高い数字を示している。同じ時期，負債・自己資本比率も1.18から0.66と大幅な改善を示した。CPグループの狙いは，こうした良好な経営指標をもとに，社債と株式を自社に有利に発行し，必要とする資金を銀行借入より調達コストの低い直接金融で賄うことにあった。

ところが同じ表6-9が示すように，各経営指標は1999年を境に傾向的に低下を示している。また，表には示していないが，CPF社の2002年以降の経営指標をみると，負債・自己資本比率は2002年1.14，2003年1.12，2004年1.30と，上昇傾向にあった。同じ期間，総資産利益率は7.7%，4.2%，2.8%と悪化し，株主資本利益率も12.1%，5.3%，3.2%と，急速な低下を示した（The

---

[28] ちなみに，CPF社の2000年末現在の生産設備は，家畜向け飼料生産が11工場，養殖エビ向け飼料生産が3工場，種鶏場が15農場，養鶏場が69農場，養豚場が30農場，エビ養殖直営が16農場，ブロイラーの解体処理が3工場，同加工が6工場，養殖エビの加工が3工場となっている（CPF 2001a, 33）。

Brooker Group PLC ed. 2005a, 25)。すでにタイの経済が回復を示したこの時期の経営指標の悪化は，CP グループの経営が，自由化のもとでいっそう厳しくなった国内同業他社との競争や海外（ベトナムや中国）との競争にさらされていることを示唆している。

おわりに

　以上，通貨危機に端を発する企業の経営危機と，政府が推進する証券市場改革の圧力のもとで，タイを代表するファミリービジネスがどのような対応を示したのか具体的にみてきた[29]。ここで強調すべきは，SET が 1998 年 1 月以降に指示した「グッド・コーポレート・ガバナンス」のガイドラインに対して，CP グループはかなり忠実に従い，その結果として経営パフォーマンスの改善を実現してきた事実である。とくに，SET が指示する社外重役の任命や独立の監査委員会の設立，あるいは過剰債務の処理にとどまらず，機構改革をともなった大胆な企業再構築を，外国の経営コンサルティング会社の協力も得て実施していった点は注目すべきであろう。

　ここでいう機構改革をともなった企業再構築とは，(1) 経済ブーム期に肥大化し多角化した事業を，グループの競争優位に照らしながら少数のコアビジネスに絞り込む戦略と，(2) 上場した中核会社（CPF 社）を純粋持株会社に改組し，他方で関連事業会社（非上場企業）をこの持株会社の 100% 子会社に再編・統合することで，グループの経営資源を上場企業に集中させ，一般投資家の関心をとりつける戦略をさす。他方，投資家の立場にたてば，複雑化していた所有関係や事業組織がこの持株会社に統合されるので，より的確な判断を下すことが可能となる。CPF 社による巨額の社債発行の成功は，その点を裏付けているといえよう。

　しかしこうした事例は，タイの財閥型ファミリービジネスの中では，まだそ

---

[29] 王室財産管理局が所有するサイアムセメント・グループの，証券市場改革に対応したドラスチックな事業再編と機構改革の実態については，Phu Chatkan Rai-duan ed. (1999)，Siam Cement PLC ed. (2001)，末廣（2002 年 a，101-112）を参照。

れほど多くない。第4章で紹介した電気通信分野の企業（Wirat 1999）や，第7章で紹介する地場系大手商業銀行（Phu Chatkan Rai-duan ed. 2000b）を除くと，大半のファミリービジネスはSETが指示するガイドラインの条件をみたすだけで精一杯であった。それどころか，経済ブーム期に膨れ上がった過剰債務の処理の過程で，企業更正の法的適用を受けている企業も少なくなかった。また，仮に事業を続けることができた場合でも，債務の切り替えや返済を，CPF社のように株式の新規発行や社債発行ではなく，所有主家族の保有株式の放出でまかなう場合も多かったのである[30]。

　それでは，CPF社が機構改革をともなった企業再構築を実現しえた要因は何であったのか。

　第1に指摘すべきは，CPグループのタニンのように，所有主家族に所属する経営指導者が，危機克服のために強力なリーダーシップを発揮した事実であろう。政府の政策はあったものの，迅速な機構改革に着手したのは，このリーダーシップがあったからこそで，この点は第7章で紹介するタイ農民銀行の場合も同じである。

　第2に，CPグループは経済危機が生じる以前から，すでにさまざまな形で経営改革を実施していたことである。同グループは，1950年代末，60年代後半，70年代末と，3回にわたってスペシャリスト型の専門家を外部から招聘し，90年代には人材開発を含めて内部改革に取り組んでいた。CPグループは所有主家族が排他的に経営を独占するのではなく，経営環境の変化と事業基盤の拡大に合わせて，独自の経営改革を実施してきたのである（末廣2000年a，213-216）。

　最後に，CPグループは，基盤事業を国内に資源を有する産業（アグロインダストリー）に置いていた。経済ブーム期には中核分野以外に積極的に事業を多角化させたが，危機後は「選択と集中の戦略」にもとづいて，タイが競争優位を発揮できる業種に速やかに経営資源を集中させる方針をとった。逆に言えば，そうした業種を内部に持っていたがゆえに，危機後の経営再建も可能で

---

[30] この点は終章で検討する。

あったといえる。

　その意味では，CP グループの展開は，第 3 章の図 3-5 に即して言えば，「近代的ファミリービジネス」から「選択と集中・特化型ファミリービジネス」へと移行した典型的な事例といえるだろう。ただし，だからといって彼らは経営者企業へと脱皮したわけではない。そのことは CPF 社の所有と経営の実態が如実に示している。この点については終章で改めて考えてみたい。

第7章

金融制度改革と商業銀行の再編
金融コングロマリットの崩壊

はじめに

　タイを襲った通貨危機後，政府が証券市場改革と並んで重視したのは，金融制度改革（financial restructuring）である。とりわけ，1997年12月に強行された既存91社のうち56社に及ぶ金融会社（ファイナンス・カンパニー）の事業閉鎖命令は，金融機関に大きな地殻変動をもたらした。そしてその後に実施された不良債権処理を促す一連の措置や，商業銀行に対する外国人株式保有比率の緩和（100％保有も可能）などは，地場系商業銀行にも著しい影響を与えた。そこで，通貨危機がタイの金融機関にどのようなインパクトを与え，かつ制度改革が商業銀行を中核とする「金融コングロマリット」にどのような経営改革を迫っていったのか，その点の解明を本章の課題としたい[1]。

　タイの商業銀行は他のアジア諸国と比較すると，次の二つの点で際立った特徴を示している。第1は，金融機関に占める政府系金融機関の比重がきわめて小さく，逆に地場系商業銀行の比重が高いという事実である。アジア諸国では政府が経済開発を進めるにあたって特殊目的の政府系銀行を設置し，これが工業化を進めるにあたって積極的に融資を行ってきた（大蔵省財政金融研究所編1998年）。ところがタイの場合には，政府系金融機関7行の総資産額は1996年

---

[1] アジア通貨危機とその後の金融制度改革や銀行再編については，次の文献を参照。World Bank (1998, Chapter 3)，World Bank (2000, Chapters 2 and 4)，金子（2004年），高安（2005年）。

末当時,全体の9.6％,日本開発銀行に相当するタイ産業金融公社(IFCT)のそれは1.6％に過ぎなかった。貸出残高をみても政府系金融機関の合計は7.8％に過ぎない(Bank of Thailand 1997)。

一方,商業銀行の比率は総資産が64％,貸付残高が67％であった。しかも商業銀行のうち上位5行が,総資産でみても貸付残高でみても,商業銀行全体の60％から70％と圧倒的シェアを占めていた。そしてこの上位5行は,通貨危機後も「究極の所有主」を変えていない点が重要である。したがって,金融制度改革の成否の検討は,主として中位や下位の地場系商業銀行のあいだで生じた,所有関係の劇的な再編だけをみていても不十分である。むしろ,既存の大手地場系銀行が自主的に進めている経営改革を把握することがより重要になっている。本章の第1の課題はこの点を明確にすることにある。

第2は,大手地場系商業銀行の所有主家族が,銀行のみならず,金融関連会社,製造業,商業,サービス業にも広範に進出して,「金融コングロマリット」を形成してきた事実である(本書の第5章)。金融機関の中で商業銀行の比重が高いという事実は,タイだけでなくシンガポールにも見いだすことができる(岩崎 1990年；朱炎編著 2000年,第4章)。ただし,商業銀行が分野を超えてコングロマリットを形成しているのは,タイに特徴的な現象であった。

その金融コングロマリットがほぼ解体した。上位5行のうち4行が金融コングロマリットに所属するが,通貨危機後,彼らは銀行運営そのものに経営資源を集中させ,生き残りを図ろうとしたからである。したがって,タイの金融機関の発展と危機後の変化をみるためには,何よりこの金融コングロマリットに焦点をあてることが不可欠となる。これが本章の第2の課題である。

そこで本章では,第1節で通貨危機前後の商業銀行を概観したあと,第2節で金融コングロマリットの形成と発展を扱い,第3節では1990年代の金融自由化のもとで急速な成長を遂げた非コングロマリット系の金融グループの動きを紹介する。第4節では危機と政府の政策がタイの金融機関に与えたインパクトを検証し,最後に第5節では,金融コングロマリットのひとつであり,上位5行にも入っているタイ農民銀行(現ガシゴン銀行)とその所有主家族であるラムサム家を事例として取り上げ,同行の経営改革を検討してみたい。

1 通貨・金融危機前後の地場系商業銀行

1) タイ商業銀行の分類

　最初に危機前後の商業銀行について概観しておこう。1995年末の統計によると，タイには地場銀行15行，外国銀行14行（うち日本は2行），外国系オフショアバンク（Bangkok International Banking Facilities：BIBF）20行（うち日本は7行）の計49行が活動していた。総資産額の分布をみると，それぞれ地場系79％，外国系7％，BIBF14％であり，貸出残高の分布をみても，地場系80％，外国系7％，BIBF13％であった（Bank of Thailand Economic Research Department 1996, 6-7)。地場商業銀行の圧倒的な地位が分かる。1996年になると，ファースト・バンコクシティ銀行が経営破綻から政府系グルンタイ銀行に統合され，地場商業銀行の数は14行に減った。以下ではこの14行の地場銀行を中心に記述する。

　通貨危機後の所有主の変化に注目してこの14行を整理すると，(1) 危機前にすでに政府管理へ移行した銀行2行，(2) 危機後に政府管理へ移行した銀行2行，(3) 危機後に外国銀行に過半の株式を売却した銀行4行，(4) 危機後も所有主が存続した銀行6行となる。存続銀行6行に比べて，危機後に所有主が根底から変わったものが6行，そのうち4行が外銀への売却であった。

　それではなぜこのような違いが生じたのか。この点を検討するために次の五つの基準をもうけ，それにもとづいて整理したものが表7-1である。

　(1) 所有主はだれか。特定の家族か，複数の競合的家族か，それとも政府（財務省，中央銀行）か。

　(2) 所有主は安定的か。所有主家族（機関）が株式所有と経営の双方を安定的に支配しているか。それとも株主構成が頻繁に変わることで不安定化していたかどうか。

　(3) 所有主の事業形態が商業銀行・金融分野に特化しているか，それとも多分野にまたがるコングロマリット型かどうか。

　(4) 商業銀行の規模（総資産，貸出残高）は上位，中位，下位のいずれか。

　(5) 危機後の不良債権比率の規模はどうか。

第7章　金融制度改革と商業銀行の再編　247

表 7-1 タイ地場商業銀行の分類と所有主の性格，不良債権比率（1998 年）

1996 年当時の銀行名	1997 年危機以後の所有支配	所有主の安定性	所有主の性格・分類	貸出順位	ランク	貸出総額 100万バーツ	不良債権比率
Krung Thai Bank*	所有主が存続	安定	財務省	1	上位	957,440	**48.01**
Bangkok Bank	所有主が存続	安定	金融コングロマリット	2	上位	952,546	**48.00**
Thai Farmers Bank	所有主が存続	安定	金融コングロマリット	3	上位	554,145	40.20
Siam Commercial Bank	所有主が存続	安定	金融コングロマリット	4	上位	544,268	34.30
Bank of Ayudhya	所有主が存続	安定	金融コングロマリット	5	上位	370,005	37.20
Thai Military Bank*	所有主が存続	安定	空軍・陸軍・海軍	6	中位	290,680	30.50
Thai Danu Bank*	外資へ売却	安定	複数家族	10	下位	107,572	**48.70**
Nakornthon Bank*	外資へ売却	安定	ワンリー家	12	下位	54,184	39.90
Bank of Asia	外資へ売却	不安定	所有権争い	9	中位	125,540	38.50
Union Bank of Bangkok	外資へ売却	不安定	所有権争い	11	下位	55,342	**63.10**
Siam City Bank*	危機前に政府管理	不安定	所有権争い，株式投機	7	中位	243,117	**56.40**
Bangkok Bank of Commerce	危機前に政府管理	不安定	所有権争い，株式投機	—	中位	—	—
Bangkok Metropolitan Bank*	政府管理へ移行	安定	金融コングロマリット	8	中位	180,794	**70.10**
Laem Thong Bank*	政府管理へ移行	不安定	所有権争い	13	下位	43,201	**69.30**
14 行の合計						4,478,838	42.58

注 1) 各種項目の分類は筆者による。不良債権比率の太字は，平均値を上回るもの。
　 2) ＊のついた銀行は，元利返済の延滞が 6ヶ月以上を「不良債権」と定義する銀行。＊のない銀行は，元利返済の延滞が 3ヶ月以上を「不良債権」と定義する国際基準に準じた銀行。
出所) 1998 年末の貸出総額と不良債権比率は，"Phoei Thana Thaeching Thanakhan Phanit Thang Rabop," *Kan Ngoen Thanakhan,* April 1999, pp. 146-147. その他は筆者の調査。

　興味深いことに，危機後も同一所有主が存続している 6 行は，例外なく規模の大きい銀行（上位 1 位から 6 位まで）で，かつ安定的な所有主を擁している銀行であった。また事業形態に着目すると，6 行のうち 4 行がいわゆる「金融コングロマリット」に所属していた。
　一方，危機前や後に所有主を変えた残り 8 行は，所有主が激しい投機や企業買収のターゲットになって不安定化していたか（5 行），安定的であっても規模の小さい銀行であった。第 3 節で紹介する新興金融グループの代表である

「ファイナンスワン・グループ」(Finance One Group, FIN Group) が，タイタヌー銀行 (Thai Danu Bank PLC) とアジア銀行 (Bank of Asia PLC) に対して買収を仕掛け，既存の所有主家族たちの経営支配権が著しく不安定化したのは，その最たる例であろう。危機後，前者はシンガポールの DBS (Development Bank of Singapore) グループに，後者はヨーロッパの大手銀行 ABN アムロに，それぞれ売却された。また不良債権比率が高い銀行は，概ね政府管理銀行へ移管され，比率が相対的に低い銀行は外国銀行に売却されている。

2) 危機後の商業銀行と外国人投資家

次に通貨危機後の地場商業銀行14行について，その所有構造をより詳しく整理したのが表7-2である。この表は，各銀行について1996年と2000年の2時点での銀行名，支配的所有株主 (controlling shareholders) の変化，2000年3月現在における①所有主・家族，②外国人，③少数株主（発行株式総数の0.5%未満の株式保有者）のそれぞれについて，合計株式保有比率を示したものである。

注目すべきは，所有主が存続している6行のうち，特定の家族が所有支配するバンコク銀行，タイ農民銀行，アユタヤー銀行の3行においても，既存の所有家族による株式保有率が10%未満と大きく下がり，逆に経営権をもたない外国人投資家や少数株主の合計株式保有率がきわめて高くなっている事実である[2]。とくにタイ農民銀行の場合には，外国人合計保有率が49%，少数株主の合計保有率が52%に達しており，バンコク銀行の場合も，それぞれ49%，41%に達していた。1970年代のように，特定の家族が3分の1以上の株式を保有し，絶大な力を所有と経営の双方に誇るという時代は終わったのである。

一方，外銀が買収した銀行4行に目を転じると，株式保有比率は62%から77%に達しており，親銀行に相当するシンガポールの DBS (Development Bank

---

[2] 通貨危機直前には，商業銀行に対する外国人の株式保有比率の上限は25%に設定されており，1996年9月25日の調査によると，バンコク銀行，タイ農民銀行，アユタヤー銀行，グルンタイ銀行，サイアム商業銀行，タイ軍人銀行はいずれも外国人保有比率の天井である25%に達していた。例外的に低かったのはアジア銀行の6.96%である (HSBC James Caper 1996, 39-40)。

表7-2 タイ地場商業銀行15行の経済危機後の所有構造変化（1996年，2000年）

	1996年の銀行名	1996→2000	2000年の銀行名	所有主家族比率	外国人所有比率	少数株主所有比率
1	Bangkok Bank	地場存続	Bangkok Bank	<10%	48.77	41.08
2	Bank of Ayudhya	地場存続	Bank of Ayudhya	<10%	30.38	49.58
3	Thai Farmers Bank	地場存続	Thai Farmers Bank	<6%	48.98	52.41
4	Siam Commercial Bank	地場存続	Siam Commercial Bank	21.70%	37.42	44.95
5	Thai Military Bank	地場存続	Thai Military Bank	−	11.46	27.40
6	Krung Thai Bank	政府所有	Krung Thai Bank	0%	0.66	7.57
7	First Bangkok City Bank	政府管理	Krung Thai Bank			
8	Bangkok Bank of Commerce	政府管理	−	0%	−	−
9	Siam City Bank	政府管理	Siam City Bank	0%	−	2.99
10	Union Bank of Bangkok	政府管理	Bank Thai Bank	0%	−	n.a.
11	Bangkok Metropolitan Bank	政府管理	−	0%	−	−
12	Bank of Asia	地場→外銀	ABN Amro Bank	0%	76.77	17.93
13	Laem Thong Bank	地場→外銀	UOB Radanasin Bank	0%	75.02	0.01
14	Nakornthon Bank	地場→外銀	Standard Chartered Nakornthon	0%	75.01	0.03
15	Thai Danu Bank	地場→外銀	DBS Thai Danu Bank	3%	62.27	18.00

注）少数株主は発行株式の0.5%未満の株式を所有する個人・機関を指す。
出所 1) 1996年：Kan Ngoen Thanakhan ed., *Thailand Banking Year Book 1997,* Bangkok, 1998；
　　 2) 2000年：SET ed., *CD-ROM Listed Company Info (Q1/Q2)* (Thai version) より筆者作成。

of Singapore), UOB (United Overseas Bank, 大華銀行), オランダのABNアムロ, イギリス系のスタンダードチャータード銀行が, それぞれ経営陣をタイに送り込んでいる。ティティメートの表現を借りるならば, 地場の銀行界にまさに「王位簒奪」(phalat phaendin) が生じたのである (Titimet 1999, 46-47)。

2 金融コングロマリットの形成と発展

1) 商業銀行上位行による経済力集中

　タイでは，1962年に公布された「商業銀行法」により，新しい銀行の設立，外国銀行の新規支店開設と地方への支店の拡充は厳しい制限のもとに置かれた（末廣・東編 2000年，71；Paul 1964）。その結果，1970年代から商業銀行は地場系16行，外銀系14行の計30行時代が続く（ただし地場系は85年以降15行，96年以降14行に減っている）。1960年代から80年代までに，地場商業銀行のあいだにみられた大きな特徴は次の二つである。

　ひとつ目は，地場系の中で上位5行，とりわけトップのバンコク銀行へ経済力の集中が起こったことである。同行の預金高や貸付残高に占めるシェアは，ピーク時には40％近くにも達した。二つ目は，事業を拡大する上位行のあいだで，特定の家族に所有の集中が起きた事実である。つまり，経済力の集中と所有の集中が同時並行的に進んでいったのである。そしてこの集中の動きは，銀行を核としながら多数の分野にまたがって傘下企業を擁する，「金融コングロマリット」の形成と発展を意味した（本書の第5章）。

　ここで筆者が「金融コングロマリット」と呼んでいるのは，次の五つの家族もしくは機関が所有するグループを指す[3]。(1) バンコク銀行グループ＝ソーポンパニット家（陳姓，潮州系，付表1のX159），(2) タイ農民銀行グループ＝ラムサム家（伍姓，客家系，X087），(3) アユタヤー銀行グループ＝ラッタナラック家（李姓，潮州系，X146），(4) バンコクメトロポリタン銀行（BMB）＝テーチャパイブーン家（鄭姓，潮州系，X181），(5) サイアム商業銀行＝王室財産管理局（X050）。

　以上の点を念頭に置いて表7-3をみてみよう。この表は1961年から2000年までの地場系各銀行の市場シェアの推移を，預金高を指標にとって示したものである。上位5行をとると，1969年の時点ですでに預金全体の69％に達し，70年代以降は70％を超えている。また1969年以降，順位に入れ替えはあるに

---

[3] 金融コングロマリットの発展過程については，Suehiro (1989a, 245-265, 288-297) と，Phanni (1985) を参照。

第7章　金融制度改革と商業銀行の再編　251

表7-3　タイ地場商業銀行16行（13行）の預金高の推移（1961-2000年）
(単位：％，100万バーツ)

	銀行名	1961	1969	1979	1990	2000/9
1	Bangkok Bank	23.5	27.9	34.8	27.2	22.1
2	Thai Farmers Bank	5.1	6.6	11.9	14.5	14.0
3	Krung Thai Bank	25.1	20.0	14.8	15.1	18.6
4	Siam Commercial Bank	8.6	7.3	6.0	10.0	12.9
5	Bank of Ayudhya	5.1	6.8	5.8	7.4	7.9
6	Thai Military Bank	3.2	3.7	3.1	5.7	5.9
7	First Bangkok City Bank	2.5	3.2	3.3	3.2	—
8	Siam City Bank	4.7	5.7	3.9	3.5	4.6
9	Bangkok Metropolitan Bank	3.5	4.2	4.2	3.1	3.5
10	Bangkok Bank of Commerce	6.4	4.9	4.0	3.5	—
11	Bank of Asia	4.2	2.3	2.1	2.2	2.9
12	Union Bank of Bangkok	3.6	2.7	1.9	1.6	1.0
13	Thai Danu Bank	2.0	1.9	1.0	1.5	1.5
14	Nakornthon Bank	0.1	0.0	0.3	1.1	1.2
15	Laem Thong Bank	2.4	1.1	0.6	0.4	3.8
16	Asia Trust Bank	—	1.7	2.3	—	—
	地場商業銀行預金合計額	5,814	27,403	189,594	1,471,761	4,549,996
	上位5行の合計（％）	68.7	68.6	73.3	74.2	75.5
	4大家族合計（％）	37.2	45.5	62.1	52.2	47.5
	5大金融コングロマリット合計（％）	45.8	52.8	68.1	62.2	60.4

注1）1998年以降の銀行の再編と銀行名の変更は表7-2を参照。
　2）4大家族については本文並びに表7-4を参照。
　3）5大金融コングロマリットは，4大家族に王室財産管理局（Siam Commercial Bank）を加えたもの。
出所1）1961-90年：Kroekkiat (1993, 62-63).
　2）2000年：*Kan Ngoen Thanakhan,* November 2000, p. 83.

しても，上位5行のメンバーはほぼ固定している。

さて，この上位5行のうち政府系グルンタイ銀行を除く4行が，いずれも金融コングロマリットの傘下にあった。そこで，特定の家族（機関）が所有支配する5大グループの預金残高全体に占める比率を計算すると，1969年の53％から79年の68％に上昇していることが判明する。同じ計算を総資産額でも行うと，その比率は55％から71％へと，預金以上に経済力集中の進展を確認することができた。

もっともこの表で注意すべきは，上位5行のうちトップであるバンコク銀行の際立った巨大さであろう。バンコク銀行は1行のみで，1979年には地場系

の預金の35％，総資産額の38％をそれぞれ占めるマンモス銀行であった。こうした比率の高さには，同行が1974年に10ヶ年長期経営目標として掲げた「Bigger is Better」の方針が影響している（Bangkok Bank Limited ed. 1976）。

もっとも，1980年代前半の国内不況にともなう収益の悪化に直面したバンコク銀行は，84年に公表した新10ヶ年長期経営目標では，「質の向上・収益性の改善」を強調するようになり，量的拡大から質的サービスへと，目標の重点をシフトさせている（Bangkok Bank PLC 1985；末廣 1992年b, 65-66）。そうした長期目標の変更と，経済ブーム期の他行との激しい融資競争の結果，バンコク銀行が占める市場シェアは，1980年代後半から90年代半ばにかけて10ポイント近くも低下するに至った。2000年時点では20％以上を確保しているものの，第2位のグルンタイ銀行との差はかなり縮まっている。

2） 金融コングロマリットの所有と経営

上位5行，あるいは5大金融コングロマリットへ経済力が集中する中で，銀行の所有構造においても変化が生じていった。つまり，特定銀行における特定家族への株式保有の集中がそれである。もともとバンコク銀行は潮州系で，かつ潮陽県出身の商人が主に出資してできた銀行であり，バンコクメトロポリタン銀行（BMB）はテーチャパイブーン家のほか，ウアワッタナサグン家（余姓，X191），セータパクディ家（廖姓，X161）など複数の名望家族が共同出資によって設立した「パートナーシップ型」の銀行であった。また，アユタヤー銀行は人民党のプリディー派が出資して設立された政治目的の銀行である。

ところが，表7-4が示すように，1960年代半ばから70年代半ばまでのあいだに，特定の所有主家族が株式保有の比率を高めていく。これは同時期に各行が増資を繰り返す中で，特定の家族が株式保有を増やしていったからである。その結果，1970年代半ばまでには，大手銀行は特定家族の所有銀行に姿を変えていった。また，テーチャパイブーン家はBMBだけでなく，1970年代以降，ファースト・バンコクシティ銀行，アジア銀行の2行の保有株式も増加させ，それぞれの銀行の筆頭株主になっている[4]。

もっとも地場商業銀行は，政府の勧告もあって1975年以降，証券市場へ上

表7-4 5大商業銀行の所有主家族と主要株主の推移（1944-2000年）

(単位：%)

バンコク銀行	1953	1964	1968	1979	1985	2000/4
ソーポンパニット家・関連企業	n. a.	28.7	32.3	23.0	22.3	<10
経済省/大蔵省	60.0	30.0	22.5	8.7	6.7	2.3
証券保管振替機関（タイ人）	−	−	−	−	−	14.9
タイ農民銀行	1945	1970	1973	1979	1985	2000/3
ラムサム家・関連企業	22.0	58.2	55.9	24.6	10.5	<7
ジップインソーイ	8.0	7.1	6.8	3.6	0.8	−
証券保管振替機関（タイ人）	−	−	−	−	−	9.0
証券保管振替機関（外国人）	−	−	−	−	−	3.0
アユタヤー銀行	1944	1964	1972	1979	1985	2000
ラッタナラック家・関連企業	−	25.6	43.3	37.8	22.8	6.1
プリディー・グループ	66.0	−	−	−	−	−
プラパート陸軍司令官	−	22.0	15.0	5.2	2.8	−
証券保管振替機関（タイ人）	−	−	−	−	−	1.2
証券保管振替機関（外国人）	−	−	−	−	−	8.4
バンコクメトロポリタン銀行 (BMB)	1950		1972	1979	1985	1998
テーチャパイブン家・関連企業	11.0		18.5	43.9	24.9	−
ウアワッタナサグン家	12.5		16.6	5.8	3.8	−
政府 FIDF	−		−	−	−	100.0
サイアム商業銀行				1979	1985	2000/3
王室財産管理局				48.5	36.0	21.7
財務省				10.3	7.0	2.4
三和銀行				−	−	12.0

出所 1) 1944-79年：Suehiro (1989a, 247).
 2) 1979年, 1985年：Kroekkiat (1993, 167-171).
 3) 2000年：SET ed., CD-ROM Listed Company Info 2000 (Q1/Q2), Thai version より集計。

場する方針をとる。次いで「1979年改正商業銀行法」が制定されると，地場商業銀行は前年に公布された「1978年公開株式会社法」に従うことが義務づけられた。この「1978年公開株式会社法」は第15条第2項で「(株主について)，その各々が発行済株式総数の0.6%を超えない株式を所有し，かつ合計で発行済株式総数の50%以上を有する自然人たる株主から構成され，かつ残る株主は一人当たり，発行済株式総数の10%を超えて保有してはならない」と

---

[4] テーチャパイブーン家の三つの銀行への進出と事業拡大の詳しいプロセスについては, Dok Bia (1982b), Rung-arun (1990), Kannika (2002) を参照。

定めており，株式所有の分散化と大衆化を重要な柱としていた（大泉 2000 年，133-135）。しかも，政府はすべての商業銀行に対して，1980 年代初めまでに，この条件をみたすことを指示したのである。その結果，1980 年代に入ると所有主家族による株式保有比率は急速に低下していった（Kroekkiat 1993, 160-174）。

この株式分散化の圧力のもとで，各所有主家族がとった対応策は二つある。ひとつは，保有株式を家族成員，家族投資会社だけでなく，多数のグループ内傘下企業へ分散化させることで，株式所有に対する影響力を引き続き保持することであり[5]，もうひとつは，所有主家族の成員がトップ経営陣を独占することだった。後者の目論見は，金融コングロマリットに所属する四つの銀行の会長，社長，副社長，社長補佐，役員などの重要ポストと所有主家族との関係を整理した表 7-5 に，端的に示されている。

例えば，バンコク銀行の場合には，同行の社長職は，チンが経営権を握った 1952 年以降，チン（1952-77 年），チンの次男チャートリー（1980-94 年），チャートリーの長男チャートシリ（1994 年から現在）と，ブンチューが社長を務めた 2 年間（1978-79 年）を除き，ソーポンパニット家が三代にわたって，50 年間以上も独占している。BMB の場合にも，1950 年の創立から 98 年に政府管理に移行するまでの 48 年間，創立メンバーの鄭子彬の長男ウテーン（鄭午楼），その弟ウトン（鄭鶴楼），末弟チャイタット（鄭雲楼），そしてウテーンの長男ウィチアン（鄭偉昌）の 4 名が社長職を独占し続けてきた。

一方，タイ農民銀行の社長職は，創立以降，チョート，カセーム，チョートの長男バンチャー，バンチャーの長男バントゥーンと，三代にわたってラムサム家が完全に独占した。社長職がラムサム家から，タイ証券取引等監督委員会（SEC）事務局長であったプラサーン・トライラットウォラグンに移ったのは，2004 年 4 月のことであった（Panthop and Nattawat 2005, 100）。創立から数えて

---

[5] 実際，タイ商務省商業登記局が所蔵するバンコク銀行の株主原簿を筆者が悉皆調査したところ，1981 年当時，株主総数は 1 万 5916 名(社)であったが，①ソーポンパニット家 13 名が全体の 1.9%，②同家の家族投資会社 9 社が計 11.4%，③同家の金融関連会社 11 社が計 19.4% であり，合計 32.7% に達していた（Suehiro 1989b, 118-119）。

第7章　金融制度改革と商業銀行の再編　255

表7-5　金融コングロマリットの所有主家族と経営トップの独占

名前	続柄	会長	社長/CEO 支配人	副社長	社長補佐	役員（入行）
バンコク銀行＝ソーポンパニット家						
チン	出資者，役員	1973-83	1952-77	—	—	1944-52
チャートリー	チンの次男	1994-現在	1980-94	1974-80	1971-74	1962-役員
チャートシリ	チャートリーの長男		1994-現在	1993-94	1992-93	1986-入行
チョート	チンの四男			1980-現在	1967-80	1965-入行
チャーン	チンの三男			1976-?		1971-入行
タイ農民銀行＝ラムサム家						
チョート	創業者，伍佐南の長男		1945-48			1945-役員
カセーム	伍佐南の五男		1948-62			1948-役員
バンチャー	チョートの長男	1976-92	1962-76			1962-役員
バンヨン	チューリンの次男	1992-2004	1976-92	1968-76		1959-入行
バントゥーン	バンチャーの長男	2004-現在	1992-2004	1991-92	1990-91	1979-入行
パイロート	チューリンの長男	—	—	—	—	1971-現在
プリチャー	伍珠郎の孫			○		1973-役員
アユタヤー銀行＝ラッタナラック家						
チュアン	出資者，役員	1982-93	1961-82			1958-役員
クリット	チュアンの長男	1993-現在	1982-93	○		1978-役員
バンコクメトロポリタン銀行（BMB）＝テーチャパイブーン家						
ウテーン	創業者（鄭午楼）鄭子彬の長男	1974-98	1950-77			1950-役員
ウトン	ウテーンの弟 鄭子彬の六男	1989-98 副会長	1977-88	1974-77		1972-役員
チャイタット	鄭子彬の八男		1988-89	1981-88		1981-役員
ウィチアン	ウテーンの長男（第二夫人）		1989-98	1978-89	1976-78	1974-経営執行委
ウィルン	ウテーンの次男					1991-役員
スメート	鄭子彬の次男	1981-88 副会長				1970-役員
サティアン	鄭子彬の七男			1981-?		1981-役員

注）バンコク銀行の1977-80年の社長は，ブンチュー・ロチャナサティアン（のち社会行動党，財務大臣）。
出所 1）末廣（1992年a；1992年b）；Bancha Lamsam（葬式本1992）；Thanawat（2000a；2001a）；Business in Thailand ed.（1978）；Dok Bia ed.（1982b）．
　　 2）各商業銀行の年次報告書，株主総会記録（商務省商業登記局所蔵）．

60年間の長きにわたって,タイ農民銀行の社長のポストが,所有主家族の外に移ることはなかったのである。

しかもこうした地場系銀行では,取締役会の役員と経営執行委員会のメンバーがしばしば重なっていた。例えば,1988年12月の役員名簿に関する筆者の調査によると,バンコク銀行は経営執行委員10名全員が取締役会役員であった(97年1月は13名中12名)。この点は他行も同じで(1988年),タイ農民銀行も6名全員,アユタヤー銀行も4名全員,BMBも6名全員が,それぞれ役員を兼任していた[6]。

3) 金融コングロマリットの形成とその経済支配

金融コングロマリットに特徴的なのは,上位銀行を支配する所有主家族が,1960年代以降,金融会社(ファイナンス・カンパニー),住宅金融会社,生命保険会社,損害保険会社を次々と設立し,しかもこれらの傘下企業が当該分野の大手にランクされていた点である(前出表5-4を参照)。

例えば1980年当時,金融会社は合計112社存在し,上位10社のうち6社が金融コングロマリットに所属していた。具体的には,1位のAsia Credit社,10位のBangkok First Investment & Trust社がバンコク銀行グループ,2位のTISCO社と3位のPhatra Thanakit社がタイ農民銀行グループ,6位のAyudhya Investment & Trust社がアユタヤー銀行グループ,7位のBook Club Finance社がサイアム商業銀行グループに,それぞれ属していた(Bangkok Bank Limited ed. 1981, 30-32)。同様に,住宅金融会社の最大手であるBangkok Home Credit Foncier社,損害保険会社の第1位を占めるBangkok Insurance社はバンコク銀行グループであり,生命保険会社の第4位であるPhatra Insurance社は,タイ農民銀行グループの傘下企業であった(*Ibid.*, 52, 70-72)。

しかも彼らの事業基盤は金融分野にとどまっていない。所有主家族,家族投

---

[6] 商業銀行について,取締役会役員と経営執行委員会委員の双方のフルメンバーを明記しているのは,各行の年次報告書を別にすると,Securities Exchange of Thailand (Talat Laksap haeng Prathet Thai) ed. *Sarup Kho-sonthet*, 1989年版,1992年版,1994年版のみであり,その後のSET版上場企業情報データ集は,取締役会役員のみを記載するようになった。

資会社，傘下の金融関連会社，そして中核を占める銀行自身を通じて，多数の分野に出資していったからである。因みに，バンコク銀行グループを例にとると，1990年当時その傘下企業は，国内が商業銀行1行，金融・保険・リース業54社，製造業26社，商業・倉庫・海運・サービス業25社の計106社と，国外が39社の合計145社に達していた（末廣1992年a，46-47）。タイ農民銀行グループの場合は，後出図7-1に掲げるとおりである。

3 経済ブームと非金融コングロマリットの台頭

1）金融会社の成長

　タイの金融業界が大きな変化を迎えるのは，1990年代に入ってからである。そのきっかけになったのは，①1988年から始まる経済ブームとその後の株式ブーム，そして，②1990年から95年にかけて実施された金融の自由化措置，の二つであった。この点を確認するために作成したのが表7-6である。

　表7-6は，通貨危機の直前である1996年時点の金融会社91社すべてを，その支配的株主の性格によって分類し，グループごとに総資産額と株式時価総額の分布を示したものである。グループは，(1) 5大金融コングロマリット，(2) 金融コングロマリット以外の地場商業銀行，(3) 金融に特化したグループ，(4) 製造業グループ，(5) 非製造業グループ，(6) 外資系グループ，(7) 独立もしくは主要株主の性格が判別できない企業，の七つに分類してある。またこの表には，グループごとに危機後，金融会社がどのようになったのか，つまり存続か，清算か，他社との統合か，外資への売却か，その区分も示しておいた。ここから判明するのは次の3点である。

　第1に，「金融コングロマリット」の傘下にある金融会社21社の地位の後退である。その比重は，1980年当時の46％から96年には34％に下がっている。しかも注意すべきは，金融会社の総資産合計額が，同期間に651億バーツから1兆4720億バーツへ23倍も伸びた中での地盤沈下だった点である。逆にこの期間に比重を高めたのは，非金融コングロマリットの商業銀行（とくに中位行）系列の金融会社と，金融に特化した企業グループである。前者の商業銀行

表 7-6　金融会社 91 行の所有グループと危機後の変化（1996 年と 97 年危機後）

(単位：社数，100 万バーツ，%)

所有グループ	社数	1996 総資産額	%	時価総額	%	1997 年の危機後 清算	統合	外資
Bangkok Bank	6	124,724	8.5	85,208	33.5	3	1	2
Thai Farmers Bank	4	142,849	9.7	34,073	13.4	1	—	1
Bank of Ayudhya	1	15,417	1.0	2,070	0.8	—	—	—
BMB	4	2,515	0.2	—		2	1	1
Siam Commercial Bank	6	208,625	14.2	32,867	12.9	—	2	2
5 大金融コングロマリット小計	21	494,130	33.6	154,218	60.6	6	4	6
Thai Military Bank	4	74,469	5.1	9,168	3.6	3	1	—
Siam City Bank	3	64,564	4.4	3,003	1.2	3	—	—
Krung Thai Bank	1	55,728	3.8	14,817	5.8	—	1	—
IFCT	2	41,773	2.8	6,975	2.7	—	2	—
Thai Danu Bank	2	37,608	2.6	2,295	0.9	1	1	—
BBC	2	15,165	1.0	2,250	0.9	2	—	—
その他	2	26,894	1.8	2,049	0.8	—	1	—
商業銀行系列小計	16	316,201	21.5	40,557	15.9	9	6	0
Finance One	4	178,593	12.1	23,646	9.3	4	—	—
GF Holding	2	78,676	5.3	7,500	2.9	2	—	—
Yip In Tsoi	2	66,820	4.5	7,138	2.8	2	—	—
Ocean	1	16,030	1.1	—		—	—	—
その他	5	17,056	1.2	1,982	0.8	5	—	—
金融特化型グループ小計	14	357,175	24.3	40,266	15.8	13	0	0
製造業グループ小計	7	40,079	2.7	3,864	1.5	5	1	1
非製造業グループ小計	7	122,840	8.3	11,677	4.6	7	—	—
外資系小計	12	51,047	3.5	2,263	0.9	6	—	6
独立，不明企業	14	90,469	6.1	2,021	0.8	10	2	1
合　計	91	1,471,941	100.0	254,686	100.0	56	12	14
Finance One PLC	1	138,545	9.4	20,183	7.9	1	—	—
Dhana Siam Finance PLC	1	74,228	5.0	15,445	6.1	—	1	—
National Finance PLC	1	70,995	4.8	12,200	4.8	1	—	—
CMIC Finance PLC	1	66,820	4.5	7,138	2.8	—	1	—
Phatra Thanakit PLC	1	64,752	4.4	19,961	7.8	—	—	—
上位 5 社小計	5	415,340	28.2	74,927	29.4	2	2	—

注）通貨危機後の「清算」は，1997 年 12 月 8 日の事業閉鎖・清算命令，「統合」は 98 年 5 月 18 日と 8 月 14 日に中央銀行命令で Krungthai Thanakit PLC にまず統合され，のち Bank Thai PLC に改組された 12 社を指す。「外資」は外資への売却。

出所）末廣・ネーナパー作成「タイ金融会社 91 社基本データ」（1999 年 6 月，未刊行）にもとづき筆者作成。

系列は全部で16社，総資産合計額の22％を占め，サイアムシティ銀行やタイ軍人銀行がその代表であった。一方，後者の金融特化型は14社，全体の24％を占め，GFホールディング・グループや，次節で紹介するファイナンスワン・グループが代表的存在であった。

第2に，金融会社の上位5社（いずれも上場企業）をみると，金融コングロマリットに所属するのは，サイアム商業銀行系のDhana Siam Finance社，タイ農民銀行系のPhatra Thanakit社で，残り3社が金融の専門家が経営する「新興金融グループ」に所属している。具体的には，Finance One社，National Finance社，CMIC Finance社の三つで，この3社は金融業界の「ビッグスリー」と呼ばれた[7]。また上位5社の総資産額でみた集中度は，1980年が19％，96年が28％であり，金融会社の大型化が進んだことが判明する。とくにトップのFinance One社は1385億バーツと，1社で91社全部の総資産の9％以上を占めた。これは商業銀行と比較しても，資産規模で11位（中位行の下）に位置する大きさであった（Bank of Thailand 1997, 4）。

第3に，株式時価総額でみると，金融コングロマリット系が61％と他グループを圧倒している。株式ブーム期の1990年代初めをとれば，金融特化型の比重はもっと高くなるが，バブル経済がはじけた96年当時には，すでに金融特化型グループに対する市場の評価は下がりつつあった。

それではこうした変化をどのように説明したらよいのか。

第1に指摘すべきは，経済ブームと金融の自由化がもたらしたビジネスチャンスを最大限に活かしたのが，金融会社であったという事実である。1980年と96年の2時点をとると，地場商業銀行の融資残高はこの期間に15.9倍の伸びを示したのに対して，金融会社のそれは27.1倍にも達した。その結果，商業銀行の融資残高を100としたときの金融会社の比重は，1980年の23から96年には39へと上昇した。

---

[7] ナショナル金融証券会社（National Finance PLC）は，タイ農民銀行系の金融会社TISCO社の役員として辣腕をふるったバンターン・タンティウィットが同社を1980年に退職し，当時経営破綻に陥っていたキャピタル・トラスト金融会社を買い取って再建したものである。同社の経歴については『週刊タイ経済』（1999年10月11日号，17ページ）に詳しい。

このような急速な伸びを支えたのは，金融会社による個人消費向けローン（住宅，耐久消費財）と，建設・不動産向け融資の著しい伸びである。1980 年当時，金融会社の融資残高に占める個人消費向けは全体の 17％，建設・不動産向けは 14％で，最大の貸付先はまだ製造業（25％）であった（Bangkok Bank Limited ed. 1981, 37）。ところが，1996 年には個人消費向けが 26％，建設・不動産向けが 28％に跳ね上がり，製造業向けは 15％に低下した。同じ 1996 年に商業銀行の貸付先が製造業（34％），貿易・商業（32％），個人消費（16％）であったのと好対照をなしている[8]。逆に，不動産デベロッパーに対する融資残高に占める金融機関別の比率をみると，金融会社は 1991 年の 29％（商業銀行は 68％）から 96 年 6 月には 46％（同 52％）に上昇していった（末廣編 1998 年, 43）。したがって，金融会社の伸びは，金融自由化のもとで進められた業態規制の緩和と共に，経済ブーム，そしてこれに続く建設ブームや住宅ブームと不可分の関係にあったといえる。また，商業銀行に比べて金融会社は，よりハイリスク・ハイリターンの分野に進出した[9]。

　もうひとつの要因は，1990 年代初めから始まる株式投機ブームである。経済ブームが始まる 1988 年当時の株式取引額と SET 指標は，それぞれ 1565 億バーツと 387 であった。これが 1990 年には 6272 億バーツと 613 に上昇し，ピークを迎えた 93 年にはじつに 2 兆 2000 億バーツにまで膨らみ，SET 指標の方も 1683 にまで上昇した（前出表 6-3 を参照）。

　この株式取引額の急増の背景には，上場や増資に際してのプレミアム収入の取得だけではなく，株価つり上げによる転売益の獲得といった投機的行動が深く関連していた。この投機的行動を主導したのが，じつは先に述べた金融特化型新興グループである。彼らは，一方で投資ブローカーとして他社の株式の買い占めや転売を繰り返すと同時に，自社の株価をつり上げるために「粉飾決算」さえも行った[10]。経営は不安定化するが，彼らの業績はバブル期に急速に

---

[8] 以上の数字は，中央銀行の内部資料より筆者が算出した。
[9] このハイリスク・ハイリターンの戦略が，金融会社の経営を不安定化させ，引いては中央銀行による営業一時停止命令（1997 年 6 月 27 日の 16 社と 8 月 5 日の 42 社の計 58 社）につながった。

膨らんでいったのである。

　以上の点は，1997年12月8日に清算命令を受けた金融会社56社のグループ別分布に端的に示されている（表7-6を参照）。具体的には，金融特化型グループの金融会社14社のうち13社，財閥型ファミリービジネス（製造業と非製造業）に所属する14社のうち12社，非コングロマリット系の商業銀行に所属する金融会社16社のうち9社が，経営再建の見とおしがないという政府委員会の判断で，清算命令を受けた（Kan Ngoen Thanakhan ed. 1998, 79-87）。

　これによって金融特化型グループは事実上，壊滅する。一方，金融コングロマリット系列の金融会社21社のうち，清算処分となったのは6社にとどまっている。しかし，残り15社のうち4社は1998年中に政府系グルンタイ・タナキット金融会社に統合され（のち財務省が出資するBank Thai PLCに改組），優良企業6社も外資に売却された（Kan Ngoen Thanakhan ed. 1999, 144）。結局，グループ内にとどまったのは21社中わずかに5社であり，通貨・金融危機がタイの金融業に与えたインパクトの大きさをうかがい知ることができるだろう。

2）ファイナンスワン（FIN）グループの発展と崩壊

　経済ブーム期に急成長をとげ，通貨危機と金融制度改革によって事実上壊滅した金融特化型グループの代表が，ファイナンスワン・グループである（X030, 以下，FINグループと略記）[11]。FINグループの創始者はピン・チャッカパーク（1950年，アメリカ生まれ）である。

　ピンは，ジップインソーイ（Yip In Tsoi, 葉賢才）グループ（X217）を率いるチュートラグン家（朱姓，客家）の総帥チューチャートの妻方の家に生まれた（Sombun 1996, 67）[12]。このチュートラグン家は，タイ農民銀行グループの

---

[10] 事実，金融特化型グループを代表するFinance One, National Finance社，CMIC Finance社，General Finance社などは，1995年まで高収益を計上し，50％を超える配当を出したこともあった。ところが1996年末の中央銀行の抜き打ち査察によってずさんな経営管理が露見し，軒並み一時営業停止処分を受けている。

[11] ファイナンスワン・グループは，FIN Groupとか，持株会社の名前をとってOne Holding Groupとも呼ばれた。

[12] ジップインソーイ・グループの創始者である葉賢才の経歴とその家系については，彼の葬式本が有用である（葬式本 Yip In Tsoi 1970）。

所有主家族であるラムサム家とは古くから姻戚関係にある。ピンは，ペンシルバニア大学で経済学を修めたあと，1973年から79年までチェースマンハッタン銀行の香港支店とバンコク支店で金融・投資業のノウハウを蓄積する。そして1979年からジップインソーイ・グループの傘下企業であるシリミット金融会社で役員をつとめ，80年に旧ジップインソーイ金融会社（Yip In Tsoi Finance & Securities Co., Ltd.）の社長に就任した（Suprani 1996, 98, 100）。

ピンが引き継いだときのジップインソーイ金融会社は，南タイを中心にゴム農園，スズ鉱山などの事業を展開していた同グループ内の一金融機関でしかなかった[13]。また，預金者も融資先もほとんどが所有主一族の親族・知人であり，融資を伸ばしても収益が伸びないという構造になっていた。そこで，ピンはこの金融会社を，アメリカやチェースマンハッタン銀行時代に学んだ経験を活かして，近代的な金融会社へ改組することを決意する。

まず，1984年に同金融会社の株主を抜本的に変更し，フランスのパリバス銀行（Banque Paribas）やタナット・コーマン（もと外相）の一族，チュムポン・ポンプラパー（スズキ二輪車，X135），アグロインダストリーのCPグループなどを新たな株主に招聘し，株主資本を大幅に強化した[14]。同年には金融会社としては初めて業務のコンピュータ化も実施している。そして1987年には社名を「ファイナンスワン社」（タイ名はエークタナキット社）に変え，同族外からリクルートした経営者と若手のスタッフを中心とする「チームワーク方式」を導入した（*Ibid.*, 100-102）。ピンが同社の株式を公開し上場したのは，翌1988年7月である。ピンはこの新生ファイナンスワン社の社長を引き続きつとめ，1993年の機構改革のあとは，97年までCEOの地位に就いている。

FINグループの本格的な発展は，ファイナンスワン社に名前を変える直前

---

[13] ジップインソーイ金融会社と同グループの事業発展については，Dok Bia ed. (1982c) を参照。

[14] 1990年4月現在のファイナンスワン社の株主構成は，Banque Paribas 10.0％，Paribas South East Asia 7.3％で計17％以上となり，他にタイ農民銀行8.7％，チュムポン・ポンプラパー5.1％，タナット・コーマンの妻4.3％，CPグループ傘下のBangkok Farm社4.2％で，ジップインソーイ社の株式保有率は3.7％にまで下がっている（SET 1990 edition, Vol. 3, 213）。

表7-7 ファイナンスワン（FIN）グループの企業買収
(単位：％, 100万バーツ)

企業名	事業内容	設立/上場年	株式取得年月	出資比率	投資額
Finance One PLC (旧 Yip In Tsoi Finance Co.)	金融証券	1970/1988	—	—	—
GF Thanakhom	金融証券	n.a.	1986/04	10.0	36
Securities One PLC	金融証券	1975/1989	1986/12	23.5	1,413
First Asia Securities PLC	金融証券	1974/1991	1987/12	15.1	298
Asia Equity	投資ブローカー	n.a.	1990/02	30.0	211
One Holding PLC	投資	1984/1990	1991/10	9.0	579
Ekkapat Finance PLC	金融証券	1972/1996	1992/02	92.7	2,969
Prime Finance PLC	金融証券	1972/1992	1992/03	17.5	18
One Insurance	保険	n.a.	1992/10	9.1	31
Dynasty Ceramic PLC	セラミック	1989/1992	1994/07	10.0	128
Filatex	繊維	n.a.	1995	10.0	
Bank of Asia PLC	商業銀行	1939/1978	1994	24.0	
Thai Danu Bank PLC	商業銀行	1949/1976	1996	5.0	

出所）Somchai (1991), Wanit (1996) などにもとづき筆者作成。

の1986年から始まった。そのやり方は表7-7が示すように，金融証券業や投資業に従事する上場企業を次々と買収することで，事業を拡大するというものである。それまで証券市場を通じた「買収」は，インド人系のスラ・チャンシーチャワーラー（X032）によるラーチャー・ファイナンス社の事例など，何件か存在したが，金融機関による買収を通じた事業拡大は，ピンのFINグループと，グルークキアットが率いるバンコク商業銀行（BBC）グループが最初である[15]。

事実，表にあるように，ピンは1986年から94年までに計9社の企業の株式

---

[15] バンコク商業銀行（BBC）の買収活動とその後の経営破綻は，Natwuti (1996) に詳しい。末廣編（1998年，62-65）は，その要約である。1988年9月にBBCの社長に就任したグルークキアット・チャーリーチャン（1949年生まれ）は，BBCの創業者プラ・ピニットチョンカディー警察大将の娘で，BBCの大株主でもあったインティラーを母にもつ。彼は，ウィスコンシン大学で経営学修士を取得したあと中央銀行に入行し（76年），金融機関監督開発担当部局の課長を最後に，86年にBBCの副社長に就任した。その後，1991年に株式ディーラーとしてならしたインド人のラーゲシュを投資顧問に迎えて不動産関連の融資を行い，急成長を遂げた。自分の親族の金融機関を足がかりに，まったく新しい事業展開を行ったという点では，FINグループのピンと共通している。

表7-8 ファイナンスワン社，ファイナンスワン・グループの事業発展（1985-96年）

(単位：100万バーツ)

年次	総資産	他会社投資	借入	自己資本	純利益
Finance One PLC					
1985	1,923	114	—	128	1
1987	2,708	223	2,444	154	20
1989	8,879	635	8,007	636	242
1990	17,692	1,870	14,538	2,443	437
1991	28,173	3,463	22,792	4,081	698
1992	42,267	7,508	34,275	4,522	861
1993	52,342	9,473	40,759	5,995	1,298
1994	72,578	12,437	54,785	7,993	1,950
1996	138,546	28,082	n.a.	13,922	1,460
Finance One Group					
1992	53,106	6,885	44,028	3,023	885
1993	81,008	9,955	56,715	5,192	1,765
1994	95,861	13,420	77,391	7,840	2,356
1995	120,785	16,910	94,593	9,597	2,863
1996	148,565	20,799	118,848	11,808	3,428

出所 1) タイ証券取引委員会（SET）所蔵の会社別年次報告；
2) Alpha Info Co., Ltd. ed. (1997, 257)；
3) Advanced Research Group Co., Ltd. ed. *Thailand Company Information 1994-95*, Vol II, p. 443 より筆者作成。

取得に成功し，これにともなってファイナンスワン社自体も総資産額が，1985年の19億バーツから96年の1385億バーツへと72倍，他会社への投資にいたっては同期間に，1億1400万バーツから281億バーツへと，じつに246倍も増加した。まさにバブル経済を象徴する成長ぶりである。

さらに注目すべきは，彼らの株価と収益率の高さであろう。例えば，ファイナンスワン社は，1988年に額面金額を1株当たり100バーツから10バーツに変更したが，切り替えた当時の時価が42バーツ，翌89年には264バーツに上昇し，93年には476バーツにまで跳ね上がった。配当率もきわめて高く，1989年から92年までが35％から65％の水準で，93年にはじつに80％という高い水準を記録している（SET 1995 edition, Vol. 2, 220-221）。一方，株主資本利益率（ROE）をみても良好で，ROEは1993年，94年と20％を超え，FINグループ全体では30％近い高さを実現した。こうした株価，配当率，ROEな

どの高さが，今度は投資家の新たな関心を引き寄せ，さらなる資金調達を容易にしたことは，改めて言うまでもないだろう．

4 経済危機と金融コングロマリットの崩壊

1) 不良債権処理と金融制度改革

　1995年末を転機とするバブル経済の崩壊，97年7月の通貨危機の勃発，そして国際金融機関監視のもとでの金融制度改革は，経済ブーム期に急成長を遂げた金融特化型グループを破綻させ，次いで金融コングロマリットを抜本的な事業再編へと追い込んだ．以下，そのプロセスを紹介しておこう．

　中央銀行は1997年8月までに，経営内容が悪化している金融会社58社に対して，営業一時停止命令を下した．次いで新設の金融再建庁（Financial Restructuring Authority：FRA）が，中央銀行，タイ証券取引所（SET），そしてIMFが指定する国際会計事務所と合同で，58社が提出した経営再建計画案を詳細に検討・審査し，結局12月8日に58社のうち56社に対して，事業再建は困難との判断から「清算処分」というドラスチックな決定を下した[16]．これによってFINグループなど金融特化型グループは完全に壊滅する．

　危機前に91社存在した金融会社は，この清算命令で一挙に35社に激減した．しかも生き残った35社のうち，1998年5月15日には7社，8月14日には5社の計12社が，政府系のグルンタイ・タナキット金融会社に統合され，同社は同年10月に政府が管理する新設の銀行（Bank Thai PLC），つまり金融会社が保有する資産を管理する政府銀行に改組された．

　一方，1998年8月以降存続した金融会社23社のうち地場系は17社であっ

---

[16] 政府の当初の構想では，営業一時停止命令を受けた金融会社58社に対して，①既存株主による増資（自助努力），②主要株主が商業銀行である場合には，系列金融会社同士による統合，③政府系のグルンタイ・タナキット金融会社への吸収合併，いずれの方法も困難な場合には，④金融会社同士で合併，という四つの可能性を提示していた．つまり政府側は「清算命令」ではなく，地場金融会社の経営存続の道を追求していたのである．これが「清算命令」というドラスチックな方法に転じたのは，IMFの圧力が強く影響していた．なお当時の構想について詳しくは，次の新聞記事を参照．*Bangkok Post*, October 16 and 31, 1997；*Krungthep Thurakit*, December 12, 1997；*Than Setthakit*, November 3-4, 1997.

たが，そのうち11社が外国の金融機関と新たに結びつくか，事実上株式の過半数を外資に売却した。その結果，1999年8月までには，現存23社のうち地場系の金融会社はわずか7社にまで減り（外資系から地場系に移った企業1社を含む），残りの16社が外資系企業となった。こうした外資の積極的な進出は生命保険，損害保険の分野でも顕著であり，1999年当時には，損害保険の21社，生命保険の8社が外資系に数えられている（Kan Ngoen Thanakhan 1999, 146)。

次に財務省と中央銀行は，多額の不良債権を抱える商業銀行をターゲットにすえた。その第1弾が「ショック療法」と呼ばれる方式で，1998年1月に「5大金融コングロマリット」のひとつであるテーチャパイブーン家のBMBを，翌2月6日にはサイアムシティ銀行，バンコク商業銀行（BBC）を，それぞれ政府が管理する銀行へと強制的に改組した。そのプロセスを，BMBを例にとって説明すると次のとおりである。

中央銀行は1997年12月31日の大晦日に，しかもBMBの経営陣が新年を迎えるパーティを開催しているさなかに，ウィチアン社長（ウテーン会長の長男）ほかBMB経営陣の解任とアユタヤー銀行元社長ソムチャイ・サグンスラーラットを新社長に任命する旨を，メディアを通じて発表した。この経営陣の突如の交替は，BMB所有主家族にとって「寝耳に水」の決定であった（*Bangkok Post*, January 1, 1998)。

次いで中央銀行は，BMBの新経営陣に3週間の猶予を与えて，経営立て直しのための増資を指示する。しかし，BMBはこの増資を自力で実行できなかった。そこで中央銀行は1998年1月21日に，額面10バーツの株式を1サタン（100サタン＝1バーツ），つまり1000分の1に減額し，旧株主の持ち分を110億バーツから1100万バーツへといっきょに引き下げた。ここで生じた剰余金は不良債権処理にあて，減資のあとに中央銀行が金融機関開発基金（FIDF）の資金を使って，改めて不良債権に見合う資本金（約250億バーツ）を新規に出資するという方法をとった[17]。

BMBが最初のターゲットにされたのは，第1に，中央銀行の内部調査で，過去5年間の融資のうち60%がグループ内企業への融資であり，不健全な

「縁故融資」の典型とみなされていたこと (Wirat 1998b, 35-36)[18]，第2に，1997年8月，金融不安のもとでBMBの預金者による取り付け騒ぎが生じ，経営内容が急速に悪化していたこと（676億バーツの不良債権に対して引当金はわずか3億バーツ），第3に，地場銀行の中では中位銀行であり，仮に強行措置をとっても金融業界全体への影響が比較的少ないと政府が判断したこと，第4に，BMB会長のウテーン（鄭午楼）はバンコク銀行元会長であるチン（陳弼臣）亡きあと，タイ華人社会の中では最高位の長老であり，長男のウィチアンも当時上院議員で，タイ商業会議所の会頭を務めており，政策の社会的効果が大きいと判断されたことによる。

いうまでもなく，この「ショック療法」の背後には，金融制度改革に対する地場商業銀行の「鈍い反応」に業を煮やしていたIMFの意向が関係していた。結局，この処置でテーチャパイブーン家は一夜にしてBMBに対する所有と経営支配の双方を失い，2年後の1999年11月には，ウィチアン自身が背任容疑で中央銀行から告訴されるという事態に発展した（*Bangkok Post*, November 24, 1999）。その結果，BMBグループは不動産事業を除いてほぼ解体する。それはタイの商業銀行を一面で特徴づけていた「家族銀行」(Thanakhan Rabop Khrop-khrua)，つまり「家族が所有し，家族の事業のために存在する銀行」の時代の終焉を意味した（Wirat 1998b, 2-26）。

次いで1998年3月31日に，政府は商業銀行再編の第2弾として「自己資本充実と不良債権処理の国際基準への鞘寄せ」を指示する。つまり貸出残高に対する自己資本の比率を8％以上に定めると同時に（BIS規制），他方で「不良債権」(Non-Performing Loans : NPLs) の定義を国際基準に切り替えた。つまり，NPLsを，従来の元利延滞6ヶ月以上の債権から3ヶ月以上のそれに拡大適用し，元利延滞が3ヶ月以上6ヶ月未満については債権金額の20％，同6ヶ月以上1年未満については50％，同1年以上については100％の貸倒引当金の積立

---

[17] 『週刊タイ経済』1998年3月23日号，13頁。
[18] 1988年に中央銀行は，BMBの放漫経営に対して査察を行い，身内に対する縁故融資の比率を10％未満に抑えることを指示したが，結局改善がみられなかった。そこで，1990年1月に，当時のチャイタット社長（ウテーン会長の実弟）を解任して，ウィチアンを新社長に任命した経緯がある（『週刊タイ経済』1999年12月6日号，19頁）。

表7-9 タイ金融機関の不良債権金額とその比率の推移（1998-2003年）

(単位：10億バーツ，%)

年月	金融機関合計不良債権金額(10億バーツ)	金融機関合計 (%)					
		金融機関合計	商業銀行計 (%)				金融会社
			商業銀行計	地場商業銀行	国営・政府管理銀行	外国銀行支店	
1998年6月	2,090	32.69	31.04	30.19	47.17	5.53	52.63
1998年12月	2,674	45.02	42.90	40.48	62.45	9.81	70.16
1999年6月	2,652	47.44	46.52	41.02	70.34	12.57	67.25
1999年12月	2,094	38.93	38.57	30.59	62.84	9.94	49.22
2000年6月	1,617	32.05	31.84	21.67	56.54	7.34	38.75
2000年12月	857	17.90	17.70	18.00	21.63	6.60	24.48
2001年6月	607	12.68	12.58	17.78	6.26	4.06	15.95
2001年12月	474	10.46	10.50	14.42	5.59	3.20	9.46
2002年6月	468	10.30	10.30	13.90	5.90	2.90	9.60
2002年12月	771	15.70	15.80	20.60	8.30	9.50	14.50
2003年6月	773	15.70	15.90	21.30	7.80	7.30	11.40
2003年12月	641	12.70	12.80	16.70	6.60	6.40	10.10

注) 不良債権は、3ヶ月以上の返済延滞債権を指す。
出所) 中央銀行のホームページ（http://www.bot.or.th/bothomepage/databank/Financial_Institutions/Npl/Npl_Menu_E.htm）より筆者作成（2006年3月30日アクセス）。

を義務づけ、引当金の積立を2000年末までに完了させることを命じた（末廣2000年c）。以上の方針と新しい基準の採用によって、各行の公表NPLs比率は一挙に上昇し（表7-9を参照）、同時に貸倒引当金の積み増しで、すべての地場商業銀行が1998年下半期には赤字決算となった。

その5ヶ月後に公表されたのが第3弾の方針、いわゆる「金融機関再生トータルプラン」であった。この方針は発表された日をとって、通称「8月14日措置」と呼ばれた。この1998年「8月14日措置」で政府は、先の自助努力による増資計画と貸倒引当金の積み増しの経過をみながら、金融機関に対して最高3000億バーツの公的資金を注入することを明らかにした。これによって政府が構想する商業銀行立て直しの政策、つまり「あくまで自助努力による経営再建を原則とし、自力で実行困難な場合に限って公的資金を注入する」という方針が固まったわけである（Tharin et al. eds. 2001）。

ただし、1999年末現在、自助努力で増資に成功したのは、地場商業銀行14行のうち3行にすぎず（バンコク銀行、タイ農民銀行、アユタヤー銀行）、残り2

行が公的資金の注入要請へ(サイアム商業銀行,タイ軍人銀行),2行が外資売却へ,7行が政府所有もしくは政府管理銀行(2行がのち外資へ売却)になった。とくに,巨額の不良債権を抱える政府系グルンタイ銀行の処理はスムーズに行かなかった。その結果,2001年2月に登場したタクシン政権は,従来の「自助努力方式」を放棄し,タイ資産管理公社(Thai Asset Management Corporation: Thai AMC)を新設して,公的資金を金融機関に全面的に投入する方針に切り替えたのである(東2002年)。

2) 金融コングロマリットの再編

それでは一連の政策のもとで,金融コングロマリットの状況はどうであったのか。その点を整理したのが表7-10である。前述のように,BMBグループは中核のBMBが政府管理へ,他の金融会社も事業清算となり崩壊した。残りの4大グループの中で打撃が大きかったのはバンコク銀行グループである。

バンコク銀行グループの傘下企業の中で,最大手の金融会社を誇ったAsia Credit PLCは,通貨危機後,パートナーであるフランスのソシエテ・ジェネラール銀行が増資によって筆頭株主になり,Union Asia Finance PLCもグルンタイ・タナキット金融会社に統合された。グループの中核企業のひとつで,チンの六男であるチャード チュー(陳永立)が率いていたBangkok First Investment & Trust PLCも,台湾系財閥である中華開発グループ(China Development Corp.: CDC)に株式の42.5%を譲渡している。

残り3社の金融会社は1997年12月に事業清算となり,経済ブーム期に新興金融グループに対抗してグループ内の「投資銀行」を目指し,急成長を遂げたAsia Sermkij社も破綻した。このAsia Sermkij社は,チャートリー元バンコク銀行社長が,長女であるサオウィットリー(95年から同社の社長)と,チャイユット・ピランオーワート(元タンマサート大学講師,1986-95年に同社の社長)に託して,証券取引の中核に発展させることを目論んだ企業であったが,通貨危機の打撃によってあえなく潰えさった(Wirat 1998b, 195-203)。

次いで,タイ農民銀行グループも大きな打撃を受けた。グループ傘下企業の最大手金融会社であるPhatra Thanakit社は,当初アメリカのメリルリンチ社

表 7-10　通貨危機後のタイ金融コングロマリットの崩壊

(単位：100万バーツ)

グループ名，銀行・金融会社名	設立年	上場年	総資産 1996年	1997年危機後の変化
(1) バンコク銀行グループ＝ソーポンパニット家				
1　Bangkok Bank	1944	1975	1,161,597	外国人所有が2000年に48.77%に達する。
2　Asia Credit 　改組→ SG Asia Credit	1969	1978	61,483	仏 Société Générale Bank Group が98年4月，出資比率を25%から50%へ引き上げ。バンコク銀行も39%へ。
3　Union Asia Finance	1969	1984	50,221	98年8月に政府系Krungthai Thanakit に統合。
4　Bangkok First Investment & Trust 　改組→ Krungthep Thanatorn	1969	1984	9,323	China Development Corp (CDC, Taiwan) 98年3月に株式の42.5%を取得。
5　East Finance & Securities 　改組→ BNP Firm Pirigreen	n.a.	—	n.a.	Pirigreen Holding (Hong Kong) が買収。外国人所100%に。
6　Asia Securities Trading	1974	1988	7,203	97年12月に事業清算命令。
7　Lila Finance & Securities	1969	—	n.a.	97年12月に事業清算命令。
8　Thai Financial Syndicate	1952	1992	19,680	97年12月に事業清算命令。
9　Bangkok Insurance	1947	1978	9,202	
10　Bangkok Life Assurance	1950	—	3,622	日本生命が出資。
(2) タイ農民銀行グループ＝ラムサム家				
1　Thai Farmers Bank	1945	1976	646,007	外国人所有が2000年に48.98%に達する。
2　Bangkok Investment 　改組→ AIG Finance (Thailand)	1961	1975	10,084	AIG Consumer Group が41%を取得。
3　Dynamic Eastern Finance Thailand	1972	1994	15,988	97年12月に事業清算命令。
4　Phatra Thanakit 　改組→ Merrill Lynch Phatra	1972	1979	77,519	Merrill Lynch が株式51%を取得。のちタイ農民銀行が完全子会社化。
5　Phatra Leasing	1988	1996	3,309	2000年3月，ラムサム・グループが株式47.17%取得。
6　Thai Investment & Securities (TISCO) 　改組→ CMICO	1969	1983	53,385	China Development Corp. が株式30%取得。外国人所有は40%に上昇する。
7　United Finance	1976	1991	14,628	97年12月に事業清算命令。
8　Phatra Insurance	1952	1979	2,767	2000年3月，ラムサム・グループが51.46%。
9　Muang Thai Life Assurance	1950	—	10,997	ラムサム家が所有経営。

第7章 金融制度改革と商業銀行の再編

グループ名，銀行・金融会社名	設立年	上場年	総資産 1996年	1997年危機後の変化
(3) アユタヤー銀行グループ＝ラッタナラック家				
1 Bank of Ayudhya (BAY)	1945	1977	414,878	外国人所有が2000年に30.38%。
2 Ayudhya Investment & Trust	1974	1978	15,417	2000年4月，アユタヤー銀行の出資を75.78%に引き上げ。
3 Ayudhya Jardine CMGC Life Assurance	1951	1988	4,852	Colonial Mutual Groupが出資比率を増加。
4 Ayudhya Insurance	1950	1987	6,147	2000年4月，アユタヤー・グループの出資が28.70%。
(4) バンコクメトロポリタン銀行 (BMB) グループ＝テーチャパイブーン家				
1 Bangkok Metropolitan Bank	1950	1975	191,549	98年1月に政府の管理銀行へ移管。
2 Asia Finance Syndicate	1976	—		97年12月に事業清算命令。
3 Bangkok Metropolitan Trust	1965	—		97年12月に事業清算命令。
4 Progressive Finance	1965	—		事業閉鎖。
5 Siam Commercial Trust	1972	—		事業清算命令。
6 Thai-Mitsubishi Investment Corp.	1972	—		
(5) サイアム商業銀行 (SCB) グループ＝王室財産管理局				
1 Siam Commercial Bank (SCB)	1904	1976	541,231	2000年に外国人所有が37.42%。
2 Dhana Siam Finance & Securities	1974	1980	74,228	98年8月に政府系Krungthai Thanakitに統合。
3 Book Club Finance & Securities	1971	1995	14,892	SCBが84.51%株式取得。
4 National Finance and Securities	1980	1975	70,995	2000年3月，SCBが5.85%。
5 Siam Sanwa Industrial Credit	1966	1988	22,047	SCB出資，96年8.18%→2000年3月49.51%。
6 Siam General Factoring	1985	1988	3,261	SCB出資，96年10.41%→2000年4月7.90%。
7 Thai Fuji Finance & Securities	1974	—	n.a.	97年12月に事業清算命令。
8 Deves Insurance	1946	1990	2,334	SCB出資，96年7.00%→2000年3月15.80%。
9 Siam Commercial Life Assurance	1976	1988	1,497	SCB出資，96年5.00%→2000年3月31.31%。
10 Samaggi Insurance	1947	1986	1,667	SCB出資，96年10.0%→2000年3月53.27%。

出所 1) 末廣・ネーナパー作成「タイ金融会社91社基本データ」(1999年6月，未刊行)；
 2) *Kan Ngoen Thanakhan* (Monthly)；
 3) SET ed., *CD-ROM Listed Company Info 2000* (Q1/Q2) の各社の株主名簿(タイ語版)などから筆者作成。

に株式の過半を売却したが，のちタイ農民銀行の100％子会社に改組した。第2位のTISCO社は台湾の中華開発グループへ売却，地場投資機関の大手であったBangkok Investment PLCも，アメリカのAIGコンシューマー・グループに売却している[19]。また残り2社の金融会社も事業清算となった。

　アユタヤー銀行グループは，もともと金融分野の傘下企業が少なく，危機後にグループ内企業は事業清算を免れた。ただし中核のAyudhya Investment & Trust PLCは，アユタヤー銀行が100％子会社化することで，経営再建に乗りだしている。また傘下の生命保険会社は，増資にあたって外国人パートナーが出資比率を引き上げた。加えて，同行の所有主家族であるラッタナラック家は，銀行本体の増資（50億から230億バーツへ）を引き受けるために，国内第3位の生産能力を誇るサイアムシティ・セメント社の経営支配権を放棄した。

　具体的には，ラッタナラック家が持っていた同社の株式3748万株（全体の25％）を，パートナーであるホルダーバンク社（現ホルシム社。スイス籍で世界最大のセメント会社）に売却し，その売却益60億バーツをアユタヤー銀行の増資に投入したのである。その結果，ラッタナラック家の株式保有比率は55％から30％に低下し，逆にホルダーバンク社が同社の株式の50％以上を所有することになった[20]。ラッタナラック家はこれによって，グループの製造基盤を失ったのである。

　王室財産管理局のサイアム商業銀行グループは，他とはやや異なる動きを示した。同グループは中核のDhana Siam Finance社こそグルンタイ・タナキット金融会社に統合されたが，The Book Club Finance社，Siam Sanwa Industrial社は，親銀行が出資を増やして存続を図ると同時に，生命保険会社，損害保険会社に対しても親銀行がそれぞれ出資を増やしている。

　いずれにせよ，「5大金融コングロマリット」が金融・証券会社に大きな影響をもつ時代は，完全に終わったといえるだろう。その結果，金融コングロマリットの所有主家族は，経営資源を中核の商業銀行に集中させる方針をとりつ

---

[19] TISCO社とパットラータナキット金融会社のそれぞれの再編過程については，『週刊タイ経済』1999年8月19日号と同1999年9月20日号に詳しい。
[20] 詳しい経緯は『週刊タイ経済』1999年9月6日号を参照。

つある。彼らは，一般投資家から資金を集めることで，政府が要求する増資を自助努力で進めると同時に，他方で経営権の維持を図るため，特定の外資（外銀）と組むことは回避しようとした。

その帰結が，外国人株主による議決権のない株式比率の急増であった（前掲表7-2）。その比率は2000年現在，バンコク銀行で48.77％，タイ農民銀行で48.98％，サイアム商業銀行で37.42％，アユタヤー銀行で30.38％にまで上昇している。他方，所有主家族の各銀行に対する株式保有比率は，相次ぐ増資のなかで10％未満にまで低下している。この過程で金融コングロマリットに所属する商業銀行が迫られたのは，いまや全体の発行株式の半分を占めるまでになった一般株主や外国人投資家を意識した対応，つまりSETが要求する「グッド・コーポレート・ガバナンス」の遂行であった（本書の第6章）。

5 タイ農民銀行の経営改革

1) ラムサム家とタイ農民銀行グループ

「五大金融コングロマリット」のひとつを形成し，通貨危機後も銀行業の維持を図っているのが，タイ農民銀行グループのラムサム家である[21]。ラムサム家は，かつてナコントーン銀行（旧ワンリー銀行）を所有していたワンリー家（陳姓，潮州系）と並んで，タイではもっとも古い歴史を誇る華人系家族であり，その事業の歴史は150年以上に及ぶ。ラーマ5世王期（1868-1910年）にチーク材の伐採・製材・輸出や精米・コメ輸出で財をなし，1930年代にはアジア域内の送金，貿易金融，損害保険，海運などを手がける財閥のひとつに成長した。ラムサム家は，第2次大戦以前に，タイ米をヨーロッパに直接売り込むルートを開いたことでも有名である。このときのロックスレイ・ライス社（Loxley Rice Co. [Bangkok] Ltd.）は，のちロックスレイ社（Loxley PLC）に名前を変え，貿易だけでなくタイ国軍向け武器・戦闘機の輸入販売，コンピュータのリース業，電気通信業などを傘下に収める「ロックスレイ・グループ」の

---

[21] ラムサム家の発展については，次の文献を参照。Suehiro (1989a, 112-122), Thanawat (2001a, 26-43), Phanni (1986), Thanawat (2000b), Wirat and Banharn (2004).

中核企業に発展していった[22]。

またラムサム家の2代目，3代目は，タイにおける客家協会（客属総会）の歴代会長を1927年から48年まで務めている（Suehiro 1989a, 121）。同時に，ラムサム家は客家という同郷集団の枠を超えて，有力な華人系家族と姻戚関係によるネットワークを，世代を超えて構築していった。FINグループ総帥ピン・チャッカパークの本家筋であるチュートゥラグン家（客家系）のほか，ナコントーン銀行のワンリー家（潮州系，X206），ペプシコーラを製造販売するブラスック家（盧姓，潮州系，X019），チャーティカワニット家（蘇姓，福建系，X038）など名望家とも，結婚によって緊密につながっている（葬式本 Bancha Lamsam 1992）。

さらにラムサム家は王室とも近く，バンチャー（伍班超，1924-92年）は，サイアムセメント・グループの役員を長く務めた。因みに，バンチャーの妻サムアーンワン・テーワグンは王族出身であり，その実弟であるプリディヤートン・テーワグンは，タイ農民銀行副社長，タイ輸出入銀行総裁（91年）をへて，2001年5月に17人目の中央銀行総裁に就任した。

さて，ラムサム家と，通貨危機前の彼らの事業全体を整理したのが図7-1である。グループの事業基盤は，(1) 商業銀行であるタイ農民銀行（現ガシゴン銀行）とその傘下企業，(2) 金融証券の中核をなすTISCO社，(3) 生命保険のムアンタイ生命保険会社（Muang Thai Life Assurance Co., Ltd. 株式非公開），(4) 不動産グループを率いるサンシリ・グループ（Sansiri PLC。傘下企業4社），(5) 貿易・情報通信業を率いるロックスレイ・グループ（Loxley PLC。同35社），(6) 食品加工のサイアムフーズ・プロダクツ社（Siam Food Products PLC），(7) 化学のユニヴェンチャー社（Univenture PLC），の七つである。また，タイ農民銀行についていえば，1999年時点で同行の出資が20％を超える，連結決算の対象となる傘下企業が計29社，10～19％の出資企業が32社，1～9％の出資企業が48社であり，関連企業数の合計は140社に達していた[23]。

グループ内企業や企業間の所有構造は，時代をへるにつれて複雑になってき

---

[22] ロックスレイ・グループの事業発展と電気通信業への進出については，Phacharaphon (1992) が詳しい報告を行っている。

第7章 金融制度改革と商業銀行の再編 275

図7-1 ラムサム家＝タイ農民銀行グループ（1999年）

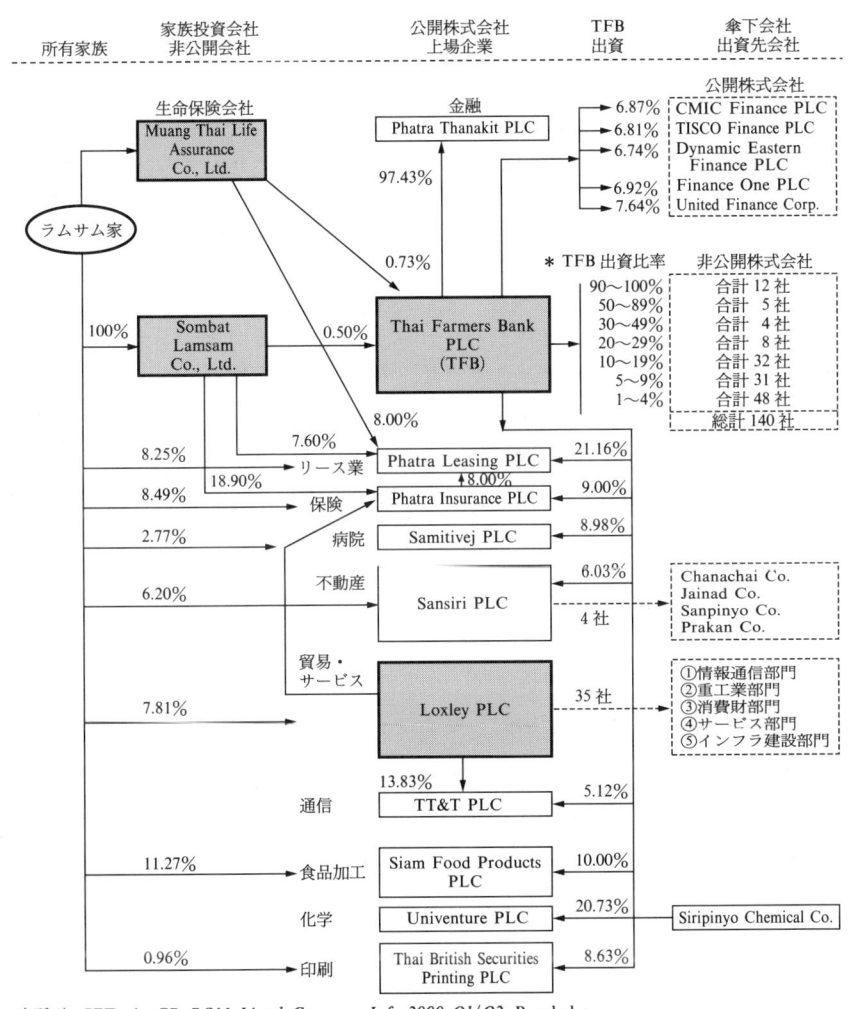

所有家族	家族投資会社 非公開会社	公開株式会社 上場企業	TFB 出資	傘下会社 出資先会社

ラムサム家

生命保険会社: Muang Thai Life Assurance Co., Ltd.（ラムサム家100%）

金融: Phatra Thanakit PLC — TFB出資 97.43%

公開株式会社（TFB出資比率）:
- CMIC Finance PLC … 6.87%
- TISCO Finance PLC … 6.81%
- Dynamic Eastern Finance PLC … 6.74%
- Finance One PLC … 6.92%
- United Finance Corp. … 7.64%

Sombat Lamsam Co., Ltd. → Thai Farmers Bank PLC (TFB) 0.50%
Muang Thai Life Assurance → TFB 0.73%

＊TFB出資比率 非公開株式会社
- 90〜100% 合計 12 社
- 50〜89% 合計 5 社
- 30〜49% 合計 4 社
- 20〜29% 合計 8 社
- 10〜19% 合計 32 社
- 5〜9%   合計 31 社
- 1〜4%   合計 48 社
- 総計 140 社

TFBから下位への出資:
- リース業: Phatra Leasing PLC — Sombat 7.60%, Muang Thai 8.25%, TFB 8.00%, 傘下 21.16%
- 保険: Phatra Insurance PLC — 18.90%, 8.49%, 8.00%, 9.00%
- 病院: Samitivej PLC — 2.77%, 8.98%
- 不動産: Sansiri PLC — 6.20%, 6.03%, 4社（Chanachai Co., Jainad Co., Sanpinyo Co., Prakan Co.）
- 貿易・サービス: Loxley PLC — 7.81%, 35社
  ①情報通信部門 ②重工業部門 ③消費財部門 ④サービス部門 ⑤インフラ建設部門
- 通信: TT&T PLC — 13.83%, 5.12%
- 食品加工: Siam Food Products PLC — 11.27%, 10.00%
- 化学: Univenture PLC — 20.73% — Siripinyo Chemical Co.
- 印刷: Thai British Securities Printing PLC — 0.96%, 8.63%

出所 1）SET ed., *CD-ROM Listed Company Info 2000 Q1/Q2*, Bangkok；
　　 2）Thai Farmers Bank PLC (2000；2001b) ほかの資料にもとづき筆者作成。

ているが，基本的にはソーポンパニット家のバンコク銀行などと同様，(a) グループの所有主家族の成員，(b) 彼らが100％出資する家族投資会社，(c) 中核をなす商業銀行，(d) グループ内金融・保険会社，(e) グループ内非金融会社，の五つを主要なチャネルとしてきた。タイ農民銀行グループについていえば，(b) に相当するのが一族の資産管理会社であるソムバット・ラムサム社（Sombat Lamsam Co., Ltd., 47年設立）であり，(c) がタイ農民銀行，(d) がムアンタイ生命保険社（50年），TISCO 社（69年），パットラータナキット金融会社（72年），(e) がロックスレイ社やサンシリ社である。

次に，ラムサム家とグループ内傘下企業の経営支配の関係を整理したのが，図7-2である。この図から分かるように，グループ内事業については一族の直系・傍系間の分業がはっきりしている。具体的には，一族の中核会社であるタイ農民銀行の支配人・社長職は，創始者であるウン・ラムサム（伍蘭三）の長男ウン・ユックロン（伍毓郎），その長男である3代目チョート（伍柏林），そしてその長男である4代目バンチャー（伍班超），さらにその長男である5代目バントゥーン（伍挽圖）が，ほぼ継続的に掌握してきた。

他方，もうひとつの基幹事業であるムアンタイ生命保険会社の方は，もっぱらチョートの弟チューリン（伍竹林）の次男や四男が分担してきた。この点を考慮すれば，本書の第2章で指摘した「長子優先の事業の継承」が貫徹していたとみなすべきであろう。タイ農民銀行の社長は一時期，バンチャーの弟であるバンヨン（伍捷仁）が務めたことがある。しかし，これはバンチャーの長男であるバントゥーンのアメリカ留学の修了と，彼のタイ国内でのキャリア形成を待つための「ワンポイント・リリーフ」であった。

ところが，バントゥーン社長は，特定家族が銀行を支配する時代は終わったとし，「自分はタイ農民銀行におけるラムサム家出身の最後の社長である」「子供には銀行を継がせない」ことを，とりわけ通貨危機後は強調するようになってきた[24]。また，2001年9月に筆者が同氏と面談した際にも，タイ農民銀行はもはやラムサム家の家族事業ではないことを強調した。そして，彼のこの言葉

---

[23] タイ農民銀行の『56/1形式報告書：1999年版』の出資企業一覧より筆者集計（Thai Farmers Bank 2000, 98-113）。

第 7 章　金融制度改革と商業銀行の再編　277

図 7-2　ラムサム家の家系図と家族内分業（1996-2000 年現在）

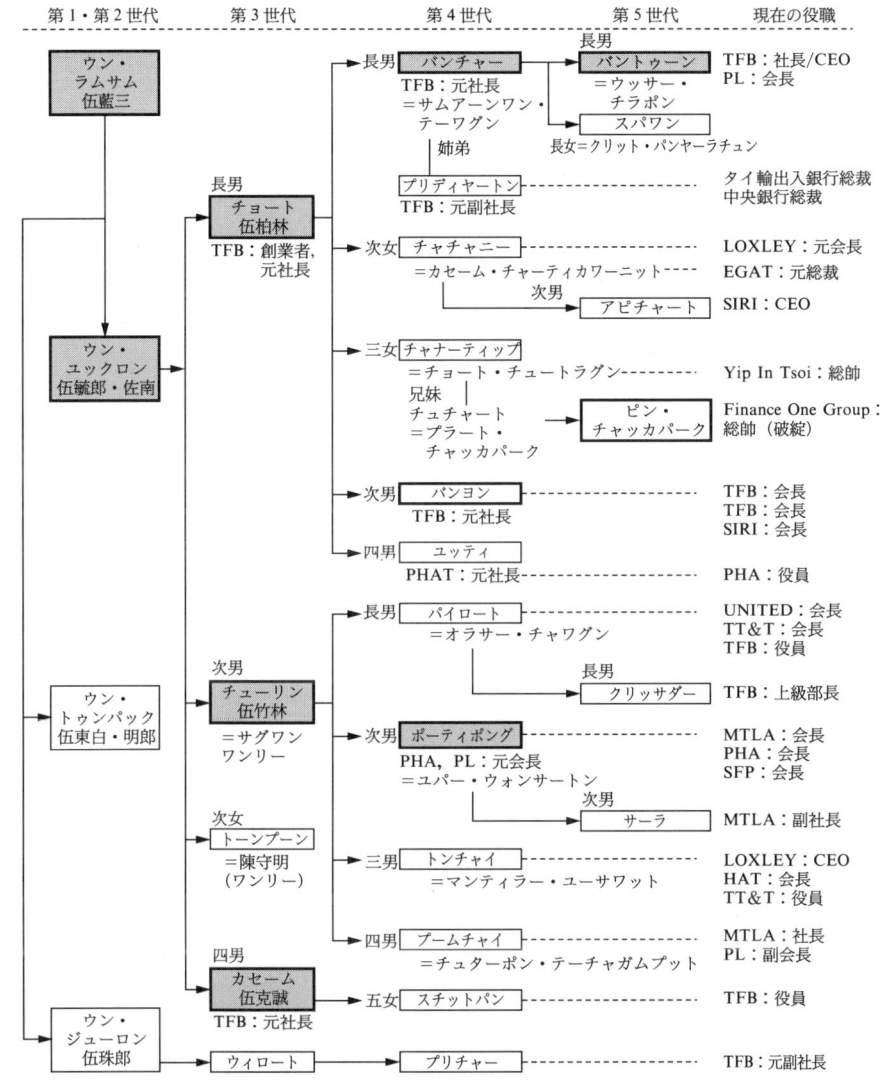

第1・第2世代	第3世代	第4世代	第5世代	現在の役職
ウン・ラムサム 伍藍三		長男 バンチャー TFB：元社長 ＝サムアーンワン・テーワグン	長男 バントゥーン ＝ウッサー・チラポン スパワン 長女＝クリット・パンヤーラチュン	TFB：社長/CEO PL：会長
	長男 チョート 伍柏林 TFB：創業者, 元社長	姉弟 プリディヤートン TFB：元副社長		タイ輸出入銀行総裁 中央銀行総裁
ウン・ユックロン 伍毓郎・佐南		次女 チャチャニー ＝カセーム・チャーティカワーニット	次男 アピチャート	LOXLEY：元会長 EGAT：元総裁 SIRI：CEO
		三女 チャナーティップ ＝チョート・チュートラグン 兄妹 チュチャート ＝プラート・チャッカパーク	ピン・チャッカパーク	Yip In Tsoi：総帥 Finance One Group：総帥（破綻）
		次男 バンヨン TFB：元社長		TFB：会長 TFB：会長 SIRI：会長
		四男 ユッティ PHAT：元社長		PHA：役員
ウン・トゥンパック 伍東白・明郎	次男 チューリン 伍竹林 ＝サグワンワンリー	長男 パイロート ＝オラサー・チャワグン	長男 クリッサダー	UNITED：会長 TT&T：会長 TFB：役員 TFB：上級部長
		次男 ポーティポング PHA, PL：元会長 ＝ユパー・ウォンサートン	次男 サーラ	MTLA：会長 PHA：会長 SFP：会長 MTLA：副社長
	次女 トーンプーン ＝陳守明 （ワンリー）	三男 トンチャイ ＝マンティラー・ユーサワット		LOXLEY：CEO HAT：会長 TT&T：役員
		四男 ブームチャイ ＝チュターポン・テーチャガムプット		MTLA：社長 PL：副会長
	四男 カセーム 伍克誠 TFB：元社長	五女 スチットパン		TFB：役員
ウン・ジューロン 伍珠郎	ウィロート	プリチャー		TFB：元副社長

注）TFB：Thai Farmers Bank PLC；MTLA：Muang Thai Life Assurance Co., Ltd.；LOXLEY：Loxley PLC；PHAT：Phatra Thanakit PLC；PHA：Phatra Insurance PLC；PL：Phatra Leasing PLC；TT&T：Thai Telephone & Telegram PLC；HAT：Huntchinson Telecommunication (Thailand) Co., Ltd.；SFP：Siam Food Products PLC；SIRI：Sansiri PLC；UV：Univenture PLC；UNITED：United Finance Corp. PLC
出所 1）Bancha Lamsam（葬式本，1992）；Thanawat（2000b）；SET（1997b）；
　　2）*Kan Ngoen Thanakhan* 各月号などにもとづき筆者作成。

を裏付けるかのように，2004年4月には，社長のポストにラムサム家とは姻戚関係のないプラサーン（タイ証券取引等監督委員会事務局長）を招聘し，自らは代表権をもつ会長職に退いた。60年間にわたって続いたラムサム家の社長職独占体制に，自ら終止符を打ったのである。

　それと同時に，ここで注目しておきたいのは，バントゥーンがトップ人事の交替に踏み切る前から，タイ農民銀行を「家族銀行」から「ユニバーサルな銀行」（Thanakhan Sakon）に改組するための一連の機構改革に，乗りだしていたという事実であった[25]。次節ではその動きをみておこう。

2） タイ農民銀行の機構改革と外国人役員の招聘

　タイ農民銀行の機構改革は，バントゥーンが同行の社長に就任した1992年の翌年，つまり93年3月に，ドイツ人のコンサルティング会社インマーコーン社を雇って，経営組織の改善提案を求めたときに遡る（末廣2002年b，198）。その後1995年に，バントゥーン社長は，当時まだ30代であったアムポン・ポーローハグンとユッタチャイ・チューサックパクディの2人を業務開発・分析部長補佐に任命し，業務運営の改革を担当させた。この改革は情報技術の発展に対応した組織や業務サービスを検討するもので，社内では"re-engineering team"と呼ばれた（Phu Chatkan Rai-duan ed. 2000b, 105-106）。さらに1997年になると，アメリカのブーズアレン社（Booz Allen & Hamilton）に助言を依頼して，より本格的な機構改革の準備に着手する。そうした中で，

---

[24] バントゥーン社長の「自分がラムサム家としては最後の社長」という発言は，例えばタイ字紙『マティチョン』とのインタビュー（1998年11月30日），『月刊金融と銀行』編集部とのインタビュー（Kan Ngoen Thanakhan 2001年4月号，49-51），Wirawit（2000, 67-68）などにみることができる。実際，1999年末現在の部長以上の役職者61名を検討すると，外戚も含めてラムサム家出身者は，会長（バンヨン，チョートの次男），社長（バントゥーン），役員（スチットパン，ガセームの五女），上級部長1名（クリッサダー，パイロートの息子）の計4名にすぎず，バントゥーンの継承者になりえる中堅人物はもはやいない（Thai Farmers Bank PLC 2000, 70-93 より筆者集計）。

[25] 「ユニバーサル・バンキング」といえば，通常は銀行業務のほかに，証券業務，投資顧問業務，保険業務，リース業務を統合した「ドイツ型銀行」を指すが，ここでは伝統的な家族銀行に対して，情報通信革命の成果を取り込み，世界に通用する近代的銀行の意味も含んでいる。

タイ農民銀行は通貨危機に直面した。

危機後のタイ農民銀行の対応と経営改革はきわめて迅速であった。まず機構改革からみると，1998年1月のSETによる「グッド・コーポレート・ガバナンス」の新ガイドラインの発表に従って，同年6月には早くも独立の監査委員会を設置し，2000年2月には役員任命委員会，同年4月には役員報酬委員会と経営執行委員会顧問委員会をそれぞれ新設した（Thai Farmers Bank 2001b, 138-145）。そしてこれにともなって，従来の組織（30課，fai）に大鉈をふるい，制度組織部（sai-ngan rabop）の新設，ホールセール・ビジネス部とリテール・ビジネス部の分離，不良債権処理などを担当する融資管理部を含む8部門42課体制に改組している[26]。2000年末現在の組織図は，図7-3に示したとおりである。

一方，人事を中心とした経営改革の進展は三つの段階に分けることができる。

第1段階は1998年8月で，バントゥーンの父バンチャーが社長の時代からの生え抜きで，70年代以降，「番頭格」(廊主)を務めてきたナロン・シーサアーンとチャナ・ルンセーングの2名が「老齢」を理由に退任し，取締役会から長老の影響が消えた。次いで第2段階は，2000年4月の大幅な役員改組で，このときバントゥーンの伯父パイロートが役員を退任し，3名の専門職タイ人と2名の外国人（投資銀行出身）が社外重役として役員に加わった。タイ人を支配的株主とする商業銀行が外国人を役員に迎え入れたのは，タイ農民銀行が初めてである。

そして第3段階は，2001年3月から7月で，取締役会だけでなく経営執行委員会にも3人の外国人専門家を招聘した。具体的には，人材開発・人事査定制度の全面的見直しを担当する副社長としてシティバンク出身のフォンタナ（W. J. Fontana）を，リテール・ビジネスの新規開拓を担当する副社長として，同じくシティバンク出身のヘンドリックス（D. Hendrix）を，中期経営戦略を担当する最高顧問としてブーズアレン社出身のストライク（R. Strike）を，そ

---

[26] タイ農民銀行の機構改革については，Phu Chatkan Rai-duan ed. (2000b)，Wirat (2001)，Wirat and Banharn (2004) も参照のこと。

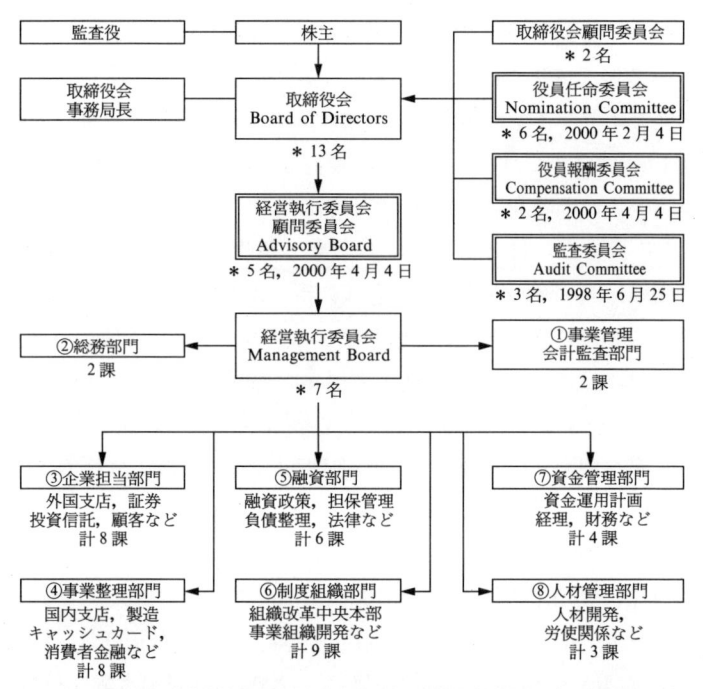

図7-3 タイ農民銀行の組織改革（2000年12月末現在）

```
                                              ┌─────────────────────┐
                                              │  取締役会顧問委員会  │
                                              │      ＊2名          │
┌──────────┐   ┌──────────┐                    ├─────────────────────┤
│ 監査役   │───│ 株主     │                    │  役員任命委員会     │
└──────────┘   └──────────┘                    │ Nomination Committee│
┌──────────┐   ┌──────────┐                    │ ＊6名, 2000年2月4日 │
│ 取締役会 │   │ 取締役会 │◄───────────────────┤                     │
│ 事務局長 │───│Board of  │                    │  役員報酬委員会     │
└──────────┘   │Directors │                    │Compensation Committee│
               │  ＊13名  │                    │ ＊2名, 2000年4月4日 │
               └─────┬────┘                    ├─────────────────────┤
                     │                         │  監査委員会         │
               ┌─────▼─────────┐               │  Audit Committee    │
               │ 経営執行委員会│               │ ＊3名, 1998年6月25日│
               │ 顧問委員会    │               └─────────────────────┘
               │Advisory Board │
               │＊5名, 2000年4月4日│
               └─────┬─────────┘
┌──────────────┐     │                         ┌─────────────────┐
│②総務部門    │◄────┤ 経営執行委員会│────────►│①事業管理       │
│  2課         │     │Management Board│        │  会計監査部門   │
└──────────────┘     │   ＊7名       │         │   2課           │
                     └─────┬─────────┘         └─────────────────┘
        ┌────────────────┬─┴──────────────┬────────────────┐
┌───────▼──────┐  ┌──────▼───────┐  ┌─────▼────────┐
│③企業担当部門│  │⑤融資部門    │  │⑦資金管理部門│
│外国支店，証券│  │融資政策，担保管理│ │資金運用計画 │
│投資信託，顧客など│ │負債整理，法律など│ │経理，財務など│
│  計8課       │  │  計6課       │  │  計4課       │
└──────────────┘  └──────────────┘  └──────────────┘
┌──────────────┐  ┌──────────────┐  ┌──────────────┐
│④事業整理部門│  │⑥制度組織部門│  │⑧人材管理部門│
│国内支店，製造│  │組織改革中央本部│ │人材開発，    │
│キャッシュカード，│ │事業組織開発など│ │労使関係など │
│消費者金融など│  │  計9課       │  │  計3課       │
│  計8課       │  │              │  │              │
└──────────────┘  └──────────────┘  └──────────────┘
```

注1）二重括弧は通貨危機後に新設された委員会。取締役会顧問委員会は危機後にメンバーを改組。
　2）1996年当時は，経営執行委員会の下に計30課（fai）が存在。危機後，これを8つの部門（sai-ngan）に再編し，8部門42課（fai）とする。制度組織部門などは新設。
出所1）Thai Farmers Bank PLC (2001b, 138-145);
　　2）Kan Ngoen Thanakhan Year Book (1998, 120) より筆者作成。

れぞれ招聘した。人事査定やリテール・ビジネスといった，ローカルのノウハウがもっとも活かせる分野に，あえて外国人専門家を投入したところに，バントゥーン社長の不退転の意思を感じることができるだろう[27]。

　一方，タイ農民銀行は1998年3月と99年1月に大幅な増資に成功して自己資本を充実させ，99年9月には不良債権を処理するために，新たに同行が100％出資する「トンブリー資産管理会社」を他行に先だって設立し，大半の不良債権を引当金に計上した上で，同社に移管した。その結果，タイ農民銀行

の不良債権比率は，2000年7月には15%となり，同月のタイ軍人銀行(26%)，アユタヤー銀行(25%)，バンコク銀行(23%)，サイアム商業銀行(20%)などと比較して，支配的株主が存続した地場商業銀行の中では，もっとも早く不良債権処理の面で成果を挙げることに成功した。

タイ農民銀行の経営改革は，まず国内外の投資家やマスメディアの同行に対する評価の向上をもたらした。『金融と銀行』(タイ銀行協会編集)が1982年から主催している「タイ金融家ベストイヤー賞」を，バントゥーンは1994年に続いて99年にも受賞し，2000年には香港の『ビジネスウィーク誌』が主催する「Star of Asia」の金融部門の大賞も受賞した (Wirawit 2000, 13-14, 32)。

興味深いのは，先の『金融と銀行』がさまざまなデータを使って，タイ国内の商業銀行の分野ごと，総合のランク付けを行なっている「格付け評価」の結果である。この評価によると，タイ農民銀行は1998年が総合評価の1位，99年が同3位，2000年が同2位であった。競争相手のバンコク銀行が同4位以下にとどまっているのとは対照的である (末廣 2002年b, 202-203)。通貨危機後にバントゥーンが本格化させた機構改革は，対外的な評価を大きく変えることに貢献したといえよう。

そして，バントゥーンの経営改革の仕上げが，2003年4月に実施したタイ農民銀行の「ガシゴン銀行」(英語略称KBANK) への改称と，翌年4月のプラサーンへの社長職の譲渡であった。そして，このときの組織再編に並行して，KBANKのもとに，資産管理業務 (K-asset)，投資ブローカー業務 (K-factoring)，証券業務 (K-securities)，リース業務 (K-leasing) の四つを分担する関連企業を新設し，これらを統合する事業を「KBank Group」と呼んで，文字通りユニバーサル・バンキングへの第一歩を踏み出した。2005年4月に発表されたこの「KBank Group」構想は，ファミリービジネスとして発展を遂げてきた旧タイ農民銀行グループからの決別宣言であったともいえる (Banthop

---

27 外国人の副社長としての招聘について，バントゥーン社長は，永続的な役員ではなく，グローバルスタンダードにもとづく人事査定やリテール・ビジネスをタイ農民銀行に導入するための「インストラクター」であることを強調している (筆者による聞き取り調査。2001年9月6日，バンコク)。

and Nattawat 2005)。

おわりに

　以上みてきたように，通貨危機とその後の厳格な金融制度改革は，商業銀行や金融コングロマリットに対して深刻な打撃を与えた。加えて，通貨危機後に政府は，商業銀行に対する外国人の出資比率規制（25％）を撤廃し，期限付きで100％保有も認める方針をとった。外国銀行との本格的な競争が始まったのである。こうした環境の変化に対して，金融コングロマリットは経営資源を商業銀行に集中させる方針をとり，銀行本体の経営改革に乗り出した。そのもっとも代表的な事例が，先に紹介したタイ農民銀行（ガシゴン銀行）だったのである。

　それでは他の銀行はどうであったのか。例えば，タイのトップ銀行であるバンコク銀行を例にとってみよう。バンコク銀行が機構改革に着手したのは，タイ農民銀行より2年遅い2000年11月であり，しかも①組織のフラット化，②商品やサービスごとに編成したチームへの権限委譲，③顧客密着型のサービスの強化，の3点を柱とする比較的シンプルなものであった（Bangkok Bank PLC 2001, 15）。タイ農民銀行のような大掛かりな組織再編は実施していないのである。

　一方，経営面に目を転じると，チンの次男で元社長のチャートリーが会長，その長男のチャートシリがCEOを務め，所有主家族であるソーポンパニット家の影響力はいまだ大きい。また，取締役会メンバー15名のうち10名が経営執行委員会メンバーと重なっており，外国人専門家は，取締役会，そして44名からなる経営執行委員のどちらにも入っていない（*Ibid.*, 32-39）。

　むしろ危機への対応で，バンコク銀行に特徴的であったのは，同行が「不良債権処理部」（Loan Recovery Division）を新設し，しかも既存の組織から切り離して社長直属とした点にある[28]。シーロム通りの本店の後ろに隣接するビルのワンフロアを占拠するこの独立部署は，不良債権処理と債務再構築（リスケ）に専念し，処理の状況を逐一社長に，つまり所有主家族に直接報告する。

こうした対応が他の商業銀行に比べて，迅速かつ「断固とした」不良債権処理を可能にしたといわれる[29]。別言すれば，バンコク銀行はタイ農民銀行とは対照的に，所有主家族外の専門家に経営を任せるのではなく，逆に所有主家族の経営権を強化することで，通貨・金融危機を乗り切ろうとしたのである。

しかし，表7-2でみたように，両行における所有主家族の株式保有率は2000年時点で10％を切り，さらに2005年には1％を切るまでに下がっている。したがって，旧所有主家族がその所有を根拠に経営に対する支配を主張できる時代は終わったといえよう。そうした中で，タイ農民銀行のように「脱ファミリービジネス」の道を選ぶのか，それとも分散化した所有のもとで，従来どおり経営支配権を維持するのか。バンコク銀行も新たな選択を迫られている。それは商業銀行だけではなく，保有株式を部分的に放出し，俸給経営者の登用を進めてきた「オープン型」の大規模なファミリービジネスにも共通する課題であった。

---

[28] 組織図からみると，この「不良債権処理部」は取締役会と社長のあいだに位置し，独立の監査部と同等の位置づけとなっている（Bangkok Bank PLC 2001, 30-31）。

[29] 商業銀行の債務再構築に関与しているタイの経営・法律コンサルティング会社によると，バンコク銀行はトップ経営陣が不良債権の実態をより正確に把握し，同時に早い時点でリスケに入るため，経営の健全性は他の銀行より高いという判断であった（筆者の関係者からの聞き取り調査。2001年9月2日，バンコク）。

285

終　章

ポスト・ファミリービジネス論

はじめに

　2006年7月にタイは通貨・金融危機から10年目を迎えた。そして，同年9月に軍事クーデタが勃発し，タクシン政権は崩壊した。この期間にタイの政治と経済は大きく変わり，上場企業もファミリービジネスも，大きな変容を経験した。

　タイラックタイ党（愛国党）の党首であったタクシン・チナワットは，2001年1月の総選挙で圧勝し，同年2月に第23代目の首相に就任する。その後，2006年まで彼自身の強力なリーダーシップと，「国の政治は企業の運営と同じであり，首相は国のCEOである」というユニークな発想のもとで，「タクシノクラシー」，「タクシノミックス」と呼ばれる新しい政治体制と新しい経済社会政策をタイに導入した（Pasuk and Baker 2004）。首相・側近の意見と戦略会議の決定を中心にすえたトップダウン方式の政治運営を，通常は西欧型民主主義と区別する意味で「タクシノクラシー」と呼ぶ。他方，食品加工，自動車産業，ファッション産業，観光産業，ソフト開発の五つを柱とする国家競争力強化計画と，農村部のコミュニティ・ビジネスの支援を目指す草の根経済振興計画の双方を組み合わせた「両面作戦政策」（dual track policy）が，いわゆる「タクシノミックス」である。

　タクシン政権の緊急社会経済政策の効果もあって，タイの経済は2002年を転機に危機からの脱却をほぼ達成した。その後は，為替の切り下げに助けられ

た輸出の増加，民間消費の伸びによる内需の拡大，自動車や電子を中心とする外国企業の投資の急増，証券市場の回復と上場企業数の増加など，相対的に好調な経済業績を示している。この過程で，大企業の所有形態別編成にも，上場企業の株主構成にも，そしてファミリービジネスが国民経済に占める地位と役割にも，通貨危機直後の予想を超える変動が生じつつある。

そこでこの終章では，大企業と上場企業に占めるファミリービジネスの地位がどのように変化したのか。ファミリービジネスの間でどのような企業改革が進み，その事業基盤・所有構造・経営体制にどのような変化が生じているのか。以上の2点について，最新のデータを使って検討してみたい。その上で，タイのファミリービジネスが現在，どこに向かっているのか，タイの企業が「経営者企業の時代」を迎えつつあるのかどうかを検証する。

1 大企業・上場企業とファミリービジネス

最初に前出表2-1にならって，1997年から2004年までの売上高上位100社の所有形態別分布をみておこう（表終-1）。1997年と2000年は表2-1と重なっているが，特定の所有主家族に所属するグループから王室財産管理局の傘下企業を分離させ，外国企業を日本企業とその他の企業に区別した点が異なっている。王室財産管理局の傘下企業を分離したのは，サイアムセメント社であれ，サイアム商業銀行であれ，所有と切り離された俸給経営者が当該企業の経営を任されているからである。

表から一見して明らかなように，大企業の編成は通貨・金融危機を転機に，三つの大きな変化を経験した。

第1に，大企業に占める政府出資企業の数と比重がいちだんと高まった。これには二つの理由がある。ひとつは，タイ石油公団（PTT），タイ電話電信公団（TOT）などが公企業から特別法人に相次いで改組となり，その株式が一般投資家にも公開されたことである。ただし，最大株主は依然として政府であったから，「究極の所有主アプローチ」によれば「国家所有型企業」に分類される[1]。因みに，2004年を例にとると，トップのPTT PLCの売上高6600億

終章 ポスト・ファミリービジネス論　287

表終-1 タイにおけるファミリービジネスの比重（売上高上位100社の分布）

(単位：％，社数，100万バーツ)

所有形態別企業の分類	1997年	2000年	2002年	2004年
(1) 企業数の分布				
実数値（社数）	100	100	100	100
①政府もしくは国営・公企業の出資企業	9.0	13.0	18.0	14.0
②ファミリービジネスに所属する企業	56.0	37.0	35.0	26.0
うち王室財産管理局傘下を除いた企業	(51.0)	(32.0)	(28.0)	(19.0)
うち王室財産管理局傘下の企業	(5.0)	(5.0)	(7.0)	(7.0)
③独立系タイ企業	5.0	3.0	4.0	5.0
④外国企業	30.0	47.0	43.0	55.0
うち日本企業	(18.0)	(20.0)	(15.0)	(28.0)
うちその他の外国企業	(12.0)	(27.0)	(28.0)	(27.0)
合　計	100.0	100.0	100.0	100.0
(2) 売上高合計の分布				
実数値（金額，100万バーツ）	2,439,113.0	2,847,566	3,512,644	4,979,761
①政府もしくは国営・公企業の出資企業	15.7	19.3	32.3	32.7
②ファミリービジネスに所属する企業	53.0	32.6	23.5	16.4
うち王室財産管理局傘下を除いた企業	(48.3)	(27.9)	(18.8)	(11.6)
うち王室財産管理局傘下の企業	(4.7)	(4.7)	(4.7)	(4.8)
③独立系タイ企業	2.1	1.2	2.7	2.8
④外国企業	29.2	46.9	41.5	48.1
うち日本企業	(18.4)	(16.4)	(14.5)	(24.1)
うちその他の外国企業	(10.8)	(30.5)	(27.0)	(24.0)
合　計	100.0	100.0	100.0	100.0

注1) 上位100社には金融系企業を含む。金融系企業の売上高は営業収入で代替する。
　2) ファミリービジネスは，本書の付表1に掲載した220グループ・所有主家族のうち215家族に含まれるもの。
　3) 外国企業は筆頭株主が外国人（企業）で，かつ株式所有が原則として30％を超える場合。
　4) 本書の表2-1と違って，②は王室財産管理局の傘下企業とそうでない企業を区分し，④の外国企業は，新たに日本企業とその他の外国企業に細分した。

出所1) 1997年，2000年：本書の表2-1の出所を参照。
　2) 2002年：A. R. Business Press Co., Ltd. ed. (2003) より筆者集計。
　3) 2004年：The Nation Multimedia Group PLC ed. (2006) より筆者集計。

---

[1] 例えば，石油関連のPTT PLC（2001年12月上場）の場合，2005年6月現在の最大株主は財務省（52.48％）であり，発行株式を170億バーツに大幅に引き上げたタイ国際航空会社（91年7月上場）の場合も，最大株主は財務省（53.77％）であった（The Brooker Group PLC ed. 2005a, 638, 820）。

バーツは，上位100社の合計売上高の13%を1社で占めるほどであった。

もうひとつは，通貨危機の影響で経営的に破綻した商業銀行や事業会社を，政府がその管理下に置いている場合である。例えば，中央銀行のもとにある金融機構開発基金（FIDF）が出資するバンクタイ銀行やサイアムシティ銀行，債務再構築に失敗して，政府が監督する経営再建委員会の手にゆだねられている石油化学のTPI PLCやセメントのTPI Polyene PLCなどがこれに該当する。その結果，政府が出資する企業数は，1997年の9社から2002年には18社へ倍増し，2004年においても14社を数えた。上位100社の売上高合計額に占める比率も，2002年以降は3分の1を占めるまでになっている。

第2に，大企業に占める外国企業の数と比重が急速に高まった。上位100社に含まれる外国企業の数は，通貨危機直前の1997年の30社から2004年には55社に増加し，売上高合計額に占める比率も，同期間に29%から48%へと大きく伸びた。その背景としては，二つの理由が考えられる。

ひとつは，外国人直接投資の規制緩和が進む中で，自動車，電子・コンピュータ，化学，石油化学に新規に進出した外国企業，とりわけアジア地域で戦略を展開する多国籍企業の子会社が，タイ経済の回復にともなって売上高を伸ばしていった事実である[2]。もうひとつは，もともと財閥型ファミリービジネスの所有主家族と外国企業との間の合弁企業であった大企業が，通貨・金融危機後に，外国企業が支配する企業に再編された場合である。つまり，当該企業の債務再構築の過程で，所有主家族が自分の株式持ち分を外国人パートナーに売却するか，増資分をもっぱら外国人パートナーが引き受けた結果，2000年以後，当該企業の所有形態が，表の②特定の所有主家族に所属する企業から，④の外国企業へと変わった場合がそれであった。こうした事例は，セメント産業，近代流通業，自動車産業でとりわけ顕著であった[3]。なお，外国企業の経営は本社から派遣された俸給経営者が担当するから，これらの企業も政府

---

[2] 通貨危機以後，新たに上位100社にランク入りした多国籍企業の子会社の中には，自動車のGM社，フォード社，ダイムラー・クライスラー社，ダイキン社，日本電装，電子・半導体の三星電子（韓国），ヒューレッド・パッカード社，ノキア社，ローム社，日立製作所，富士通，キャノン，化学の三井化学などがある。

が出資する①の企業と同様,「経営者企業」の範疇に属する。

　第3に,以上の結果,上位100社に占めるファミリービジネスの数と比重は大きく低下した。1997年,2002年,2004年の3時点を比較すると,企業数では100社のうち56社から35社をへて26社へ,売上高合計額に占める比重も53%から24%をへて16%へと,劇的に下がった。ファミリービジネスから王室財産管理局の傘下企業を除くと,ファミリービジネスに所属する企業数は,51社,28社,19社とさらに小さくなる。

　したがって,大企業のあいだでファミリービジネスの存在は大きく後退した。ただし,大企業の編成の変化は,ファミリービジネスの大手が消滅したことを意味しない。石油,発電,自動車,電子関連の企業の新規参入で,企業1社当たりの平均売上高規模が大きく膨らんだために,既存のファミリービジネスに所属する中核企業が,上位100社のランク外に順位を下げた場合が,少なくなかったからである[4]。問題はこうしたファミリービジネス型大企業の所有と経営が,危機のあとどうなったかであろう。この点は次節でみることにする。

　次に,上場企業におけるファミリービジネスの地位の変化をみておきたい。ここでは,序章で紹介したクレッセンズたちの企業調査や,表5-10に示した上場企業の調査にならって,「20%カットオフ基準」にもとづく「究極の所有主アプローチ」を使うことにする。つまり,発行株式の20%以上をいかなる

---

[3] 例えば,ポンプラパー家のサイアム・グループ (X134) の中核企業であったサイアム・ニッサン・オートモティーブ社 (SNA社) とその販売会社 (SMN社) の場合,日産自動車は2004年7月に,その出資比率を25%からいっきょに75%に引き上げて経営権を取得し,リーイッサラヌグーン家のMMCシティポングループ (X092) の場合にも,三菱自動車工業が1997年7月に,MMC Sitipol社に対する出資比率を49%から98%へと引き上げて,完全子会社化している。こうしたグローバル自動車メーカーによる資本所有の強化によって,タイの自動車組立産業から地場資本はほぼすべて姿を消した。詳しくは末廣 (2005年) を参照。また,セメント産業と近代流通業における,外資によるタイ企業の買収については,末廣 (2003年a,第2章,第3章) を参照。

[4] 例えば,過去20年間,上位100社の常連であったサハユニオン社 (総合製造会社) は,1997年53位,2002年84位のあと,2004年には101位に順位を下げ,ついにランク外になった。また,コメ輸出の最大手であるスンフアセン・ライス社は,1997年74位から2002年には142位に順位を下げている。

表終-2 上場企業の「究極の所有主」の分布（20%カットオフ，2005年6月現在）
(単位：企業数，%)

業種別	合計数	家族所有型	分散所有型	国家所有型	外国人所有型	その他	証券保管振替機関の株式保有率 (%)		
							合計	国内	外国人
アグリビジネス，食品加工，飲料	41	33	6	0	2	0	36.30	29.24	5.97
消費財製造業	37	27	3	0	5	2	29.54	21.07	2.43
商業銀行	14	0	8	4	2	0	83.41	37.76	32.41
金融・保険	53	13	19	3	5	13	47.50	38.79	2.98
自動車，包装，機械，化学産業	52	18	10	4	16	4	29.62	24.33	2.96
建設資材，建設請負，不動産，宅地開発	86	46	25	2	7	6	48.90	39.24	4.37
エネルギー，鉱業	18	4	4	7	3	0	39.27	28.37	7.27
商業，芸能・映画	29	16	6	1	0	6	42.50	30.71	5.77
ホテル，病院	24	11	6	1	1	5	33.21	22.89	0.95
出版，広告	13	5	4	1	1	2	45.91	35.26	10.58
運輸サービス	13	3	4	1	1	4	54.50	41.77	8.54
電気通信	17	4	4	1	1	7	60.84	40.94	3.50
家電・電子工業	26	8	7	0	10	1	44.63	32.90	5.57
合　計	423	188	106	25	54	50	40.83	31.27	3.82
(%分布)	100.0	44.4	25.1	5.9	12.8	11.8			
単純平均値							45.49	35.90	9.60

注 1) 「究極の所有主アプローチ」で，かつ20%カットオフ基準を採用。20%以上の株式を保有するいかなる株主も存在しない場合を，「分散所有型企業」とする。「その他」には，ファミリービジネスの傘下企業（事業会社）や金融機関が20%以上を保有する場合を含む。
2) 証券保管振替機関（Thailand Securities Depository Co., Ltd.）の数字はメジアン値。単純平均値も示しておいた。
出所) The Brooker Group PLC, ed. (2005a) より筆者集計。

個人・家族や企業・機関も所有していない場合を「分散所有型」とまず定義し，それ以外を最大株主の属性に応じて，「家族所有型」「国家所有型」「外国人所有型」などに分類する方法がそれである。この方法によって，2005年6月現在の上場企業423社の所有形態別分布を整理したものが，表終-2である。

この表をみると，上場企業423社のうち「家族所有型」，つまりファミリービジネスは188社，全体の44%を占めていることが判明した。この数字は，表5-10に掲げた1997年の48%，2000年の42%とそれほどかけ離れていな

い。一方,「分散所有型」は1997年の21%から2005年には25%と若干上昇し,逆に「外国人所有型」は,本社が出資を減らし,一般投資家の資金を利用する外国企業が増えたために,その比率を下げている。いずれにせよ,表が示す重要な点は,上場企業に限っていえば,大企業の構成とは対照的に,ファミリービジネスは依然として健在であるという事実である。

ただし,2005年の表と前出表5-10の間には,決定的な違いがひとつある。というのも,2002年以降,一般投資家の株式を預かるタイ証券保管振替機関(Thailand Securities Depository Co., Ltd : TSD)の活動を,政府が政策的に支援したために,国内向けと外国人向けのTSDの株式保有比率が急速に伸びたからである[5]。TSDというのは,株式,社債,国債などの決済業務や登録・名義変更の業務を,投資家から受託して行う機関であるので,この中にはファミリービジネスの所有主家族や,経営支配を目的とする投資家も,当然ながら含まれる。ただし,TSDに株式を依託する投資家のかなりの部分は,当該企業の経営に関心をもたない一般家投資家や機関投資家である可能性が高い。

この点を念頭に置きながら,2005年の上場企業について,主要セクター別にTSDの比率を整理したものが表終-2の右側である。全業種をとおしたTSDのメジアン値は41%,単純平均値は45%であった。業種別にみると,その比率は商業銀行(83%),電気通信(61%),運輸サービス(55%),建設資材・建築請負・不動産(49%)で高く,逆に消費財製造業(30%)やアグリビジネス(36%)の分野で低かった。これらの数字は,ファミリービジネスの存在は引き続き大きいものの,業種によっては株式所有の面で分散化がすでに始まっている可能性を示唆する。

しかし表終-2からは,TSDを使っているファミリービジネスの株式所有の実態は把握できない。そこで,通貨危機以後も生き残った主要なファミリービ

---

[5] TSDは1992年にタイ証券取引所(SET)のもとに子会社として設置され,2001年12月に中央銀行が提供する銀行間電子取引決済BAHTNET (The Bank of Thailand Automated High-Value Transfer Network)とリンクして,ネット上での大口資金決済が可能になったことで,飛躍的にその取り扱い量を増やした。さらに,2005年初めには,財務省が決済センターとしてのTSDの機能強化を決めている(*Bangkok Post*, February 25, 2005)。

ジネスの中核企業（上場企業）30社を取り出し，タイ証券取引所（SET）に提出された各社の詳細な株主名簿を，独自に検討してみた（2006年8月調査）。そして，所有主家族が支配する傘下企業で，TSDに含まれているものを抜き出して，家族や関連企業名義の株式保有分と合算した「所有主家族保有比率」（表の (A)）を求め，これと「TSDの比率」（表の (B)）を比較したものが，表終-3である。したがって，100%から (B) を差し引いた数字と (A) の間の差が大きければ，それだけ所有主家族がTSDを使った蓋然性が高くなる。

さて，この表をみるといくつかの興味深い事実が判明する。

第1に，商業銀行の場合には，軒並みTSDが90%近い高い比率に達していることが分かった。バンコク銀行のソーポンパニット家，タイ農民銀行（現ガシゴン銀行）のラムサム家といった所有主家族は，通貨危機直後にはまだ6%から7%の株式を保有していた。しかし，2005年になると，TSDを利用しない株式保有比率はすでに1%未満にまで下がり，TSDを使った保有分を含めても，その数字は1%台でしかない。また，サイアム商業銀行の筆頭株主である王室財産管理局も，その比率を2000年3月の21.7%から2006年4月には7.95%へと，大きく下げている。株式保有の分散が一段と進んだことが分かるのである。ところが，アユタヤー銀行の場合には，TSDの比率は94%に達しているものの，TSDを使った傘下企業を加えると，所有主家族であるラッタナラック家の保有比率は30%に及んだ。したがって，アユタヤー銀行の場合には，他の旧金融コングロマリットと違って，所有権の支配の維持に努めているといえよう。

第2に，銀行以外の事業会社の所有体制に目を転じると，26社のうち「所有主家族保有比率」(A) が30%を超える上場企業はじつに21社，50%以上の過半数支配の場合でさえ6社を数えた。とくに注目しておきたいのは，通常の年次報告では一括して掲載される「TSD」を使った迂回的な所有支配の実態である。例えば，30番のメージャーシネプレックス・グループ社の場合，TSDの比率はほぼ100%に及んだが，株主名簿を仔細に検討すると，実際は所有主家族であるプーラウォララック家が50%を依然として保有していた。16番のシリタイ・スーパーウェア社の場合も，TSDの比率91%に対して，実

終章 ポスト・ファミリービジネス論 293

表終-3 上場企業のセクター別主要企業の所有と経営（A は 2006 年 4 月，B は 2005 年 6 月現在）

(単位：％)

企業名	所有主家族名	トップ経営者と所有主家族	所有主家族保有比率(A)	証券保管振替機構の株式保有率(％)		
				合計(B)	国内	外国人
(1) 商業銀行						
1 Bangkok Bank	ソーポンパニット	○	1.14	85.47	38.98	46.49
2 Bank of Ayudhya	ラッタナラック	×	30.06	93.56	61.67	31.89
3 Kasikorn Bank	ラムサム	×	1.60	89.04	40.12	48.92
4 Siam Commercial Bank	王室財産管理局	×	7.95	88.47	35.66	52.81
(2) アグロインダストリー						
5 Asian Seafoods	アモンラッタナチャイグン	○	57.43	65.05	64.53	0.52
6 Charoen Pokphand Foods	チアラワノン	○	39.40	42.61	25.42	17.19
7 Lee Feed Mill	リーラシートン	○	55.73	44.71	42.71	2.00
8 Khon Kaen Sugar Industry	チンタムミット	○	56.96	16.37	7.91	8.46
9 Sri Trang Agro-Industry	シンチャルングン	○	40.38	59.47	49.22	10.25
10 Thai Union Frozen	チャンシリ	○	34.62	56.50	20.78	35.72
(3) 製造業						
11 Advance Agro	ダムナーンチャーンワニット	○	1.14	51.99	0.00	51.99
12 Saha Pathana Inter-Holding	チョークワッタナー	○	52.09	16.47	7.30	9.17
13 Saha-Union	ダラーカーノン	×	47.84	40.71	40.71	0.00
14 Sahaviriya Steel Industry	ウィリヤプラパイキット	○	46.09	48.63	28.49	20.14
15 Siam Cement	王室財産管理局	×	31.29	50.44	26.12	24.32
16 Sirithai Superware	アンウボングン	○	43.17	91.17	71.37	19.80
(4) 建設請負業						
17 Ch. Karnchang	トリーウィサワウェート	○	44.41	44.22	36.96	7.26
18 Italian-Thai Development	ガンナスート	○	39.66	63.46	32.84	30.62
19 Sino-Thai Engineering	チャーンウィーラグン	×	27.32	77.20	44.37	32.83
(5) 不動産業						
20 Bangkok Land	アッサワポーキン	○	44.44	71.83	58.34	13.49
21 Central Pattana	チラーティワット	○	49.04	39.84	15.34	24.50
22 Land and Houses	ガーンチャナパート	○	30.02	77.31	44.07	33.24
23 Supalai	タングマティタム	○	24.99	94.21	88.33	5.88
(6) 電気通信業						
24 Samart Corporation	ウィライラック	○	32.02	64.66	44.41	20.25
25 Shin Corporation	チナワット	×	0.00	60.84	21.54	39.30
26 True Corporation	チアラワノン	○	25.61	57.89	15.37	42.52
27 UCOM	ベンチャロングン	×	58.69	62.80	30.84	31.96
(7) 芸能・メディア産業						
28 BEC World	マーリーノン	○	52.72	43.31	11.81	31.50
29 G. M. M. Grammy	ダムロンチャイヤタム	○	54.30	42.50	21.91	20.59
30 Major Cineplex Group	プーラウォーララック	○	49.98	99.75	80.47	19.28

注1) トップ経営者は社長もしくは CEO が，創業者一族・所有主家族のメンバーの場合，○とした．
  2) 証券保管振替機構（国内）は，Thailand Securities Depository Co., Ltd. (local investors) による株式保有比率．同（外国人）は，Thailand Securities Depository Co., Ltd. (foreign investors) による株式保有比率．
出所) 所有主家族保有比率はタイ証券取引所所蔵の各社の株主名簿（2006 年 4 月），その他は The Brooker Group PLC ed. (2005a) の各社のデータより筆者作成．

際の所有主家族の保有比率は43%に達している。したがって、表終-2の数字が示すほどには、個々のファミリービジネスの中核企業のあいだでは、所有の分散化は進んでいないことが分かる。

　第3に、以上の点と密接に関わるが、表に掲げた企業の経営体制をみると、所有主家族が企業のトップ（社長かCEO）の地位を引き続き占めている事例は、30社のうち22社に達した。仮に株式保有比率が30%を下回っていても、11番のアドヴァンスアグロ社、23番のスパライ社、26番のトゥルーコーポレーション社が示すように、所有主家族は経営トップの地位を確保していたのである。

　以上の三つの事実から判断すると、通貨・金融危機を契機に、タイのファミリービジネスは、大企業に占める比重を大きく低下させたものの、生き残った個別の企業に目を向けると、非金融系事業会社のあいだでは、引き続き所有と経営の双方で支配を維持していることが確認できる。ただし、証券市場改革の影響や過重債務の処理の過程で、所有主家族が個人・家族で保有していた株式を傘下企業に移すか、あるいは放出する事例は増えている（本書の第3章）。また増資の際、新規発行分を一般投資家に割り当てることで、家族の保有比率を下げる事例も増加している。例えば、18番のイタリアンタイ・デベロップメント社（60%から40%へ）や、26番のトゥルーコーポレーション社（38%から26%へ）などがそうであった。つまり、上場企業の発行株式全体に占める所有主家族の相対的な地盤沈下が生じているのである。そのことをマクロ的に示すのが、本書の付表3と付表4であった。

　この二つの表は、タイ銀行協会（TBA）が毎年、当該年6月時点のデータを使って公表する、個人株主別（上位500名）と家族別（上位100家族）の保有株式時価総額のランキング・リストを整理したものである。もっとも、この表はあくまで個人株主が基準であり、家族投資会社や事業会社兼持株会社は含んでいない。そのため、CPグループのチアラワノン家のように、個人ではなく持株会社を通じて傘下企業を支配している場合には、表に登場していないことに注意する必要がある。過去10年間の推移をみると、常連は芸能コンテンツ産業のマーリーノン家、電気通信のチナワット家・ダーマーポング家、百貨店

のチラーティワット家，建設請負のガンナスート家・チョンラナチット家，不動産業のアッサワポーキン家などである。

注目したいのは，上位100家族の保有株式時価総額の合計が，その年の株式時価総額に占める比率の推移である。通貨危機直前の1997年6月当時，その数字は13.5%に達していた。その後，危機の勃発と株価の下落のもとで，比率は5〜6%台に低下し，証券市場が回復する2002年に9.8%までいったん上昇したあと，その後は傾向的に下がっていることが分かる。2004年は5.7%と1997年の水準の半分以下であった。この数字は，有力ファミリービジネスの所有主家族の地位低下を示すものであろう。

とくに，2006年1月に，タクシン首相の一族がシン・コーポレーションの保有株式14億8000万株（全体の49%）すべてを，総額730億バーツ（2200億円）で，シンガポールの政府系投資会社テマセク社に売却した。彼らが売却した株式は2005年末の株式時価総額の1.5%に相当する巨額なものであった。こうした事態は例外的とはいえ，所有主家族の株式放出が続けば，上位100家族の地位低下にいっそうの拍車がかかることは避けられないだろう。

2　ファミリービジネスの選択肢

以上，大企業に占めるファミリービジネスの後退，ファミリービジネスの上場企業における株式所有と経営支配の維持の試み，上場企業における所有主家族の持ち分の相対的比重の低下を確認してきた。それでは，個々のファミリービジネスの側からみたとき，彼らの間では何が起きているのか。

この点をみていくためには，ファミリービジネスを所有形態と経営体制の二つの側面からみていく必要があるだろう。そして，所有形態については，所有主家族がその株式保有を維持する（集中させる）場合と，逆に家族外に譲渡するか一般投資家に分散させる場合，経営体制については，所有主家族のメンバーが中核ポストを保持する場合と，家族外の俸給経営者にゆだねる場合に，それぞれ分けることができる。所有形態を横軸に，経営体制を縦軸にとれば，企業の形態は図終-1に示したように，四つのブロックに区分することができ

図終-1 ファミリービジネスの選択肢

```
                    ファミリービジネスの所有体制
          株式の売却・所有の分散        所有の集中・維持
         ┌─────────────────────┬─────────────────────┐
         │         II          │          I          │
   譲渡   │  ┌───────┐          │                     │
   ・    │  │ 株式の │  ┌─────────────┐  ┌───────┐   │
   外部化  │  │マジョリティ│ │  経 営 者 企 業  │  │投資会社・│   │
         │  │の譲渡 │  └─────────────┘  │財団での株│   │
 ファ     │  └───────┘          │         │式保有 │   │
 ミ      │                     │         └───────┘   │
 リ     ├─────────────────────┼─────────────────────┤
 |      │        III          │         IV          │
 ビ     │                     │                     │
 ジ  維持 │  ┌─────────────┐     │                     │
 ネ  ・   │  │ ハイブリッド型=    │     │      ┌───────┐   │
 ス  内部化 │  │ 所有主家族・内部  │◄────┤      │閉鎖型= │   │
 の      │  │ 昇進組・外部リク   │     │      │権威主義│   │
 経営体制  │  │ ルートの結合     │     │      │的体制 │   │
         │  └─────────────┘     │      └───────┘   │
         └─────────────────────┴─────────────────────┘
```

注）「経営者企業」は所有と切り離された俸給経営者による経営体制を示す。
出所）第3章の議論と2002年以降のデータをもとに筆者作成。

る。以下，図にしたがって説明していこう。

　まずファミリービジネスの基本的なパターンは，所有支配の保持と経営支配の維持がクロスする第IV象限に位置するグループとなる。こうしたファミリービジネスをここでは，第2章の定義にしたがって「閉鎖型＝権威主義型」と呼んでおこう。ここに位置するグループのうち，少なからぬグループが，本書の第3章でも紹介したように，通貨危機のあと事業閉鎖や事業の縮小に追い込まれた。また，所有と経営に対する所有主家族の支配権の維持を基本方針にすえながら，通貨危機のあと，株式の一部を外部の投資家に開放し，経営陣の一角に俸給経営者を招聘している「脱閉鎖型」のグループも多い。図に即して言えば，第IV象限から第III象限へ，あるいは斜め左上の第II象限へと，その企業形態を移行させつつあるグループも多かった。このタイプに分類できるのは，アグリビジネス，消費財製造，百貨店，ホテル・病院経営，不動産を事業基盤とするグループである。

　次に，債務再構築や事業再編の過程で，中核企業（上場，非上場を問わず）の株式の大半を外国人パートナーや新しい所有者に経営権も含めて譲渡・売却した場合には，図の第II象限のボックスの中の左上に行くことになる。シー

フアンフン家の中核上場企業であった板ガラス製造のタイ旭ガラス社，ラッタナラック家のサイアムシティ・セメント社，ポンプラパー家のサイアム・ニッサン・オートモティーブ社などがそれである。この場合には，すでに経営権を放棄しており，当該企業の経営は，譲渡先の外国企業の本社が派遣する経営者の手にゆだねられるので，「経営者企業」へと転換する。一方，所有主家族は多角的に手がけた事業のうち，マイナーな分野で事業を続けるだけとなる。

3番目は，所有主家族が中核企業の所有権を放棄しないで，その経営を家族外の人材に任せる場合である。図の第I象限がこれに該当する。この場合には，株式の分散が生じなくても，「所有と経営の分離」が生じる。家族投資会社，持株会社に所有主家族の保有株式をプールし，従来の傘下企業からの配当のみを目的とする場合がそうである。ラテンアメリカ諸国の一部では，所有主家族の持株会社兼事業会社のさらに上に，「信託財団」(trust foundation) を設立する事例がみられる（星野 2004年）。アジア諸国の場合には，会社法の違いなどもあって，この類いの信託財団はまだ存在しないが，家族投資会社が出資企業の所有と経営の支配ではなく，家族成員の資産運用や，家族全体の「家産」の保持のために存続することは十分考えられるだろう。

例えば，芸能コンテンツ産業のグラミー社（G.M.M. Grammy PLC）の場合，創業者のパイブーン・ダムロンチャイヤタムが個人で53％の株式を保有していた（2005年6月）。もっとも，同社は同族支配企業ではなく，パートナーシップ型企業として発足した点が特徴である。仮にパイブーンが経営から引退した場合，彼はその保有株式を家族外に譲渡・売却するか（第II象限へ），家族が新たに設立した投資目的の会社に移管させる（第I象限へ）ことが考えられる。家族に事業を継承させる意図がないパートナーシップ型企業が，第I象限と第II象限にまたがる経営者企業へと移行する可能性は，今後高まるものと予想される。

しかし，タイのファミリービジネスの多くは，図の第III象限に示した「ハイブリッド型」，つまり所有の分散を一定程度進めながら，しかし「所有と経営の分離」にまでは踏み切らず，経営体制については，本書の第4章で紹介し

た所有主家族，内部昇進者，外部リクルート者の3者の結合で対応するというパターンを続けるか，あるいは第IV象限の「閉鎖型」から「ハイブリッド型」に移行する，と筆者は考えている。つまり，ファミリービジネスの「経営的臨界点」の内側にとどまるのである。

ここで「ハイブリッド型」を，第I象限や第II象限にまたがる経営者企業と決定的に区別するのは，創業者一族や所有主家族が，経営の最高意思決定権を引き続き保持しようとする点にある。仮に，彼らが日常業務の執行権だけではなく，企業の戦略や人事権を俸給経営者に譲渡すれば，それは文字通り「経営者企業」に脱皮することになる。しかし，トップ・マネジメントのポストに対する彼らの執着は，前出表終-3からも分かるように，依然として強いものがあった。

この点は，株式の多数支配を堅持しているチラーティワット家のセントラル・グループや，チョークワッタナー家のサハ・グループになると，より明確になる。前者の場合には，初代ティアン，2代目長男のサムリット，同次男のワンチャイと総帥が代わり，2000年以降は，ワンチャイの次男であるゴープチャイが，次期の総帥として有力視されている。一方，後者の場合には，初代ティアム，その三男のブンヤシット（37年生まれ）とへたあと，現在ではブンヤシットの長男タンマラット（68年生まれ）への権限の移譲が進んでいる。いずれの場合も，「事業の継承」の意思を明確に外部に表示していた。通貨危機以後，両者とも外部からの専門家の登用を進めているとはいうものの，企業形態は第II象限の「経営者企業」へといっきょに移行するのではなく，第III象限の「ハイブリッド型」にとどまっているのである。

ただし，経済の自由化，グローバル化が進み，さらには事業基盤における技術革新が進む中で，こうした「ハイブリッド型」ファミリービジネスはどこまで有効なのであろうか。この点を考える上で興味深いのは，電子産業の分野で発展を続ける韓国の三星グループの事例であろう。同グループは早くから大学新卒を対象に人材の内部育成を図り，その後は，会長秘書室や経営企画室と呼ばれる組織を会長直轄のもとにつくってきた。そして，通貨危機以後は，グループ全体の経営方針を，生え抜きの経営者たちの協議にゆだね，創業者一族

に所属する会長は，その協議結果に最終的決断を下すのみという，新しい意思決定システムを構築した[6]。このシステムはタイにおける「三者結合」に比べて，いちだんと俸給経営者に権限を移譲した事例である。

また，韓国の三星経済研究所のチョンとカンは，「ポスト・チェボル」のシナリオとして三つのプレイヤー，すなわち，①所有経営者（ビジョンを提示し，俸給経営者を監視する），②経営に専念する俸給経営者（経営の意思決定と執行業務を担当する），③市場監督者（所有経営者のモラルハザードを監視する）の3者を取り上げ，この3者の織り成す関係が，今後のチェボルのあり方と発展の方向を規定すると提唱した（チョン，カン 2006 年）。この捉え方は，アメリカ流のコーポレート・ガバナンス論ではなく，韓国の実態に即しながら，経営に関与する所有主家族の役割を重視した点で，注目すべきであろう。彼らの議論においても，図の第III象限の企業から第II象限の経営者企業への，株式会社支配論が想定したような不可逆的な移行ではなく，あくまで第III象限の枠の中での企業改革を，今後の流れとみなしているからである。

おわりに

本書では，後発工業化論の立場からタイのファミリービジネスの発展を論じてきた。そして，アジア通貨・金融危機に至るまでは，ファミリービジネス，とりわけ財閥型のそれが，タイの工業発展に重要な役割を果たしてきたこと，また，ファミリービジネスは発展の中で，伝統的な企業形態から近代的ファミリービジネスへと進化し，近代的ファミリービジネスの中では「閉鎖型」ではなく，「選択と集中」の戦略にもとづいて事業を再編し，俸給経営者を登用していく「ハイブリッド型」が増えていること，しかしにもかかわらず，彼らが「経営者企業」に転化するまでには至っていないことを実証した。

ところで，チャンドラーは『スケール・アンド・スコープ』の中で，新しい製品を開発し，新しい技術を発明する企業家をパイオニアと定義し，「新規の

---

[6] 韓国の三星グループとSKグループを事例にとりあげ，創業者一族と俸給経営者層との関係について興味ある実証分析を行ったものに，安倍（2006年）がある。

あるいは改善された製品や製法に固有な規模か範囲，あるいは両者の生み出す競争上の優位を達成するために必要な生産・流通・マネジメントへの三つの相互に関連した投資をおこなったパイオニアやその他の企業家」を，「一番手企業」（First mover）と呼んだ（邦訳 27-28）。一方，この一番手企業に挑戦し，後発性の利益を最大限に生かして事業を拡大していくのが「二番手企業」（Second mover）である。かつての日本企業がそうであり，半導体産業を現在牽引する韓国の企業，パソコン産業や液晶産業を牽引する台湾の企業が，まさに「二番手企業」の代表である[7]。タイのファミリービジネスも，保護された国内市場でキャッチアップを進め，アグロインダストリーなどの分野では，二番手企業としての地位を確保してきたといえよう（末廣 2000 年 a，第 3 章）。

　しかし今日，後発工業国の企業が二番手企業に成長するために乗り越えるべきハードルはあまりに高い。例えば，大型液晶テレビを例にとると，月 3 万枚のガラス基板を製造する工場の建設だけで，1000 億円の新規投資が必要と報告されている（赤羽 2004 年）。しかも，液晶テレビは半導体以上に技術革新のスピードが速く，最大の市場シェアを誇る台湾企業であっても，技術的に先行する日本企業との共同開発が不可欠となっている。因みに，1987 年に CP グループが，当時東南アジアで最大の規模を誇るブロイラー一貫製造工場の建設に投入した金額は，3 億バーツ（30 億円）であった（SET ed. 1992, 14）。液晶テレビとの間の投資規模の格差は歴然としているのである。

　そうだとすると，ただちに次のような設問が頭に浮かぶ。果たして，タイのファミリービジネスは新しい成長産業に進出していくことができるのか。経済の自由化とグローバル化が進む中で，必要とされる投資資金と技術力が飛躍的に高まっているときに，ファミリービジネスは，かつてのような役割を果たしていくことができるのか。

　この点の見通しについて，筆者はかなり悲観的である。というのも，「ハイブリッド型」の形態をとるファミリービジネスは，いずれも地場資本が比較優位をもつアグロインダストリー，流通業，不動産業，消費財産業，芸能コンテ

---

[7] この点については，Amsden and Chu（2003）の議論が参考になる。

ンツ産業，政府の保護下にある電気通信業などに限られてきているからである。一方，国内産業に対する政府の保護がなくなったあとでは，自動車，石油化学，鉄鋼，電子の分野から，ファミリービジネスはほぼ駆逐され，外国企業にその席を譲った。表終-1の大企業の構成の劇的な変化はそのことを伝えている。

　株式会社支配論や経営者資本主義論は，家族企業や同族支配企業から経営者企業への移行を，「企業支配の進化」として説いた。経営者企業の担い手は，あくまで地場の民間企業である。これに対して，タイで現在生じている現象は，ファミリービジネスが自ら脱皮して経営者企業へと転化するのでもなければ，独立系のタイ企業が成長産業に参入するという動きでもなかった。むしろ，成長を牽引する主要産業の分野では，外国企業や政府出資企業を中心とする「経営者企業」が，ファミリービジネスに取って代わるという傾向が強まっているのである。それがグローバル化，自由化の帰結であった。もしそうであるとするならば，タイにおいてファミリービジネスが，かつてのように「後発工業化の主役」としての役割を果たす時代は終わりつつあるのではないのか。それがアジア通貨・金融危機から10年目を迎えた今日における，筆者の率直な感想である。

付　録

タイのファミリービジネス所有主家族の資料

付表1 220グループ・所有主家族の一覧表 (1997年現在)

通し番号	公式英語表記	タイ表記	家族名発音読み	グループ名	華語集団名	華語名	祖籍・原籍	継承	97年グループ総帥 (生没年、世代)
X001	Adisayathepkul	อดิสยะเทพกุล	アディサヤテーパグン	Thai International Products	德興隆	張姓	福建	s0	プラーサット (張坤成、55年、創業者)
X002	Amonrattanachaikul	อมรรัตน์ชัยกุล	アモンラッタナチャイグン	Asian Seafoods	亜洲海鮮	沈姓	福建	s0	ソムサック (57年、創業者)
X003	Angkanawatana	อังคณะวัฒนา	アンカナワッタナー	Modern Home	摩登崎私	洪姓		s0	タノーム (53年、創業者)
X004*	Angubolkul	อังอุบล	アングボンクン	Srithai Superware	華豐塑膠集團	洪姓	潮州潮安県	s1	サナン (渋百川、47年、②長男)
X005	Areecharoenlert	อารีย์จริญเลิศ	アーリーチャルンルート	Pakpanang	浦南東房	李姓	福建	s1	ヨンチャ (李長虹、49年、②長男)
X006	Asadathorn	อัษฎาธร	アッサダートン	Thai Roong Ruang	泰倫高実業	関姓	廣東	s1	スワット (関順勲、29年、②長男)
X007	Assakul	อัสสกุล	アッサグン	Ocean Insurance	安聯物産保険	馬姓	潮州潮陽県	f+s1b	ギラティ (馬東中、58年、③長男)
X008	Assavabhokhin	อัศวโภคิน หาญพัฒนพานิชย์	アッサワポーキン、ハーンパッタナーパーニット	Land and Houses	玲天豪、明昌麟酒店、他通房地産	馬姓/饒姓	潮州潮陽県	s2	アナン (馬國昆、50年、②次男)
X009	Assawachoke	อัศวโชค	アッサワチョーク	Alphatec		馬姓		s0	チャーン (44年、創業者)
X010	Asvinvichit	อัศวินวิจิตร	アッサウィンウィチット	Seng Thong Rice	勝通来業、金業	馬姓	潮州普寧県	s1	ディサポン (馬鴻釗、53年、②長男)
X011	Baiyoke	ใบหยก	バイヨック	Bai-yoke	地産業米	葉姓	潮州澄海県	s1	パンルート (葉華綠、52年、②長男)
X012	Bencharongkul	เบญจรงคกุล	ベンチャロングン	UCOM	聯合通訊、裕乃徳	許姓	潮州普寧県	s2	ブンチャイ (許受財、54年、②次男)
X013	Benedetti		ベネデッティ	Italasia		Italian		s1	Adolfo (49-99年、②長男)
X014	Bhinicholkadi	พินิจชลคดี	ピニットチョンカディー	Bhinicholkadi		陳姓	古(t)浦人系	d3b	インディラー (創業者の孫女)
X015	Bhiraleus	พิราเลิศ	ピーラルート	Broadcasting Network (BNT)	八宝挺娯楽	華人系		s0	イライワット (創業者)
X016	Bhirom Bhakdi	ภิรมย์ภักดี	ピロムパクディー	Boon Rawd Brewery		Thai		s1b	ピヤ (42年、③長男)
X017	Bodharamik	โพธารามิก	ポーターラーミック	Jasmine	節土民溝訊	Thai		s0	アディサイ (40年、創業者)
X018	Bodiratnangkura	โพธิรัตนางกูร	ポーティラットナンクーン	Sukree-TBI	錦泰鍾、麥板織	呉姓	海南	s2	チューチャイ (49年、②次男)
X019	Boolsak	บุลศก	ブンスック	Serm Suk	頌成集団、盧裕隆	盧姓	潮州潮安県	s1b	ソムチャイ (43年、②長男)
X020	Boondicharem	บุญดีเจริญ	ブンディチャルーン	Univest		莊姓	潮州系	s3	タートリー (51年、②三男)
X021	Boon-long	บุญหลง	ブンロン	Thai Textile/TTL	挩提慶工業	Thai		s0x	デート (30年、創業者)
X022	Boonnamsap	บุญน้ำทรัพย์	ブンナムサップ	Thai Textile Industries	泰布販	許姓		s0	ブンナム (許植楠、31年、創業者)
X023	Boonsoong	บุญสูง	ブンスーン	Tri Petch Isuzu	智普伊思士	林姓	福建	s0	プラサット (38年、創業者)
X024	Bulakul	บูลกุล	ブーラクン	Mah Boonkrong	許臨、陽馬	馬姓	廣東	f+s1b	シリチャイ (馬鈞利、40年、③4男)
X025	Bunkrong	บุญครอง	ブンクローン	Media of Medias	媒介中媒介	華人系		s0	ユワティ (女性、58年、創業者)
X026	Bunpan	บุญป้าน	ブンパーン	Matichon	馬蘭仲	Thai	ラーチャブリー県	s0	ポンチャイ (46年、創業者)
X027	Burapachaisri	บูรพาชัยศรี	ブーラパーチャイシー	Metro Machinery	明通機械	楊姓	潮州掲陽県	f+s0	トーンソン (楊通先、35年、創業者)
X028	Chaisinthop	ชัยสินทพ	チャイシントップ	TN	麥頁貿易	馬姓	潮州揭陽県	s1	ウィクロム (馬偉庭、49年、②長男)
X029	Chaiyawan	ไชยวรรณ	チャイヤワン	Thai Life Insurance	泰人寿保険	侯姓	潮州揭陽県	s0x	ワニット (侯業顕、32年、創業者)

付録　タイのファミリービジネス所有主家族の資料（付表1）　305

X030	Chakkaphak	จักกะพาก	チャッカパーク	FIN/Finance One	億萬納百金融	Indian	-	s0	ピン (50年, 創業者)
X031	Chansiri	จันศิริ	チャンシリ	Thai Union Frozen (TUF)	泰聯發工業, 泰萬盛食品	陳姓	潮州潮陽県	s0x	グライソン (40年, 36年, 創業者)
X032	Chansrichwala	จันทร์ศรีชวาลา	チャンシーチャワーラー	Siam Vidhya	-	Indian	-	s0	スラチャン (40年, 創業者)
X033	Chansue	จันเสือ	チャンスー	Chansue	-	陳姓	潮州饒平県	s1	ワン (陳其文, 23年, ②長男)
X034	Chantrasmi	จันทร์รัศมี	チャンタッサミー	Phithan Phanit/United Motor Works	合順 (麥霖)	陳姓	福建	s2	パンルー (30年, ②次男)
X035	Charnvirakul	ชาญวีรกูล	チャーンウィーラクン	Sino-Thai (STECON)	中泰工程集団	陳姓	廣肇新會籍	s1	アヌティン (陳務院, 66年, ②長男)
X036	Charoen Rajapark	เจริญราชภักดิ์	チャルーンラッチャパック	Rajapark	-	Thai	-	s0	チャルン (24年, 創業者)
X037*	Charuvajana	จารุวจนะ	チャールワチャナ	MSC (Metro Systems)	-	華人系	-	s0	タウィット (49年, 創業者)
X038	Chatikawanit	ชาติกวานิช	チャーティカワニット	Chatikawanit	通ज工程	蘇姓	福建	s0	カセーム (蘇嘉森, 24年, 創業者)
X039	Chajuthamas	เจือทามาศ	チアタマート	TCJ Motor	TCJ 電機	蔡姓?	-	s1	ダニ (蔡地平, 49年, ②長男)
X040	Chearavanont	เจียรวนนท์	チアラワノン	CP	卜蜂, 正大農業	謝姓	潮州澄海県	s3	ダニン (謝国民, 39年, ②四男)
X041	Chechotisak	เจะโชติศักดิ์	チェーチョティサック	RS Promotion	RS娯楽	蟻姓	福建	s0	グリアングライ (54年, 創業者)
X042	Chewaprawaidumrong	ชีวะประไวดำรง	チウアラワイダムロン	Jong Stit	麥美美紡織	徐姓	客家・豊順県	s0	スンクーム (徐位成, 創業者)
X043	Chinthammitra	ชินธรรมมิตร	チンタムミット	Kwang Soon Lee	廣順利	泰姓	潮州普寧県	s2	チャイラット (蔡楚松, 42年, ②長男)
X044	Chirathivat	จิราธิวัฒน์	ジラーティワット	Central Department	中央百貨集団	鄭姓	海南	fxs2	ワンチャイ (鄭有英, 27年, ②次男)
X045	Chokwatana	โชควัฒน์	チョークワッタナー	Saha	協成昌, 協豊企業	李姓	潮州普寧県	fxs3	ブンヤシット (李文祥, 37年, ②三男)
X046	Choluijarn	โชลัยจาร	チョンウィチャーン	Union Bank of Bangkok	曼谷聯合銀行	鄭姓	-	s1b	ピヤブット (49年, ③長男)
X047	Chotitawan	โชติตะวัน	チョーティーターワン	Saha Farms	Saha Farms	蘇姓?	-	s0	パニー (32年, 創業者)
X048	Chotiwattanaphan	โชติวัฒนพันธุ์	チョーティワッタナパン	Kiang Huat Sea Gull	勁滴紙冷房	莊姓	潮州普寧県	s0	グランクライ (24年, 創業者)
X049	Chowkwanyu	โชควัณย์	チョークワンユー	Thai Oil	泰煉油	周姓	上海江浙	s1	パンコーク (周愛各, 51年, ②長男)
X050	Crown Property Bureau	สำนักงานทรัพย์สินส่วนพระมหากษัตริย์	王室財産管理局	Siam Cement/SCB	沙炎水泥	Thai	-	-	-
X051	Damnernchanvanich	ดำเนินชาญวนิชย์	ダムヌーンチャーンワニット	Soon Hua Seng	順和成	張姓	潮州普寧県	fxs1	ヨーティン (張黄陽, 61年, ②長男)
X052	Damrongchaitam	ดำรงชัยธรรม	ダムロンチャイヤタム	Grammy	歐來歐紫楽	黄姓	潮州普寧県	s0	パイブーン (黄民輝, 49年, 創業者)
X053	Darakananda	ดาราก้านแก่น	ダーラーカーナンダ	Saha-Union	聯泰聯	張姓	潮州普寧県	s0x	ダムリー (陳加竹, 32年, 創業者)
X054	Dusdeesurapoj	ดุษฎีสุรพจน์	ドゥサディースラポット	Symunkong	国際地産貿易	張姓	海南	s3	タナポット (張光敏, 06年死去, ②三男)
X055	EGAT	การไฟฟ้าฝ่ายผลิตแห่งประเทศไทย	EGAT (タイ発電公団, 政府系)	EGAT	-	政府系	-	-	-
X056	Euarchukiati	เอื้อชูเกียรติ	ウアチューキアット	Asia/TPC	亞洲公司	余姓	-	s2	ヨット (余作雄, 42年, ②次男)
X057	Heinecke	ไฮเน็ค	ハイネック	Minor	邁哈公司	American	-	s0	William (49年, 創業者)
X058	Hetrakul	เหตระกูล	ヘートラクン	Daily News/ Saeng Enterprise	毎日新聞報, 新中山	夏姓	-	s1	プラシット (②長男)

通番号	公式英語表記	タイ表記	家族名発音読み	グループ名	華語集団名	華語姓	祖籍・原籍	継承	97年グループ総帥（生没年、世代）
X059	Ho	โฮ	ホー	Ho	豪華	何姓	Burmese	s0	He Kwong Ping（51年、②長男）
X060	Ho (Thai Wah)	โฮ	ホー	Thai Wah	泰華	何姓	廣肇新會縣	s1	
X061	Hoontrakul	ฮุนตระกูล	フントラクーン	Hoontrakun	新南宮酒店	雲姓	海南	s1	ブーゴン（豊大功、45-2000年、②長男）
X062	Horrunruang	หอรุ่งเรือง	ホールンルアング	NTS Steel	泰京鋼鐵	何姓		fxs3	サワット（何國雄、41年、②三男）
X063	Iamsuri	เอี่ยมสุรี	イアムスリー	Kamon Kij	光豊利	嚴姓	廣肇高明県	d1b	ゴブスック（59年、③長女）
X064	Issara	อิสระ	イッサラ	Charn Issara Tower	許參大廈	許姓	潮州澄海県	s1	ソンクラーン（許宋江、54年、②長男）
X065	Iantaranukul	อันตรานุกุล	チャンタラーヌクン	Srithai Food	是泰食品・飼料	陳姓		s0	サンゲアン（陳木堅、38年、創業者）
X066•	Jarutavee	จารุทวี	チャールタウィ	Natural Park	天然房地		潮州系	s0x	トッサポン（55年、創業者）
X067	Juensanguanpornsuk	จืนสงวนพรสุข	チュンサグワンポーンサック	Phra Nakorn Automobile	協源	莊姓			パンゲーン（39年、創業者）
X068	Jungrungruangkit	จึงรุ่งเรืองกิจ	チュンルンルアンキット	Thai Summit	莊三友機件	莊姓	潮州普寧県	s2	パンタナー（莊技茂、47年、②次男）
X069	Jurangkool	จุลรังกูล	チューランクーン	Summit Autoseats	莊三友機件	莊姓	潮州普寧県	s0x	サンスー（莊襲恵、42年、②長男）
X070	Kanathanavanich	คณธนาวนิช	カナターナブーニット	Laemthong Sahakarn	金國聯業、榮祥	謝姓	潮州澄海県	s0x	ヨンサック（謝子昂、26年、創業者）
X071	Karnasuta	การนะสูตร	カーナスート	Italian-Thai Development	意大泰	陳姓	福建	s2	プレームチャイ（54年、②次男）
X072	Karnchanachari	กาญจนาชารี	ガンチャナチャーリー	Siew	修有限公司	黄姓		s1	ポーンセーク（51年、②長男）
X073	Karnchanapas	กาญจนาพาส	ガーンチャナパート	Bangkok Land/Thanayong	曼谷置地、他納榮	黄姓	潮州潮陽県	s1	アナン（黄創保、41年、②長男）
X074•	Kiangsiri	เกียงศิริ	キアンシリ	Khiang Seng Chan, Tararom	乾盛祥、安全人壽保険	陳姓		s1	チアオチャーン（30年、②長男）
X075	Kiewpaisan	คิวไพสาร	キウパイサーン	Safari World	野生世界	丘姓	客家・豊順県	s1	ピン（丘小平、41年、②次男）
X076	Kijlertpairoj	กิจเลิศไพโรจน์	ギットルートパイロート	Imperial	泰皇院、皇冠百貨	金姓	潮州騰平県	fxs1	バイニー（金柄良、37年、②長男）
X077	Kitaphanich	กิตะพาณิชย์	ギッタパーニット	Somboon	葉世忠、永記汽車	華姓	潮州澄海県	s1	ブンシー（葉史全、②長男）
X078	Kitiparaporn	กิติประภรณ์	ギッティパーボン	Siam Alliance		華人系		s1	ソムチャイ（49年、②長男）
X079	Kittipol	กิตติพล	キッティポン	Thai Hua Rubber	泰華樹膠	林姓	福建	s0	ラックチャイ（林立盛、創業者）
X080	Korapintanon	โกราพินทานนท์	ゴーラピンターノン	Bangkok Rice	曼谷米業	呉姓	潮州潮陽県	s0	ウィチャイ（呉梧潘、31年、創業者）
X081	Krisdathanont	กฤษดาธานนท์	クリッサダーターノン	Krisda Mahanakorn	吉沙那地	丘姓		fxs0	クリサダー（39年、創業者）
X082	Kromadit	โกรมาติจ	クロマディット	Amata City	阿瑪達城	丘姓	客家	s0	ウィクロス（54年、創業者）
X083	Krung Thai Bank	กรุงไทย ธนาคาร	グルンタイ銀行（政府系）	Krung Thai Bank	泰京銀行	政府系			
X084	Kunanantakul	คุณานันตกุล	クナーナンタクン	Siam Steel (SSG)	暹羅鋼鐵、永豊	丘姓	客家・豊順県	s2x	ワンチャイ（丘名櫟、38年、②次男）
X085	Kuvanant	คุวานันต์	クワーナン	Kow Yoo Hah	許裕合機器	許姓	客家	s0x	ウィンユー（許福清、33年、創業者）
X086•	Kwongsongtum	ควงซ่งตัม	クワンソンタム	Chaiyaporn Rice	財興暹米行、匯豊醤	華姓	潮州澄海県	s0	ブン（許義文、創業者）
X087	Lamsam	ล่ำซำ	ラムサム	Thai Farmers / Loxley	泰農民銀行	伍姓	福建	s1b	ベントーン（53年、⑤四男）
X088•	Laohathai	เลาหะไทย	ラオハタイ	Metro	鐵興、美都企業	劉姓	台南	s0	サワン（劉審光、41年、創業者）

付録　タイのファミリービジネス所有主家族の資料（付表1）

X089	Laothammatas	เหล่าธรรมทัศน์	ลาวธรรมทัศน์	Uthai Produce	良記物産	劉姓	海南	s2	アナン（劉冠達、②次男）
X090	Laotrakul	เหล่าตระกูล	ลาวตระกูล	Thailand Fishery		劉姓	潮州潮陽県	s0	タウシーサップ（創業者）
X091	Lauvoravitaya	สล่ววรวิทยา	ลาววรวิทย์	Centaco	中央商品	劉姓	潮州潮陽県	s2	ポン（劉先飛、②次男）
X092	Lee-Issaranukul	ลืออิสระอนุกูล	ลีออิสระอนุกูล	MMC Sittipol	成頌昌機器	李姓	潮州澄海県	f*s0x	ハイヤー（李智烈、32代、②次男）
X093	Leelaprachakul	ลีลาประจักษ์	ลีลาประจักษ์	Thai-German Products/ Thai Mui	泰美鋼管、麥美五金	李姓	潮州掲陽県	s0x	プラチャー（李瑞東、創業者）
X094	Leelasithorn	ลีลาสิทธิ์	ลีลาสิทร	Lee Feed Mill	協達飼料、華爾街大厦	李姓	潮州潮陽県	s0x	ウィシット（李光隆、31年、創業者）
X095	Leenutaphong	ลีนุตพงษ์	ลีนุตพงษ์	Yontrakit	龍麥集団、李龍麥	李姓	潮州潮陽県	f*s1	ウィチエン（李徳頭、②長男）
X096	Leeswadtrakul	ลีสวัสดิ์ตระกูล	ลีสวัสดิ์ตระกูล	Siam Steel Pipe (SSP)	泰興集団	李姓	潮州潮陽県	s1	ウィサック（李石成、52年、②長男）
X097	Leophairatana	เลียวไพรัตน์	เลียวไพรัตน์	TPI/Hong Yiah Seng	湾益成、五豊、泰国石化工業	盛姓	潮州潮陽県	s1b	プラチャイ（盛漢宝、44年、③長男）
X098*	Lertsumitrkul	เลิศสุมิตรกุล	เลิศสุมิตรกุล	Srithai Superware	華泰塑膠	陳姓	潮州潮陽県	s0x	スミット（陳卓憲、32年、創業者）
X099	Limsong	ลิ้มซ่ง	ลิมซ่ง	Siam City/Ayutthaya	京都水泥	林姓	潮州潮安県	s0	ソムキット（林明燕、41年、創業者）
X100	Limthongkul	ลิ้มทองกุล	ลิมทองกุล	Manager	経三電視台	林姓	潮州澄海県	s1	ソンティ（47年、②長男）
X101	Link	ลิ้งก์	ลิงก์	B. Grimm	支配人		European	s1	Harald（59年）
X102	Liptapallop	ลิปตพัลลภ	ลิบตพัลลภ	Prayoon	沙田珠寳、朋拉	蘆姓	-	?	不明
X103	Mahadumrongkul	มหาดำรงค์กุล	มหาดำรงค์กุล	C. Thong (COSMO)	四通、通城	呉姓	海南	f*s3b	チャイロード（呉多禎、37年、③三男）
X104	Mahaguna	มหาคุณ	มหาคุณ	Mahaguna	太豊酒業、蔬腸薬	張姓	潮州潮安県	s1b	エッダチャイ（③長男）
X105	Mahakitsiri	มหากิจศิริ	มหากิจศิริ	Thai Film Industries	匯薬、泰膠片実業	陳姓	潮州潮陽県	男	プラユット（44年、創業者の男）
X106	Maleenont	มาลีนนท์	มาลีนนท์	BEC World	勞三電視台	徐姓	潮州潮安県	s0x	ウィチャイ（徐憲光、19年、創業者）
X107	Manathanya	มานธัญญา	มานธัญญา	Chia Meng	正明	許姓	潮州澄海県	s1	ダウン（許福金、②長男）
X108	Maneepairoj	มณีไพโรจน์	มาณีไพโรจน์	Sawang Export		馬姓	潮州系	s1	マヌー（馬樹民、42年、②長男）
X109	Masayavanich	มาสยวานิช	มาสยวานิช	Thai Fisheries		華人系	-	s3	マニット（創業者の息子）
X110	Mongkhonkul	มงคลกุล	มงคลกุล	ABICO Holding	ABICO塑股	華人系	-		不明
X111	Nakomsri	นาคมศรี	นาคมศรี	Bangkok Cable		涂姓	台湾	s0	ソムポン（徐忠山、34年、創業者）
X112	Nandhabiwat	นันทภิวัฒน์	นันทภิวัฒน์	Universal Food/ (Laem Thong Bank)	金島銀行	李姓	潮州澄海県	s4	ウィチャポン（四代目）
X113	Narongdej	ณรงค์เดช	ณรงค์เดช	KPN	達羅野馬哈	黄姓	潮州潮陽県	s0	ガセーム（36年、創業者）
X114	Navapan	นวพันธุ์	นวพันธุ์	Chintek/CB Group	鈎偉他巴	蘇姓	福建	s2	スクム（蘇名銀、25年、②次男）
X115	Nganthavee	งานธวัช	งานธวัช	Property Perfect	振徳兄弟	顔姓	福建	f*s2b	シワ（48年、②次男）
X116	Ngoe-Sirimanee	โง้วศิริมณี	โง้วศิริมณี	Nimmanhaeminda	美好居沙	呉姓	潮州澄海県	s4	チャーニット（54年、創業者の息子）
X117	Nimmanhaeminda	นิมมานเหมินทร์	นิมมานเหมินทร์	Hua Kee, Bangkok Paper	和記紙業、曼谷紙廠	林姓	潮州澄海県	f*s1b	タリン（45年、①長男）
X118	Nithivasin	นิธิวาสินทร์	นิธิวาสินทร์			劉姓	潮州潮陽県	s3	ピチュート（劉鎮城、51年、③三男）

308

通し番号	公式英語表記	タイ表記	家族名発音読み	グループ名	華系継承企業名	華語名	祖籍・原籍	継承	97年グループ総帥 (生没年、創業者、世代)
X119	Noichaiboon	เนื้อใจบุญ	ノーイチャイブーン	Ekarat	匯川	華人系		s0	キアットポン (49年、創業者)
X120	Opaswongse	โอภาสวงศ์	オーパートウォンセ	Huay Chuan		胡姓	潮州潮安県	s2b	チューニット (紹賓麟、59年、③次男)
X121	Osathanugrah	โอสถานุเคราะห์	オーサターヌクロ	Osothsapha/Premier	徳興裕	林姓		f+d1b	ウィモーラティップ (女性、④長女)
X122	Owlarn	เอาว์ฬาร	アオラーン	OGC		欧姓	海南	s1	ソンチャック (歐宗清、29年、②長男)
X123*	Paniangvait	พาเนียงวาศ	パニーンウァイト	President Rice	泰統一食品	詹姓	潮州普寧県	s0	ピパット (詹世昌、39年、創業者の息子)
X124	Panichpakdee	พาณิชย์ภักดี	パニートパクディ	Kitti Rice/ Somprasong	錦顧稜	陳姓	潮州潮陽県	s4	プラソン (創業者の息子)
X125	Panyarachun	ปัญจรชุน	パンヤーラチューン	ITF Finance	班雅拉召春	Thai		s4	チャッチ (25年、創業者の息子)
X126*	Penyajati	เพ็ญจาติ	ペンヤーチャート	Union Mosaic Industry	聯合瓷磚	Thai		f+d4	パウィナー (46年、創業者の娘)
X127	Phanichew	พาณิชชีวะ	パニットチーワ	Krungthai Phanit	泰化学	丘姓	客家・豊順県	s2	ソムバット (丘金栄、35年、②次男)
X128	Phaniphichetvong	พาณิพิชญวงศ์ มณี, พานิชเกษมวงษ์	パニーニットウォン マニ, パーニットウォン	Ban Pong Sugar	萬砲糖廠	汪姓	潮州普寧県	s3	ウィアーン (汪運龍、44年、②三男)
X129	Phaoenchoke	เผ่าเอี่ยมโชค	パーラーナチョーク	Thai Rung Union Car	泰豊聯合、泰命協励	汪姓	潮州普寧県	s0	ウィチアン (汪龍昌、16年、創業者)
X130	Phatraprasit	ภัทรประสิทธิ์	パットラプラシット	Phatraprasit	泰興業、和酒發酒廠	劉姓	潮州潮陽県	s3	ウドイ (劉世通、59年、④四男)
X131	Phodhivorakhun	โพธิวรคุณ	ポーティウォラクン	Kan Yong	共栄実業	翁姓	台湾	s2	プラパット (翁雲英、46年、②長男)
X132	Phongchalerm	พงษ์เฉลิม	ポンチャルーム	Castle Peak	青山機械	顔姓	潮州潮陽県	sOx	プンチュー (顔開桓、35年、②長男)
X133	Phongsathorn	พงศ์สาทร	ポンサートーン	Premier/Pacific	徳興裕	林姓	潮州潮陽県	s0	ウェビブン (56年、創業者)
X134	Phornprapha	พรประภา-1	ポンプラパー-1	Siam	連龍機器、陳同發	陳姓	潮州掲陽県	s0	プリチャー (陳龍帝、29年、創業者)
X135	Phornprapha	พรประภา-2	ポンプラパー-2	SP International	億林国際	陳姓	潮州掲陽県	s2x	チームボン (陳志渡、41年、②次男)
X136*	Phongsa	พงษา	ポンサー	Capital Rice/STC	京都米行	黄姓	潮州潮陽県	s0	ウォラボン (黄繁峯、創業者)
X137	Piempongsant	เปี่ยมพงษ์ศานต์	ピアムポンサーン	Ban Chang		華人系		s0	パイロート (創業者)
X138	Piyaoui	ปิยะอุย	ピヤウイ	Dusit Thani	律賓他尼酒店	王姓	海南	d3	チャナット (王玉貴、22年、②三女)
X139	Poolvoralaks	พูลวรลักษณ์	プーラウォララック	EGV	華実影業、EGV電影院集団	華姓	潮州普寧県	s0	チャルン (事柄鄉、26年、創業者)
X140	Pornsatit	พรสถิตย์	ポーンサーティット	Wattachak	曼谷興業	呉姓	海南	s0	ニコン (45年、創業者)
X141	Prachuabmoh	ประจวบเหมาะ	プラチュアップモ	Thai Danu Bank	興業銀行	林姓	潮州潮安	s1b	ヌクン (29年、④四男)
X142	Praepreungarm	แพรเผือกอาร์ม	プレープルンガーム	Siam VMC	華豊隆	黄姓	客家・豊順県	s1	ナグワット (36年、②長男)
X143	Prichawongwaikul	ปรีชาวงศ์ไวกูล	プリーチャーウォンワイクン	ONPA		黄姓	潮州澄海県	s1	ウンロート (49年、②長男)
X144	PTT	การปิโตรเลียมแห่งประเทศไทย	PTT (タイ石油公団)	PTT	改政府系			-	-
X145*	Raiva	ไรว่า สาคริก	ライワー サカーリック	S&P	億興英技	Thai		f+d2	パッタラー (42年、②次女)
X146	Ratanarak	รัตนรักษ์	ラッタナラック	Bank of Ayudhya	大成銀行	李姓	潮州澄海県	s1	クリット (李智正、46年、②長男)
X147	Ratanarat	รัตนรัตน์	ラッタナラット	Siam Chemical	暹羅化学	華人系	海南	s1	チラ (37年、②長男)
X148	Rattakul	รัตกุล	ラッタクン	Jawarad	耀華力	陳姓	潮州澄海県	s3	パイロート (33年、②三男)

付録　タイのファミリービジネス所有主家族の資料（付表1）　309

X149	Sahavat	สหวัฒน์	サハワット	Vanachai	旺統財三合板、森合業			s4	ソムポン（43年、創業者の息子）
X150	Sarasin	สารสิน	サーラシン	Sarasin		黄姓	海南	s1b	ポンツ（27年、③長男）
X151	Sayamwalla	สยามวาลา	サヤームワーラー	D.H.A. Siamwalla		Indian		?	
X152	Sermsirimongkon	เสริมศิริมงคล	スームシリモンクン	Pata Department Store	博大洋行	蔡姓	潮州潮陽県	妻	サゲン（羅志忠、47年、蔡明祥39-2000年の妻）
X153	Shah	ชาห์	シャー	G.Premjee/Precious	披敏斯箱務	Indian		s1	Krit Kumar Chimanlal（53年、②長男）
X154	Shinawatra	ชินวัตร	チナワット、ダマーポン	SHIN	秦納越電脳	丘姓	客家	s0	チナプット（49年、創業者）
X155	Sihanarkathakul	สิหนาทกาถากุล	シナートガタークン	Land Mark		馬姓		f-s1	チャートゥーボン（41年、②長男）
X156	Sincharenkul	สินเจริญกุล	シンチャルンクン	Teck Bee Hang	徳美行	李姓	福建	男	ソムヘンク（李成旺、33年、創業者の男）
X157	Sirimongkolkasem	ศิริมงคลเกษม	シリモンコンガセーム	P.Charoenphan	波汗裕業集団	陳姓	潮州潮陽県	s0	チャレン（陳興勤、33年、創業者）
X158	Sirivadhanabhakdi	สิริวัฒนภักดี	シリワッタナパクディー	TCC	秦氏倫企業機構、馬哈客酒業	蘇姓	潮州澄海県	s0	チャレン（蘇旭明、44年、創業者）
X159	Sophonpanich	โสภณพณิช	ソーポンパニット	Bangkok Bank	盤谷銀行	陳姓	潮州潮陽県	s2x	チャートリー（陳有漢、33年、②次男）
X160	Sosothikul	ศศโสติกุล	ソーソードイグン	SEACON	南洋實業	蘇姓	福建	s3b	タワィヤー（③三男）
X161	Srethbakdi	เศรษฐบุตร	セータパクディ	Sethapakdi	慶楽集、秦司倫鉄化学	鄭姓	潮州潮陽県	s3	ガムポン（鄭錫麟、34年、③六男）
X162	Srifuengfung	ศรีเฟื่องฟุ้ง	シーフアンフン	Srifuengfung	国泰信託、秦化学	鄭姓	客家・豊順県	s3	チャイナロン（鄭李魯、45年、②三男）
X163	Sriorathaikul	ศรีอรทัยกุล	シーオラタイクン	Beauty Gems	余信実務	余姓		弟	ポーンシット（余汶灝、48年、創業者の弟）
X164	Srisomburananont	ศรีสมบูรณานนท์	シーソンブーラーノン	CPICO	中央紙業	華人系		f-s0	タウィー（55年、創業者）
X165	Srivikorn	ศรีวิกรม์	シーウィゴーン	Srivikorn	太平地産	Thai		d1	サッジマー（37年、②長女）
X166	Sukosol	สุโกศล	スコーソン	Kamol Sukosol	秦哥領、陳發財	陳姓	福建	d1	ガラーヤー（41年、②長女）
X167	Suntung	ซันทุง	スンツング	Wankanai		華人系		s0	ブーリー（創業者）
X168	Suntaranond	สุนทรานนท์	スンタラーノン	King Power		陳姓		s0x	ウィチャット（創業者）
X169	Supsakorn	ทรัพย์สาคร	サプサーコン	TIPCO	秦爆青、秦波達置	馬姓	潮州潮陽県	s1b	プラシット（馬金水、28年、②三男）
X170	Suriyasat	สุริยศัตร	スリヤサット	Toshiba	東芝	Thai		s0	ゴーン（28年、創業者）
X171	Taechaubol	แซ่เอียบพล	テーチャウボン	Country Thailand	慶箸集団、富箸建築有限公司	鄭姓	潮州潮陽県	s0	サダーウット（52年、創業者）
X172	Taepaisitphongse	แต่ไพสิฐพงษ์	テーパイシットポンツ	Betagro	豊年集団	鄭姓	潮州潮陽県	s1b	ワナート（鄭建彬、57年、③長男）
X173	Tangkaravakun	ตั้งคารวะกุล	タンカーラウクン	TOA	TOA油漆、源秦盛	陳姓	潮州潮陽県	f-s3	プラチャック（陳運楼、44年、②三男）
X174	Tangmathitam	ตั้งมติธรรม	タンマティタム	Mankong Kehakan	建生置業機構	陳姓	潮州潮安県	s0x	チョープン（陳隆全、36年、創業者）
X175	Tanthuwanit	ตันทุวนิช	タントゥーニット	Ngow Hock	五福新務	馬姓	潮州艶平県	s1	ゴーン（馬金水、45年、②長男）
X176	Tantipipatpong	ตันติพิพัฒน์พงศ์	タンティピペットポン	Pornpat	植栄農土産、泰国鳳梨罐頭	陳姓	台湾	s0x	ピパット（陳徳樹、創業者）
X177	Tantipong-anant	ตันติพงศ์อนันต์	タンティポンアナン	Nanaphan	那那邦	陳姓	潮州潮陽県	s1b	ガーソワン（陳卓良、35年、③長男）
X178	Tantranont	ตันตรานนท์	タントラーノン	Tantraphan	陳和順	陳姓	潮州澄海県	f-s2	タワット（陳志宣、22年、②次男）
X179	Techaruvichit	เตชะรุ่งโรจน์	テーチャルーウィチット	Asia Hotel	亜洲・東亜酒店	呂姓	海南	s0x	ガムポン（呂光英、32年、創業者）

通し番号	公式英語表記	タイ表記	家族名発音読み	グループ名	華語集団名	華語名	祖籍・原籍	継承	97年グループ移動 (生没年、世代)
X180	Techasukit	เตชะสุกิจ	テーチャスキット	Monterey	有豊鋼鈑、永喜	鄭姓	潮州系	s1	チャヤン (鄭学揚、64年、②長男)
X181	Tejaipaibul	เตชไพบูลย์	テーチャイパイブーン	BMB	京華銀行	鄭姓	潮州潮陽県	s1b	ウィチアン (鄭傍昌、39年、③男)
X182	Tejavibulya	เตชะวิบูลย์	テーチャウブーン	Hieng Seng Fibre	鄭徳成紙盒廠	鄭姓	潮州潮陽県	s0x	リアン (鄭錦良、10-2003年、創業者)
X183	Thai Airways International	การบินไทย	タイ国際航空 (政府系)	Thai Airways International	政府系	政府系			
X184	Thai Military Bank	ธนาคารทหารไทย	Army 陸海空軍、経営は民間	Thai Military Bank	泰軍人銀行	政府系			
X185	Thongthai	ทองไทย	トーンタイ	Thong Thai	通泰	呉姓		s0	カイ (呉錦渓、チャイ (呉錦鴻) 兄弟
X186	Tiasuwan	เตียสุวรรณ	ティアスワン	Pranda Jewelry	平達珠寶	張姓	潮州潮陽県	s1	プリーダー (49年、②長男)
X187	Tirakitpong	ถิรกิจพงศ์	ティラキットポン	Preecha	比斉房地産	羅姓		s3	プリチャー (羅何光、43年、②三男)
X188	Trichakraphob	ตรีจักรภพ	トライチャックラポップ	Srithepthai	是仕泰集団	蕭姓		s0	ソーニン (蕭黄銘、47年、創業者)
X189	Trivisvavet	ตรีวิศวเวทย์	トリーヴィサワウェート	Ch. Karnchang	初凯創建築	張姓	潮州掲陽県	s3	プレーウ (張栄悠、44年、②六男)
X190	Tuchinda	ตู้จินดา	トゥーチンダー	Tuchinda		?		s4	ポムパン (61年、創業者の息子)
X191	Uahwatanasakul	เอื๊อวัฒนสกุล	ウアワッタナサグン	Bara Windsor	大地温砂、余于元	余姓	潮州嶤平県	s1x	スートン (余継仁、31年、②長男)
X192	Umpujh	อัมพุช	アムプッ	The Mall Emporium	曼谷鑑院	張姓	潮州嶤平県	d1	スパパン (張道正、26年、創業者)
X193	Usanajit	อุษณจิตต์	ウサナーチット、パーソ	Modernform	摩登傢私、聯成	張姓		s0x	アドゥン (②長女)
X194	Vajarapol	วัชรพล	ワッチャラポン	Thai Rat	泰力			d1	ジンラック (②長男)
X195	Vanich	วานิช	ワーニット	Vanich	泰國際油工業、合發	華人系	福建	s1b	アピヒラック (林新康、21年、③長男)
X196	Vidhayasirinun	วิทยาศิริณุน	ウィッタヤシリヌーン	Tanin Industrial	京華無線電、他電子	蔡姓	台湾	s0	ウドム (林仲康、②長男)
X197	Vilailuck	วิไลลักษณ์	ウィライラック	Samart	沙馬通訊	林姓	潮州普寧県	s1	チャルーンラット (李象河、60年、②長男)
X198	Virameteekul	วิระเมธีกุล	ウィーラーメーティーグン	M Thai	明泰、美華置業	李姓		s0x	ウィラチャイ (李象河、25年、創業者)
X199	Viraporn	วีระพร	ウィーラポン	Lenso		李姓		s1	ピチュート (②長男)
X200	Virapuchong	วีระพูชงค์	ウィーラプーチョン	Thai Nakhorn Pattana	呑武里商業	華人系		s0x	ウィナイ (35年、創業者)
X201	Viriyabhan	วิริยะพันธุ์	ウィリヤパン	Tholburi Panich		林姓	潮州掲陽県	s1	パーヒピアン (40年、②長男)
X202	Viriyaprapaikit	วิริยะประไพกิจ	ウィリヤプラパイキット	Sahaviriya	偉成鉄	呉姓		f-d1	プラユーン (呉厚音、29年、②長女)
X203	Vongvanij	วงศ์วานิช	ウォンワーニット	British Dispensary	金蛇薬房	黄姓	潮州嶤平県	f-s2	ブンヨン (黄開榮、25年、②次男)
X204	Vuthinantha	วุฒินันทน์	ウッティナンタ	Thai-German Ceramic	泰德瓷磚	Thai	海南	s0	ウォンウット (41年、創業者)
X205	Wanasin	วนาสิน	ワナーシン	Rachathani	清通醫務	林姓	海南文昌県	s1	アン (林鴻文、38年、②長男)
X206	Wanglee	หวั่งหลี	ワンリー	Wanglee/Poon Phol	黌利、榮華	陳姓	潮州嶤平県	s2b	ウィチャウィ (陳天徳、31年、②次男)
X207*	Wattanavekin	วัฒนเวคิน	ワッタナウェーキン	Wattanavekin	丘細彩、東方糖廠、酒香醇	丘姓	客家	d3	ナーティカ (丘仲莉、54年、②六女)
X208	Wejsuvaporn	เวชสุวพรรณ	ウェーチャス・バポン	Robinson Department	魯寶通洋行	麥姓	廣肇		

付録　タイのファミリービジネス所有主家族の資料（付表1）　311

					Thai Theparos Food	泰貼柏洛, 美味食品	呉姓?			
X209	Winyarat	วิญญ์วรัตน์		ウィンヤラット				s3	パリンヤー（54年、②五男）
X210	Wongkusolkit	วงศ์กุศลกิจ		ウォーンクソンキット	Mitr Phol/Ban Pu	萬裕美業・萬埔鹹業	汪姓	f*s3	スントーン（汪東發、38年、②三男）
X211	Wongpaitoonpiya	วงศ์ไพฑูรย์ปิยะ		ウォンパイトゥーンピヤ	Wongpaitoon	旺派通集団	朱姓	s1	チャルーンサック（朱鴻飛、未詳、②長男）
X212	Wongpornpenpap	วงศ์พรเพ็ญภพ		ウォンポンペンパープ	EMC	EMC建築	黄姓	s0	ガモン（創業者）
X213	Wongsiridej	วงศ์ศิริเดช		ウォンシリデート	Min Sen Machinery	民生機器	林姓	s1	ウィブーン（林偉民、48年、②長男）
X214	Wongvatanasin	วงศ์วัฒนสิน		ウォンワタナシン	Mitr Kaset	友農實業，泰糖業	汪姓	s0	ウィワット（汪澄发、20年、創業者）
X215	Wongwan	วงศ์วรรณ		ウォンワン	Thephawong		Thai	s1	ナロン（25年、②長男）
X216	Wongwattanaroj	วงศ์วัฒนะโรจน์		ウォンワッタナロート	Surapon Foods	泰拉蓬海鮮	黄姓	s0	スラポン（黄富華、46年、創業者）
X217*	YipInTsoi	อื้อจือเหลียง, กุ่ยเกียม, ลามเตือ		ジップインソーイ、グーイキアム、ラーンルー		葉賢子	客家	s2	タワット（37年、②次男）
X218	Yoovidhaya	อยู่วิทยา		ユーウィタヤー	Katin Daeng	野牛	華人系	s0	チャリアオ（28年、創業者）
X219	Youngmeevidhya	ยังมีวิทยา		ヤンミーウィタヤー	Seafresh	海鮮工業	謝姓	娘婿	ナリット（56年、創業者の娘婿）
X220	Yun	หยุน		ユン/ヨン	Nation Multi Media	民報出版社	阮姓	s0	スティチャイ（創業者）

注1）家族名の英語表記は登記された公式のもの。Sida (1988), The Brooker Group PLC ed. (2003), 英字新聞ほかより筆者確認。
2）継承者の略記、s0：創業者、s0x：創業者の長男への継承が決まっているもの、s1：創業者の長男、s1b：3代目以上で長男、s2：創業者の次男、s3：創業者の三男以下、s4：事業の継承者が息子での兄弟関係が不明、d1：創業者の長女、d3：創業者の三女、d4：創業者との記号なしは嫡対関係が不明。「f*」のあとの記号は、有力な継承者を示す。「f*」のあとに番号がついている場合は、創業者との関係の順。②は2代目、③は3代目を示す。
3）グループ総動は、名前（華語名）、生年、世代、創業者との関係、特定家族ではなく、複数家族による「ネットワーク型企業グループ」を指す。表では筆頭の所有主家族を掲げた。
出所1）家系図は当該家族の「葬式頒布本」（タイ語版）、華語日刊新聞『星運日報』（1960-2005年）の死亡広告交記事、Veerasak (1996; 2000)、筆者の聞き取り調査ほかより。
2）グループについては、Kroekkiat (1982b), Marthuphum Thurakit ed. (1986), Suchiro (1989a), Tara Siam Business Information Ltd. ed. (1993b; 1996), The Brooker Group PLC ed. (2001; 2003), Thanawat (2000a; 2001a) ほかより。
3）タイ語と華語の突き合わせ、祖籍・原籍の確認は、華語日刊新聞『星運日報』の各種死亡広告確認、華語文献の泰國僑團名録編集委員会編（1981年；1986年）、泰國中華総商會編（1967年；1995年；2000年）、陳一平総編集（2002年）、筆者の聞き取り調査より。

付表2 220グループ・所有主家族の経済パフォーマンス（1997年現在）
(単位：売上高、総資産額、時価総額　100万バーツ)

順位	通し番号	所有	経営	グループ名	所有主家族名	主要事業	総合得点	売上高合計	総資産額	保有株式時価総額
1	X159	C	JW	Bangkok Bank	ソーンパニット	金融コングロマリット：銀行、金融、保険、リース、石油化学、情報通信、不動産	874,791	194,999	1,592,994	2,942
2	X087	CA	JW	Thai Farmers Bank/Loxley	ラムサム	金融コングロマリット：銀行、金融、保険、情報通信、化学、不動産	546,076	139,279	980,570	798
3	X083	S	ME	Krung Thai Bank	グルンタイ銀行系	商業銀行、金融	465,094	127,291	828,355	
4	X050	T	ME	Siam Cement/SCB	王室財産管理局	セメント、石油化学、食品加工、金融	332,649	238,174	474,759	
5	X146	C	JW	Bank of Ayudhya	ラタナラック	金融コングロマリット：銀行、金融、保険、セメント、タイル（撤退）、テレビ放送、住宅開発	325,493	91,741	577,519	375
6	X158	C	JW	TCC	シリワッタナパクディー	酒・ビール、ホテル、不動産	252,970	117,942	411,586	
7	X184	S	S	Thai Military Bank	財務省、経営は民間	商業銀行	239,566	52,175	437,391	
8	X097	C	FA	TPI/Hong Yiah Seng	リアオイラット	農産物輸出、石油化学、セメント、保険、不動産	183,143	67,816	311,153	4,405
9	X040	C	JW/FA	CP	チアラワノン	アグロ、情報通信、小売	161,602	141,145	210,288	
10	X144	S	S	PTT	PTT（タイ石油公団）	石油精製、投資	160,385	110,825	232,110	
11	X030	CA	ME	FIN/Finance One	チャッカパーク	金融、保険、投資	131,258	27,876	240,215	
12	X130	C	JW	Phatraprasit	パットラプラシット	金融コングロマリット：銀行、保険、不動産	123,271	29,458	222,976	
13	X181	C	FA	BMB	テーチャパイブーン	金融コングロマリット：銀行、金融、保険、不動産、酒、冷凍業	109,995	32,971	193,614	
14	X012	C	JW	UCOM	ベンチャロンゲン	情報通信	105,098	41,764	176,405	1,896
15	X183	S	S	Thai Airways International	タイ国際航空（政府系）	航空サービス	104,281	88,307	137,917	
16	X056	C	JW	Asia/TPC	ウアチューギアット	金融、化学、不動産	87,373	18,118	160,239	66
17	X154	CA	ME	SHIN	チナワット、ダーマーポン	情報通信	79,886	48,584	118,409	12,474
18	X073	C	FA	Bangkok Land	ガーンチャナパット	不動産、住宅開発、輸送	59,764	4,718	115,552	1,005
19	X017	T	ME	Jasmine	ポーターラーミック	情報通信、不動産	53,790	11,346	97,385	5,586
20	X051	C	FA	Soon Hua Seng	ダムヌーンチャーンワニット	アグロ、農産物輸出、パルプ	52,762	34,859	77,004	3,161
21	X044	C	FA	Central Department	チラーティワット	百貨店、ホテル、不動産、製造業	52,594	48,676	65,785	2,307
22	X210	C	FA	Mitr Phol/Ban Pu	ウォーンクンギット	製糖、石炭、発電、ホテル	50,228	25,821	79,264	2,678
23	X016	T	FA	Boon Rawd Brewery	ピロムパクディー	ビール、同関連製品、不動産	49,532	78,763	36,054	
24	X045	C	FA	Saha	チョークワンタナー	産業コングロマリット、消費財	45,590	46,458	53,960	272
25	X206	C	FA	Wanglee/Poon Phol	ワンリー	金融、不動産、農産物輸出	43,481	13,155	76,336	508

312

付録　タイのファミリービジネス所有主家族の資料（付表2）　313

#	コード	CA	区分	企業名	企業名（カナ）	業種	1	2	3	4
26	X071	CA	FA	Italian-Thai Development	ガンナースート	建築請負、ホテル、不動産	43,423		40,821	52,387	9,006
27	X008	C	FA	Land and Houses	アッサクンボーキン、ハーンパーニット	不動産、住宅開発	41,300	18,311	67,245	3,526
28	X202	C	JW	Sahaviriya	ウィリヤプラパイギット	鉄鋼、情報通信 (Sahaviriya OA Group)、金融、不動産	39,904	23,282	61,183	
29	X189	C	FA	Ch. Kanchang	トリーウィサワウェート	建設請負、輸送、百貨店（東急）	39,588	17,106	65,392	491
30	X055	S	S	EGAT	EGAT（タイ発電公団、政府系）	発電	38,322	12,877	66,343	
31	X088	C	ME	Metro	ラオハタイ	化学肥料、製粉、鉄鋼、情報通信、石油化学、倉庫	37,017	35,325	45,774	
32	X121	CA	FA	Osothsapha/Premier	オーサターヌクロ	製薬、食品加工、化学、不動産	35,737	32,227	45,484	1,040
33	X134	C	FA	Siam	ポンプラパー1	自動車組立、同部品、鉱山	33,979	35,851	39,278	
34	X099	C	JW	Siam City/Ayudhaya	リムシング	セメント、タイル	33,760	25,713	46,884	323
35	X065	C	JW	Srifuengfung	シーフアンフアン	化学、板ガラス、タイヤ、金融	32,565	23,630	46,078	744
36	X092	C	ME	MMC Sittipol	リーイッサラスダーン	自動車組立・販売（三菱自動車）	31,452	38,555	31,975	424
37	X032	I		Siam Vidhya	シームヤンシーチャイラーラー	金融、ホテル	31,337	7,592	56,537	316
38	X029	C	ME?	Thai Life Insurance	チャイヤタイ	金融、保険、不動産	29,420	18,887	43,721	51
39	X053	C	FA	Saha-Union	ダラーカーン	繊維、靴、電子、発電	25,836	26,166	30,739	
40	X096	C	FA	Siam Steel Pipe (SSP)	リーサワットトラグーン	鉄鋼製品、建設資材、不動産	25,750	21,537	34,271	
41	X133	C	JW	Premier/Pacific	ポンサーントン	日用品、家電製販、ホテル	24,686	17,996	34,975	
42	X084	C	FA	Siam Steel (SSG)	クナーナンタワン	鉄鋼製品、輸送	17,972	13,137	25,435	
43	X197	C	JW	Samart	ウィライラック	情報通信	17,274	12,333	24,513	839
44	X201	C	FA	Tholburi Panich	ウィリヤパン	自動車組立・販売 (Benz)	16,963	11,139	25,014	
45	X031	C	FA	Thai Union Frozen (TUF)	チャンシリ	アグロ：水産缶詰	16,681	24,816	13,418	451
46	X207	C	JW	Wattanavekin	ワッタナウェーキン	製糖、金融、ホテル、不動産	16,468	6,057	27,995	481
47	X175	C	JW	Ngow Hock	タントップニット	海運、貿易	15,983	11,679	22,623	
48	X106	C	FA	BEC World	マーリーノン	テレビ放送、芸能コンテンツ	15,765	10,599	15,952	35,495
49	X138	C	JW	Dusit Thani	ピヤサイ	不動産、ホテル、精米	15,762	9,843	23,457	965
50	X062	C	ME	NTS Steel	ホーンルンアンブ	鉄鋼製品、発電、工業団地	15,086	5,438	25,475	1,733
51	X172	C	FA	Betagro	テーパイシットポン	アグロ：ブロイラー、食品加工	13,944	17,096	14,211	
52	X169	C	JW	TIPCO	サップサーコン	アグロ：パイン缶詰、アスファルト	13,853	10,719	18,503	3,134
53	X066	C		Natural Park	チャールタウィ	テーマパーク、不動産	13,566	1,300	26,091	
54	X049	C	ME	Thai Oil	チョータワンニューン	石油精製・販売	13,270	11,283	17,513	
55	X218	C	FA	Katin Daeng	ユーウィタヤー	製薬（マイシン）、精力剤（ガチィンデーン）、不動産	12,694	15,447	13,031	
56	X068	C	FA	Thai Summit	チュンルンルアンギット	自動車部品の製造・販売	12,570	15,988	12,349	

順位	通し番号	所有	経営	グループ名	所有主家族名	主要事業	総合得点	売上高合計	総資産額	保有株式時価総額
57	X060	C	JW	Thai Wah	ホー	アグロ：農産物輸出、不動産	12,184	6,172	19,431	
58	X113	C	ME	KPN	ナロンデート	自動二輪製造（ヤマハ）	12,079	10,899	15,438	
59	X081	C	ME	Krisda Mahanakorn	グリッサダーターノン	不動産、住宅開発、金融	11,791	2,521	21,566	
60	X007	C	FA	Ocean Insurance	アッサカン	保険、ガラス、不動産	11,291	5,632	18,077	
61	X035	CA	ME	Sino-Thai (STECON)	チャーンウィーラワン	建築請負、不動産	11,091	11,593	12,761	735
62	X027	C	FA	Metro Machinery	プーラパチャイシー	機械	11,021	8,624	15,142	
63	X006	C	FA	Thai Roong Ruang	アッサダートン	製糖、金融、不動産	10,803	8,479	14,753	347
64	X192	C	JW	The Mall	アムブット	百貨店、ガーメント、不動産	10,280	12,715	10,387	
65	X020	C	JW	Univest	ブンディチャルーン	不動産開発、大理石	9,664	962	8,558	
66	X150	CA	JW	Sarasin	サーラシン	飲料、その他	9,533	12,399	9,147	
67	X176	C	JW	Pornpat	タンテイピパットポン	アグロ：パイン缶詰、銀行	9,245	1,865	16,997	
68	X136	C	JW	Capital Rice/STC	ピットボンパン	アグロ：コメ輸出、不動産	9,198	11,886	8,888	
69	X157	C	FA	P Charoenphan	シリモンコンガセーム	アグロ：ブロイラー、飼料	9,127	12,341	8,354	136
70	X072	C	FA	Siew	ガーンチャナチャーリー	家電製造販売	9,122	13,128	7,741	
71	X174	C	FA	Mankong Kebakan	ンブマティアム	不動産開発、建築請負	8,764	2,115	15,736	503
72	X116	C	FA	Property Perfect	ンゴーウシリマニー	不動産開発	8,705	3,970	14,233	
73	X019	C	JW	Serm Suk	プラスック	飲料、マクドナルド	8,654	13,647	6,300	447
74	X070	C	FA	Laemthong Sahakarn	カナーチャナニット	アグロ：飼料、ブロイラー、製粉	8,163	12,176	6,508	389
75	X167	C	FA	Wankanai	スンブンヴ	製糖、不動産	8,019	5,336	11,769	
76	X115	CA	FA	Chintek/CB Group	シガーンタウィー	電子部品、鉱山、ゴム、不動産	7,948	7,069	10,185	276
77	X164	C	FA	CPICO	ポンプラスパー2	不動産開発	7,892	4,233	12,016	1,907
78	X135	C	FA	SP International	ポンタカーラワン	自動二輪車販売（スズキ）	7,846	7,331	9,827	
79	X173	C	FA	TOA	ルートサミットポン	化学、ペイント（自動車塗装用）	7,784	7,690	9,416	
80	X098	C	ME	Srithai Superware	シーウィコーン	陶器セラミック製品	7,718	4,839	11,344	1,102
81	X165	T	JW	Srivikorn	リーヌタポン	ホテル(President)、私立学校、カーペット、不動産	7,593	3,556	12,227	570
82	X095	C	FA	Yontrakit	ブンスーン	自動車輸入販売（欧州車）	7,419	11,410	5,710	
83	X023	C	FA	Tri Petch Isuzu	マハーギットシリ	自動車販売（いすゞ）	7,037	9,284	6,646	
84	X105	C	ME	Thai Film Industries	アンウポンヴン	インスタントコーヒー、包装用フィルム、不動産	6,643	5,412	8,886	347
85	X004	C	ME	Srithai Superware	ベートラグーン	プラスチック製品、金融、工業団地	6,528	3,996	9,859	
86	X058	T	FA	Daily News/Saeng Enterprise		新聞出版、金融、工業団地	6,332	2,124	10,965	

付録　タイのファミリービジネス所有主家族の資料（付表2）　315

#	Code			Company	Thai	Business				
87	X147	CA	ME	Siam Chemical	ラッタナチャット	化学製品	6,287	6,769	7,158	
88	X069	C	FA	Summit Autoseats	チュラーンゴーン	自動車部品製造・販売	6,210	8,418	5,685	
89	X153	I	JW	G.Premjee/Precious	シャー	海運、貿易、投資グループ	6,205	3,439	9,659	
90	X198	C	FA	M Thai	ウィーラースーディアン	不動産、投資グループ	6,092	595	11,707	
91	X118	C	FA	Hua Kee	ニティワーシン	製紙、ホテル (Narai)、石化	6,058	5,854	7,432	
92	X111	C	ME	Bangkok Cable	ナコンシー	電線製造	5,907	6,388	6,703	
93	X003	C	FA	Modern Home	アンタカナワッタナー	不動産、住宅開発	5,520	1,304	9,802	970
94	X082	C	JW	Amata City	グロマディット	工業団地、発電	5,487	2,445	9,018	
95	X052	C	JW	Grammy	ダムロンチャイヤタム	芸能プロダクション	5,460	5,471	4,864	8,399
96	X043	C	FA	Kwang Soon Lee	チンタムミット	製糖、ターミナル、不動産	5,394	5,757	6,183	
97	X182	C	FA	Hieng Seng Fibre	テーチャヤワーン	製紙、ダンボール紙、発電	5,348	4,134	7,388	
98	X110	C	JW	ABICO Holding	モンコンブン	食品	5,219	5,722	5,861	
99	X137	C	ME	Ban Chang	ピアムポンワサーン	不動産開発 (Century Park)	5,180	965	9,588	
100	X131	C	ME	Kan Yong	ホーティウラウン	家電、機械、不動産	5,108	7,568	4,162	
101	X018	C	JW	Sukree, TBI	ボーディラッタナンコーン	繊維、ガーメント	4,958	2,401	7,995	
102	X124	C	JW	Kitti Rice/Somprasong	バーニットバック	アグロ：コメ輸出	4,954	429	9,565	
103	X166	CA	FA	Kamol Sukosol	スコーン	自動車、ホテル、金融、不動産	4,925	5,938	5,100	
104	X057	E	JW	Minor	ハイネック	日用品販売、ピザ、ホテル	4,860	4,261	6,311	
105	X090	C	FA	Thailand Fishery	ラオトラクーン	アクア：水産缶詰	4,778	6,242	4,410	764
106	X160	C	JW	SEACON	ソーンードティアン	建設請負、天然ゴム、不動産	4,652	898	8,585	
107	X093	C	FA	Thai-German Products/Thai Mui	リーラープラチャーゲン	鉄鋼製品（ステンレス）	4,623	1,806	7,802	
108	X204	T	ME	Thai-German Ceramic	ウッティナー	セラミック製造・販売	4,608	1,728	7,834	
109	X149	C	JW	Vanachai	サハワット	木製パネル製造、ベニヤ板	4,502	2,014	7,335	286
110	X190	?	JW	Tuchinda	トゥーチンダー	金融、投資	4,429	1,215	7,886	
111	X171	C	FA	Country Thailand	テーチャリーウィチット	不動産開発	4,369	60	8,543	732
112	X194	C	FA	Thai Rat	ワッチャラポン	出版、メディア、放送	4,362	2,872	6,426	
113	X063	C	JW	Kamon Kij	イアムスリー	精米、コメ輸出、不動産	4,359	5,076	4,658	
114	X042	C	FA	Jong Stit	チアブラワットダムロン	繊維、毛織、ガーメント	4,282	3,582	5,699	
115	X156	C	JW	Teck Bee Hang	シンチャルンブン	アクア：水産缶詰、天然ゴム	4,187	6,712	3,005	
116	X211	C	FA	Wongpaitoon	ウォンパイトゥーンビュ	スポーツ靴製造・輸出	4,126	3,021	5,835	
117	X179	C	FA	Asia Hotel	テーチャレーウィチット	ホテル (Asia Hotel)、不動産	4,050	1,426	6,959	
118	X047	C	FA	Saha Farms	チョーティデーワン	アグロ：ブロイラー	3,964	3,648	5,009	
119	X216	C	FA	Surapon	ウォーンブワッタナーロー	アクア：水産缶詰	3,867	6,675	2,384	45
120	X086	C	JW	Chaiyaporn Rice	クサォンブンンタム	アグロ：コメ輸出	3,848	8,876	595	

316

順位	通し番号	所有	経営	グループ名	所有主家族名	主要事業	総合得点	売上高合計	総資産額	保有株式時価総額
121	X065	C	JW	Srithai Food	チャンタラースワン	アグロ：飼料・ブロイラー	3,793	4,029	4,362	
122	X123	C	ME	President Rice	パニアンタヴェート	インスタント食品、コメ加工	3,752	5,337	3,195	198
123	X074	CA	ME	Tararom	キアンシリ	不動産開発、保険	3,733	2,202	5,705	
124	X188	C	FA	Srithepthai	トライチャックラポップ	プラスチック製品、食品加工	3,644	3,399	4,569	
125	X009	C	ME	Alphatec	アッサワブチョーク	電子部品、半導体製造	3,638	1,851	5,795	
126	X122	C	FA	OGC	アオラーン	造花輸出、不動産	3,527	2,207	5,289	
127	X067	C	FA	Phra Nakorn Automobile	チュンサヴァンポーンサック	自動車販売 (GM/Holder, Adam Opel)	3,452	2,984	4,516	
128	X054	C	FA	Symunkong	ドゥサディースラポン	保険	3,446	4,254	3,350	692
129	X199	C	FA	Lenso	ヴァーラポン	情報通信、化学品輸入、ガラス、不動産	3,419	2,959	4,470	
130	X079	C	FA	Thai Hua Rubber	ギッサナポン	天然ゴム輸出	3,411	4,680	3,078	
131	X094	C	JW	Lee Feed Mill	リーラシャントン	アグロ：飼料、金融、不動産	3,375	5,235	2,561	
132	X034	CA	FA	Phithon Phanit/United Motor Works	チャンラッサミー	百貨店、雑貨輸入、天然ゴム、パーム油、冷凍エビ、不動産	3,355	4,587	3,041	
133	X187	C	FA	Preecha	ティラキャットポンタ	不動産開発	3,341	950	5,655	
134	X100	C	ME	Manager	リムトーンクン	新聞メディア、情報通信、投資	3,328	1,998	5,058	
135	X128	C	FA	Ban Pong Sugar	パーニットピチューートウォン、パーニットトウォン	アグロ：製糖	3,328	2,715	4,484	
136	X212	C	JW	EMC	ウォンプポーンペンパープ	建設請負、機器設備	3,279	4,135	3,250	
137	X076	C	FA	Imperial	ギャトルートパイロート	百貨店 (Imperial)、ショッピングセンター、玩具製造、海運、不動産	3,186	2,800	4,132	
138	X126	T	ME	Union Mosaic Industry Gp.	ペンチャート	タイル製造、不動産	3,159	2,606	4,234	
139	X061	C	JW	Hoontrakun	プントラクン	アグロ：水産物、ホテル、金融	3,112	1,043	5,345	219
140	X220	C	JW	Nation Multi Media	ユンニョン	出版、メディア	3,105	1,573	4,860	459
141	X127	CA	JW	Krungthai Phanit	パーニットチーチャ	化学製品輸入	3,053	2,146	4,333	283
142	X075	C	JW	Safari World	キサナベイサーン	テーマパーク	3,012	515	5,041	2,859
143	X022	C	JW	Thai Textile Industries	チンナナットカップ	繊維	2,898	3,103	3,313	
144	X186	C	FA	Pranda Jewelry	ティアスワン	宝石加工、輸出	2,864	2,400	3,807	
145	X191	C	FA	Bara Windsor	サワッタナサワン	化学、セメント、金融、不動産	2,845	2,853	3,408	
146	X015	C	ME	Broadcasting Network (BNT)	ビーラルート	放送、情報通信	2,611	1,999	3,622	
147	X193	C	FA	Modernform	ウッサナーチャット、パーボン	家具、事務機器、繊維	2,519	2,586	2,969	
148	X143	C	JW	ONPA	プリーチャーウォンワイアン	ビデオ、CD	2,484	1,858	3,170	1,556

付録　タイのファミリービジネス所有主家族の資料（付表2）　317

149	X039	C	FA	TCJ Motor	チャットチュターマート	自動車部品の製造・販売	2,430	1,733	3,176	1,492
150	X037	C	ME	MSC (Metro Systems)	チャールワチャヤ	情報通信（Metroから分離）	2,403	3,375	2,106	
151	X091	C	FA	Centaco	ラヴォラウィット	アグロ：飼料・プロイラー	2,357	3,561	1,865	
152	X168	C	JW	King Power	スンダラーノン	関税フリーショップ	2,319	3,628	1,735	
153	X005	C	FA	Pakpanang	アーリーチャナルンルート	アグロ：水産缶詰	2,274	3,992	1,242	558
154	X101	E	JW	B. Grimm	リンク	商社、エンジニアリング、発電、不動産	2,239	2,880	2,173	
155	X219	C	FA	Seafresh	ヤンミーウィタヤー	アグロ：水産缶詰	2,198	3,197	1,838	
156	X026	T	JW	Matichon	アンパーン	出版、メディア	2,195	2,580	2,280	230
157	X046	CA	JW	Union Bank of Bangkok	チョンウィチャーン	商業銀行	2,120	453	3,878	
158	X205	C	ME	Rachathani	ワナーシン	病院、健康産業、ホテル、不動産	2,088	1,630	2,872	
159	X132	C	ME?	Castle Peak	ポンダチャルーム	衣類製造・輸出	2,064	1,595	2,517	1,678
160	X048	C	FA	Kiang Huat Sea Gull	チョーティアワタナパン	アグロ：水産缶詰	2,037	3,532	1,248	
161	X002	C	FA	Asian Seafoods	アモンラッタナチャイケン	アグロ：水産缶詰	1,943	2,908	1,525	172
162	X077	C	FA	Somboon	ギッタバーニット	自動車部品の製造・販売	1,850	1,595	2,423	
163	X085	C	FA	Kow Yoo Hah	クワーナン	自動車部品販売（いすゞ）、ホテル	1,850	1,595	2,423	
164	X011	C	FA	Bai-yoke	パイヨック	不動産開発	1,761	339	3,250	
165	X001	C	JW	Thai International Products	アディサヤデーパヤン	日用品販売、ポラリス	1,692	1,079	2,521	
166	X129	C	FA	Thai Rung Union Car	パプーンチョーク	自動車部品の製造・販売	1,687	1,167	1,932	2,544
167	X120	C	FA	Huay Chuan	オーパサワオン	アグロ：コメ輸出、天然ゴム	1,657	2,942	961	
168	X213	C	FA	Min Sen Machinery	ウェンシリデート	機械機器	1,629	2,823	1,000	
169	X217	C	FA	Yip In Tsoi	ジッブイソンーイ、ブートラダン、ラーピルート	金融、投資信託、不動産開発	1,614	1,745	1,832	
170	X109	C	FA	Thai Fisheries	マサヤワーニット	アグロ：水産缶詰	1,597	1,784	1,766	
171	X036	T	FA	Rajapark	チャルームラッタチャパーク	ホテル、不動産	1,578	298	2,917	
172	X089	C	FA	Uthai Produce	ラオタンマタット	アグロ：コメ輸出	1,555	3,069	654	
173	X185	C	FA	Thong Thai	トーンタイ	建設機械の販売	1,496	1,634	1,684	
174	X028	C	JW	TN	チャイシントン	情報通信（NEC、Nixdorf)	1,424	1,493	1,653	
175	X025	C	ME	Media of Medias	フンクローニン	情報通信	1,423	1,392	1,650	416
176	X196	C	FA	Tanin Industrial	ウィタヤセンリナン	家電、電子製品	1,399	1,298	1,759	
177	X021	T	JW	Thai Textile/TTL	プロンタ	繊維、調味料	1,348	1,523	1,478	
178	X209	C	FA	Thai Theparos Food	ウィッヤヤット	食品、調味料	1,330	1,242	1,546	604
179	X145	T	FA	S&P	ライワー、シラオーン	フードチェーン経営	1,326	1,666	1,275	219
180	X177	C	FA	Nanaphan	タンタイボンアナン	アグロ：食用油	1,293	2,302	744	
181	X119	C	ME	Ekkarat	ノーパチャイアーン	電子部品、エンジニアリング	1,290	992	1,787	

318

順位	通し番号	所有	経営	グループ名	所有主家族名	主要事業	総合得点	売上高合計	総資産額	保有株式時価総額
182	X139	C	FA	EGV	ブーラウォラチャック	映画館、百貨店（Welco）	1,276	2,071	895	
183	X107	C	FA	Chia Meng	マーナタンヤー	アグロ：コメ輸出	1,269	2,060	889	
184	X078	C	FA	Siam Alliance	ギッティヤパラーポン	映画館、芸能、ホテル	1,231	1,222	1,484	
185	X170	T	ME	Toshiba	スリヤサット	家電（東芝）、製造・販売、エンジニアリング、不動産	1,145	1,965	717	
186	X152	C	FA	Pata Department Store	スームシリモンコン	百貨店（Pata）、レストラン	1,124	1,492	1,054	
187	X151	I	FA	D.H.A. Siamwalla	サヤームワーラー	文具輸入販売	1,117	1,039	1,403	
188	X163	C	FA	Beauty Gems	シーオラタイアン	宝石加工・輸出、不動産	1,076	1,344	1,077	
189	X155	C	FA	Land Mark	シナートガターン	不動産開発（Land Mark）、建設	1,062	641	1,612	
190	X142	C	FA	Siam VMC	プレーナブアンガーム	建設資材、アルミサッシ	1,017	508	1,627	
191	X059	C	JW	Ho	ホー	宝石加工・輸出	969	499	1,539	
192	X148	CA	FA	Jawarad	ラッタタン	薬販売、不動産	956	1,273	873	98
193	X108	C	FA	Sawang Export	マニーバイロート	宝石加工・輸出	923	995	1,029	105
194	X102	C	FA	Prayoon	リバタパンロップ	建設請負	914	1,302	787	
195	X180	C	JW	Monterey	テーチャスギット	銅線製造、ファーストフーズ	791	427	1,241	
196	X114	C	FA	City Sports (CSR)	ナパパン	不動産開発	760	82	1,455	
197	X200	C	PA	Thai Nakhorn Pattana	ウィーラブーチョング	製薬、医療機器、不動産開発	745	673	952	
198	X064	CA	FA	Charn Issara Tower	イッサラ	不動産、アスファルト、工業団地（Ban Pu）	744	89	1,416	
199	X203	CA	FA	British Dispensary	ウォーンヴァニット	製薬（蛇印）、化粧品、不動産	707	840	742	
200	X112	CA	JW	Universal Food/ (Laem Thong Bank)	ナンターピアワット	インスタントコーヒー、（銀行）	704	777	787	
201	X103	C	FA	C. Thong (COSMO)	マハーダムロンラン	銀行、不動産開発	666	973	445	540
202	X010	C	FA	Seng Thong Rice	アッサヴィンウィチット	精米、コメ輸出、金融	483	464	522	362
203	X178	C	FA	Tantraphan	タンラーノン	百貨店、不動産	368	535	307	
204	X024	C	JW	Mah Boonkrong	ブーラン	アグロ：コメ輸出、養鶏、不動産	286	126	421	254
205	X041	C	PA	RS Promotion	チューチョーティサック	芸能、CD, DVD販売	261	470	145	
206	X080	C	JW	Bangkok Rice	ゴーラビンターン	アグロ：コメ輸出	222	366	151	
207	X013	E	FA	Italasia	ベーチャッティ	家電販売（Electrolux AB）	165	143	216	
208	X161	CA	JW	Setthapakdi	セータパクディ	金融	117	293		
209	X140	C	ME	Wattachak	ポンサーティット	出版、メディア	24			239
210	X014	CA	JW	Phinitchonkadi	ピニットチョンカディー	金融（Laem Thong Bank）	0			
211	X033	C	JW	Chansue	チャンスー	自動車販売（いすゞ）、投資	0			

付録　タイのファミリービジネス所有主家族の資料（付表2）　319

212	X038	CA	ME	Chatikawanit	チャーティカワニット	建築設計			0
213	X104	C	JW	Mahaguna	マハーグン	製糖, 酒造, 金融			0
214	X117	CA	ME	Nimmanhaeminda	ニムマーンヘーミン	金融, 不動産			0
215	X125	T	JW	ITF Finance	バンヤーラチュン	金融			0
216	X141	CA	JW	Thai Danu Bank	プラチュアップモ	銀行, 金融			0
217	X195	C	FA	Vanich	ワニット	アグロ：オイルパーム			0
218	X208	C	FA	Robinson Department	ウェーチャスパーボン	百貨店			0
219	X214	C	FA	Mitr Kaset	ウォンクワックタナシン	アグロ：製糖			0
220	X215	CA	FA	Thephawong	ウォンクワン	タバコ, 鉱山, 木材, コーヒー			0

注 1) 所有主の人種・機関：C 華人系, CA 華人系支配タイ, I インド人, E 欧米人, T タイ人, S 国営企業・政府系機関
　　経営体制：FA 所有主家族支配型, JW ハイブリッド型（所有主家族＋俸給経営者）, ME 経営者企業指向型
　 2) 総合得点は，「売上高」x 0.4 + 「総資産額」x 0.5 + 「保有株式時価総額」x 0.1 の合計で示す。総合得点が 0 となっている家族は、データが不備のため集計しなかったもの。
　 3) 筆者の「1997年企業データベース」より作成。グループ傘下企業の確定は筆者の調査。
出所）売上高と総資産額は，Adavanced Research Group Co., Ltd., *Thailand Company Information 1998/1999 edition* をベースに，SET (1997b), The Brooker Group PLC ed. (2001), Business in Thailand ed. *Top 1000 Companies 1998 edition* などで補充。
　　　保有株式時価総額は，Kan Ngoen Thanakhan Survey (1997 ; 1998). 付表 4 を参照。

付表3 主要35所有主家族の保有株式の時価総額別順位の推移（1995-2004年）

(単位：順位)

2001年序列	付表1通し番号	株式所有主家族名	グループ名	事業基盤	2004順位	2003順位	2002順位	2001順位	2000順位	1999順位	1998順位	1997順位	1996順位	1995順位
1	X106	マーリーノン	BEC World	芸能コンテンツ・テレビ番組制作	2	1	1	1	1	1	1	1	1	-
2	X154	チナワット	SHIN	情報・通信	1	3	3	2	2	2	2	2	2	1
3	X154	ダーマーポンツ	SHIN	情報・通信	3	4	6	3	3	3	17	87	73	-
4	X008	アッサワポーキン	Land & Houses	不動産	4	2	2	4	7	5	13	13	4	4
5	X044	チラーティワット	Central Department	百貨店、ホテル	6	5	4	5	4	8	10	15	8	17
6	X031	チャンシリ	Thai Union Frozen	アグロ（水産缶詰）	9	7	7	6	8	11	6	72	110	-
7	X052	ダムロンチャイヤクム	Grammy	メディア、音楽・CD	12	8	5	7	6	9	4	3	6	8
8	X012	ベンチャロンタン	UCOM	情報・通信	8	35	20	8	5	12	135	23	20	10
9	-	ウィッタヤタンーンゴン	Thai Vegetable	アグロ（植物油）	16	10	19	9	13	31	30	56	91	116
10	X097	リアウパイラット	TPI	石油化学、セメント	15	11	14	10	9	3	12	6	7	5
11	X071	ガンナスート	Italian-Thai	建設請負、ホテル	5	6	8	14	11	4	7	4	2	2
12	X209	ウィヤチャット	Sauce	アグロ（チリソース）	26	40	13	15	18	33	155	-	39	62
13	X071	チョンラチャナット	Italian-Thai	建設請負、ホテル	10	12	11	16	12	7	9	7	5	*
14	X207	ワッタナウェーキン		金融	29	20	15	17	21	10	57	67	26	18
15	X045	チョーククワンヤナー	Saha	消費財製造・販売	31	46	32	18	45	65	67	107	198	-
16	X159	ソーポンパニット	Bangkok Bank	金融コングロマリット	21	26	22	19	16	14	15	10	14	9
17	X006	アッサダートーン	Thai Roong Ruang	製糖	87	80	48	24	28	44	38	91	143	-
18	X210	ウォンクーンキット	Miir Pol/Ban Pu	製糖、褐炭、発電	20	18	36	26	42	54	26	12	8	11
19	X017	ポーンダーバーン	Jasmine	情報・通信	58	17	64	27	10	6	3	5	3	3
20	X051	ダムナーンチャーンウニット	Soon Hua Seng	アグロ、パルプ	-	-	-	28	20	20	8	8	9	7
21	X146	ラッタナラック	Bank of Ayudhya	金融コングロマリット	121	111	39	33	26	45	77	84	75	77
22	X121	オーサタヌクロ	Osothsapha	製薬、食品加工、不動産	-	168	25	39	41	39	24	26	49	69
23	X092	リーイッサラヌクン	MMC Sittipol	自動車組立	19	15	33	43	62	62	89	76	61	95
24	X129	パーンチョーク	Thai Rung Union	自動車部品、改造車	105	9	10	44	14	18	35	14	24	37
25	X056	ウアチューギアング	Bank of Asia	金融、化学	-	-	-	51	30	49	44	345	921	-
26	X087	ラムサム	Thai Farmers Bank	金融コングロマリット	34	91	53	56	34	27	34	35	28	14
27	X082	クロマディット	Amata City	工業団地造成	17	16	24	68	2019	72	144	534	-	-

320

付録　タイのファミリービジネス所有主家族の資料（付表3）　321

28	X169	サッブサーコン	TIPCO	アスファルト，果実缶詰	59	58	70	74	66	19	19	9	18	45
29	X073	ガーンチャチャバート	Bangkok Land	不動産	75	29	87	77	48	16	59	27	11	6
30	X138	ピヤウイ	Dusit Thani	不動産，ホテル	126	119	59	86	27	61	14	30	80	–
31	X206	ワンリー	Wanglee	金融	123	143	104	90	96	53	109	61	52	41
32	X105	マハーギットシリ	Thai Film Industries	コーヒー，包装月フィルム	14	13	9	95	93	52	130	92	83	76
33	X181	テーチャパイブーン	BMB	金融コングロマリット	199	147	139	148	68	156	164	–	–	–
34	X162	シーフアンフンク	Srifuengfung	化学，ガラス	–	–	–	–	36	63	93	39	29	32
35	X062	ホールンルアンフ	NTS Steel	鉄鋼	35	25	54	–	37	30	28	17	12	12

注 1) 配列は2001年時点での順位にもとづく。
　 2) チナワット家の総帥タクシンの夫人がダマーポンク家の出身，ダンナスート家の嫁ぎ先がチョンラナチット家である。
　 3) 王室財産管理局は，1995年6月当時，35社の上場企業に投資し，合計株式時価総額は966億バーツに達し，当時の100大家族の合計の3分の1に相当した。
出所）1995年：Who's Who in Business & Finance ed. (1996, 137-140).
　　 1996-2004年：*Kan Ngoen Thanakhan*, December 2004, pp. 229-234 ; December 2003, pp. 233-239 ; December 2001, pp. 198-201 ; December 2000, pp. 176-179 ; December 1999, pp. 174-178 ; December 1998, pp. 153-157 ; December 1997, pp. 160-164 より筆者作成。

322

付表4 主要35所有主家族の保有株式の時価総額の推移（1995-2004年）

(単位：合計時価総額 100万バーツ、%)

2001年序列	付表1通し番号	株式所有主家族名	グループ名	2004年9月時価総額	2003年9月時価総額	2002年9月時価総額	2001年9月時価総額	2000年9月時価総額	1999年6月時価総額	1998年6月時価総額	1997年6月時価総額	1996年6月時価総額	1995年6月時価総額
1	X106	マーリーノン	BEC World	20,586	26,712	22,636	25,570	24,422	26,550	19,091	35,495	–	–
2	X154	チナナワット	SHIN	31,543	18,543	8,365	12,768	11,772	16,661	8,128	12,107	36,920	42,944
3	X154	ダムーポン	SHIN	15,267	9,382	4,125	6,471	5,864	2,219	814	364	1,113	–
4	X008	アッサワポーキン	Land & Houses	14,552	19,881	12,004	5,330	2,046	6,254	921	2,655	17,552	29,808
5	X044	チラーティワット	Central Department	7,322	7,546	5,793	3,818	3,020	3,568	1,250	2,307	7,015	4,378
6	X031	チャンシリ	Thai Union Frozen	5,124	6,053	4,061	2,494	1,854	2,769	2,163	451	626	–
7	X052	ダムロンチャイヤクム	Grammy	4,151	5,534	4,923	1,836	2,394	3,299	2,614	8,399	10,090	7,003
8	X012	ベンチャロンクン	UCOM	6,864	1,720	1,166	1,279	2,615	2,635	–	1,123	3,507	5,500
9	–	ウィッタヤダーンコン	Thai Vegetable	2,693	4,077	1,206	1,248	889	662	434	540	812	569
10	X097	リアウサイラット	TPI	2,699	3,897	1,570	1,219	1,765	8,980	1,030	4,405	7,912	13,081
11	X071	ガンナスート	Italian-Thai	8,926	6,702	2,443	858	1,540	8,270	2,125	5,613	22,088	39,880
12	X209	ウィンヤラット	Sauce	1,750	1,546	1,612	851	723	620	–	–	–	1,320
13	X071	チョンラナチット	Italian-Thai	4,951	3,886	1,827	735	1,152	4,927	1,431	3,393	12,693	–
14	X207	ワッタナウェーキン	Wattanavekin	1,620	2,190	1,564	729	551	3,151	218	481	2,750	4,332
15	X045	チョークワンタナー	Saha	1,520	1,281	902	716	344	295	195	271	–	–
16	X159	ソーポンパニット	Bangkok Bank	2,107	1,962	1,115	715	775	1,847	903	2,924	4,219	5,769
17	X006	アッサダートン	Thai Roong Ruang	558	588	605	603	477	469	341	348	459	–
18	X210	ウォンターソンギット	Mitr Pol/Ban Pu	2,283	2,682	876	565	380	376	452	2,679	6,011	5,287
19	X017	ポーラーラミック	Jasmine	867	3,031	435	559	1,709	6,015	3,129	5,586	21,154	39,861
20	X051	ダムナーンチャーンソワット	Soon Hua Seng	–	–	–	551	661	1,262	1,804	3,161	5,535	7,400
21	X146	ラッタナラック	Bank of Ayudhya	394	407	831	508	483	465	174	375	1,041	900
22	X121	オーサタヌクロ	Osothsapha	–	202	984	427	384	519	525	1,040	1,785	1,062
23	X092	リーイッサラヌスラー	MMC Sittipol	2,295	3,442	897	384	249	336	161	423	1,440	716
24	X129	パブーンチョーク	Thai Rung Union	454	4,507	2,309	378	831	1,386	361	2,544	3,048	2,477
25	X056	ウアチューギアット	Bank of Asia	–	–	–	337	460	426	282	66	–	–
26	X087	ラムサム	Thai Farmers Bank	1,452	538	493	302	423	854	361	798	2,667	4,976
27	X082	クロマディット	Amata City	2,380	3,135	995	255	228	262	84	–	–	–
28	X169	サップサーコン	TIPCO	865	863	406	243	218	1,305	715	3,134	3,615	1,776
29	X073	ガーンチャナバート	Bangkok Land	674	1,822	301	227	320	1,537	212	1,004	5,130	7,898

付録 タイのファミリービジネス所有主家族の資料（付表4） 323

30	X138	ピヤウイ	Dusit Thani	372	355	461	203	478	336	908	965	1,008	–
31	X206	ワンリー	Wanglee	386	251	261	198	125	382	–	508	1,682	2,155
32	X105	マハーギットシリ	Thai Film Industries	3,325	3,717	2,360	188	136	411	–	347	914	910
33	X181	テーチャパイブーン	BMB	196	239	169	–	199	121	–	–	–	–
34	X162	シーフアンフンク	Srifuengfung	–	–	–	–	410	304	154	744	2,607	2,774
35	X062	ホーンルルアンク	NTS Steel	1,407	1,990	493	–	395	668	440	1,733	4,832	5,162
		上位10家族合計 ①		122,124	108,936	69,016	62,032	57,461	87,674	44,087	84,217	146,969	199,144
		上位100家族合計 ②		228,872	223,957	127,541	96,293	88,469	138,550	73,256	152,842	314,000	n.a.
		株式時価総額 ③		4,049,567	3,169,720	1,298,922	1,709,781	1,322,772	2,193,067	1,268,198	1,133,340	2,559,580	3,564,570
		上位10家族集中度 ①/②		53.4	48.6	54.1	64.4	65.0	63.3	60.2	55.1	46.8	5.6
		上位10家族集中度 ①/③		3.0	3.4	5.3	3.6	4.3	4.0	3.5	7.4	5.7	5.6
		100家族/時価総額 ②/③		5.7	7.1	9.8	5.6	6.7	6.3	5.8	13.5	12.3	n.a.

注）株式時価総額は，SET, *Fact Books* による年度末の数字。
出所）付表3に同じ。

あとがき

　本書は序章と終章，第1章と第5章を除いて，2002年から2006年にかけて発表した，ファミリービジネスに関する論稿をまとめたものである。

　タイ工業化の中心的な担い手である「ファミリービジネス」や「財閥」に対する関心は，わたしが1981年4月から83年9月まで，タイ国チュラーロンコン大学社会調査研究所（CUSRI）に，アジア経済研究所海外派遣研究員として滞在したときに遡る。この2年半の滞在のうち1年半の期間，バンコクの商務省商業登記局にほぼ連日通いつめ，同局が所蔵する個別企業の株主名簿や株主総会記録を閲覧し，データをひたすら筆写もしくは複写した。帰国後も，タイに出張の機会があるたびに追加の企業調査やデータの補充を続け，その研究結果を英文で出版したのが，*Capital Accumulation in Thailand 1855-1985* (Tokyo: UNESCO The Centre for East Asian Cultural Studies, 1989) であった。

　その2年後に南原真氏（現東京経済大学）と共著で，11グループの事例紹介からなる『タイの財閥——ファミリービジネスと経営改革』（同文舘出版，1991年）を刊行し，1993年にタイの企業グループの発展を，「ファミリービジネス」という観点から捉え直す論稿を発表した。本書の第1章は，このときの論文をもとにしたものである。じつはこの時点で，わたしは自分の「タイ財閥研究」や「ファミリービジネス研究」には，一区切りをつけたものと思っていた。実際，その後のわたしの関心は，バンコクの都市形成史，アジアにおける開発主義の形成，タイにおける労働市場と労使関係の変容に向かっていき，ファミリービジネスの実態や変容を追う実証研究からは遠ざかっていった。もっとも，企業データの入力作業だけは，2年から3年に1度の頻度でその後も続けてはいた。

　状況が大きく変わったのは，1997年のアジア通貨危機の勃発とその後のタイ政府による一連の制度改革の実施である。というのも，通貨危機を契機に，世界銀行がアジア諸国のファミリービジネスを大きく取り上げ，同時に，通貨

危機後の金融制度改革や証券市場改革が，ファミリービジネスを改革のターゲットにすえたからであった。しかし，アングロ・アメリカ流の「コーポレート・ガバナンス論」を軸とする国際金融機関の議論は，地域研究の立場からアジア研究を続けてきたわたしには，必ずしも納得できるものではなかった。何よりタイのファミリービジネスに対する彼らの理解の仕方や，そのもとになった収集データの精度に疑問を抱いたからである。

アジア経済研究所で「タイ総合研究会」を立ち上げていたわたしは，1998年から上場企業や主要なファミリービジネスを中心に，個別企業データの収集を再開することにした。さらに，1999年にアジア開発銀行研究所（ADBI，吉富勝所長）が「ファミリービジネス研究会」を組織し，これに参加する機会を得てからは，タイ証券取引所に提出された上場企業の「年次活動報告」「56/1形式報告書」などを収集し，通貨危機以前とそれ以後のファミリービジネスの所有と経営に関する比較研究に，本格的に取り組むことにした。

この調査研究は，当時東京大学大学院経済学研究科に所属し，わたしのもとで博士論文を準備していたネーナパー・ワイラートサックとの共同作業の形をとり，彼女の妹であるネーナリー（当時チュラーロンコン大学商会計学部）の協力も得て，可能な限りデータを集めることを開始した。収集できた上場企業の各種データは，1996年が448社，2000年が433社である（いずれも悉皆調査）。2000年については，上場企業の取締役会と経営執行委員会のメンバー4120名に関する詳細な経歴に関するデータベースも作成した。また，この作業とは別に，付録に掲載した所有主家族ごとの企業データの整理と詳細な家系図の作成も実施した。

1997年から開始したタイ総合研究会，1999年から参加したアジア開発銀行研究所のファミリービジネス研究会は，それぞれ2002年3月に終了した。ちょうどその頃，1980年代から共にアジア経済研究所で「発展途上国のビジネスグループ研究」を進めてきたメキシコ研究者の星野妙子氏が，「アジアとラテンアメリカのファミリービジネス比較研究」の企画を持ち込んできた。東京大学社会科学研究所の「全所的プロジェクト」の一環として「自由化・経済危機・社会再構築の国際比較——アジア，ラテンアメリカ，ロシア/東欧」研

究会を運営していたわたしにとって，彼女の企画はまさに「渡りに船」の提案であった。そこで，この研究会に合流することにし，2003年から2005年まで同研究会に共催者として参加した。発展途上国の財閥，ビジネスグループに関する共同研究にはこれまで何度か参加しているが，このときの研究会ほど密度の濃いものはなかったと思う。

　本書に収録した論文の大半は，1997年から2005年まで続いた，上記の三つの共同研究会でのさまざまな議論とそこでの研究成果をもとにしている。とりわけ，アジア経済研究所の星野妙子氏と東京大学社会科学研究所の中村尚史氏との実り豊かな対話がなければ，この本は成立しなかったように思う。加えて，このおふたりには本書の草稿を丹念に読んでいただき，有益なコメントを頂戴した。心より感謝申し上げたい。
　「タイ総合研究会」に参加された玉田芳史，浅見靖仁，大泉啓一郎，遠藤元，三重野文晴，永井史男，南原真，宮田敏之，柿崎一郎，河森正人，山本博史の各氏，アジア経済研究所の重冨真一，船津鶴代，東茂樹の各氏，アジア開発銀行研究所の吉富勝所長と Haider A. Khan 氏，この研究会に参加された佐藤百合，岡崎哲二，木崎翠の各氏にも，お礼を申し上げたい。
　同時に，「ファミリービジネス比較研究会」のメンバーであったアジア経済研究所の安倍誠，川上桃子，佐藤幸人，坂口安紀，浜口伸明，清水達也，北野浩の各氏，拓殖大学の小池洋一先生，甲南大学の高龍秀先生，成蹊大学名誉教授の中川和彦先生たちとの議論も有益であった。また，共同研究会や国際ワークショップで報告やコメントを聞き，示唆を得ることができた森川英正先生，由井常彦先生，曳野孝先生，竹内亘理先生，田中洋子先生にもお礼を申し上げたい。また，柴垣和夫先生，中川敬一郎先生，原朗先生，石井寛治先生，安岡重明先生，故橋本寿朗先生，アジア経済研究所以来の同学の士である小池賢治先生，服部民夫先生，大学の同僚である橘川武郎氏からは，わたしの研究に対して，常に支援と助言を頂戴してきたことを，感謝を込めて記しておきたい。
　タイでも多くの人々のお世話になった。チュラーロンコン大学のソムポップ・マーナーランサン，パースック・ポンパイチット，スティパン・チラー

ティワット，ウクリット・パッタマーナン，スリチャイ・ワンゲーウの各先生，タンマサート大学のグルークキアット・ピパットセーリータム元学長，同大学のパウィダー・パナーノン先生，財政政策研究所のカニット・セーンスパン所長，NESDBのアーコム・タームピッタヤパイシット副長官，元ソニー・グループの杣谷一紀氏，『月刊支配人』編集長のウィラット・セーントーンカム氏，『週刊タイ経済』の村澤敬太氏，タイ証券取引等監督委員会元事務局長のプラサーン・トライラットウォラグン氏，タイ証券取引所投資情報センター，商務省商業登記局，盤谷日本人商工会議所のみなさんには，大変お世話になった。この場を借りて厚くお礼を申し上げる。

本書のデータを収集・整理するにあたっては，4名の方にとくにお世話になった。上場企業のデータについては，ネーナパーが驚異的な整理能力を発揮してくれた。本書のデータの一部は彼女との共同作業の成果である。葬式本については，いつものことながら，京都大学の玉田芳史氏が自ら集められた貴重な本を，惜しげもなく貸与してくれた。華語新聞の死亡その他の「代告知交」の記事を，180本のマイクロフィルムから焼き付けるという膨大な仕事を手伝ってくれたのは，当時院生であった細江葉子氏（現法務省）である。また，その仕事を引き継ぎ，同時に本書の最終稿の整理を手伝ってくれたのは，院生の金炫成（Kim Hyun Sung）であった。この4名の方に記して謝意を表したい。

本書の編集作業については，名古屋大学出版会の橘宗吾氏に大変お世話になった。彼とは2000年に刊行した『キャッチアップ型工業化論』以来のお付き合いで，東京や名古屋で会うたびに，お酒と小説の話でいつも時間を忘れてしまう。重量級の本の編集を次々と手がける橘氏のおかげで，数が多く，しかも「組み」が厄介な統計データや付録資料を掲載してもらうことができた。活字が小さくなって読者には申し訳ないが，筆者のデータに対する「想い」を読み取っていただければ幸いである。

この本を完成させる過程で，二階の物干し用ベランダに通じるわたしの部屋は，みるみるうちに本や資料，コピーの山に侵食されていった。その様子を日々横目でにらみつけながら研究を支えてくれた妻京子にも感謝したい。

最後に，本書のもとになった論文の初出は以下のとおりである。もっとも，いずれの論文も本書に収録するにあたって，大幅な加筆訂正や図表の差し替えを行っていることを付記しておきたい。

序　章　書き下ろし
第1章　「タイの企業組織と後発的工業化——ファミリービジネス試論」小池賢治・星野妙子編『発展途上国のビジネスグループ』アジア経済研究所，1993年。
第2章　「ファミリービジネス再論——タイにおける企業の所有と事業の継承」『アジア経済』第44巻第5・6合併号，2003年6月。
第3章　「タイのファミリービジネスと経営的臨界点——存続，発展，淘汰・生き残りの論理」星野妙子編『ファミリービジネスの経営と革新——アジアとラテンアメリカ』アジア経済研究所，2004年11月。
第4章　「タイのファミリービジネスと「トップ経営陣」——創業者一族，内部昇進者，外部リクルート者」星野妙子・末廣昭編『ファミリービジネスのトップマネジメント——アジアとラテンアメリカにおける企業経営』岩波書店，2006年3月（データ整理は，ネーナパー・ワイラートサックとの共同作業）。
第5章　書き下ろし。
第6章　「証券市場改革とコーポレート・ガバナンス——情報開示ベースの企業淘汰システム」末廣昭編『タイの制度改革と企業再編——危機から再建へ』アジア経済研究所，2002年3月。
第7章　「金融制度改革と商業銀行の再編——金融コングロマリットを中心にして」末廣昭編，同上書，2002年3月。
終　章　書き下ろし。

2006年10月

著　者

文献目録

1 日本語文献

青木昌彦・伊丹敬之　1985　『企業の経済学』（モダン・エコノミックス 5），岩波書店．
赤羽淳　2004　「台湾 TFT-LCD 産業——発展過程における日本企業と台湾政府の役割」（『アジア研究』第 50 巻第 4 号，10 月），1-19 頁．
安部悦生　1994　「チャンドラー・モデルと森川英正氏の経営者企業論」（『経営史学』第 28 巻第 4 号），55-65 頁．
安部悦生　1995　「革新の概念と経営史」由井・橋本編［1995］，所収．
阿部武司　1999　「戦前・戦後の日本における大企業の変遷」東京大学社会科学研究所（『社会科学研究』第 50 巻第 4 号），171-197 頁．
安倍誠　2002　「韓国　通貨危機後における大企業グループの構造調整と所有構造の変化——三星・LG・SK グループを中心に」星野編［2002］，所収．
安倍誠　2003　「韓国」星野編［2003］，所収．
安倍誠　2004　「韓国財閥の持続可能性——継承問題と通貨危機後の事業再編を中心に」星野編［2004］，所収．
安倍誠　2006　「韓国財閥における家族経営と俸給経営者層——三星，SK グループの事例から」星野・末廣編［2006］，所収．
荒巻健二　1999　『アジア通貨危機と IMF——グローバリゼーションの光と影』日本経済評論社．
伊藤正二　1969　「ビルラ財閥論」（調査研究部所内資料），アジア経済研究所．
伊藤正二　1998a　「インドにおける財閥分裂の史的意義と経営者企業輩出の可能性の吟味」（『アジア経済』第 39 巻第 6 号，6 月），71-84 頁．
伊藤正二　1998b　「ターター財閥の最近の動向——シュリラーム財閥の分裂と現状」（『アジア経済』第 39 巻第 7 号，7 月），69-100 頁．
伊藤正二編　1983　『発展途上国の財閥』アジア経済研究所．
稲上毅・連合総合生活開発研究所編　2000　『現代日本のコーポレート・ガバナンス』東洋経済新報社．
今堀誠二　1958a　「一六世紀以降における合夥（合股）の性格とその推移——とくに古典的形態の成立と拡大について」（『法制史研究』第 8 号），57-104 頁．
今堀誠二　1958b　「清代における合夥の近代化への傾斜——とくに東夥分化的形態について」（京都大学東洋史研究会編『東洋史研究』第 17 巻第 1 号，6 月），1-49 頁．
今堀誠二　1963　「近代資本と合夥」同『東洋社会経済史序説』柳原書店，所収．
岩崎育夫　1990　『シンガポールの華人系企業集団』（アジアを見る眼 81），アジア経済研究所．
上原美鈴　2006　「香港大企業における人的ネットワークの構造」（『アジア研究』第 52 巻第 3 号，7 月），51-69 頁．
幼方直吉　1943a, 1943b　「中支の合股に関する諸問題——主として無錫染織業調査を通じて (1) (2)」（『満鉄調査月報』第 23 巻第 4 号，4 月），91-116 頁；（同第 23 巻第 5 号，5 月），1-31 頁．

遠藤元　2002　「小売業の構造変化と流通資本の再編——外資の台頭とセントラル・グループの対応」末廣編［2002］，所収．
遠藤敏幸　2004　「韓国における公正取引法の改正と財閥の構造変化」（『アジア研究』第50巻第1号，1月），39-55頁．
大泉啓一郎　2002　「通貨危機と会社法制度改革——公開株式会社法改正の意義と限界」末廣編［2002］，所収．
大蔵省財政金融研究所編　1998　『ASEAN4の金融と財政の歩み——経済発展と通貨危機』同研究所．
大河内暁男　1979　『経営構想力——企業者活動の史的研究』東京大学出版会．
岡崎哲二　1999　『持株会社の歴史——財閥と企業統治』ちくま新書．
荻野瑞　1989　『東部臨海開発計画の概要』盤谷日本人商工会議所．
金子由芳　1999　「タイ金融構造改革をめぐる制度選択の現状」（『アジア研究』第45巻第3号，3月），1-47頁．
金子由芳　2004　『アジア危機と金融法制改革——法整備支援の実践的方法論をさぐって』信山社出版．
川上桃子　2003　「価値連鎖のなかの中小企業——台湾のパソコン産業」小池洋一・川上桃子編『産業リンケージと中小企業——東アジア電子産業の視点』アジア経済研究所，所収．
川上桃子　2004　「台湾ファミリービジネスによる新事業への参入と所有・経営——移動電話通信事業の事例」星野編［2004］，所収．
橘川武郎　1996　『日本の企業集団』有斐閣．
工藤章　1995　「ドイツ同族企業の運命」（東京大学社会科学研究所『社会科学研究』第46巻第4号，1月），143-161頁．
工藤章　2005　「現代日本の企業と企業体制——問題提起」工藤章・橘川武郎・グレン・D・フック『現代日本企業1　企業体制・上——内部構造と組織間関係』有斐閣，所収．
経営史学会編　1985　『経営史学の二十年——回顧と展望』東京大学出版会．
経営史学会編　2005　『外国経営史の基礎知識』有斐閣．
経済企画庁経済研究所　1998　『日本のコーポレート・ガバナンス——構造分析の観点から』同研究所．
小池賢治　1984　「フィリピンの企業者活動——ソリアノ財閥の創始者A・ソリアノを中心として」（『アジア経済』第25巻第5・6合併号，6月），170-193頁．
小池賢治　1991　「アキノ政権下のアヤラ財閥——多角化の新展開と所有経営構造の変化」（『アジア経済』第32巻第11号，11月），60-84頁．
小池賢治・星野妙子編　1993　『発展途上国のビジネスグループ』アジア経済研究所．
小池洋一　1991　『ブラジルの企業——構造と行動』（アジアを見る眼84），アジア経済研究所．
高龍秀　2000　『韓国の経済システム——国際資本移動の拡大と構造改革の進展』東洋経済新報社．
高龍秀　2003　「金大中政権による金融・企業改革」（『甲南経済学論集』第44巻第2号，9月），75-108頁．
コッカ，ユルゲン（加来祥男編訳）　1992　『工業化・組織化・官僚制——近代ドイツの企業と社会』名古屋大学出版会．
小林好宏　1980　『企業集団の分析』北海道大学図書刊行会．

佐藤宏　1995　『タイのインド人社会——東南アジアとインドの出会い』（アジアを見る眼92），アジア経済研究所．

佐藤幸人　2006　「台湾民間大企業の経営者——拡大する俸給経営者のプレゼンス」星野・末廣編［2006］，所収．

佐藤百合　1992　「サリム・グループ——東南アジア最大のコングロマリットの発展と行動原理」（『アジア経済』第33巻第3号，3月），54-86頁．

佐藤百合　1993　「インドネシアにおける企業グループの所有と経営——〈パートナーシップ型〉企業グループを中心に」小池・星野編［1993］，所収．

佐藤百合　1995　「インドネシアにおける経営近代化の先駆者——アストラ・グループの事例」（『アジア経済』第36巻第3号，3月），2-32頁．

佐藤百合　2002　「コングロマリットの凋落——サリム・グループにみるインドネシアの企業再編」（『アジ研ワールド・トレンド』第8巻第9号，9月），42-49頁．

滋賀秀三　1967　『中国家族法の原理』創文社．

朱炎編著　2000　『徹底検証　アジア華人企業グループの実力』東洋経済新報社．

シュンペーター，J. A.（清成忠男編訳）　1998　『企業家とは何か』東洋経済新報社．

末廣昭　1984　「タイ系企業集団の資本蓄積構造——製造業グループを中心として」（『アジア経済』第25巻第10号，10月），2-32頁．

末廣昭　1987　「タイにおけるアグリビジネスの展開——飼料・ブロイラー産業の6大グループ」滝川勉編『東南アジアの農業技術変革と農村社会』アジア経済研究所，所収．

末廣昭　1989　「タイ農産物輸出商と商品作物——メトロ・グループとタピオカ輸出」梅原弘光『東南アジア農業の商業化』アジア経済研究所，所収．

末廣昭　1990　「タイにおける産業コングロマリットの経営改革——サイアムセメント・グループの事例研究」（大阪市立大学『季刊経済研究』第12巻第4号，3月），1-37頁．

末廣昭　1991　「戦前期タイの登記企業分析——1901年〜1933年」（大阪市立大学『季刊経済研究』第14巻第1号，6月），27-71頁．

末廣昭　1992a，1992b　「バンコク銀行——タイの金融コングロマリット（I）(II)」（『アジア経済』第33巻第1号，1月），42-62頁；（同巻第2号，2月），58-70頁．

末廣昭　1993　「タイの企業組織と後発的工業化——ファミリービジネス試論」小池・星野編［1993］，所収．

末廣昭　1995a　「チナワット・グループ——タイの情報通信産業と新興財閥」（『アジア経済』第36巻第2号，2月），25-60頁．

末廣昭　1995b　「タイの『葬式本』——社会経済史研究の宝庫」（『UP』第269号，3月），19-24頁．

末廣昭　2000a　『キャッチアップ型工業化論——アジア経済の軌跡と展望』名古屋大学出版会．

末廣昭　2000b　『タイ大企業のデータと分析——国営企業・多国籍企業・財閥グループ』東京大学社会科学研究所調査報告第28集，同研究所．

末廣昭　2000c　「タイの経済改革——産業構造調整事業と中小企業支援」（東京大学社会科学研究所『社会科学研究』第51巻第4号，3月），25-65頁．

末廣昭　2001　「タイ上場企業とファミリービジネス（1996-2000年）——所有形態と経営パフォーマンス」末廣昭・東茂樹編『タイ経済危機と企業改革』アジア経済研究所，所収．

末廣昭　2002a　「証券市場改革とコーポレート・ガバナンス——情報開示ベースの企業淘汰システム」末廣編［2002］，所収．

末廣昭　2002b　「金融制度改革と商業銀行の再編——金融コングロマリットを中心にして」末廣編［2002］，所収。
末廣昭　2003a　『進化する多国籍企業——いま，アジアでなにが起きているのか？』岩波書店。
末廣昭　2003b　「ファミリービジネス再論——タイにおける企業の所有と事業の継承」（『アジア経済』第44巻第5・6合併号，6月），101-127頁。
末廣昭　2003c　「タイのなかの中国，中国のなかのタイ——財閥系家族と伝統的華人組織」（『現代中国研究』第13号），47-60頁。
末廣昭　2004　「タイのファミリービジネスと経営的臨界点——存続，発展，淘汰・生き残りの論理」星野編［2004］，所収。
末廣昭　2005　「東南アジアの自動車産業と日本の多国籍企業——産業政策，企業間競争，地域戦略」工藤章・橘川武郎・グレン・D・フック編『現代日本企業2　企業体制・下——秩序変容のダイナミクス』有斐閣，所収。
末廣昭　2006　「地域研究の経験則——タイ企業調査から学んだこと」小池和男・洞口治夫編『経営学のフィールド・リサーチ——「現場の達人」の実践的調査法』日本経済新聞社，所収。
末廣昭編　1998　『タイ——経済ブーム・経済危機・構造調整』（財団法人日本タイ協会『タイ国情報別冊』第32巻別冊第3号）。
末廣昭編　2002　『タイの制度改革と企業再編——危機から再建へ』アジア経済研究所。
末廣昭・南原真　1991　『タイの財閥——ファミリービジネスと経営改革』同文舘出版。
末廣昭，ネートナパー・ワイラートサック　2000　「タイの会計・監査制度と経済改革」（盤谷日本人商工会議所『所報』460号，7月），6-17頁。
末廣昭，ネーナパー・ワイラートサック　2002　「上場企業の所有の変化と経営の実態——究極の所有主とトップマネジメント」末廣編［2002］，所収。
末廣昭，ネーナパー・ワイラートサック　2006　「タイのファミリービジネスと「トップ経営陣」——創業者一族，内部昇進者，外部リクルート者」星野・末廣編［2006］，所収。
末廣昭・東茂樹編　2000　『タイの経済政策——制度・組織・アクター』アジア経済研究所。
末廣昭・安田靖編　1987　『NAICへの挑戦——タイの工業化』アジア経済研究所。
杉山伸也，リンダ・グローブ編　1999　『近代アジアの流通ネットワーク』創文社。
高安健一　2005　『アジア金融再生——危機克服の戦略と政策』勁草書房。
滝山晋　2000　『ハリウッド巨大メディアの世界戦略』日本経済新聞社。
武田晴人　1982　「最近の財閥史研究をめぐって」（『経済評論』第37巻第10号，10月），117-125頁。
武田晴人　1992　「多角的事業部門の定着とコンツェルン組織の整備」橋本・武田編［1992］，所収。
武田晴人　1995　『財閥の時代——日本型企業の源流をさぐる』新曜社。
田坂敏雄　1996　『バーツ経済と金融の自由化』御茶の水書房。
田中洋子　2001　『ドイツ企業社会の形成と変容——クルップ社における労働・生活・統治』ミネルヴァ書房。
玉城肇　1981　『地方財閥と同族結合』御茶の水書房。
チョン・グヒョン，カン・ウォン　2006　「韓国の大企業集団の変化」『日韓財閥のサステイナビリティ——危機後の韓国財閥と最末期三井財閥を中心として』（科学研究費補助金

研究成果報告書　研究代表者　服部民夫)，3月，所収。
陳其南　1989　「東アジアの家族イデオロギーと企業の経済倫理」日本経済調査協議会監修『東アジア知識人会議——東アジア地域の経済発展とその文化的背景』第一法規，所収。
通商産業省編　1999　『平成11年版通商白書——総論』大蔵省印刷局。
同志社大学人文科学研究所編　1985　『財閥の比較史的研究』ミネルヴァ書房。
中川敬一郎　1969　「第一次大戦前における産業構造と企業者活動」(『三井文庫論叢』第3号)，189-214頁。
中川敬一郎　1981 [1962]　「後進国工業化と企業者活動」同『比較経営史序説』東京大学出版会，1981年，所収。初出は「後進国の工業化過程における企業者活動——ガーシェンクロン・モデルを中心にして」(『経済学論集』28巻3号，1962年11月)。
中川敬一郎　1981 [1968]　「経済発展と家族的経営」同『比較経営史序説』東京大学出版会，1981年，所収。初出は「経済発展と家族的経営——国際比較史的素描」川島武宜・松田智雄編『国民経済の諸類型』岩波書店，1968年。
中川敬一郎　1985　「経営史学の方法と問題」経営史学会編 [1985]，所収。
中村尚史　2004　「戦前期日本のファミリービジネス——寡占化・多角化・ネットワーク化」星野編 [2004]，所収。
仁井田陞　1963　『中国法制史　増訂版』岩波全書，岩波書店。
仁井田陞　1967　「中国の「家」について」同『中国の法と社会と歴史』岩波書店，所収。
沼崎一郎　1989　「現代台湾における民間大企業の所有と経営——上場企業の分析」(『アジア経済』第30巻第12号，12月)，79-102頁。
沼崎一郎　1991　「台湾の大企業と企業グループ (3)」(『商品先物市場』1991年2月5日号)。
沼崎一郎　1992　「台南幫——"バナナ型"ビジネスグループの生成と展開」(『アジア経済』第33巻第7号，7月)，71-87頁。
根岸佶　1943　『商事に関する慣行調査報告書——合股の研究』東亜研究所。
バーリー，M. M. & G. C. ミーンズ（北島忠男訳）　1958　『近代株式会社と私有財産』(現代経済学名著選集V)，文雅堂書店 (Adolf A. Berle, Jr. & Gardiner C. Means, *The Modern Corporation and Private Property*, New York : The Macmillan Company, 1933)。
橋本寿朗　1992　「序　課題と分析・叙述の視角」橋本・武田編 [1992]，所収。
橋本寿朗編　1996　『日本企業システムの戦後史』東京大学出版会。
橋本寿朗・武田晴人編　1992　『日本経済の発展と企業集団』東京大学出版会。
服部民夫　1984　「現代韓国企業の所有と経営——「財閥」系企業を中心として」(『アジア経済』第25巻第5・6合併号，6月)，132-150頁。
服部民夫　1988　『韓国の経営発展』文眞堂。
服部民夫　1992　『韓国——ネットワークと政治文化』東京大学出版会。
服部民夫　1994　「韓国「財閥」の所有と経営・再論」(『東京経大学会誌』第188号，9月)，21-50頁。
服部民夫・佐藤幸人編　1996　『韓国・台湾の発展メカニズム』アジア経済研究所。
濱下武志　1989　『中国近代経済史研究——清末海関財政と開港場市場圏』汲古書院。
東茂樹　1998　「石油化学・鉄鋼業におけるタイ地場資本の成長」(『アジ研ワールド・トレンド』第16号，9-10月号)，136-145頁。
東茂樹　2000　「産業政策——経済構造の変化と政府・企業間関係」末廣・東編 [2000]，所

収。
東茂樹　2002　「経済制度改革と企業グループの再構築」末廣編［2002］，所収。
平田光弘　1975　「巨大会社における家族支配——バーチの所論を中心として」（『一橋論叢』第74巻第1号），51-68頁。
深尾光洋・森田泰子　1997　『企業ガバナンス構造の国際比較』日本経済新聞社。
藤本隆宏・武石彰・青島矢一　2001　『ビジネス・アーキテクチャー——製品・組織・プロセスの戦略的設計』有斐閣。
霍啓昌（K. C. Fok）　1999　「香港の商業ネットワーク——宗族結合とビジネス・パートナーシップ」杉山・グローブ編［1999］，所収。
星野妙子　1988a, 1988b　「メキシコの民族系大企業グループ (1) (2)」（『アジア経済』第29巻第9号，9月），34-55頁；(同第10号，10月)，22-38頁。
星野妙子　1997　『メキシコの企業と工業化』アジア経済研究所。
星野妙子　2003　「メキシコ企業の所有構造」（『アジア経済』第44巻第5・6合併号，6月），149-166頁。
星野妙子　2004　「メキシコのファミリービジネス——人材制約と継承をめぐる模索」星野編［2004］，所収。
星野妙子編　2002　『発展途上国の企業とグローバリゼーション』アジア経済研究所。
星野妙子編　2003　『発展途上国のファミリービジネス——資料集』アジア経済研究所。
星野妙子編　2004　『ファミリービジネスの経営と革新——アジアとラテンアメリカ』アジア経済研究所。
星野妙子・末廣昭編　2006　『ファミリービジネスのトップマネジメント——アジアとラテンアメリカにおける企業経営』岩波書店。
正木久司　1983　『株式会社支配論の展開（アメリカ編）』文眞堂。
三重野文晴　2000　「タイにおける金融システムと金融危機」鴇見誠良・法政大学比較研究所編『アジアの金融危機とシステム改革』法政大学出版局，所収。
三重野文晴　2002　「コーポレート・ファイナンス——金融システムの機能後退と企業の対応」末廣編［2002］，所収。
三上敦史　1993　『インド財閥経営史研究』同文舘出版。
宮崎孝治郎　1961　「旧中国家族制度とその族産制」同『財産承継制度の比較法的研究』勁草書房，所収。
宮田敏之　2002　「シャム国王のシンガポール・エージェント——陳金鐘（Tan Kim Ching）のライス・ビジネスをめぐって」（『東南アジア——歴史と文化』31号），27-56頁。
森川英正　1974　『日本財閥史』教育社。
森川英正　1980a　「日本におけるプロフェッショナル企業人の形成」（『組織科学』第14巻第4号），39-47頁。
森川英正　1980b　『財閥の経営史的研究』東洋経済新報社。
森川英正　1996　『トップ・マネジメントの経営史——経営者企業と家族企業』有斐閣。
森川英正編　1991　『経営者企業の時代』有斐閣。
安岡重明　1976　「総論　日本財閥の歴史的位置」同編『日本の財閥』日本経済新聞社，所収。
安岡重明　1979　「生成期財閥の産業構成」同編『財閥史研究』日本経済新聞社，所収。
安岡重明　1985　「財閥総論」経営史学会編［1985］，所収。
安岡重明　1998　『財閥経営の歴史的研究——所有と経営の国際比較』岩波書店。
安岡重明　2004　『三井財閥の人びと——家族と経営者』同文舘出版。

柳町功　2001　「韓国財閥におけるグループ経営権継承問題——一族間継承の変容」(『創価経営論集』第26巻第1号，12月)，141-151頁。
山名正孝　1954　『中国経済の構造的研究——経済変動の基調と構造』中央経済社。
山名正孝　1960　「ごうこ　合股　Ho-Ku」『アジア歴史事典』第3巻，平凡社。
由井常彦　1976　「工業化と企業者活動」同責任編集『工業化と企業者活動』(日本経営史講座第2巻)，日本経済新聞社，所収。
由井常彦・橋本寿朗編　1995　『革新の経営史——戦前・戦後における日本企業の革新行動』有斐閣。
游仲勲　1990　『華僑——ネットワークする経済民族』講談社現代新書。
吉富勝　2003　『アジア経済の真実——奇蹟，危機，制度の進化』東洋経済新報社。
吉原和男・鈴木正崇・末成道男　2000　『〈血縁〉の再構築——東アジアにおける父系出自と同姓結合』風響社。
米川伸一編　1981　『世界の財閥経営——先進国・途上国の大ファミリー・ビジネス』日本経済新聞社。
和田一夫・小早川洋一・塩見治人　1992a　「明治40年時点の中京財界における重役兼任」(『南山経営研究』第6巻第3号)，215-248頁。
和田一夫・小早川洋一・塩見治人　1992b　「明治31年時点の中京財界における重役兼任」(『南山経営研究』第7巻第2号)，217-254頁。
和田一夫・小早川洋一・塩見治人　1993　「大正7年時点の中京財界における重役兼任」(『南山経営研究』第8巻第1号)，75-125頁。

2　華語文献

工商週報社編　1951　『泰國華僑工商業全貌』泰京，12月。
天華医院編　1994　『天華医院成立九十周年紀念特刊　1903-1994』泰京。
徐仲熙　2002　『美洲與泰國近代華僑血涙史』泰京，泰中学會出版。
泰國中華會館編　2002　『泰國中華會館成立九十五週年特刊』泰京，11月12日。
泰國中華総商會編　1954　『泰國工商業名録　一九五三・一九五四年』泰京 (The Chinese Chamber of Commerce of Thailand ed., *Thailand Business Directory 1953-1954*, Bangkok)。
泰國中華総商會編　1961　『新編泰國工商名録　一九六一年』泰京 (The Chinese Chamber of Commerce of Thailand ed., *The Commercial and Industrial Directory of Thailand*, Bangkok)。
泰國中華総商會編　1963　『泰國工商名録　一九六三年』(The Chinese Chamber of Commerce of Thailand ed., *Commercial and Industrial Directory of Thailand 1963*, Bangkok)。
泰國中華総商會編　1966　『泰國中華総商會第29屆年刊　2505-2508年』泰京。
泰國中華総商會編　1967　『泰國華僑大辞典』泰京，泰国威提耶功出版社。
泰國中華総商會編　1981　『泰國一九八一年社團與名人』曼谷，泰國墾力出版社。
泰國中華総商會編　1995　『泰國中華総商會成立八十五週年暨新大厦落成掲幕紀年特刊』泰京，7月。
泰國中華総商會編　2000　「泰華僑界精英集粹」(同編『泰國華人組織，泰國華商企業名録：Thai-Chinese Organization & Enterprises Directory 1999』Bangkok, Pimdee)。
泰國中華総商會及「華商」雑誌社編　2001　『泰華名流新紀元』泰京，泰國中華総商會 (タイ語訳　*Roi Ruang Lao chak Chaosua*, Bangkok : Info Media & Publication)。

泰國客属総會編　1998　『泰國客属総會七十週年紀年特刊，祝賀亜洲商学院落成揭幕（1928-1998）』泰京。
泰國海南會館編　1989　『泰國海南會館四十二週年紀年特刊』泰京。
泰國陳氏宗親総會　1996　『泰國陳氏宗親総會第十七届理事會名冊　2538-2539，1995-1996 年』泰京。
泰國報徳善堂　1991　『泰國報徳善堂成立八十周年紀年特刊　佛暦 2534 年 12 月 4 日増訂版』泰京。
泰國台湾會館編　1987　『泰國台湾會館成立四十周年紀年特刊』泰京，12 月。
泰國福建會館編　1992　『泰國福建會館成立八十週年紀念特刊』泰京。
泰國僑團名録編集委員會編　1981　『泰國僑團名録 1981　中泰文對照』曼谷，四海出版社。
泰國僑團名録編集委員會編　1986　『泰國僑團名録　中泰文對照』泰京，四海出版社。
泰國廣肇會館編　1977　『泰國廣肇會館成立百週年紀念特刊　1877-1977』泰京。
泰國廣肇會館編　1997　『泰國廣肇會館成立百二十週年紀念特刊　1877-1997』泰京。
泰國潮州會館編　1988　『泰國潮州會館成立五十週年紀念特刊　1938-1988』泰京。
旅暹潮安同郷會編　1987　『旅暹潮安同郷會成立六十週年紀念特刊』泰京。
清邁中華商會編　1994　『清邁中華商會慶祝成立二十二週年紀念暨新會址落成揭幕特刊』清邁（チェンマイ）。
陳一平総編集　2002　『泰華事業家人物誌　Who's Who of Thai-Chinese Entrepreneurs in Thailand』泰京，晨光出版社（華語とタイ語）。
陳立敬原編纂，陳作暢，陳璇珠重纂　1991　『前美陳氏慧先公族譜』，私家版。
陳振泰　1975　『泰華僑團史略』泰京。
陳慧松編著　1992　『當代泰華名人風釆録』上海，上海交通大学出版社。
許祥安　1956　『泰國華僑人物誌』泰京，自由文化事業出版社。
黄子逸　1963　『泰華名人彙誌上冊』泰京，南海叢書出版社。
張映秋　1991　「泰國之澄海移民——高暉石與陳黌利家族的業績」（林天蔚主編『亜太地方文獻研究論文集』香港大学亜洲研究中心）。
楊作為　1995　「由歴史上的移民到現代化的企業家——泰國華人社會與経済之変化和泰中経済合作的背景」泰國中華総商會編［1995］，所収。
曾天編　1988　『泰華人物新誌』泰京。
曾建屏　1956　『泰國華僑経済』泰京，僑務委員會。
蔡志祥　1991　「華人家族企業的結構——乾泰隆及元發行的比較研究」林孝腥編『東南亜華人與中国経済與社會』香港。
暹羅揭陽會館編　1999　『暹羅潮州揭陽會館五十周年紀念特刊』泰京。
鄭介源編　1985　『政経名人大銓　Buk-khon Kiarti-yot』泰京，泰國羣力出版社（華語とタイ語）。
潮州澄海同郷會編　2002　『潮州澄海同郷會成立五十五週年紀念特刊』泰京。
潮陽同郷會編　2003　『泰國潮陽同郷會成立五十五周年紀念特刊　1946-2001』泰京。
謝猶榮　1964　『泰華報小史』泰京，泰威信。
『星暹日報』1960-89 年（マイクロフィルム，東京大学社会科学研究所所蔵）。1999-2006 年まで随時。
『新中原報』1999-2005 年。
「華商」雑誌社編『華商　Hua Shang』泰京，1998 年の創刊号から現在，季刊（華語とタイ語）。

3 英語・タイ語文献

A. R. Business Press Co., Ltd. ed. 2005. *Thailand Company Information 2003-2004*, Bangkok: A. R. Business Press Co., Ltd.

Advanced Research Group Co., Ltd. ed. *Thailand Company Information*, Bangkok, annually, from *the 1992/93 edition* to *the 2003/04 edition*.

Alcorn, P. B. 1982. *Success and Survival in the Family Owned Business*, New York: McGraw-Hill.

Alpha Info Co., Ltd. ed. 1997. *Thailand Listed Company 1997*, Bangkok: Alpha Info Co., Ltd.

Amphorn Iamsuri ed. 1994. *Rak Chat Ying Chip: Chiw Prawat Hia Kwang Iam* (祖国と大いなる人生を愛す——ヒア・グワンイアム 蟻光炎の生涯), Bangkok: Media Press.

Amsden, Alice. 1989. *Asia's Next Giant: South Korea and Late Industrialization*, New York: Oxford University Press.

Amsden, Alice H. and Wan-wen, Chu. 2003. *Beyond Late Development: Taiwan's Upgrading Policies*, Cambridge, Mass.: MIT Press.

Apichat Chopchunchom. 1985. "Wiboon Phanitvongse: Phayak Num Lamphong haeng Khai Ban Pong (ウィブーン・パーニットウォン——バーン・ポーングの驕慢な若き虎)," *Phu Chatkan Rai-duan*, Vol. 3, No. 26, November: 56-72.

Apiwat Sap-phaibun. 2001. *Khamphi 'Chaosua' Thanin Chearavanont* (華人富裕者〔座山〕の経典：タニン・チアラワノン), Bangkok: Supertouch Media Group.

Arunee Sopitpongstorn. 1991. *Kiarti Srifuengfung: The Boy from Suphanburi*, Bangkok: Sri Yarnie Corporation.

Asian Development Bank. 2000. "Corporate and Financial Sector Reform: Progress and Prospects," in *Asian Development Outlook 2000*, New York: Oxford University Press: 21-40.

Athiwat Sapphaithun. 2004. *Trakun Nak-thurakit Dang* (有名家族), Bangkok: Samnakphim Vannasarn.

Bangkok Bank Limited. 1976. *Bangkok Bank Annual Report 1975*, Bangkok: Bangkok Bank Limited.

Bangkok Bank Limited ed. 1981. *Financial Institutions in Thailand*, Bangkok: Bangkok Bank Limited.

Bangkok Bank PLC. 1985. *Bangkok Bank Annual Report 1984*, Bangkok: Bangkok Bank PLC.

Bangkok Bank PLC. 1999. *Bangkok Bank Annual Report 1998*, Bangkok: Bangkok Bank PLC.

Bangkok Bank PLC. 2001. *Bangkok Bank Annual Report 2000*, Bangkok: Bangkok Bank PLC.

Bangkok Post. 1997. "Chavalit's Last Gamble: Top Bankers Join Emergency Talks After Run-on Deposits," *Bangkok Post*, August 7, 1997.

Bank of Thailand. 1992. *50 Pi Thanakhan haeng Prathet Thai 2485-2535* (タイ中央銀行50年史——1942年から1992年), Bangkok: Bank of Thailand.

Bank of Thailand. 1997. *Key Financial Statistics of Thailand 1996*, Bangkok: Bank of Thailand.

Bank of Thailand, Economic Research Department. 1996. *Commercial Banks in Thailand:*

December 31, 1995, Bangkok : Bank of Thaiand.
Bank of Thailand, Nuai-kan Utsahakam. 1987. *Sarup Phawa Thurakit lae Utsahakam 2528* (1985年度，事業と産業の現況), Bangkok : Bank of Thailand.
Bank of Thailand, Research Division. 1999. "Phon-ngan Samruwat Sathanakan Kan Ngoen khong Thurakit (企業の資金調達状況に関する調査結果)," *Bank of Thailand, Raingan Prajam Duan*, August : 31-38.
Banthop Tangsriwong and Nattawat Homjit. 2005. "Cover Story : New Era of Banking Industry," *Phu Chatkan Rai-duan*, Vol. 22, No. 262, July : 98-123 (タイ語).
Baran, Paul A. and Paul M. Sweezy. 1966. *Monopoly Capital : An Essay on the American Economic and Social Order*, New York : Monthly Review Press (小原敬士訳『独占資本——アメリカ経済・社会秩序にかんする試論』岩波書店, 1967年).
BEC World PLC. 1999. *Rai-ngan Kan Phoetphoei Kho-mun Pheomtoem Tam Baep 56/1 Pi 2541 khong BEC World Public Company* (BEC World 社の 56/1 形式による追加情報公開報告書), Bangkok : SET, April 1.
BEC World PLC. 2001. *Annual Report 2000*, Bangkok : BEC World.
Beckhard, Richard and W. Gibb Dyer. 1983. "Managing Change in the Family Firm : Issues and Strategies," *Sloan Management Review*, Spring : 59-65.
Borisut Kasinphila et al. 1990. *Pha Thurakit : Ban Chatsan lae Khondominiam* (事業解剖——建売り住宅とコンドミニアム), Bangkok : Samit.
Borisut Kasinphila and Japnphen Wiwattanasukseree. 1995. *Phalak-khamphi Bangkok Land and Land and Houses : Ton Tamrap Phatthana-thi-din* (バンコクランドとランド・アンド・ハウスの経典——土地開発の処方箋), Bangkok : Samnakphim Matichon.
Brooker Group PLC (The) ed. 2001. *Thai Business Groups 2001 : A Unique Guide to Who Owns What*, Bangkok : The Brooker Group PLC.
Brooker Group PLC (The) ed. 2002. *Thai Telecommunications Industry, Volume 3 : Major Players*, Bangkok : The Brooker Group PLC.
Brooker Group PLC (The) ed. 2003. *Thai Business Groups : A Unique Guide to Who Owns What 5th Edition*, Bangkok : The Brooker Group PLC.
Brooker Group PLC (The) ed. 2004. *Thailand Company Handbook November 2004 : A Guide to the World's Best Performing Stock Market*, Bangkok : The Brooker Group PLC.
Brooker Group PLC (The) ed. 2005a. *Thailand Company Handbook Issue 4/2005*, Bangkok : The Brooker Group PLC.
Brooker Group PLC (The) ed. 2005b. *The One-stop Source of Essential Statistics*, Bangkok : The Brooker Group PLC.
Brown, Jonathan and Mary B. Rose eds. 1993. *Entrepreneurship, Networks and Modern Business*, Manchester : Manchester University Press.
Bunsak Saengrawi. 2000. *Suep Kamnoet 225 Sae : Thaothi Phophen nai Muang Thai* (泰國華人姓氏彙集), Bangkok : Aksonwattana.
Burch, Philip H. Jr. 1972. *The Managerial Revolution Reassessed : Family Control in America's Large Corporations*, Lexington, Mass. : Lexington Books.
Business History Society of Japan ed. 1997. "Feature Articles : The History of Japan's International Business Relations with Asian Countries," *Japanese Yearbook on Business History*, Vol. 14 : 3-114 (Tamio Hattori, Akira Suehiro, Fumikatsu Kubo, and Chunli

Lee).
Business in Thailand ed. 1978. "Banking Families," *Business in Thailand*, December: 33-50 plus 4 diagrams.
Cappelli, Peter and Monika Hamori. "The Path to the Top: Changes in the Attributes and Careers of Corporate Executives, 1980-2001," NBER Working Paper 10507, Cambridge, MA., May (http://www.nber.org/papers/w10507).
Casson, Mark C. 1982. *The Entrepreneur*, London: Mark Robertson.
Casson, Mark C. 1993. "Entrepreneurship and Business Culture," in Brown and Rose eds. [1993].
Chadeau, Emmanuel. 1993. "The Large Family Firm in Twentieth-Century France," in Jones, G. and Mary B. Rose eds., "Special Issue on Family Capitalism," *Business History*, Vol. 35, No. 4, October: 184-205.
Chai Ruangsin. 1976. *Prawattisat Thai Pho. So. 2352-2453 Dan Sangkhom* (タイ史 1809-1910年 社会編), 2nd edition, Bangkok: Ruangsin Printing House.
Chandler, Alfred D. Jr. 1977. *The Visible Hand : The Managerial Revolution in American Business*, Harvard University Press (鳥羽欽一郎・小林袈裟治訳『経営者の時代（上・下）』東洋経済新報社，1979年).
Chandler, Alfred D. Jr. 1976. "The Development of Modern Management Structure in the US and UK," in Hanah Leslie ed. *Management Strategy and Business Development : As Historical and Comparative Study*, London: Macmillan.
Chandler, Alfred D. Jr. 1980. "The United States: Seedbed of Managerial Capitalism," in A. D. Chandler and H. Daems eds. [1980].
Chandler, Alfred D. Jr. 1986. "Managers, Families, and Financiers," in Kesaji Kobayashi and Hidemasa Morikawa eds. *Development of Managerial Enterprises*, Tokyo: University of Tokyo Press.
Chandler, Alfred D. Jr. 1990. *Scale and Scope : The Dynamics of Industrial Capitalism*, Cambridge, Mass.: Harvard University Press (安部悦生ほか訳『スケール・アンド・スコープ——経営力発展の国際比較』有斐閣，1993年).
Chandler, Alfred D. Jr. and H. Daems eds. 1980. *Managerial Hierarchies*, Cambridge, Mass.: Harvard University Press.
Chandler, Alfred D. Jr., Franco Amatori and Takashi Hikino eds. 1997. *Big Business and the Wealth of Nations*, Cambridge: Cambride University Press.
Chatthip Nartsupha and Suthy Prasoetset. 1981. *Political Economy of Siam, 1910-1932*, Bangkok: Social Science Association.
Choi Chi-cheung. 1995. "Competition among Brothers: The Kin Tye Lung Company and Its Associate Companies," in Rajeswary Brown ed., *Chinese Business Enterprise in Asia*, London: Routledge.
Choi Chi-cheung. 1998. "Hometown Connection and the Chaoshou Business Networks: A Case Study of the Chens of Kin Tye Lung, 1885-1950," A Paper presented to the Workshop on Asian Business Networks at the National University of Singapore, April 1.
Church, Roy. 1990. "The Limitation of the Personal Capitalism Paradigm," in Roy Church et al., "Scale and Scope: A Review Colloquium," *Business History Review*, Vol. 64, Winter: 703-710.

Church, Roy. 1993. "The Family Firm in Industrial Capitalism: International Perspectives on Hypotheses and History," in Jones and Rose eds. [1993].
Church, Roy, Albert Fishlow, Neil Fligstein, Thomas Hughes, Jürgen Kocka, Hidemasa Morikawa, and Frederic M. Scherer. 1990. "Scale and Scope: A Review Colloquium," *Business History Review*, Vol. 64 (Winter): 690-735.
Claessens, Stijn, Simeon Djankov and Larry H. Lang (CDL). 1998. "East Asian Corporations: Growth, Financing and Risks Over the Last Decade," World Bank Policy Research Working Paper No. 2017, Washington D. C.: The World Bank, November.
Claessens, Stijn, Simeon Djankov and Larry H. Lang (CDL). 1999. "Who Controls East Asian Corporations?" World Bank Policy Research Working Paper No. 2054, February.
Claessens, Stijn, Simeon Djankov, Joseph Fan, and Larry H. Lang (CDFL). 1999a. "Expropriation of Minority Shareholders: Evidence from East Asia," World Bank Policy Research Working Paper No. 2088, March.
Claessens, Stijn, Simeon Djankov, Joseph Fan, and Larry H. Lang (CDFL). 1999b. "Corporate Diversification in East Asia: The Role of Ultimate Ownership and Group Affiliation," World Bank Policy Research Working Paper No. 2089, March.
Cole, Arthur H. 1959. *Business Enterprise in Its Social Setting*, Cambridge, Mass.: Harvard University Press（中川敬一郎訳『経営と社会——企業者史学序説』ダイヤモンド社，1965年）．
Colli, Andrea. 2003. *The History of Family Business 1850-2000*, Cambridge: Cambridge University Press.
Corley, T. A. B. 1993. "The Entrepreneur: the Central Issue in Business History?," in Brown and Rose eds. [1993].
CP Group. 1987. "Kan Toepto khong CP: Borisat Kham-chat Rairaek khong Thai (CPの成長——タイ最初の多国籍企業)," *Young Executive*, Vol. 2, No. 12, September.
CP Group. 1999a. "CPF Bon Senthang Si-thao (CPF, 事業の4本柱体制に向けて)," *Krungthep Thurakit*, October 31, 1999.
CP Group. 1999b. "CPF Sue Hun 3 Borisat nai Khrua chak Rai-yoi Samret Thue Hun 99% (CPF, グループ内の小規模企業3社を買収後，99％の株式を保有)," *Krungthep Thurakit*, December 1, 1999.
CP Group. 2000a. "CPF Thum 6 Phan-lan Khayai Thurakit Lang Phoemthun Kuap 4 Phan-lan Baht (CPF, 40億バーツの増資のあと，さらに60億バーツを注ぎ込んで事業拡大)," *Krungthep Thurakit,* April 19, 2000.
CP Group. 2000b. "CPF Kho Pen-nung Thurakit Sat-bok Sat-nam (CPF, 陸生動物・水生動物の事業をコアに)", *Prachachat Thurakit*, May 8, 2000.
CP Group. 2000c. "CPF Doen-na Sue 3 Borisat Luk (CPF, さらに子会社3社を買収)," *Krungthep Thurakit*, December 16, 2000.
CP Group. 2000d. "CPF Jikso Phonprayot Chuam-to CP Group (CPF, 利害のジグソーパズルからCPグループをつなぎあわせる)," *Krungthep Thurakit*, December 24, 2000.
CP Group. 2001. "Thot-som Kan Phaen 'Roadshow': CPF Wang Pao Rakha Thi-kha P/E Ratio 7 Thao (ロードショウをいよいよ公開——CPFは株価収益率7倍を目指す)," *Krungthep Thurakit*, June 24, 2001.
CPF (Charoen Pokphand Feedmill) PLC. 1998. *Charoen Pokphand Feedmill Rai-ngan Baep 56/1*, September 25, 1998, Bangkok: SET.

CPF (Charoen Pokphand Feedmill) PLC. 1999a. *Charoen Pokphand Feedmill Public Company Limited Annual Report 1998*, Bangkok: SET.
CPF (Charoen Pokphand Feedmill) PLC. 1999b. *Rai-ngan Pracham Pi 2542 Baep 56/1* (56/1形式年次報告書：1999年版), Bangkok: SET.
CPF (Charoen Pokphand Foods) PLC. 2001a. *Rai-ngan Pracham Pi 2543: Kitchen of the World* (年次報告2000年版), Bangkok: SET.
CPF (Charoen Pokphand Foods) PLC. 2001b. *Rai-ngan Pracham Pi 2543 Baep 56/1* (56/1形式年次報告書：2000年版), Bangkok: SET.
Cushman, J. W. 1991. *Family and State: The Formation of A Sino-Thai Tin-Mining Dynasty 1797-1932*, Singapore: Oxford University Press.
Deloitte Touche Tohmatsu Jaiyos. 1999. "Survey Results: Corporate Governance and Audit Committee," *News and Resources*, Bangkok, April 29.
Dok Bia ed. 1982a. "Suk Lang Bang Bank of Asia: Khrai ja-yu Kham Bank (アジア銀行——だれが銀行の後ろにいるのか？)," *Dok Bia*, No. 5, Matichon, July: 120-130.
Dok Bia ed. 1982b. "Bank Srinakhon '25: Tuk Sung tae Khon Tharut (バンコクメトロポリタン銀行1982年——建物は高層だが人材は地盤沈下)," *Dok Bia*, No. 6, Matichon, August: 40-54.
Dok Bia ed. 1982c. "Yip In Tsoi: Chak Suwan Yang su-dong Ngoen-thun (ジップインソーイ——ゴム農園から金融ビジネスへ)," *Dok Bia*, No. 8, Matichon, October: 121-124.
Donnelley, Robert G. 1964. "The Family Business," *Harvard Business Review*, July-August: 93-105.
Dun & Bradstreet (Singapore) Pte Ltd. and Business On-Line eds. 1999. *Top 5000 Companies in Thailand 1999/2000 Edition*, Bangkok: Business On-Line.
Ek Wisakun. 1962. "Sahamit Ramluk ruang Prawat-yo Samoson Chinangkun, Samoson Samakki Chin-Sayam, Krungthep Nantha Samakhom (チナーングン協会，中国・サイアム団結協会，バンコク親睦会略史に関する追想記)" (『チャルーム・プングトゥラグンの葬式頒布本』バンコク，1962年12月27日，所収).
Faccio, M. and Larry Lang. 1999. "Separation of Ownership and Control: An Analysis of Ultimate Ownership in France, Italy, Spain and U. K.," Working Paper, Chinese University of Hong Kong.
Gersick, Kelin, E. John, A. Davis, Marion McCollom Hampton, and Ian Lansberg. 1997. *Generation to Generation: Life Cycle of the Family Business*, Boston: Mass.: Harvard Business School Press.
Gomez, Edmund Terence ed. 2002. *Political Business in East Asia*, London: Routledge.
Grammy Entertainment PLC. 1999. *Baep Sadaeng Rai-kan Kho-mun Pracham Pi Baep 56/1* (56/1形式の年次情報関係報告書), Bangkok: SET, December 31.
Gras, Norman S. B. 1939. *Business and Capitalism: An Introduction to Business History*, New York: Crofts (植村元覚訳『ビジネスと資本主義——経営史序説』日本経済評論社，1980年).
Habakkuk, H. J. 1955. "Family Structure and Economic Change in Nineteenth-Century Europe," *The Journal of Economic History*, Vol. XV: 1-12.
Haggard, Stephan, Sylvia Maxfield and Ben Ross Schneider. 1997. *Business and the State in Developing Countries*, Ithaca: Cornell University Press.
Hamilton, G. G. 1989. "Patterns of Asian Capitalism: The Cases of Taiwan and South

Korea," Working Paper No. 28, Institute of Government Affairs, University of California, 1989.

Hamilton, G. G. et al. 1987. "Enterprise Groups in East Asia : An Organizational Analysis," 『証券経済』161号, 9月, 78-118.

Hannah, L. ed. 1982. *From Family Firm to Professional Management : Structure and Performance of Business Enterprise*, Budapest : Akadémiai Kiadó.

Herman, E. S. 1981. *Corporate Control, Corporate Power*, New York (松井和夫『現代アメリカ金融資本研究序説』文眞堂, 1986年).

Hewison, Kevin. 1989. *Bankers and Bureaucrats : Capital and State in Thailand*, New Haven : Yale University Southeast Asian Monograph No. 34.

Hikino, Takashi and Alice Amsden. 1994. "Staying Behind, Stumbing Back, Sneaking Up, Soaring Ahead : Late Industrialization in Historical Perspective," in William J. Baumo et al. eds., *Convergence of Productivity : Cross-National Studies and Historical Evidence*, Oxford : Oxford University Press.

Ho Kan-kha Thai, Fai Wichakan. 1983. "Ho Kan-kha Thai Adit Pachuban (タイ商業会議所──過去と現在)," in Ho Kan-kha Thai ed., *50 Pi Ho Kan-kha Thai* (タイ商業会議所50年史), Bangkok : Ho Kan-kha Thai, March : 23-40.

HSBC James Caper. 1996. *Thailand Investment Strategy* (Monthly), Hong Kong, October.

IFCT (Industrial Financial Corporation of Thailand). 1999. *Thurakit Utsahakam Pi 2541* (1998年タイ産業概況), Bangkok : IFCT.

International Business Research Co., Ltd. ed. *Million Baht Business Information Thailand*, annually, from *the 1984 edition* to *the 1999 edition*, Bangkok.

Italian-Thai Development Public Company. 2000. *Annual Report 2000*, Bangkok : SET.

Jamnongsri Rattanin, Khun-ying. 1998. *Dutja Nawa Klang Mahasamut : Kan Tosu lae Fanfa khong Khon Lai Chua Ayu Jon-maphen Wanglee* (大海に浮かぶ船のように──ワンリー家の幾世代にもわたる闘いと夢), Bangkok : Nanmi Books.

Jones, Geoffrey and Mary B. Rose. 1993. "Family Capitalism" in Jones, G. and Mary B. Rose eds., "Special Issue on Family Capitalism," *Business History*, Vol. 35, No. 4, October : 1-16.

Jones, Geoffrey and Mary B. Rose eds. 1993. *Family Capitalism*, London : Frank Cass & Company.

Kamol Sukosol Group. 1982. "Kamol Sukoson : Thang Song Phraeng khong Kamola (ガモンスコーソン・グループ──ガモラーの分岐路)," *Setthakit Kan-muang*, October 11.

Kan Ngoen Thanakhan (金融と銀行) ed. 1998. "Pho. Ro. So. Sang Yut 56 Bo. Ngo. Lo. Pit Chak Thaoke Finance (金融機関制度改革委員会, 56社のファイナンス・カンパニーの頭家に事業閉鎖を命じる)," *Kan Ngoen Thanakhan*, January : 79-87.

Kan Ngoen Thanakhan ed. 1999. "Tang-chat Klun Setthakit Thai Kwa 6 Saen-lan Kum Betset Bank/Broker (外国人, タイ経済を併呑。銀行と投資ブローカー業合わせて6000億バーツ以上の買収)," *Kan Ngoen Thanakhan*, August : 141-147.

Kan Ngoen Thanakhan ed. 2001. "Chatsiri Sophonpanich : Nak Kan Ngoen haeng Pi 2544 (チャートシリ・ソーポンパニット──2001年ベスト・バンカー)," *Kan Ngoen Thanakhan*, December : 161-167.

Kan Ngoen Thanakhan Survey. 1997. "Samruwat 500 Setthi Hun Thai : Krapao Chik Kwa Saen Lan (タイの500大株主調査──数千億バーツの金が紙切れに)," *Kan Ngoen*

Thanakhan, September : 129-157.
Kan Ngoen Thanakhan Survey. 1998. "500 Setthi Hun Thai Pi 2541 : Khwam Mangkhang Haipai, 5 Saen Lan (1998年タイの500大株主——5000億バーツの富が消滅)," *Kan Ngoen Thanakhan*, December : 136-196.
Kan Ngoen Thanakhan Survey. 1999. "500 Setthi Hun Thai Pi 2542 : Khwam Mangkhang Phoemkhun Kwa 70,000 Lan (1999年タイの500大株主——700億バーツの富が新たに増加)," *Kan Ngoen Thanakhan*, December : 151-177.
Kan Ngoen Thanakhan Survey. 2000. "500 Setthi Hun Thai Pi 2543 (2000年タイの500大株主)," *Kan Ngoen Thanakhan*, December : 146-179.
Kan Ngoen Thanakhan Survey. 2001. "500 Setthi Hun Thai Pi 2544 (2001年タイの500大株主)," *Kan Ngoen Thanakhan*, December : 170-201.
Kan Ngoen Thanakhan Survey. 2003. "500 Setthi Hun Thai Pi 2546 (2003年タイの500大株主)," *Kan Ngoen Thanakhan*, December : 209-241.
Kan Ngoen Thanakhan Survey. 2004. "500 Setthi Hun Thai Pi 2547 (2004年タイの500大株主)," *Kan Ngoen Thanakhan*, December : 229-234.
Kan Ngoen Thanakhan Year Book. 1998. *Thailand Banking Year Book 1997*, Bangkok (タイ語).
Kannika Tanprasoet. 2002. *Uden Tejapaibul : Chaosua Phu Puk Kuson Wai nai Phaendin* (ウテーン・テーチャパイブーン——座山，祖国で善業を積み続ける), Bangkok : Matichon.
Khanchit Thamrongrattanarit. 1987. "King of Thai Textile : Sukree Bodiratanangkura (タイの繊維王——スックリー・ポーティラッタナングン)," *Phu Chatkan Rai-duan*, Vol. 4, No. 44, May : 62-78.
Kobayashi, Kesaji and Hidemasa Morikawa eds. 1986. *Development of Managerial Enterprises*, Tokyo : University of Tokyo Press.
Kroekkiat Phiphatseritham. 1982a. "Botbat khong Chonchan Nai-thun to Kan Phattana Prachthipathai (資本家階級の民主主義発展における役割)," A paper presented to the Seminar on *50 Pi Bon Sen-thang Prachathipathai* (民主主義への道50年), Chulalongkorn University Social Research Institute, June 12-13.
Kroekkiat Phiphatseritham. 1982b. *Wikhro Laksana Kan Pen-chao khong Thurakit Khanat Yai nai Prathet Thai* (タイにおける大企業の所有構造に関する分析), Bangkok : Thammasat University Press.
Kroekkiat Phiphatseritham. 1993. *Wiwattanakan khong Rabop Thanakhan Phanit Thai* (タイ商業銀行制度の発達), Bangkok : Thammasat University Press.
Krungthep Thurakit. 1999. "CIMICO Pramuan Ngoen Longthun Tang-chat nai 23 Thurakit Thai (シミコ社，タイの23事業分野における外国人投資額を推計する)," *Krungthep Thurakit*, May 12, 13, 14, 1999.
La Porta, Rafael, Florencio Lopez-de-Silanes and Andrei Shleifer. 1999. "Corporate Ownership around the World," *The Journal of Finance*, Vol. LIV, No. 2, April : 471-517.
Landes, David S. 1965. "Technological Change and Development in Western Europe, 1750-1914," in H. J. Habakkuk and M. Postan eds., *The Cambridge Economic History of Europe Volume VI*, Cambridge : Cambridge University Press.
Latham, A. J. H. 1978. *The International Economy and the Underdeveloped World, 1865-1914*, Totowa, N. J. : Rowman & Littlefield.

Leff, Nathaniel H. 1978. "Industrial Organization and Entrepreneurship in the Developing Countries: The Economic Groups," *Economic Development and Cultural Change*, Vol. 26, No. 4: 661-675.

Lim Mah Hui & Teok Kit Fong. 1986., "Singapore Corporations Go Transnational," *Journal of Southeast Asian Studies*, Vol. XVII, No. 2, September: 336-365.

Limlingan, Victor S. 1986. *The Overseas Chinese in ASEAN : Business Strategies and Management Policies*, Manila: Vita Development.

MaCintyre, Andrew ed. 1994. *Business and Government in Industrializing Asia*, NSW, Australia: Allen & Unwin.

Marthuphum Thurakit ed. 1986. *Klum Borisat Thurakit Khanat-yai* (大規模企業集団), 2 vols., Bangkok: Marthuphum Thurakit.

Matichon ed. 1988. *Thanarachan Chin Sophonpanich* (銀行王チン・ソーポンパニット), Bangkok: Matichon.

Middlehurst, Francis and Daniel Nielsen. 2002. *Thailand's Automotive Industry*, Bangkok: The Brooker Group PLC.

Nabi, Ijaz & Jayasankar Shivakumar. 2001. *Back From the Brink : Thailand's Response to the 1997 Economic Crisis*, Bangkok: The World Bank Office Bangkok, January.

Nakagawa, Keiichiro and Yang Tien-yi (Kan Toshio) eds. 1989. "Special Issue: Business Management in Asian Countries," *East Asian Cultural Studies*, Vol. XXVIII, Nos. 1-4, March: 1-187.

Nambara, Makoto. 1998. "Economic Plans and the Evolution of Economic Nationalism in Siam in the 1930s." Ph. D. dissertation, School of Oriental and African Studies, the University of London.

Napaporn Triudomsin. 1996. "Trends and Perspectives in the Government Official Career," Master Thesis, Economics, Thammasat University.

Natenapha Wailerdsak. 2005. *Managerial Careers in Thailand and Japan*, Chiang Mai: Silkworm Books.

Natenapha Wailerdsak. 2006. *Klum Thun-Thurakit Khropkhrua Thai Kon lae Lang Wikrit Pi 2540* (1997年経済危機前後のタイ企業グループとファミリービジネス), Bangkok: Brand Age Books.

Natenapha Wailerdsak and Akira Suehiro. 2004a. "Top Executive Origins: Comparative Study between Japan and Thailand," *Asian Business & Management*, Vol. 3, No. 1, March: 85-104.

Natenapha Wailerdsak and Akira Suehiro. 2004b. "Promotion Systems and Career Development in Thailand: A Case Study of Siam Cement," *International Journal of Human Resource Management*, Vol. 15, No. 1, February: 196-218.

Nation Multimedia Group PLC (The) ed. 2006. *Thailand Top 1000 Companies CD-ROM 2006*, Bangkok: The Nation Multimedia Group PLC.

National Economic and Social Development Board (NESDB). 1999. *National Income of Thailand 1951-1996 Edition* (Revised Version), Bangkok: NESDB.

National Economic and Social Development Board (NESDB). 2003. *Thailand in Brief 2003*, Bangkok: NESDB.

Nattaphong Phanthakiatphaisan and Dao Wairaksat. 2002. *11 Mae-thap IT : Raeng Bandanchai, Kolayut, Khwam-samret* (11名のIT将軍——創造力, 戦術, そして実績),

Bangkok : SE- Education PLC.
Natwuti Rungwong. 1996. *Plom Bank BBC* (タイ商業銀行 BBC の略奪), Bangkok : Book Bank.
Nawee Rangsiwararak ed. 1999. *Prasit Supsakorn : Jom Yut Thurakit TIPCO* (プラシット・サップサーコン——TIPCO の事業戦争の最高指導者), Bangkok : Double Nine.
Nithitham Publishing House ed. 2000. *Accounting Act. B. E. 2543 (2000) and Phrarachabanyat Kan Banchi Pho. So. 2543*, Bangkok : Nithitham.
Nop Noranart. 1990. "Muang Thongthani : Yok Hong Kong Mawai thini (ムアントーンターニー・グループ——香港を引き上げてタイにくる)," *Phu Chatkan Rai-duan*, Vol. 8, No. 84, September : 114-126.
Okochi Akio and Yasuoka Shigeaki eds. 1984. *Family Business in the Era of Industrial Growth : Ownership and Managements*, Tokyo : University of Tokyo Press.
Orawan Banthitkun. 1999. "Premjai Wan-ni Tong Uk Luk Diao (プレームチャイ，今は一人息子でがまんせざるをえない)," *Phu Chatkan Rai-duan*, Vol. 16, No. 185, February : 55-62.
Orawan Banthitkun and Team Ngan Nitayasan Phu Chatkan. 2004. *Borisat 100 Pi : More than Old & Glory* (企業 100 年史——比類なき伝統と栄光), Bangkok : Manager Media Group PLC.
Osothsapha Group. 1980. "Osothsapha's Long and Distinguished History," *A Supplement of the Bangkok Post*, January 27.
Osothsapha Group. 1986. "Klum Osathanukhro" in Marthuphum Thurakit ed., *Klum Borisat Thurakit Khanat-yai* (大規模企業集団), Vol. II, Bangkok : Marthuphum Thurakit Co., Ltd.
Pan Siam Communications Co., Ltd. ed. *Million Baht Business Information Thailand*, annually, from *the 1979/80 edition* to *the 1981/82 edition*, Bangkok → International Business Research Co., Ltd. since 1984.
Panthop Tangsriwong. 2000. "Central Group thung Wela Tong Phalat Run (セントラル・グループ，世代交替の時代を迎える)," *Phu Chatkan Rai-duan*, Vol. 18, No. 205, October : 68-126.
Panthop Tangsriwong and Nattawat Homujit. 2005. "New Era of Banking Industry (銀行業の新時代)," *Phu Chatkan Rai-duan*, Vol. 22, No. 262, Juy : 98-123 (タイ語).
Pasuk Phongpaichit and Chris Baker. 1998. *Thailand's Boom and Bust*, Chiang Mai : Silkworm Books.
Pasuk Phongpaichit and Chris Baker. 2000. *Thailand's Crisis*, Chiang Mai : Silkworm Books.
Pasuk Phongpaichit and Chris Baker. 2004. *Thaksin : The Business of Politics in Thailand*, Chiang Mai : Silkworm Books.
Paul Sithi-Amunuai. 1964. *Finance and Banking in Thailand : A Study of the Commercial System, 1888-1963*, Bangkok : Thai Watana Panich.
Pavida Pananond. 2004. "Mitigating Agency Problems in Family Business : A Case Study of Thai Union Frozen Products," a paper submitted to the IDE International Workshop on Family Business in Developing Countries, Chiba-Makuhari, January 16-17.
Payne, Peter L. 1984. "Family Business in Britain : A Historical and Analytical Survey," in Okochi and Yasuoka eds. [1984].
Pedro, Alba, Stijn Claessens, and Simeon Djankov. 1998. "Thailand's Corporate Financing

and Governance Structures," World Bank Policy Research Working Paper No. 2003, Washington D. C.: The World Bank, November.

Penrose, Edith T. 1959. *The Theory of the Growth of the Firm*, Oxford: Basil Blackwell Publisher (末松玄六訳『会社成長の理論 (第二版)』ダイヤモンド社, 1980年).

Phacharaphon Changkaew. 1992. "Chinawat Pata Loxley: Khrai Khaeng Kraeng Kwa Kap? (チナワット・グループ, ロックスレイ・グループを攻撃——だれのほうがよりタフか?)," *Phu Chatkan Rai-duan*, Vol. 9, No. 103, April: 110-152.

Phacharee Sirorot. 1997. *Rat Thai kap Thurakit nai Utsahakam Rotyon* (自動車産業におけるタイ国家と企業), Bangkok: Thammasat University Press.

Phairo Loetwiram. 1999. "Bunkhlee Plangsiri: Phun-nam Shin Corp. Yuk Mai (ブンクリー・プランシリ——新時代のシン・コーポレーションの指導者)," *Phu Chatkan Rai-duan*, Vol. 17, No. 193, October: 43-62.

Phairo Loetwiram. 2002. "GMM Grammy: The Idol Maker," *Phu Chatkan Rai-duan*, Vol. 19, No. 226, July: 70-115 (タイ語).

Phaisan Mangkonchaiya. 1985. "Wan Chansue: Tham-ngan Ngiap, Ruai Ngiap (ワン・チャンスー——ひっそりと仕事をし, ひっそりと財を成す)," *Phu Chatkan Rai-duan*, Vol. 3, No. 28, November: 28-49.

Phanni Bualek. 1986. *Wikhro Nai-thun Thanakhan Phanit khong Thai, Pho. So. 2475-2516* (タイ商業銀行資本家の分析, 1932-1973年), Bangkok: Social Research Institute Chulalongkorn University.

Phanni Bualek. 2002. *Laksana khong Nai-thun Thai nai Chuwang Rawang Pho. So. 2457-2482: Botrian Jak Khwam Rungrot Su Soknatakam* (1914年から39年までのタイ資本家の特質——栄光と悲劇の歴史からの教訓), Bangkok: Fuangfah Printing.

Phimpraphai Bisalputra. 2001. *Samphao Sayam: Tamnan Jek Bangkok* (サイアムの帆船——バンコクの中国人商人史), Bangkok: Nanmi Books.

Phiset Setsathian. 1999. *Lak Kotmai Borisat Mahachon Chamkat* (公開株式会社法要綱), Bangkok: Nithitham.

Phoemphon Phophoemhem. 1990. "Premier Group: Mua Suwit-Seri Osathanukhro Thot Nakak Na-thi-song (プレミア・グループ——スウィット, セーリー・オーサタヌクロが仮面を脱いだときの第二の顔)," *Phu Chatkan Rai-duan*, Vol. 7 No. 78, March: 115-133.

Phu Chatkan Rai-duan ed. 1984. "Khun-naphap Soesat Rakha Yuthi-tham: Thian Chokwatana (誠実な品質, 公正な価格——ティアム・チョークワッタナー)," *Phu Chatkan Rai-duan*, Vol. 2, No. 14, October: 57-72, 72.1-72.16.

Phu Chatkan Rai-duan ed. 1985. "Tamnan Lao Kan-muang: Hong Krahai Luat (ウィスキー政治の教科書——ホン [TCC グループ] は血に飢えている)," *Phu Chatkan Rai-duan*, Vol. 3, No. 27, December: 23-46, 46.1-46.4.

Phu Chatkan Rai-duan ed. 1986. "Sayam Kolakan Mot Yuk Thawon rue 'Phonprapha' (サイアムモーターズはターウォンの時代を終えたのか? それともポンプラパー家の時代か)," *Phu Chatkan Rai-duan*, Vol. 4, No. 38, November: 60-97.

Phu Chatkan Rai-duan ed. 1987. "Phu Chatkan Run Mai nai Saita 'Phu Chatkan' (『月刊支配人』が選ぶ新世代の経営支配人)," *Phu Chatkan Rai-duan*, Vol. 5, No. 47, August: 84-244.

Phu Chatkan Rai-duan ed. 1988a. "TPI: Thanaphonchai Phuk-khat chon Rao pen Thi-nung

(TPI——タナポンチャイはナンバーワンをめざして独占を図る)," *Phu Chatkan Rai-duan*, Vol. 5, No. 57, June: 104-116.
Phu Chatkan Rai-duan ed. 1988b and 1988c. "Thurakit Khrop-khrua (1) (2) (家族企業)," *Phu Chatkan Rai-duan*, Vol. 6, No. 59, August: 57-181; do, Vol. 6, No. 60, September: 89-189.
Phu Chatkan Rai-duan ed. 1989. "Cover Story: Tha Mai-mi Hang Nai Thiam (もし経営主ティアムがいなければ……)," *Phu Chatkan Rai-duan*, Vol. 7, No. 72, September: 52-102.
Phu Chatkan Rai-duan ed. 1990. "Somphop Amatayakun nai Sathanakan 'Samong Lai' thi IBM (ソムポップ・アマータヤグン——IBMタイランド社の〈頭脳流出〉の状況)," *Phu Chatkan Rai-duan*, Vol. 8, No. 85, October: 107-132.
Phu Chatkan Rai-duan ed. 1999. "Cover Story: Chumpol Na Lamlieng, Phom Phen Phiang Lukchang (チュムポン・ナラムリアン——私は従業員にすぎない)," *Phu Chatkan Rai-duan*, Vol. 16, No. 190, July: 34-71.
Phu Chatkan Rai-dian ed. 2000a. "CP Satawat thi 21: Phara Sut-thai Thanin Chearavanont (21世紀のCP——タニン・チアラワノン)," *Phu Chatkan Rai-duan*, Vol. 17, No. 197, February: 56-83.
Phu Chatkan Rai-duan ed. 2000b. "Buang-luk Khwam Khit Banthun Lamsam: Thanakhan Pen Ruang Sakon (バントゥーン・ラムサムの深遠な考え——銀行はユニバーサルな存在である)," *Phu Chatkan Rai-duan*, Vol. 17, No. 197, Bangkok, February: 84-111.
Phu Chatkan Rai-duan ed. 2000c. "Ngoen Phanphon: Sanyan Kan Fun Tua khong (配当——事業回復のシグナル)," *Phu Chatkan Rai-duan*, Vol. 17, No. 199, Bangkok, April: 162-164.
Phu Chatkan Rai-duan ed. 2000d. "Cover Story: Prachai Leaophairatana: Local Hero (プラチャイ・リアオパイラット——ローカルの英雄)," *Phu Chatkan Rai-duan*, Vol. 17, No. 200, Bangkok, May: 62-88.
Phu Chatkan Rai-duan ed. 2003. "Phon-ngan Samruat Khanen-niyom Role Model Manager (モデル経営者に関する人気投票の結果)," *Phu Chatkan Rai-duan*, Vol. 21, No. 239, August: 109-117.
Phu Chatkan Rai-duan ed. 2004. "The Great Challenge," *Phu Chatkan Rai-duan*, Vol. 22, No. 244, January: 90-104.
Pichet Maolanond and Nobuyuki Yasuda. 1985. *Corporation and Law in ASEAN Countries: A Case Study of Thailand*, Tokyo: Institute of Developing Economies.
Plaioo Chananon. 1987. *Nai-thun Phokha kap Kan Ko-tua lae Khayai-tua khong Rabop Thun-niyom nai Phak Nua khong Thai Pho. So. 2464-2523* (北タイにおける商人資本家と資本主義体制の形成・拡大，1921-1980年), Bangkok: Sangsan.
Prachachat Thurakit ed. 1988. *Poet-tua 'Khun-khlang' 15 Phak Kan-muang Thai: Yon Prawatsat 50 Pi khong Nak Thurakit Kan-muang* (15政党の資金源公表——政治資本家の50年略史), Bangkok: Prachachat Thurakit.
Prida Karnasuta. 1997. *Suepsai Sakun Karnasuta* (ガンナスート家の家系の歴史), Bangkok, December 12 (unpublished).
Riggs, Fred W. 1966. *Thailand: The Modernization of a Bureaucratic Polity*, Honolulu: East-West Center Press.
Robison, Richard. 1986. *Indonesia: The Rise of Capital*, Sydney: Allen & Unwin.

Rose, Mary B. 1993. "Beyond Buddenbrooks: the Family Firm and the Management of Succession in Nineteenth-century Britain," in Brown and Rose eds. [1993].
Rose, Mary B. ed. 1995. *Family Business*, The International Library of Critical Writings in Business History, Vol. 13, Aldershot UK : Edward Elgar Publishing.
Rung-arun Suriyamani. 1990. "Tejapaibul : Thang Khrai Thang Man (テーチャパイブーン家——各自それぞれの道を進む)," *Phu Chatkan Rai-duan*, Vol. 7, No. 82, July : 92-137.
Saha Pathana Inter-Holding Co., Ltd. ed. 1987. *Saha Group*, Bangkok : Saha Pathana Inter-Holding Co., Ltd.
Sahaviriya Group. 1990. "Sahaviriya Plans to Set Up Iron Ore Smelter," *Bangkok Post*, September 12, 1990.
Sahaviriya Group. 1991. "Sahaviriya OA Group," *Krungthep Thurakit*, August 10-16, 1991.
Sakkarin Niyomsilpa. 2003. "Telecommunications, Rents and the Growth of Liberalization Coalition in Thailand," in K. S. Jomo and Brian C. Folk eds., *Ethnic Business : Chinese Capitalism in Southeast Asia*, London : Routledge Curzon.
Sato, Yuri. 2004. "Corporate Ownership and Management in Indonesia : Does It Changes ?", in M. Chatib Basri and Pierre van der Eng eds., *Business in Indonesia : New Challenges, Old Problems*, Research School of Pacific and Asian Studies, The Australian National University.
Securities and Exchange Commission of Thailand (SEC). 2000. *Capital Market Performance 1999*, Bangkok : SEC.
SET (Securities [Stock] Exchange of Thailand ; Talat Laksap haeng Prathet Thai) ed. *Surup Kho Sonthet : Borisat Chot-thabian, Borisat Rap-Anuyat* (上場登録企業，上場認可企業情報集), 1989 edition, 1990 edition, 1992 edition, 1994 edition, Bangkok.
SET (The Stock Exchange of Thailand). *Fact Book*, annually, various issues, 1987-2005.
SET. 1996. "New Sectors for Industry," *SET Journal*, Vol. 1, No. 2, November : 6-12.
SET. 1997a. "Corporate Governance Survey in Thailand," *SET Journal*, Vol. 1, No. 7, April : 6-16.
SET. 1997b. *Thailand Listed Company 1997*, Bangkok : SET.
SET. 1999. *The Stock Market in Thailand*, Bangkok : SET.
SET. 2000. *CD-ROM Listed Company Info 1999 Q1/Q2 and Q3/Q4*, Bangkok : SET.
SET. 2001. *CD-ROM Listed Company Info 2000 Q1/Q2 and Q3/Q4*, Bangkok : SET.
SET. *Annual Report of SET*, annually, 1990-1999.
SET. *Warasan* (Journal), monthly, various issues.
Shin Corporations PLC. 1999. *SHIN Corporations Public Limited Company Annual Report 1998*, Bangkok : SET.
Shin Corporations PLC. 2000. *Rai-ngan Pracham Pi 2542 Baep 56/1* (56/1 形式による1999年度報告書), Bangkok : SET, April 1.
Shirai, Sayuri. 2001. *Overview of Financial Market Structures in Asia : Cases of the Republic of Korea, Malaysia, Thailand and Indonesia*, ADB Institute Research Paper No. 25, Tokyo : ADBI, September.
Shleifer, Andrei and Robert W. Vishny. 1997. "A Survey of Corporate Governance," *Journal of Finance*, No. 52 : 737-783.
Siam Cement Co., Ltd. 1983. *Pun-siment Thai 2456-2526* (サイアムセメント社70年史,

1913-1983 年), Bangkok : Siam Cement Co., Ltd.
Siam Cement PLC ed. 2001. *The Siam Cement Annual Report 2000*, Bangkok : Corporate Headquarters.
Sida Sonsri. 1988. *Phumilang Nak-thurakit Thai* (タイ実業家のプロフィール), A Project of the Social Science Association of Thailand, Bangkok : Master Press.
Skinner, William G. 1957. *Chinese Society in Thailand : An Analytical History*, Ithaca : Cornell University Press.
Skinner, William G. 1958. *Leadership and Power in the Chinese Community of Thailand*, Ithaca : Cornell University Press.
So. Po. Ro. ed. 1998. *Rai-ngan Phon-kan Wikhro lae Winitchai Kho Thetjing Kiaowkap Sathanakan Wikrit Thang Setthakit* (経済危機の状況に関する真実の分析結果報告書), Bangkok : TDRI Foundation.
Sombun Chiraphanathon et al. 1996. "Special Issue : Fin One," *Corporate Thailand*, July : 42-80 (タイ語).
Somchai Wiriyabantitkun. 1990. *Saha Phathana : To Laew Taek lae Taek Laew To* (サハパッタナー・グループ——成長しては分裂し，分裂しては成長する), Bangkok : Phuchatkan.
Somchai Wongsaphak. 1991. "Pin Sue Filatex Phua Arai (ピン氏は何のためにフィラテックス社を買収したのか)," *Phu Chatkan Rai-duan*, Vol. 9, No. 98, November : 86-95.
Songkiat Chatwattananon. 1987. "Taoke Kiat Srifuengfung : Mangkon Phonthale Khuntin (頭家キアット・シーフアンフング——中国移民の龍，故郷に帰る)," *Phu Chatkan Rai-duan*, Vol. 5, No. 50, November : 116-130.
Sorakon Adunyanon. 1993. *Thaksin Shinawatra : Assawin Khlun Luk thi Sam* (タクシン・チナワット——第三の波の騎士), Bangkok : Matichon.
Srivikorn Group. 1986. "Klum Srivikorn (シーウィゴーン・グループ)," in Marthuphum Thurakit ed., *Klum Borisat Thurakit Khanat-yai* (大規模企業集団), Vol. II, Bangkok : Marthuphum Thurakit Co., Ltd.
Stokman, Frans N., Rolf Ziegler and John Scott. 1985. *Networks of Corporate Power*, Cambridge : Polity Press (上田義朗訳『企業権力のネットワーク——10ヶ国における役員兼任の比較分析』文眞堂，1993 年).
Suehiro, Akira. 1985. *Capital Accumulation and Industrial Development in Thailand*, Bangkok : Chulalongkorn University Social Research Institute.
Suehiro, Akira. 1989a. *Capital Accumulation in Thailand 1855-1985*, Tokyo : UNESCO The Centre for East Asian Cultural Studies.
Suehiro, Akira. 1989b. "Bangkok Bank : Management Reforms in Thai Commercial Bank," *East Asian Cultural Studies*, Vol. 28, Nos. 1-4, March : 101-125.
Suehiro, Akira. 1993. "Family Business Reassessed : Corporate Structure and Late-starting Industrialization in Thailand," *The Developing Economies*, Vol. 31, No. 4 : 378-407.
Suehiro, Akira. 1998. "Modern Family Business and Corporate Capability in Thailand : A Case Study of the CP Group," *Japanese Yearbook on Business History*, Vol. 14 : 31-58.
Suehiro, Akira. 2001. *Family Business Goes Wrong ? : Ownership Pattern and Corporate Performance in Thailand*, ADB Institute Research Paper No. 19, Tokyo : ADBI, May.
Suehiro, Akira. 2003. "Determinants of Business Capability in Thailand," in Jomo, K. S. and Brian C. Folk eds., *Ethnic Business : Chinese Capitalism in Southeast Asia*, London :

Routledge Curzon.
Suehiro, Akira and Natenapha Wailerdsak. 2004. "Family Business in Thailand : Its Management, Governance and Future Challenges," *ASEAN Economic Bulletin*, Vol. 21, No. 1, April : 81-93.
Sujit Chaiyatrakunchai. 1988. "Osathanukhro Tek Heng Yoo : Yuk Totsop Khwam Kraeng khong Runthi 4(オーサタヌクロ=テクヘンユー——4代目の実力が試される時代)," *Phu Chatkan Rai-duan*, Vol. 5, No. 56, May : 66-84.
Suliman Narimon Wongsuphap. 2001. *Saoyai Trakun 'Nganthawee' : Laewithee lae Phalang Mangkon Tai*, (振徳ンガーヌタウィー家の族譜——南タイの龍の発展パターンと実力), Bangkok : Samnak-ngan Kong-thun Sanapsanun Kan Wichai (So. Ko. Wo.).
Sungsit Phiriyarangsan. 1986. *Thun-niyom Khun-nang Thai Pho. So. 2475-2503*(タイ官僚資本主義 1932-1960年), Bangkok : Sangsan.
Suphaphon Jaranphat. 1979. "Phasi Fin kap Nayobai dan Kan Khlang khong Rattaban Thai, Pho. So. 2367-2468,"(アヘン税とタイ政府の財政政策——1824-1925年), Master Thesis, History, Chulalongkorn University.
Suprani Khong-nirandonsuk. 1993. "Lokanuwat MBA : Nak-thurakit Saiphan Mai(ブームの中のMBA——新人類の経営者)," *Phu Chatkan Rai-duan*, Vol. 11, No. 120, September : 124-142.
Suprani Khong-nirandonsuk. 1996. "Pin Chakkaphak : Lok Si-goen thi Kamlang Sotsai(ピン・チャッカパーク——明るさを増す灰色の世界)," *Phu Chatkan Rai-duan*, Vol. 13, No. 151, April : 94-117.
Surachai Chetchotisak. 1997. "Surachai Chetchotisak : R. S. Promotion Prakat Ching Talat Phleng Wai-run(スラチャイ・チェートチョーティサック——R. S. Promotion 若者の音楽市場の制覇を宣言)," *Who's Who in Business & Finance*, Vol. 3, No. 28, February : 36-48.
Suthiwong Phongphaibun, Dilok Wutiphanit and Prasit Chinakarn. 1997. *Chin Taksin : Withi lae Phalang*(泰南冠華), Bangkok : Samnak-ngan Kong-thun Sanap Sanun Kan-wichai (So. Ko. Wo.).
Talat Laksap haeng Prathet Thai ed.(タイ証券取引所編) *Nangsue Wien Talat Laksap haeng Prathet Thai 1990-1999 : Khamsang lae Prakat*(SET 文書集 1990-1999年: 指示と布告), Bangkok : SET Library.
Talat Laksap haeng Prathet Thai ed. 1990. *Sarup Kho-sonthet : Borisat Chot-thabian Borisat Rap-anuyat, Bo. Cho. 2532*(仏暦 2532年=西暦 1989年, タイ上場・認可企業情報集), 2 volumes, Bangkok : SET.
Tara Siam Business Information Ltd. ed. 1993a. *Thai Telecommunications Industry 1993/94*, Bangkok : Tara Siam Business Information Ltd.
Tara Siam Business Information Ltd. ed. 1993b. *Thai Business Groups 1992/93 : A Unique Guide to Who Owns What*, Bangkok : Tara Siam Business Information Ltd.
Tara Siam Business Information Ltd. ed. 1996. *Thai Business Groups 1995/96 : A Unique Guide to Who Owns What*, Bangkok : Tara Siam Business Information Ltd.
TelecomAsia PLC. 2000. *Baep Sadaeng Rai-kan Kho-mun Baep 56/1, 2543*(2000年の 56/1 形式にもとづく情報関係報告書), Bangkok : SET.
Thai Bond Dealing Centre ed. 2000. *Thai BDC Profile 2000*, Bangkok. BDC.
Thai Bond Dealing Centre ed. 2001. *Thai BDC Profile 2001*, Bangkok. BDC.

Thai Farmers Bank PLC. 2000. *Baep Sadeng Rai-kan Kho-mun Pracham (Baep 56/1) Sin Pi Banchi 2542* (56/1 形式による報告書：1999 年度末), Bangkok：SET, March.

Thai Farmers Bank PLC. 2001a. *Changing to Meet the Future : Report & Balance Sheet as of December 31, 2000*, Bangkok：SET, March.

Thai Farmers Bank PLC. 2001b. *Pliangplaeng phua Rap kap Anakhot : Rai-ngan Khana Kamakan lae Ngop-dun na Wan thi 31 Thanwakhom 2543* (未来を見据えた変化——役員会報告と財務報告書, 2000 年 12 月 31 日), Bangkok：SET, April.

Thai Pineapple Public Company (The). 1999. *Baep 56/1 Na Sin Pi Banchi 2541* (会計年度 1998 年末, 56/1 形式報告書), Bangkok：SET, April 5.

Thai Union Frozen Products PLC. 2000. *Rai-ngan Baep 56/1 Pi 2542* (1999 年度 56/1 形式報告書), Bangkok：SET.

Thanawat Sap-phaibun. 1999. *Thanin Chearavanont : Phu Kriangkrai nai Yutthachak Nak-thurakit Lok* (タニン・チアラワノン——世界ビジネス戦争の中の大物), Bangkok：Krungthep Thurakit.

Thanawat Sap-phaibun. 2000a. *55 Trakun Dang, Phak 1* (55 有名家族, 第 1 部), Bangkok：The Nation Multi Media Group.

Thanawat Sap-phaibun. 2000b. *Rua Chiwit Chaosua Luat Mangkon Trakun Lamsam* (龍の華人富裕者〔座山〕ラムサム家の生涯), Bangkok：The Nation Multi Media Group.

Thanawat Sap-phaibun. 2001a. *Tamnan Chiwit Chaosua : 55 Trakun-dang, Phark 2* (華人富裕者座山, 史略——55 有名家族, 第 2 部), Bangkok：The Nation Multi Media Group.

Thanawat Sap-phaibun. 2001b. *Sutyot Chaosua Thai : Phu Kriangkrai nai Yutthachak Thurakit Kan Kha* (華人富裕者〔座山〕の最高峰——ビジネス戦争の中の大物), Bangkok：Double Nine.

Tharin Nimmanhaeminda et al. (Krasuwang Kan-khlang) eds. 2001. *Naewthang Kan Kaekhai Wikrit Setthakit Thai khong Rattaban Chuwan 2* (チュアン第 2 期政権下の経済危機解決の方針), Bangkok：Saengdao-Soi Thong.

Thavon Phornprapha. 1976. *Banthuk Khwam Songjam Nuang nai Okat Ayu Khrop 60 Pi Thavon Phornprapha* (ターウォン・ポーンプラパー, 60 歳還暦を記念した回想伝), Bangkok, November 16, 1976.

Titimet Phokchai ed. 1999. "Banker Thai Yuk Phalat Phaendin (王位簒奪期のタイのバンカーたち)," *Phu Chatkan Rai-duan*, Vol. 17, No. 194, November：44-86.

Tong Chee Kiong. 1989. "Centripetal Authority, Differentiated Networks : The Social Organization of Chinese Firms in Singapore," Working Paper No. 99, Department of Sociology, National University of Singapore.

TPG Group ed. 1997. *Who's Who Thailand Executives 1997/98*, Bangkok：TPG Group.

TPI (Thai Petrochemical Industry PLC) ed. 1996. *TPI Kaosu Phu-nam Rabop Utsahakam Pitorokhemi Khrop Wongchon* (統合的石油化学産業体制のリーダーに向かう TPI), Bangkok：TPI PLC, December.

TPI. 1998. *Rai-ngan Baep 56/1 Pi 2541* (1998 年度 56/1 形式報告書), Bangkok：SET.

United Communication Industry PLC. 2000. *Rai-ngan Baep 56/1 Pi 2543* (2000 年度 56/1 形式報告書), Bangkok：SET.

Useem, M. 1984. *The Inner Circle : Large Corporations and the Rise of Business Political Activity in the U. S. and U. K.*, New York：Oxford University Press (岩城博司・松井

和夫監訳『インナー・サークル──世界を動かす陰のエリート群像』東洋経済新報社, 1986年).
Veerasak Sonsuan. 1996. *Big Business in Thailand : Profiles of Prominent Thai Business Groups*, Bangkok : AMIC Co., Ltd.
Veerasak Sonsuan. 2000. *Super Families in Thailand : Profiles of Prominent Thai Business Groups* (Big Business in Thailand Vol. II), Bangkok : AMIC Co., Ltd.
Wanit Thanakorn. 1996. "Thurakan haeng Thosawat (10年間の下働き)," *Corporate Thailand*, July.
Wanthana Phansawang ed. 2004. *Aphirak Kosayothin : Khwam Fan, Khwam Mungman lae Chiwit thi-Luak-dai* (アピラック・ゴーサヨーティン──彼の夢, 想い, 選んだ人生), Bangkok : Samnak-phim DMG.
Who's Who in Business & Finance ed. 1996. "Special Issue : 500 Setthi Talat Hun Thai (タイ証券市場における富裕者500名)," *Who's Who in Business & Finance*, Vol. 3, No. 25, November : 12-206.
Wichai Suwannaban. 1993. *C. P. Thurakit Rai Phromathen* (CPグループ, 終わりなき事業拡大), Bangkok : Thang Setthakit.
Wiener, Martin. 1981. *English Culture and the Decline of the Industrial Spirit, 1850-1980*, Cambridge : Cambridge University Press (原剛訳『英国産業精神の衰退』勁草書房, 1984年).
Wijak Worabanthit. 2004. *33 Nak-thurakit Chan-nam Chaothai Chuasai Chin* (33名の華人系タイ人の実業家リーダー), Bangkok : Wannasan.
Wilai Laohakun. 1996. "Port Saen Lan Samnak-ngan Sapsin (王室財産管理局のポートフォリオは, 1000億バーツを超える)," *Who's Who in Business & Finance*, Vol. 2, No. 16, February : 105-107.
Wimonphan Pitathawatchai. 2000. *Sarasin Sawamiphak* (国王への忠義サーラシン家), Bangkok : Kai-marut.
Wilson, Constance. 1970. "State and Society in the Reign of Mongkut 1851-1868 : Thailand on the Eve of Modernization," Ph. D dissertation, Cornell University.
Wirat Saengthongkham. 1986. "Mah Bunkhrong : Anuson haeng Chokchata Sirichai Bulakun (マーブンクロン──シリチャイ・ブーラグンの強運を祝す)," *Phu Chatkan Rai-duan*, Vol. 3, No. 35, August : 82-126.
Wirat Saengthongkham. 1987. "Songkhram Khrang Sut-thai : Sawang Laohathai (最後の戦いか?──サワーング・ラオハタイ)," *Phu Chatkan Rai-duan*, Vol. 4, No. 40, January : 34-51.
Wirat Saengthongkham. 1998a. *Amnart Thurakit Mai Yuk IMF* (IMF時代の新しい経営支配権), Bangkok : P. Press.
Wirat Saengthongkham. 1998b. *Thanakhan Thai Lom Salai* (タイ系商業銀行の崩壊), Bangkok : P. Press.
Wirat Saengthongkham. 1999. "Kan Prap-tua Khrang-yai khong Thaksin Shinawatra (タクシン・チナワットの大規模な自己改造)," *Phu Chatkan Rai-wan*, January 26, 28, 29.
Wirat Saengthongkham. 2001. "Banthun Lamsam : Change Agent," *Phu Chatkan Rai-duan*, Vol. 19, No. 215, August : 74-81 (タイ語).
Wirat Saengthongkham and Banharn Laohawilai. 2004. *Banthun Lamsam : Thanarachan Khlun Lukmai* (バントゥーン・ラムサム──新世代の銀行王), Bangkok : Samnak-

phim Kaeowilai.

Wirat Saengthongkham and Bunsiri Nambunsri. 1986. "Chirathiwat lae Hang Central Kamlang-cha Phan Khao-su Yuk-thi Sam : Yuk-thi Hang Central Acha mai-chai Khong Chirathiwat (チラーティワット家とセントラル百貨店は第3世代を迎える——セントラル時代はもはやチラーティワット家のものではない)," *Phu Chatkan Rai-duan*, Vol. 4, No. 37, October : 112-122.

Wirat Saengthongkham, Panthop Tangsriwong and Somsak Damrong-suntharachai. 2003. *70 Pi Chirathiwat, Ying Su Ying To* (チラーティワット家の70年——セントラル，頑張れば頑張るほど大きくなる), Bangkok : Nam Akson Kan-phim.

Wirawan Wiwattanakantang. 1990. "Soon Hua Seng : Thewada Tok Sawan (スンフアセン——天国から転落した天使)," *Phu Chatkan Rai-duan*, Vol. 7, No. 77, February : 113-137.

Wirawit Kitchamongkhon. 2000. *Banthun Lamsam : Assawin Kan Ngoen heang Asia* (バントゥーン・ラムサム——アジアにおける金融界の騎士), Bangkok : Ban Mongkhon.

World Bank. 1998. *East Asia : The Road to Recovery*, Washington D. C. : The World Bank (柳原透監訳『東アジア——再生への途』東洋経済新報社，2000年).

World Bank. 1999. *Global Economic Prospects and the Developing Countries 1998/99 : Beyond Financial Crisis*, Washington D. C. : The World Bank.

World Bank. 2000. *East Asia : Recovery and Beyond*, Washington D. C. : The World Bank.

World Bank. 2001. *World Development Report 2002 : Building Institutions for Markets*, Washington D. C. : The World Bank.

World Bank. Office Bangkok. *Thailand : Social and Structural Review, Beyond the Crisis : Structural Reform for Stable Growth*, Report No. 19732. January (http://www.worldbank.or.th).

Wray, William D. ed. 1989. *Managing Industrial Enterprise : Case from Japan's Prewar Experience*, Cambridge, Mass. : Harvard University Press.

Wright, Arnold and Oliver T. Breakspear. 1908. *Twentieth Century Impression of Siam : Its History, People, Commerce, Industries, and Resources*, London : Lloyd's.

Wu, Y. L. and C. H. Wu. 1980. *Economic Development in Southeast Asia : The Chinese Dimension*, Stanford : Hoover Institute Press.

Young Executive ed. 1987. "Kan Toepto khong CP : Borisat Kham-chat Rairaek khong Thai (CPの成長——タイ最初の多国籍企業)," *Young Executive*, Vol. 2, No. 12, September.

4 葬式頒布本（タイ語）

Arkon Hoontrakul. 2000. "Prawat Nai Arkon Hoontrakul," in *Thi Raluk nai Wara Khlai Wan-koet Khun Arkon Hoontrakul*, August 22, 2000, Bangkok (b. 1945/08/22, d. 2000/03/04).

Bancha Lamsam. 1992. *A Cremation Book of Nai Bancha Lamsam*, 3 volumes, Bangkok, August 22, 1992 (b. 1924/01/12, d. 1992/07/18).

Banjong Cholvijarn. 1967. *A Cremation Book of Nai Banjong Cholvijarn*, Bangkok, March 7, 1967 (b. 1899/03/08, d. 1966/10/12).

Banjurd Cholvijarn. 1998. *A Cremation Book of Nai Banjurd Cholvijarn*, Bangkok, March 28, 1998 (b. 1913/02/26, d. 1997/10/31).

Bhirom Bhakdi, Phraya (Boonrod Bhirom Bhakdi). 1950. "Prawat Phraya Bhirom Bhakdi kap Prawat Rong Bia," in *A Cremation Book of Phraya Bhirom Bhakdi*, Bangkok : Na Meru Wat Makutkasatriyaram, July 12, 1950 (b. 1872, d. 1950/3/23).

Bunkhrong Bulkul. 1980. *A Cremation Book of Nang Bunkhrong Bulkul*, Bangkok, Na Meru Wat Thepsirintharawat, February 9, 1980 (b. 1906/02/05, d. 1979/11/05).

Chai Cholvijarn. 1977. *Anusorn Phrarachathan Phloengsop Khun Chanikasikarn*, Bangkok : Na Meru Wat Makutkasatiriyaram, December 29, 1977 (b. 1889/09/27, d. 1977/02/25).

Chaloem Prachuabmoh. 1998. *A Cremation Book of Nai Chaloem Prachuabmoh*, December 19, 1998 (b. 1918/12/06, d. 1998/09/05).

Chaloem Pungtrakul. 1962. *A Cremation Book of Nai Chaloem Pungtrakul*, Bangkok, December 27, 1962 (b. 1893/09/27, d. 1961/12/04).

Chamni Visawaphonbun. 1996. *A Cremation Book of Nai Chamni Visawaphonbun*, Bangkok, Na Meru Wat Thammongkhon, January 14, 1996 (b. 1918/10/31, d. 1995/10/05).

Chanyo Penyajati. 1989. *Anusorn Ngan Phrarachathan Phloengsop Sasatarajan Nai Phaet Chanyo Penyajati*, Bangkok : Na Meru Wat Thatuthong, May 28, 1989 (b. 1921/02/19, d. 1989/02/10).

Chaweng Kiangsiri. 1982. *A Cremation Book of Nai Chaweng Kiangsiri*, Bangkok : Na Meru Wat Thatuthong, March 25, 1982 (b. 1903/04/11, d. 1981/12/22).

Chian Vanich. 1981. *Anusorn Nai Chian Vanich*, Na Susan Trakun Wanit, Amphoe Muang, Phanga, April 7, 1981 (b. 1906/12/10, d. 1981/03/21).

Chin Sophonpanich. 1988. *Nai Okat Sadet Phraracha-damnoen Prarachathan Phloengsop Nai Chin Sophonpanich*, Bangkok, Na Meru Wat Theprsirintharawat, April 9, 1988 (b. 1910/11/10, d. 1988/01/13).

Chua Phenphakkun. 1985. *Anusorn nai Kan Napan Kichasop Nai Chua Phenphakkun*, Bangkok : Na Meru Wat Trithosathep, December 24, 1985 (b. 1896/10/13, d. 1985/10/13).

Chulin Lamsam. 1966. *A Cremation Book of Nai Chulin Lamsam*, Bangkok, February 20, 1966 (b. 1904/12/01, d. 1965/10/05).

Ek Visakul. 1983. *Bananusorn Ngan Prachum Phloengsop Nai Ek Visakul*, Bangkok : Na Meru Wat Thatuthong, February 19, 1983 (b. 1897/09/23, d. 1983/01/26).

Ekachai Karnasuta. 1979. *A Cremation Book of Nai Ekachai Karnasuta*, Bangkok, n. d. (b. 1947/03/30, d. 1979/04/09).

Jamrat Panyarachun. 1986. *A Cremation Book of Nai Jamrat Panyarachun*, Bangkok, November 3, 1986 (b. 1905/01/08, d. 1986/07/13).

Jaran Jotikasthira. 1970. "Ton Trakun Jotikasthira," in *A Cremation Book of Luang Sathianchotisarn (Jaran Jotikasthira)*, Na Meru Wat Thepsirintharawat, November 12, 1970 (b. 1900/03/18, d. 1970/08/17).

Jarng Rattanarat, Dr. 1993. *A Cremation Book of Dr. Jarng Rattanarat*, Bangkok, August 22, 1993 (b. 1904/04/26, d. 1993/05/06).

Jaroen Jotikasthira. 1936. *A Creamtion Book of Phraya Phiphithaphan-wijan (Jaroen Jotikasthira)*, Bangkok, February 28, 1936 (b. 1871/05/19, d. 1936/02/28).

Jian Kowattana. 1968. *A Cremation Book of Nai Jian Kowattana*, Bangkok, March 30, 1958 (b. 1876/08/01, d. 1957/03/19).

Juti Boonsoong. 1982. *A Cremation Book of Nai Juti Boonsoong*, Phang-nga, Amphoe Takuapa : Na Meru Wat Sirikhet, October 14, 1982 (b. 1910/01/17, d. 1982/10/01).

Kamjai Iamsuri. 1998. *A Cremation Book of Nai Kamjai Iamsuri*, Bangkok, October 18, 1998 (b. 1931/06/30, d. 1998/06/29).
Kasem Lamsam. 1963. *A Cremation Book of Nai Kasem Lamsam*, Bangkok, May 11, 1963 (b. 1915/07/26, d. 1962/07/07).
Khosit Vejjajiva. 1964. *A Cremation Book of Nai Khosit Vejjajiva*, Bangkok : Na Meru Wat Thepsirintharawat, April 17, 1964 (b. 1899/04/10, d. 1962/05/21).
Khu Hak Ping Wattanavekin. 1976. "Rai Nam But Lan Trakun Wattanavekin," in *Anuson Khun Pho Khu Hak Ping* (丘學彬), *Khun Mae Lu Kim Tek* (盧金德), Bangkok, December 22, 1976 (華語とタイ語).
Lek (Teck) Komet. 1962. Ho Kan-kha Thai ed., *Lek Komet Anuson*, Bangkok, Na Meru Wat Makutkatriyaram, May 5, 1962 (b. 1892/02/15, d. 1962/01/18).
Lert Shinawatra. 1997. *A Cremation Book of Nai Lert Shinawatra*, Chiang Mai, November 3, 1997 (b. 1919/10/10, d. 1997/10/22).
Liao Kong Po Srethbakdi (Khun Srethbakdi, Yai Srethbakdi). 1981. *A Cremation Book of Nai Khun Setthapakdi* (廖公圃), Bangkok : Wat Thepsirintharawat, February 21, 1981 (b. 1892/01/07, 1980/11/18) (華語とタイ語).
Luan Buasuan. 1956. *A Cremation Book of Nai Luan Buasuan*, Bangkok, 1956 (b. 1913, d. 1956/03/31).
Lukchan Piyaoui. 1983. *A Cremation Book of Nang Lukchan Piyaoui*, Bangkok, April 26, 1983 (b. 1892/01/24, d. 1983/02/26).
Phairot Chaiyaphorn. 2001. *A Cremation Book of Nai Phairot Chaiyaphorn*, Bangkok : Na Meru Wat Thatuthong, September 12, 2001 (b. 1933/10/01, d. 2001).
Phaisan Nandhabiwat. 1975. *A Cremation Book of Nai Phaisan Nandhabivat*, Bangkok : Na Meru Wat Thepsirintharawat, December 27, 1975 (b. 1920/02/15, d. 1975/11/08).
Pherm Laohasetti, Khunying. 1963. *A Cremation Book of Khunying Pherm Chodukrachasetthi (Laohasetti)*, Bangkok, Na Meru Wat Thepsirintharawat, February 11, 1963 (b. 1868/05/11, d. 1962/10/27).
Phermphum Vongvanij. 1998. *A Cremation Book of Nang Phermphum Vongvanij* : Buphakareebucha, Bangkok, 1998 (b. 1900/08/16, d. 1998/05/03).
Phisan Rattakul. 1979. *Anusorn Ngan Phrarachathan Phloengsop Nai Phisan Rattakul*, Bangkok : Na Meru Wat Thatuthong, June 24, 1979 (b. 1895/02/11, d. 1978/12/28).
Phisut Nimmanhaeminda. 1985. "Prawat Trakun Jutima lae Nimmanhaeminda," in *A Cremation Book of Nai Phisut Nimmanhaeminda*, Bangkok, July 10, 1985 (b. 1915/05/23, d. 1985/06/24).
Phong Jotikabukhana. 1933. *A Cremation Book of Phraya Choduk-rachasetthi (Phong Jotikabukhana)*, Bangkok, 1933 (b. 1876/06/27, d. 1933/07/23).
Phot Sarasin. 2000. *Anusorn Ngan Phrarachthan Phlonegsop Nai Phot Sarasin*, Bangkok : Na Meru Wat Thepsirintharawat, November 23, 2000 (b. 1905/03/25, d. 2000/09/28).
Prachajert Bisalputra. 1956. *A Cremation Book of Phra Niyomnarathirat (Prachajert Bisalputra)*, Bangkok : Na Meru Wat Makutkasatriyaram, June 20, 1956 (b. 1896/06/12, d. 1956/05/01).
Prachuap Bhirom Bhakdi. 1993. *Khit Thung Pho : A Cremation Book of Nai Prachuap Bhirom Bhakdi*, Bangkok, 1993 (b. 1911/01/02, d. 1993/07/01).
Prajak Sriboonruang. 1991. "Ton Sakun Sriboonruang," in *A Cremation Book of Roi Tree*

Prajak Sriboonruang, Bangkok, Na Meru Wat Thatuthong, October 27, 1991 (b. 1931/05/08, d. 1991/07/21).
Puey Ungpakorn. 1999. *A Cremation Book of Dr. Puey Ungpakorn*, Bangkok, November 4, 1999 (b. 1916/03/09, d. 1999/07/29).
Rong Bisolputra. 1972. *A Cremation Book of Nai Rong Bisolputra*, Bangkok, Na Meru Wat Tatuthong, January 22, 1972 (b. 1911/07/15, d. 1970/11/16).
Saeng Sukosol. 1967. *A Cremation Book of Nai Saeng Sukosol*, Bangkok : Na Meru Wat Makutkasatriyaram, June 26, 1967 (b. 1881, d. 1959/01/30).
Sahat Mahaguna. 1961. *Sahat Mahaguna Anusorn*, Bangkok : Aksorasat Printing House, November 22, 1961 (b. 1895/03/01, d. 1961/07/29).
Sai Jotikasthira . 1952. *A Cremation Book of Phraya Wisuthsakhonkit (Sai Jotikasthira)*, Bangkok : Na Meru Wat Benchamabophit, 1952 (b. 1865/10/20, d. 1951/06/27).
Salee Leedhavon. 1973. *A Cremation Book of Nang Salee Leedhavon*, Bangkok, 1973 (b. 1898/10, d. 1963/11).
Samrit Chirathivat. 1992. *A Cremation Book of Nai Samrit Chirathivat*, Bangkok, November 3, 1992 (b. 1925/12/12, d. 1992/07/10).
Sathit (Thian Shiang) Karnasuta. 1971. *A Cremation Book of Nai Sathit Karnasutra*, Bangkok, May 1, 1971 (b. 1893/09/29, d. 1971/02/27).
Sawai Horrungruang. 1996. *A Cremation Book of Nai Sawai Horrungruang*, Bangkok, August 10, 1996 (b. 1946/09/28, d. 1996/08/03).
Sawat Osathanugrah. 1986. *A Cremation Book of Nai Sawat Osathanugrah*, Bangkok, March 31, 1986 (b. 1900/01/27, d. 1985/12/22).
Siao Kheng Lian Siboonruang. 1941. *A Cremation Book of Nai Siao Kheng Lian Siboonruang*, Bangkok, April 29, 1941 (b. 1875/10/23, d. 1940/10/04).
Siew Kanchanachari. 1970. *A Cremation Book of Nai Siew Kanchanachari*, Bangkok : Na Meru Wat Makutkasatoryaram, July 22, 1970 (b. 1908/07/23, d. 1970/02/13).
Sin Phornprapha. 1972. *A Cremation Book of Nai Sin Phornprapha*, Amphoe Tha Muwong, Kanchanaburi, December 19, 1972 (b. 1909/11/23, d. 1971/09/20).
Somboon Kitaphanitch. 1998. *A Cremation Book of Than Nai Hang Sombun Kitaphanitch*, Bangkok, 1998 (b. 1922/11/10, d. 1998).
Somboon Nandhabiwat. 1995. *A Cremation Book of Nai Somboon Nandhabiwat*, Bangkok, December 16, 1995 (b. 1922/02/18, d. 1995/10/16).
Sompong Chinthammitr. 2000. *Anusorn Ngan Phrarachathan Phloengsop Sompong Chinthammitr*, Bangkok : Na Meru Wat Thepsirintharawat, December 20, 2000 (b. 1931/07/27, d. 2000/09/05).
Suvij Wanglee. 1994. *A Cremation Book of Nai Suvij Wanglee*, Bangkok, October 8, 1994 (b. 1928/12/19, d. 1994/08/19).
Tan Siew Meng Wanglee and Thongphun Wanglee. 1972. *A Cremation Book of Nai Tang Siew Meng Wanglee and Nang Thongphun Wanglee*, Bangkok, January 10, 1972 (Thongphun b. 1905/03/15, d. 1971/09/06).
Thiam Chokwatana. 1991. *A Cremation Book of Nai Thiam Chokwatana*, Bangkok, August 14, 1991 (b. 1916/05/14, d. 1991/06/29).
Thian Thavisin. 1973. "Prawat Sakun Thavisin," in *A Cremation Book of Nai Thian Thavisin*, Bangkok : Na Meru Wat Thepsirintharawat, November 4, 1973 (b. 1882/01/13,

d. 1973/04/15).
Thongyu Lamsam. 1967. *A Cremation Book of Nang Thongyu Lamsam (Wanglee)*, Bangkok, February 5, 1967 (b. 1880/03/20, d. 1966/10/26).
Trong Tantiwejkul. 1970. *A Cremation Book of Nai Trong Tantiwejkul*, Bangkok : Na Meru Wat Thatuthong, December 29, 1970 (b. 1893/05/01, d. 1970/09/23).
Ua Chu Liang. 1976. *Anusorn Nai Ua Chu Liang, In Memory of Mr. U. Chuliang*, 余子亮先生紀年集, Bangkok, July 14, 1976 (b. 1900/04/15, d. 1974/07/14) (華語, タイ語, 英語).
Ung Yuk Long Lamsam. 1940. *A Cremation Book of Nai Ung Yuk Long*, Bangkok, January 2, 1940 (b. 1880/08/26, d. 1939/10/09).
Winai Sermsirimongkon. 2000. *A Cremation Book of Nai Winai Sermsirimongkon*, Amphoe Banbung, Chonburi, December 9, 2000 (b. 1939/03/04, d. 2000/04/14).
Wu Tung Pak Lamsam. 1962. *A Cremation Book of Nai Wu Tung Pak*, Bangkok, February 26, 1962 (b. 1902/01/23, d. 1961/10/03).
Yip In Tsoi. 1970. *A Cremation Book of Nai Yip In Tsoi*, Bangkok, 1970 (b. 1898/11/09, d. 1969/12/30).

図表一覧

図序-1　バーリーとミーンズの「経営者支配論」 …………………………………… 3
図序-2　チャンドラーの近代産業企業と「経営者資本主義論」 ………………… 6
図序-3　ファミリービジネスの概念とその範囲 …………………………………… 13
図1-1　合股と聯号の概念図 …………………………………………………………… 32
図1-2　オーソットサパー＝プレミア・グループの事業多角化 ………………… 53
図1-3　オーソットサパー＝オーサタヌクロ家の経営体制（1980年代末，2003年）…… 54
図2-1　CPグループの創始者謝易初の死亡代告記事（1983年2月7日付『星暹日報』）…… 64
図3-1　ファミリービジネスの「発展モデル」 ……………………………………… 87
図3-2　SPIグループ＝チョークワッタナー家のグループ内企業所有関係 …… 93
図3-3　CPグループの事業展開の総括図（2000年3月現在） …………………… 94
図3-4　アメリカとタイの経営組織図 ………………………………………………… 97
図3-5　ファミリービジネスの「淘汰・生き残りモデル」 ………………………… 116
図5-1　陳家とワンリー家の家系図 …………………………………………………… 174
図6-1　タイ証券市場の展開（SET指標1985-2005年） …………………………… 227
図6-2　CPグループ・アグロインダストリーの所有構造の再編 ………………… 233
図6-3　CPグループとCPF社（アグロインダストリー）の所有構造再編（2000年12月以降） …… 235
図7-1　ラムサム家＝タイ農民銀行グループ（1999年） …………………………… 275
図7-2　ラムサム家の家系図と家族内分業（1996-2000年現在） ………………… 277
図7-3　タイ農民銀行の組織改革（2000年12月末現在） …………………………… 280
図終-1　ファミリービジネスの選択肢 ………………………………………………… 296

表序-1　アジア9ヶ国・地域とヨーロッパ5ヶ国の上場企業における究極の所有主（20%カットオフ基準，1997/98年データの調査） …… 10
表1-1　売上高上位企業の筆頭株主の分類と株式保有比率（1979年と88年） …… 37
表1-2　売上高上位企業の上位3大株主（1979年と88年） ………………………… 39
表1-3　売上高上位企業のトップ経営陣と株主の関係（1988年，N＝174）…… 41
表1-4　CPグループ傘下企業の所有構造（1980年代半ば） ……………………… 43
表2-1　タイにおけるファミリービジネスの比重（売上高上位100社の分布）…… 61
表2-2　所有別企業の売上高と総資産額の分布（1997年，上位100社，上位1000社）…… 66
表2-3　タイ主要所有主家族の人種別分布 …………………………………………… 68
表2-4　グループ内中核企業（母体企業）の設立年と業種別分布 ………………… 72
表2-5　ファミリービジネスの事業の継承形態（2000年現在，N＝212）……… 78
表2-6　総合得点の規模別，経営形態別220グループの分布（1997年） ………… 81

表 3-1	タイ・ファミリービジネスの家族投資会社，持株会社，出資会社	91
表 3-2	Saha Pathana Inter-Holding Public Company の所有構造（2000 年 4 月 4 日）	92
表 3-3	タイ上位 100 所有主家族の中核企業の株式保有と取締役会構成（1997 年）	96
表 3-4	タイ上場企業の経営執行委員会メンバーの属性別分布（2000 年調査）	107
表 3-5	TPI グループの創業者一族による排他的経営支配＝権威主義的経営体制（1996 年）	117
表 4-1	トップ経営陣と企業所有関係　六つの類型	126
表 4-2	タイの「新世代ビジネス・リーダー」120 名のプロフィール（1987 年調査）	129
表 4-3	タイ上場企業 259 社の社長・CEO の性差，年齢，学歴（2000 年調査）	132
表 4-4	タイ上場企業 259 社の社長・CEO のキャリア形成（2000 年調査）	133
表 4-5	バンコク銀行（BBL）とソーポンパニット一族の経歴	137
表 4-6	The Thai Pineapple（TIPCO 社）23 名の役員，経営幹部の学歴と経歴（1998 年）	140
表 4-7	主要電気通信グループの業績比較（1998-2003 年）	144
表 4-8	United Communication Industry（UCOM）PLC のトップ経営陣の学歴と経歴（1999 年末）	145
表 4-9	CP グループ，TelecomAsia PLC のトップ経営陣の学歴と経歴（1999 年末）	149-150
表 4-10	SHIN Corporation PLC の発展と機構改革年表（1983-2001 年）	153
表 4-11	SHIN グループのトップ経営陣の学歴と経歴（1999 年末）	154
表 4-12	芸能コンテンツ産業上場企業の業績比較（1998-2004 年）	158
表 4-13	BEC World PLC のトップ経営陣の学歴と経歴（1998 年）	160-161
表 4-14	Grammy Entertainment PLC のトップ経営陣の学歴と経歴（1998 年末）	163-164
表 5-1	1930 年代の主要ライス・ビジネス・グループ	178
表 5-2	タイ商業会議所ほかのメンバーと新興グループ（1930 年代）	181
表 5-3	4 大企業グループ＝ビジネス・ブロック（1945-58 年）	184
表 5-4	5 大金融コングロマリットによる金融・保険部門の経済支配（1980 年）	188
表 5-5	タイ系製造業グループの系譜と製造業への進出（1979 年現在）	191
表 5-6	製造業グループの製造業投資と合弁相手先（1979 年）	193
表 5-7	上位 100 グループの存続と新規参入（売上高合計ベース，1979 年と 97 年）	197
表 5-8	1997 年の上位 100 大所有主家族に含まれる新規参入組	200
表 5-9	財閥型ファミリービジネスの事業多角化（1980 年代から経済ブーム期）	203
表 5-10	タイ上場企業の所有形態別分布（20％カットオフ基準，1996 年，N＝448；2000 年，N＝433）	205
表 6-1	タイ売上高上位 5000 社の企業形態別分布（1997 年）	211
表 6-2	タイ証券市場の発展指標（1975-2005 年）	214
表 6-3	タイ，日本，アメリカの金融市場構造（1997-98 年）	216
表 6-4	タイにおける上場企業の資金調達とその源泉（1993-2000 年）	218
表 6-5	SET のコーポレート・ガバナンス調査結果（1996 年）	220

表6-6	タイ証券市場のグループ別取引額推移（1997-2004年）	229
表6-7	CPF社の主要株主の推移（1996-2001年）	237
表6-8	CPF社取締役会メンバーの構成（1996年12月-99年2月現在）	239
表6-9	CPF社の経営指標（1996-2001年，年末時）	240
表7-1	タイ地場商業銀行の分類と所有主の性格，不良債権比率（1998年）	247
表7-2	タイ地場商業銀行15行の経済危機後の所有構造変化（1996年，2000年）	249
表7-3	タイ地場商業銀行16行（13行）の預金高の推移（1961-2000年）	251
表7-4	5大商業銀行の所有主家族と主要株主の推移（1944-2000年）	253
表7-5	金融コングロマリットの所有主家族と経営トップの独占	255
表7-6	金融会社91行の所有グループと危機後の変化（1996年と97年危機後）	258
表7-7	ファイナンスワン（FIN）グループの企業買収	263
表7-8	ファイナンスワン社，ファイナンスワン・グループ（FIN）Groupの事業発展（1985-96年）	264
表7-9	タイ金融機関の不良債権金額とその比率の推移（1998-2003年）	268
表7-10	通貨危機後のタイ金融コングロマリットの崩壊	270-271
表終-1	タイにおけるファミリービジネスの比重(売上高上位100社の分布)	287
表終-2	上場企業の「究極の所有主」の分布（20%カットオフ，2005年6月現在）	290
表終-3	上場企業のセクター別主要企業の所有と経営	293
付表1	220グループ・所有主家族の一覧表（1997年現在）	304-311
付表2	220グループ・所有主家族の経済パフォーマンス（1997年現在）	312-319
付表3	主要35所有主家族の保有株式の時価総額別順位の推移（1995-2004年）	320-321
付表4	主要35所有主家族の保有株式の時価総額の推移（1995-2004年）	322-323

人名・家族名索引

* 人名については，タイ人は名を，欧米人は姓を記し，
（ ）内に原綴および/または漢字表記を示した。

ア 行

アート（Art Taolanonda） 149-150
青木昌彦 46
赤羽淳 300
アッサグン家 77
アッサワポーキン家 199, 295
アティワット（Athiwat Sap-phaithun） 26n
安部悦生 58n
安倍誠 19, 76n
アマレート（Amareth Sira-on） 221
アムスデン（Amsden, Alice） 142n, 300n
荒巻健二 208n
イアムスリー家 112, 177, 179
石井寛治 14n
伊丹敬之 46
伊藤正二 12n, 75n
今堀誠二 33
岩崎育夫 30n
ウアワッタナサグン家 252, 253
ウィーナー（Wiener, Martin） 27n, 35, 74
ウィチアン（Wichian Tejapaibul, 鄭偉昌） 254, 255, 266-267
ウィチャーク（Wijak Worabanthit） 26n
ウィチャイ（Wichai Maleenont, 徐漢光） 159, 160
ウィラット（Wirat Saengthongkham） 99n
ウー（Wu, Y.L..） 70n, 206
ウーチューリアン（Ua Chu Lian, 余子亮） 183, 184
ウォーラウィ（Voravi Wanglee, 陳天聰） 69
ウォンワーニット家 78, 79n
ウテーン（Udane Tejapaibul, 鄭午楼） 183, 184, 254-255, 267
幼方直吉 31n
ウンユックロン（Ung Yuk Long Lamsam, 伍毓郎） 276, 277
エーク（Ek Visakul, 韋翼八） 181
遠藤元 56, 99n
大泉啓一郎 213, 254
大河内暁男 7
オーサタヌクロ家 53-55, 190
オーラワン（Orawan Banthitkun） 172n

カ 行

ガーンチャナパート家 200
ガセーム（Kasem Lamsam, 伍克誠） 254, 255, 277
カッソン（Casson, Mark C.） 17, 84
カッペリ（Cappelli, Peter） 131n
金子由芳 244n
川上桃子 142n
ガンナスート家 70, 71n, 113-114, 114n, 199, 295
キアット（Kiat Srifuengfung, 鄭蔭亮） 183, 184, 191
橘川武郎 14n
クナナーンタグン家 117
グラース（Gras, Norman S.B.） 1
グライソン（Kraison Chansiri, 陳漢士） 118
クリット（Krit Rattanarak, 李智正） 255
グルークキアット（Kroekkiat Chaleechan） 263, 263n
グルークキアット（Kroekkiat Phiphatseritham） 24-26, 42, 186, 197, 254
クレッセンズ（Claessens, Stijn） 9-10, 60, 95n, 209n, 219, 289
小池賢治 12n, 18n
コー・フイジヤ（高暉石） 174-175
ゴープチャイ（Kopchai Chirathivat, 鄭聲興） 298
コーリ（Colli, Andrea） 108n
コッカ（Kocha, Jürgen） 7n, 122n, 151n
小林好宏 47, 52
ゴメツ（Gomez, Edmund） 206n

サ 行

サーラシン家　70, 239
サッカリン（Sakkarin Niyomsilpa）　142
サップサーコン家　139-142
佐藤百合　12n, 13, 71, 82n
サハット（Sahat Mahaguna, 張蘭臣）　183, 184
サムリット（Samrit Chirathivat, 鄭有華）　99, 298
サリット（Sarit Thanarat, 首相）　189, 190
サンシット（Sungsit Phiriyarangsan）　185n
シーフアンフング家　44, 51, 111-112
シアオケンリアン（Siao Kheng Lian Siboonruang, 蕭慶蓮）　180, 181
滋賀秀三　31n, 76-77, 76n
ジップインソーイ（Yip In Tsoi,）　262
シュンペーター（Schumpeter, J.A.）　58n, 124
ジョーンズ（Jones, Geoffrey）　8
白井早由里　217n
シリ（Siri Siriyothin）　184, 185
スキンナー（Skinner, William）　183, 184, 185n
スックリー（Sukree Bodiratanankura, 呉乾基）　46, 112
ストックマン（Stokman, Frans N.）　14n
スパチャイ（Supachai Chearavanont）　148-149
スプラニー（Suprani Khong-nirandonsuk）　108n
ソーポンパニット家　60, 79, 135-139, 186-189, 250, 252-255, 292
ソムバット（Sombat Kitjalaksana）　166, 167n
ソラゴーン（Sorakorn Adunyanon）　57n
ソンティ（Sonthi Limthongkul, 林明達）　121n

タ 行

ターウォン（Thavon Phornprapha, 陳龍堅）　44n, 191
ダーマーポング家　143n, 152, 154, 294
髙安健一　210n, 244n
タクシン（Thaksin Shinawatra, 首相）　67, 67n, 69, 103, 121n, 151, 153n, 156n, 230, 285
武田晴人　14n
田坂敏雄　213, 215
タナワット（Thanawat Sap-phaibun）　26n, 71n, 95, 278
タニン（Thanin Chearavanont, 謝國民）　99, 105, 148-149, 191, 239, 242
タノーム（Thanom Kittikajon, 首相）　189
タンシウメング・ワンリー（Tan Siew Meng Wanglee, 陳守明）　173, 174
タンフアンリー（陳彎利行）　173
チア・エックチアウ（謝易初）　43, 63, 93n, 99, 239
チア・シアウフイ（謝少飛）　43, 93n, 239
チアラワノン家　42-43, 92-94, 93n, 104, 115, 143, 148, 236, 294
チェートチョーティサック家　157, 158
チナワット家　67, 70, 143, 294
チャーチ（Church, Roy）　7, 8n, 84
チャートシリ（Chatsiri Sophonpanich, 陳智深）　135-138, 189, 254-255, 282
チャートリー（Chatri Sophonpanich, 陳有漢）　135-138, 189, 254-255, 269, 282
チャーン（Jarng Rattanarat）　105, 105n
チャイタット（Chaithat Tejapaibul, 鄭雲楼）　254, 255
チャイユット（Chaiyudh Karnasuta）　113
チャムノングシー（Jamnongsri Rattanin）　71n
チャワリット（Chavalit Thanachanan）　222
張映秋（チャン）　175
チャンシーチャワーラー家　68, 68n, 112, 263
チャンドラー（Chandler, Alfred Jr.）　5-6, 27, 50, 71, 80, 84-88, 98, 104, 122, 122n, 299-300
チュア（Chua Phenphakkun）　180, 181
チュアン（Chuan Rattanarak, 李木川）　186, 255
チューリン（Chulin Lamsam, 伍竹林）　179, 181, 276-277
チュワン（Chuwan Chinthammitra, 秦子萱）　77
チョイ（Choi, Chi-cheung, 蔡志祥）　174
チョークワッタナー家　90, 92-93, 298
チョート（Chote Lamsam, 伍栢林）　254-255, 276-277
チョート（Chote Sophonpanich, 陳永建）　137, 138, 189, 255
チョン・グヒョン　299

チョン・ジュヨン（鄭周永）　76n
チョンラナチット家　113, 295
チラーティワット家　99, 99n, 298
チン（Chin Sophonpanich, 陳弼臣）　56, 135-138, 183, 184, 186-188, 255, 282
チンタムミット家　78
ティアム（Thiam Chokwatana, 李興添）　50, 99, 105, 191
ティアン（Thian Chirathivat, 鄭汝常）　99
ティティメート（Titimet Phokchai）　249
ティラポン（Thiraphon Chansiri, 陳大地）　118
テーチャパイブーン家　186-188, 252-255, 253n
トン（Tong Chee Kiong, 唐志強）　29-30
ドンネリー（Donnelley, Robert G.）　1n

ナ　行

中川敬一郎　12n, 18, 34-35, 84
中村尚史　12n, 14n
ナビ（Nabi, Ijaz）　210, 219
南原真　44n, 179
沼崎一郎　12n, 29, 32
ネーナパー（Natenapha Wailerdsak）　79-80, 105-106, 125n, 131, 205, 225n
根岸佶　31, 76

ハ　行

パーウィダー（Pavida Pananond）　118n
パースック（Pasuk Phongpaichit）　67n, 143, 285
バーチ（Burch, Philip）　4n
ハーマン（Herman, E. S.）　4, 19
バーリー（Berle, A.A.）　2-4, 86, 89
パイブーン（Phaibul Damrongchaitam, 黄民輝）　157, 161-165, 297
パイブーン（Phaibul Limpaphayon）　154, 155
パオ（Pao Sriyanon）　184-186
ハガード（Haggard, Stephan）　206n
橋本寿朗　14n
服部民夫　12n, 71
濱下武志　173
ハミルトン（Hamilton, G.G.）　29
バンチャー（Bancha Lamsam, 伍班超）　69, 254, 255, 276, 277
バントゥーン（Banthun Lamsam）　69, 254, 255, 276-281
バンナポット（Bannaphot Damaphong）　153, 154
パンニー（Phanni Bualek）　177
バンヨン（Banyong Lamsam, 伍捷仁）　255, 276, 277
東茂樹　51, 201n, 210n
ピチェット（Pichet Maolanond）　40n
ピブーン（Phibul Songkhram, 首相）　178, 182-183, 186
平田光弘　4n
ピロムパクディー, プラヤー（Phraya Bhirom Bhakdi）　89, 180, 181
ピロムパクディー家　68, 88, 190-192
ピン（Phin Chunhawan）　184, 185
ピン（Pin Chakkaphak）　230, 261-264, 274
プーラウォーララック家　157, 292
ブーラグン家　177, 179, 179n
ブーラパチャイシー家　101n
深尾光洋　97n, 219n
藤本隆宏　152n
プラサーン（Prasarn Trairatvorakul）　226n, 254, 278, 281
プラスック家　177, 179, 274
プラチャイ（Prachai Leaophairatana, 廖漢渲）　104, 116-117
プラムワン（Pramuan Leaophairatana, 廖漢然）　103, 116-117
ブンクリー（Bunkhlee Plangsiri）　152-155
ブンソン（Bunsong Srifuengfung, 鄭明如）　111
ブンチャイ（Bunchai Bencharongkul, 許雯財）　143
ブンヤシット（Bunyasit Chokwatana, 李文祥）　99, 298
ベックハード（Beckhard, Richard）　1n
ペンチャート家　68
ペンチャロングン家　143-147, 146n
ペンローズ（Penrose, Edith T.）　124-125
ホールンルアング家　112, 200, 201n
ポーン（Porn Leaophairatana, 廖景暉）　104
星野妙子　12n, 18n, 19, 139
ポッチャマーン（Pochaman Shinawatra）　152, 153
ポンプラパー家　289n, 297

人名・家族名索引

マ 行

マー・ラップクン（馬立群） 177
マーリーノン家 157, 159-161, 201, 294
マッキンタイア（MacIntyre, Andrew） 206n
ミーンズ（Means, G.C.） 2-4, 86, 89
三重野文晴 101, 213
三上敦史 12n
宮崎孝治郎 31n
宮田敏之 175n
ミン（Min Thiaravon, 張中民） 150, 239
森川英正 7, 14n, 51, 122-123, 123n, 124-125, 126n, 166

ヤ 行

安岡重明 14n, 18, 52n, 188
安田信之 40n
柳町功 75n
山崎広明 14n
山名正孝 31-32
楊作為（ヤン） 58n
ユシーム（Useem, M.） 27-28, 35
吉富勝 208n
米川伸一 12n

ラ 行

ラッタナラック家 114, 186-188, 255, 271-272, 292
ラポルタ（La Porta, Rafael） 11, 60
ラムサム家 56, 69, 71n, 79, 177-179, 187-188, 252-255, 270, 273n, 273-278
ランデス（Landes, David S.） 19, 74-75, 75n
リアウパイラット家 81, 104, 116-117, 159
リー・テックオー（Lee Teck Oh, 李竹溢） 177
リッグス（Riggs, Fred） 183, 183n
リムリンガン（Limlingan, Victor） 29
ルアン（Luan Buasuan, 王慕能） 183, 184
ルウォン（Luwon Vongvanij, 黄有鶯） 78
レイサム（Latham, A. J. H.） 171
レック（Lek Komet） 180, 181
レフ（Leff, Nathaniel） 8, 17, 34n
ローズ（Rose, Mary） 8, 17, 74-75, 100n
ロー・テックチュアン（盧瞪川） 177, 177n
ロビソン（Robison, Richard） 71

ワ 行

和田一夫 14n
ワンチャイ（Wanchai Chirathivat, 鄭有英） 99, 298
ワンリー家 55, 55n, 69, 71n, 173-174, 177, 179, 273
ンガーンタウィー家 55, 55n, 71n, 200

事項・企業・企業グループ索引

略　号

AMC　→タイ資産管理公社
BIBF　→バンコク・インターナショナル・バンキング・ファシリティーズ
BMB グループ　→バンコクメトロポリタン銀行 (BMB) グループ
CAT　→タイ通信公団
CEO　→経営最高責任者
CP グループ　→チャルンポーカパン (CP)・グループ
CPG 社　→チャルンポーカパン・グループ社
DBS　→シンガポール開発銀行
EGAT　→タイ発電公団
FIDF　→金融機構開発基金
FRA　→金融再建庁
IASC　→国際会計基準協会
ICAAT　→タイ公認会計士・監査人協会
IMF　→国際通貨基金
M&A　→企業統合・買収
PTT　→タイ石油公団
SEC　→タイ証券取引等監督委員会
SET　→タイ証券取引所
SPI グループ　→サハ (SPI)・グループ
TA 社　→テレコムアジア社
TBA　→タイ銀行協会
TIPCO 社　→タイパインアップル社
TOT　→タイ電話電信公団
TPI グループ　→ホンイヤーセン・TPI グループ
TSD　→タイ証券保管振替機構
TUF 社　→タイ・ユニオン・フローズン社

ア　行

アーバーエーカー社 (Arbor Acres Inc.)　43, 49, 192, 193
IBM タイランド社　106n, 141, 155, 166
アグリビジネス　192, 194, 202, 215
アグロインダストリー　51, 72, 115, 147, 192, 194, 231
アジア銀行　187, 247, 248, 249, 251
アジアクレジット社 (Asia Credit Ltd.)　269, 270
アジア信託社　136, 184, 189
アジアスームキット社 (Asia Sermkij PLC)　137, 269, 270
アジア通貨・金融危機　9, 82, 203-205, 208-210, 221, 265
　――と家族所有型上場企業　113, 205
　――と CP グループ　115, 231-232
　――と上場企業調査　61, 110
　――のファミリービジネスへのインパクト　110-118, 203-204, 231-232, 286-288
亜洲信託グループ　183, 184, 189
アドバンスト・インフォ社　104, 125n, 148n, 153
アユタヤー銀行　187-188, 247, 249, 251, 253, 255, 292
アユタヤー銀行グループ　114, 186-188, 203, 253, 255-256, 271, 272
アユタヤー保険会社　183, 184
イタルタイ・グループ　113-114, 200, 203
一次産品ブーム　195, 206
イノベーション　57-58, 58n, 124
インナー・サークル　27-28
売上高上位企業の企業形態別分布 (1997 年, 5000 社)　211
売上高上位企業の所有別分布
　――1979 年と 88 年　37-39
　――1979 年から 2000 年, 100 社　61
　――1997 年, 1000 社　66
　――1997 年から 2004 年, 100 社　287
映画ビジネス　156, 180, 182n
ABN アムロ銀行　248-249
エッソスタンダード社　128n
エビ養殖　55, 194, 232, 238, 240n
MBA コース (タイ)　104, 108, 108n, 136
王室財産管理局　38, 40n, 68, 69n, 187, 188,

事項・企業・企業グループ索引　367

197, 250, 253, 286, 292
王朝型企業　108n
オーシャン・グループ　77
オーソットサパー・グループ　44, 53-55, 161, 190-193
オーナー経営者　123, 125
　企業内訓練型——　127, 138, 141, 159
オープン型家族企業　108n
オープン型ファミリービジネス　15-16, 80-83, 108
音楽番組制作　156

カ　行

海外留学　104-105, 108, 129-133
会計・監査制度改革　224-225
外国企業との結合　108-109, 190-193
外国人投資家（上場企業）　228-229, 288
外部リクルート者　125-126
華僑・華人　55-57, 69, 76, 189
　潮州系——　70-71, 184-185
　——の定義　36, 69-70
家産の保全　31, 56
ガシゴン銀行　→タイ農民銀行（TFB）　281
華人系タイ人　36, 69-71
家臣団　148, 151
カセサート農業大学　141
家族企業　→同族支配企業も参照
　チャンドラーの——の定義　5n
　——と後進国工業化　18, 84
家族事業（トゥラキット・クロープクルア）25
　——からの上場企業の分離　113
家族資本主義　4, 5n, 8, 27-28
　——の反工業的性格　27-28, 35, 57
家族所有銀行　189
家族制度　30, 76
家族投資会社　19, 38, 38n, 43, 89-94, 294, 297
　——と金融コングロマリット　114, 189
　——とファミリービジネスの一覧　91
家族内能力主義　75, 100n
家族内の事業分業　77-78, 277
家族内の事業分裂　101n
華タイ友好団体　182, 206
家督　77, 100
株式会社　36, 210-211
株式会社支配論　2-4, 21, 299, 301
株式の相互持ち合い　39, 89-90, 233

株式ブーム　102-103, 260
家父長制　77
株主価値最大化　219, 222
株主総会　24
ガモンスコーソン・グループ　52, 190-193
為替差損　110, 113, 204
関係企業型ネットワーク　29
関係資本主義論　29
関係ネットワーク論　28-29
監査委員会　222-223
　——の設置とCPグループ　236
　——の設置とタイ農民銀行　279
官僚政体論　24
機関投資家　90, 215, 236
企業間信用　45, 101-102
企業支配の進化　4, 301
企業者企業　5, 98
企業者的能力　124-125
企業統合・買収（M&A）　4, 48, 110, 263-264, 263n
企業統治　→コーポレート・ガバナンス
企業に固有のスキル　27
企業の経済学　46
企業の資金調達構造　101-104, 209, 215-218
企業文化　27, 35
企業法制の整備　7, 9, 11
機構改革（経営改革）　20, 57, 242
　CPF社の——　231-241
　シン・コーポレーションの——　152-153
　タイ農民銀行の——　278-281
規模の経済　6, 50, 86-87
キャッチアップ型工業化　35n, 300
究極の所有主アプローチ　9-10, 61, 64, 66n, 67, 80, 202, 286-287, 290
近代産業企業　6, 86
近代的ファミリービジネス　58, 59, 87, 114, 118
金融会社　→ファイナンス・カンパニー
金融機構開発基金（FIDF）　253, 266, 288
金融コングロマリット　14, 44, 79, 185-189, 250-257, 259
　——と5大グループ　114, 186-188, 197-198, 250-257, 258, 272
　——と4大家族　186-188, 197-198, 250-257
金融再建庁（FRA）　265
金融特化グループ　257-261
金融の自由化　21, 213, 257, 259

グッド・コーポレート・ガバナンス　21, 110, 113, 210, 219, 221
　──のSETガイドライン（98年1月）　221-223, 241
クライアント資本家　206
グラミー社　161-165, 200-201, 296
グループ会長　99-100
グルンタイ銀行　68, 230n, 247, 249, 251, 269
グルンタイ・タナキット金融会社　261, 265, 265n, 269, 272
クローニー資本家　206
経営改革　→機構改革（経営改革）
経営階層組織　5, 7, 86
経営最高責任者（CEO）　15, 80, 95-98, 123, 131-134, 148, 152, 159, 161, 292
経営執行委員会　95-97, 106, 107, 123, 221
　──と所有主家族　80, 95-97
経営支配権の維持　95-98, 119, 294
経営者　15-16, 122-123
　スペシャリスト型──　106, 123n, 134, 135, 155, 242
　専門職としての──　75, 120, 127
　俸給──　15, 22, 42, 61, 80-82, 122-123, 283, 286, 288, 299
　──の要件　125
　──の6類型　125-127
経営者革命　6, 27
経営者企業　14-16, 86-87, 119, 126n, 166, 289, 295-299, 301
　チャンドラーの──論　5-6
経営者支配　4, 87
経営者資本主義　4, 7, 27-28, 301
　競争的──　7
　協調的──　7
経営者的能力　124-125
経営諸資源の制約　19-20, 100-101
経営的臨界点　18, 20, 87-88, 298
経済の自由化　21, 201-202
経済ブーム（第1次）　186
経済ブーム（第2次）　195-196
携帯電話事業　147, 148n, 152
芸能コンテンツ産業　156-157
　──の上場企業の業績比較　158
月刊・支配人（雑誌名）　25, 120-121, 127-128, 228
権威主義型ファミリービジネス　15-16, 54-56, 73, 87, 108, 116-117, 159, 296

現代グループ（韓国）　19, 75, 76, 76n
コア・コンピテンス　114, 119
公開株式会社　36, 210-211
公開株式会社法（1978年）　212, 253-254
公開株式会社法（1992年）　213
後継者問題　19
合股企業　30-34, 76, 93n
後発（国）工業化　16, 18, 34-36, 50-52, 73, 108-109, 206, 301
合弁事業　108-109
コーポレート・ガバナンス　9, 96-97, 209
　グッド──　21, 110, 113, 210, 219, 221, 228, 279
　──のアンケート調査（タイ）　219-221
国営・公企業　60-61, 66, 67, 230, 286-288
国際会計基準協会（IASC）　219, 225
国際会計事務所　224, 224n
国際通貨基金（IMF）　9, 208, 219, 224, 265, 267
　──との政策協定合意書（LOI）　221, 224
56/1形式報告書　79-80, 146n, 222, 226, 236, 238
個人企業　5, 13
個人資本主義　7
コメ財閥（戦前）　72, 177-179
　5大──　177
コングロマリット　→金融コングロマリットも参照　53, 72-73, 89, 202, 231
　権威主義型──　116-117
　──型ファミリービジネス　15-16, 54-56, 73, 87, 108, 116-117, 159, 296
コンプラドール　180

サ　行

サーマート・グループ　104, 200-201
サイアム［モーターズ］・グループ　44, 51, 102, 190-193, 203, 289n
サイアム・ケミカル社　105
サイアムシティ銀行　247, 249, 251, 259, 288
サイアムシティセメント社　114-115, 141, 272, 297
サイアム商業銀行（SCB）　68, 187, 247, 249, 251, 271-273, 292
サイアムセメント社　40, 44, 49, 68, 110n, 125n, 141, 166, 202, 203, 212, 241n, 274, 286
サイアム鉄鋼会社　41n, 49
財産の相続　19, 76, 100

事項・企業・企業グループ索引　369

財閥　29
　　——とファミリービジネス　13
　　——の定義　14n, 35
財閥型ファミリービジネス　45, 72-74, 82, 202-203, 206, 231, 261, 288
サクディナー制　70n
サハウィリヤー・グループ　56-57, 57n, 190-193
サハ・グループ　25, 44, 50, 90, 99, 190-193, 203, 298
　　——の所有構造　93
サハパッタナー・インターホールディング社　91, 93
サハパッタナーピブーン社　50, 91-93
サハユニオン・グループ　190-193, 203
産業構造の高度化　73, 195-196, 201
三者結合　127, 147, 155, 157, 166, 298
サンシリ社　274, 275, 277
三代目の企業衰退仮説　19, 74
シーウィゴーン・グループ　52-53, 69
シーゲート社　161
CPオレンジ社　147, 148n
CPセブンイレブン社　115, 229, 232
シーフアンフング・グループ　44, 51, 111, 111n, 190-193
ジーメンス・グループ　122n, 155
シウ・グループ　190-193
事業の継承　19, 75-79, 98-100, 206, 298
　段階的な——　100
　長男の——　78-79, 100, 276
　——の制度化　75
事業の多角化　17, 45-57, 73-74, 202-203
　垂直的な——　47-49
市場の未発達　17
シノタイ（STECON）グループ　199
資本主義
　家族——　4, 5n, 8, 28, 35
　関係——　29
　経営者——　4, 7, 27-28, 301
　個人——　7
　産業——　5, 16
社外重役（独立重役）　127n, 210, 219, 238
商業銀行　66, 185-189, 228, 244-257
商業銀行法（1961年）　189
証券市場改革　9, 11, 210, 218-227
　情報開示ベースの——　226-227
　メリット・ベースの——　225-227

証券市場の活性化　230
証券市場の発展指標　214, 227, 229
少数株主保護　222
情報通信産業　→電気通信業
情報の経済　46
所有と経営の分離　2, 4, 86, 98, 122, 152
所有の分散　15, 95, 291, 294
　——と経営支配の維持　98n, 255, 254, 290-293
シンガポール開発銀行（DBS）　248
SHINグループ　143, 151-155, 151n, 165, 200-203
新興金融グループ　201-202, 257-261
シン・コーポレーション　58n, 151-155, 200-201, 203
　——の株式売却　156n, 295
　——の機構改革　152-153
シンジケートローン　103
信託財団　297
信頼（xingyong）　29
信頼（trust）　17
　——のネットワーク　17, 84-85
水産缶詰輸出　118n, 194
スタンダードチャータード銀行　249
スックリー・グループ　25, 44, 46, 102, 112, 112n, 190-193
スペシャリスト型経営者　106, 123n, 134, 135, 155, 242
スンフアセン・グループ（順和成）　102, 194, 200, 203, 289n
製造業グループ　189-194
　——と外国資本　193
世界銀行　9, 110, 208-209, 217, 224
石油化学産業　105, 116, 288
選択と集中　114, 118-119, 243, 299
セントラル・グループ　44, 56, 99, 99n, 203
専門経営者　→経営者，トップ経営陣も参照　122-123
創業者世代　67-69, 98, 105
葬式の代告知交記事　63
葬式頒布本　64, 65n
相続制度　93n
相続をめぐる対立　75
ソシエテ・ジェネラール銀行　269

タ　行

ターラーサイアム社（Tara Siam Business

Information Ltd.) 26n
タイ旭ガラス社　111, 297
タイ銀行協会（TBA）　138, 281, 294
タイ軍人銀行　67, 247, 249, 251, 259, 264
タイ公認会計士・監査人協会（ICAAT）
　222, 225
タイ国際航空会社　67, 110n, 204, 230n, 287n
泰國中華総商会　178, 182
　――の主席　111, 183, 185
タイ資産管理公社（AMC）　154, 269
大城（アユタヤー）グループ　183, 185, 186
タイ商業会議所（TCC）　180-182
タイ証券取引所（SET）　62n, 213, 213n,
　221-222, 236
タイ証券取引等監督委員会（SEC）　208,
　213, 219-220
タイ証券取引法　213, 213n
タイ証券保管振替機構（TSD）　291-293
タイ石油公団（PTT）　67, 125n, 139, 230n,
　286, 287n
タイ・タヌー銀行　138, 247, 248, 249, 251
タイ通信公団（CAT）　145, 146, 154, 155,
　166, 230n
タイ電話電信公団（TOT）　145, 146, 155,
　230n, 286
タイ農民銀行（TFB）　107, 138, 187-188,
　249, 251, 253, 264, 278-281, 292
　――の機構改革　278-281
タイ農民銀行グループ　79, 188, 270, 273-278
タイパインアップル社（TIPCO社）
　139-142, 200, 274-277
タイ発電公団（EGAT）　67, 166, 230n
泰華（タイフア）グループ　183, 185
タイ米穀会社　179
タイ・ユニオン・フローズン社（TUF社）
　118n, 194, 200
タイルンルアン・グループ　191, 193-194
タクシノミックス　284
脱アマチュア経営者　20, 57, 87, 107, 108n,
　166
タハーン・コーポレーション　185
タンマサート大学　141, 159
チェボル　30, 71
チナワット・コンピュータ社（SCC社）
　103-104, 153
チャルンポーカパン（CP）・グループ
　42-44, 49, 90-94, 99, 102, 104, 106, 115, 143,

147-151, 190-193, 200, 202-203, 231-241,
262, 294
　――の寡占的支配　238
　――の事業多角化　115, 231-232
　――の事業展開総括図　94
　――の所有構造（80年代半ば）　43
　――の所有構造（2000年）　235
チャルンポーカパン・グループ社（CPG社）
　90, 91, 94, 99, 115, 150, 232, 235-237
チャルンポーカパン・フィードミル社（旧
　CPF）　232
チャルンポーカパン・フーズ社（新CPF）
　150, 232-241
　――の機構改革　231-241
　――の主要株主　237
　――の取締役会　239
中華開発グループ（台湾）　269, 270, 272
中華総商会　→泰國中華総商会
チュラーロンコン大学　141, 152, 165
長子相続　76
徴税請負人　175-176
超特急型昇進　138, 148
チョー・ガーンチャーン社（CK社）　167n,
　199
直接金融・間接金融　11, 101, 217
通貨危機　→アジア通貨・金融危機
TCCグループ　199, 200, 203
鉄鋼業　201
テレコムアジア社（TA社）　94, 143,
　147-151, 232
デロイト・トゥーシュ・トーマツ・チャイヨッ
　ト社　223, 224n
電気通信業　103-104, 142-143, 215
　――の3大グループ　143-144
天然ゴム輸出　55, 194
投資奨励政策　45, 102, 190-192
同族会議（family council）　99
同族支配企業（family enterprise）　5, 38, 71,
　98, 297
東部臨海開発計画　201
東北タイ精米商人　184-185
ドール社（Dole Thailand Ltd.）　140-141
独立重役　→社外重役（独立重役）
トップ経営陣　41, 122-127, 255
　――（1987年調査）　128-130
　――（2000年調査）　131-134
　――と家族所有型企業　131-134

事項・企業・企業グループ索引　371

　　　──と内部昇進者　130
　　　──と俸給経営者　134
　　　──の学歴　130, 131n, 132
　　　──のキャリア形成　129, 133
　　　──の年齢　129, 132
取締役会　15, 96, 123, 220-221
　　　──と所有主家族　80, 95-97
　　　──の開催頻度　220
　　　──役員と経営執行委員の兼任　97, 98n, 123, 221, 256

ナ 行

NAIC 型工業化　194
ナイネックス社（NYNEX）　148
内部昇進者　125-126, 126n
ナコントーン銀行　138, 247, 249, 273
二番手企業（second mover）　300
220 グループ・所有主家族　62-74, 304-311
　　　──の経済的地位　66
　　　──の事業基盤　72
　　　──の事業の継承　79
　　　──の人種別分布　68
ネットワーク　28, 205-207
　　　関係企業型──　29
　　　企業権力の──　14n
　　　軍との──　185
　　　経営陣の企業間　28
　　　血縁的──　175, 206
　　　信頼の──　7, 84
　　　政治的──　182-185
　　　──型企業グループ　13, 14n, 28, 165, 183, 206

ハ 行

パートナーシップ型企業　13-14, 28-29, 30, 38, 76, 206, 252, 297
パーリア的企業家　183, 183n
ハイブリッド型ファミリービジネス　15, 80-83, 119, 296-298
バブル経済　195, 259-260
範囲の経済　6, 46, 47, 86-87, 118
バンコク・アグロインダストリアル社　103
バンコク・インターナショナル・バンキング・ファシリティーズ（BIBF）　246
バンコク銀行　102, 135-139, 183, 184, 187-189, 247, 249, 250-257, 269, 282-283
バンコク銀行グループ　56, 79, 114, 188, 203, 250, 255-257
バンコク商業銀行（BBC）　247, 249, 251, 263, 263n, 266
バンコクプロデュース社　232-235
バンコクペーパー・グループ　190-193
バンコク保険社　137, 256
バンコクメトロポリタン銀行（BMB）　247, 249, 251, 266-267
バンコクメトロポリタン銀行グループ　111, 250, 253, 255-257, 267
　　　──の崩壊　266-267
バンコクランド・グループ　199-200
非公開株式会社　36, 210-211
ビジネス・アーキテクチャー理論　152
ビジネス・ブロック　183, 184
BIS 規制　209, 228, 267
ピラミッド型支配　3, 39, 89
ファースト・バンコクシティ銀行　246, 249, 252
ファイナンス・カンパニー　187, 189, 215, 256-261
　　　──の所有主別分布　258
ファイナンスワン（FIN）グループ　58n, 200, 202, 230, 248, 261-264
ファミリービジネス
　　　インド人系の──　68, 68n
　　　欧米人系の──　68, 68n
　　　オープン型──　15-16, 80-83, 108
　　　近代的──　58, 59, 87, 114, 118
　　　権威主義型──　15-16, 87, 108, 116-117, 159
　　　後発工業化の担い手としての──　18, 35, 57, 73
　　　コングロマリット型──　15-16, 54-56, 73, 87, 108, 116-117, 159, 296
　　　財閥型──　45, 72-74, 82, 202-203, 206, 231, 261
　　　特定産業特化型──　73, 87, 119
　　　ハイブリッド型──　15, 80-83, 119, 296-298
　　　閉鎖型──　15, 80-82, 87, 112-113, 116-118, 296
　　　ポスト──論　16, 295-301
　　　──と経済自由化　21
　　　──と後発工業国　16, 34-36
　　　──と上位100大企業　61, 287
　　　──と世代交替　54-55, 104-106

――と地域研究　12, 12n
　　　――の経営改革　20
　　　――の経営的優位　18, 34-35
　　　――の経営的臨界点　18, 20, 87-88, 297
　　　――の事業多角化　17, 71-74, 199-203
　　　――の定義　12-14
　　　――の二極分解　21-22
父系制社会　76n
負債・自己資本比率　209, 226, 240
ブッデンブローグ家症候群　74-75
不動産業　72-73, 199-200
プライス・ウォーターハウス社　166, 219
不良債権問題　209, 265-269, 282
ブルーカー・グループ社（The Brooker Group PLC）　26n, 62n, 63
プレミア・グループ　54-55, 55n, 162
プレミアム収入　103
ブロイラー産業　49, 192, 194, 238, 240n
プロフェッショナル企業人　123n
ブンロート・グループ　25, 44, 48, 48n, 89, 191, 193, 203
ブンロート社　48, 89, 89n, 95
閉鎖型ファミリービジネス　15, 80-82, 87, 112-113, 116-118, 296
BEC World グループ　157-161, 200, 201
ベンチャー型企業　135n, 156, 165, 230
俸給経営者　15, 22, 42, 61, 80-82, 122-123, 283, 286, 288, 299
　　　――と経営者企業　119, 298
ホルシム社（ホルダーバンク社）　114, 272
ホンイヤーセン・TPI グループ　44, 81, 102, 104-105, 116-117, 190-193, 200-203
豊隆グループ（Hong Leon）　29-30

マ 行

マートプーム社（Marthuphum）　26n

民営化　142, 230, 286-287
民主化　24, 121n
ムアンタイ生命保険会社　270, 274, 276
メーコンウイスキー　185
メージャーシネプレックス社　157, 158, 292
メディア・オブ・メディアス　157
メトロ・グループ　14n, 102, 190-194, 203
メトロマシーナリー・グループ　101n
メリルリンチ社　90, 270, 272
持株会社兼事業会社　44, 89, 91

ヤ 行

役員任命委員会　221, 279, 280
役員報酬委員会　220, 221, 279, 280
UCOM グループ　104, 143-147, 166, 200-203
ユニオン・バンク・オブ・バンコク　183, 184
ユニバーサルバンク　278, 281
ユニベンチャー社　230n, 274
輸入代替産業　72, 190-192
ヨーロッパ人商会　172, 172n

ラ 行

ライスビジネス　172-176
ランドアンドハウス・グループ　58n, 163, 199-200
リーダーシップの継承　74, 79
レームトーン・サハガーン・グループ　190-194
聯合グループ　183, 185, 196
ロックスレイ社　273, 275, 277

ワ 行

ワールド・トレード・センター　111
ワッタナウェーキン・グループ　14n

《著者略歴》

末廣　昭（すえひろ　あきら）

1951年　鳥取県生まれ
1974年　東京大学経済学部卒業
1976年　東京大学大学院経済学研究科修了
現　在　東京大学社会科学研究所教授（経済学博士）
著　書　*Capital Accumulation in Thailand 1855-1985*（ユネスコ東アジア文化研究センター：大平正芳記念賞，日経経済図書文化賞受賞）
『タイ――開発と民主主義』（岩波新書）
『キャッチアップ型工業化論――アジア経済の軌跡と展望』（名古屋大学出版会：アジア・太平洋賞大賞受賞）
『進化する多国籍企業――いま，アジアでなにが起きているのか？』（岩波書店）
『タイの財閥――ファミリービジネスと経営改革』（共著　同文舘出版）
『20世紀システム4　開発主義』（編著　東京大学出版会）
『タイの経済政策――制度・組織・アクター』（編著　アジア経済研究所）
『岩波講座　東南アジア史』（全9巻，共編著　岩波書店）
『ファミリービジネスのトップマネジメント――アジアとラテンアメリカにおける企業経営』（共編著　岩波書店）他

ファミリービジネス論

2006年12月31日　初版第1刷発行

定価はカバーに表示しています

著　者　末廣　昭
発行者　金井雄一

発行所　財団法人　名古屋大学出版会
〒464-0814　名古屋市千種区不老町1名古屋大学構内
電話(052)781-5027/FAX(052)781-0697

ⓒ Akira SUEHIRO, 2006　　　　　　　　Printed in Japan
印刷・製本 ㈱クイックス　　　　　　　　ISBN4-8158-0553-9
乱丁・落丁はお取替えいたします。

Ⓡ〈日本複写権センター委託出版物〉
本書の全部または一部を無断で複写複製（コピー）することは，著作権法上での例外を除き，禁じられています。本書からの複写を希望される場合は，日本複写権センター（03-3401-2382）にご連絡ください。

末廣　昭著
キャッチアップ型工業化論
―アジア経済の軌跡と展望―
A5・386頁
本体3,500円

中兼和津次監修
シリーズ現代中国経済［全8巻］
四六・平均270頁
本体各2,800円

籠谷直人著
アジア国際通商秩序と近代日本
A5・520頁
本体6,500円

石井寛治/中西聡編
産業化と商家経営
―米穀肥料商廣海家の近世・近代―
A5・528頁
本体6,600円

粕谷　誠著
豪商の明治
―三井家の家業再編過程の分析―
A5・304頁
本体5,500円

和田一夫/由井常彦著
豊田喜一郎伝
A5・420頁
本体2,800円

馬場宏二著
新資本主義論
―視角転換の経済学―
A5・370頁
本体3,500円